전통문화환경에 새겨진 의미와 가치

전통문화환경에 새겨진 의미와 가치

전통 경관과 조경, 문화, 환경을 둘러싼 열네 가지 이야기

초판 1쇄 펴낸날 2009년 4월 30일

초판 2쇄 펴낸날 2009년 9월 1일

지은이 구영일 김상엽 김한배 노재현 박동석 신상섭 이상필
          이원호 이재근 이행렬 장동수 조승래 최종희 홍광표

엮은이 장동수

펴낸이 오휘영

펴낸곳 도서출판 조경

등록일 1987년 11월 27일 / **신고번호** 제406-2006-00005호

주소 경기도 파주시 교하읍 문발리 파주출판도시 529-5

전화 031.955.4966~8 / **팩스** 031.955.4969 / **전자우편** klam@chol.com

필름출력 한결그래픽스 / **인쇄** 백산하이테크

ISBN 978-89-85507-59-2 93610

* 이 책의 토대가 된 '전통문화환경포럼'은 문화재청의 지원으로 진행되었습니다.
* 지은이와 협의하여 인지는 생략합니다.
* 파본은 교환하여 드립니다.

정가 20,000원

전통문화환경에 새겨진 의미와 가치

전통 경관과 조경, 문화, 환경을 둘러싼 열네 가지 이야기

구영일 김상엽 김한배 노재현 박동석 신상섭 이상필

이원호 이재근 이행렬 장동수 조승래 최종희 홍광표

도서출판
조경

책을 펴내면서

 그간 개발이란 미명하에 전통문화를 간직하고 있는 수많은 문화재가 파괴되어 왔다. 각종 경제논리에 의해 움직이는 물질문명의 현대사회에서 문화재 자체의 보존도 어렵다 보니 문화재의 환경에 대한 보전은 생각조차 해보지도 않게 되었다. 고층건물 사이 구석진 모퉁이에 왜소하게 남아있는 한옥의 문화재는 이러한 우리 문화재의 현 실정을 대변해 주고 있다. 그 옆에 있었던 개울, 뒷동산, 이웃 초가집, 그리고 감나무 등은 오간데 없이 사라져 지금은 그 모습조차 기억해낼 수 없게 된 것이다. 어찌 이뿐이랴. 아마도 우리나라에 보존되고 있는 대부분의 문화재가 주변의 환경정보를 잃어버리고 있을 것이다.

 물론 문화재의 보존을 위해 사방 일정거리를 정해 현상변경을 엄격히 심의하는 제도가 시행되고 있어서 다행이기는 하다. 그러나 해당문화재와 연관되어 보존되어야 하는 대상들이 어느 정도인지 구체적으로 조사한 후에 이를 토대로 보존권역이 부정형으로 넓게 정해지는 경우는 거의 없을 것이다.

 여기서 문화재의 환경정보는 문화재와 관련된 공간, 시설, 자연환경 등이라 볼 수 있는데 최근까지도 문화재의 환경에 대한 연구관심은 소홀하게 취급되어 왔다.

 경북 군위군 부계면에 가면 대율동 한밤마을이 있다. 한밤마을은 내륙의 제주도라 할 정도로 둥근 호박돌의 돌담이 특히 아름다운 마을이면서 인근에 제2석굴암이 있어 지금은 널리 알려진 마을이다. 고대 신라시대 팔공산에는 '팔만고암자(八萬古庵子)'의 절터가 있었다고 전해진다. 팔공산 여러 골짜기에서 기와장, 석탑 등 다수의 유물이 발굴된 적이 많았고, 그때마다 박물관에서 가져가기도 하고, 그 일부를 마을숲에 옮겨 놓기도 하였다.

만약 팔공산에서 발견된 문화재를 옮기지 않고 그대로 둔 상태에서 문화재를 발굴하였다면 어떻게 되었을까? 옮겨 박물관에 전시한 작은 돌조각이 지닌 가치가 발굴 현장에 그대로 남아있는 경우와 비교해볼 경우 어떤 돌이 더 가치가 있을 것인가? 당연히 현장에 보존된 문화재가 더 높은 가치를 가질 것이다. 왜냐하면 팔공산 발굴현장에 있었을 환경정보가 문화재를 옮겨놓음과 동시에 소멸됨으로써 문화재의 환경가치가 사라지기 때문이다. 이를 기록 혹은 사진으로 남겨놓았다면 조금은 다행일 수 있다.

환경정보를 상실한 문화재의 환경정보 복원은 사라진 문화재의 가치를 되찾는 매우 의미있는 작업이다. '전통문화환경'을 연구해야 하는 당위성은 바로 여기에서 시작된다. 하물며 조그만 돌조각이라도 환경정보를 잘 보관해 놓아야 제 가치를 발휘할 텐데 나무나 생물로 구성되는 자연문화유산에 담겨진 환경정보는 얼마나 중요하겠는가?

그러나 환경정보를 찾는 것은 쉬운 일은 아니다. 1999년 겨울 어느 날 한밤마을 무실댁 할머니가 '한밤 화전가'라며 기억에 남는 몇 구절을 들려준 적이 있다. 들어보니 화전가를 꼭 찾아야겠기에 바로 그 날부터 한밤 화전가를 갖고 있을 만한 분들을 수소문하였다. 묻고 물어 한밤마을 출신인 계명대학의 홍교수를 찾아가 만나 보았다. 홍교수 집안에서 보관중이던 천 여권의 고서를 계명대학 도서관에 기증했다고 전해 들어 부푼 마음으로 도서관 관계자를 찾아갔다. 그러나 홍교수 집안에서 기증한 자료는 별도로 구분되어 있지 않았고, 담당이 한 명이다보니 내용별로도 분류가 되어 있지 못하였다. 고서 책자가 그러다 보니 롤지형태로 보관되는 언문의 화전가는 어디에 있는지조차도 알 수 없었다. 일단 화전가 찾는 것을 보류하고 돌아올 수밖에 없었다.

이렇게 단념할 수는 없어서 또 다시 주변 마을분들에게 수소문해서 대구에 사는 한 할머니가 화전가 노래를 많이 갖고 있다는 것을 알게 되었다. 바로 대구로 찾아가 만나보았다. 할머니는 수백여 개의 화전가를 집에 보관해서 소장하고 있었지만 아쉽게도 한밤 화전가는 거기에 없었다. 허탈한 심정으로 마을로 돌아오는 내 귓가에는 무실댁 할머니가 읊어준 화전가의 몇 구절만 맴돌며 소리없이 바람속으로 사라지고 있었다.

어와 여러 벗님네야   이네 말씀 들어보소

이 때는 어느 땐고   을묘 삼월 묘춘이라

버들사이 꾀꼬리는   비거비래 노래하고

만화만창 꽃밭에는	나비 벌이 춤을 추니
무심한 저 미물도	때를 아 즐기더건
만물지중 취귀인이	봄을 어찌 허송하리
난간을 의지하여	춘경을 완상할제

(무실댁 할머니가 을묘년(1975년) 3월에 양산서원 근처의 척서정(陟西亭)으로 화전가서 지은
'친우상사답곡'이라는 화전가의 일부임)

주로 한문으로 쓰여진 한시와는 달리 언문으로 쓴 내방가사의 화전가는 여성들이 일년에 봄 한철 마을 밖으로 놀러가 진달래 잎으로 전을 부쳐 먹으면서 자연을 읊은 글이다. 남성들의 한시보다는 마을의 경관을 상세히 묘사해주고 애절하면서도 간절한 여성적 표현을 담고 있다. 그러기에 한밤 화전가를 찾는 것은 마을의 경관이나 환경의 중요한 정보를 발굴하는 것이지만 사람들의 관심에서 소외되다 보니 다시는 찾을 수가 없게 되어 버렸다. 한밤 화전가의 전통문화 환경적 가치는 다른 무엇과도 비교할 수 없는 것이었지만, 20년이 지난 지금에는 설령 찾았다고 해도 이를 읽고, 내용을 확인해 줄 수 있는 할머님이 마을에 남아있지 않다.

20년에 걸쳐 전통문화환경을 연구해 왔는데 그중에서 가장 독특한 전통문화라고 소개하고 싶은 것이 한밤마을의 '애파는 곳'이다. 먹고 살기조차 어려웠던 과거 집집마다 많은 자손들이 태어나나 전염병을 비롯한 각종 질병이나 사고로 성년이 되지 못하고 죽게 되는 불행이 흔하게 발생되었다. 이러한 자식의 불행 즉 액을 막아보고자 어머니들이 무속인의 도움을 받아 자연의 영력이 있다고 믿는 곳에 애를 팔아 기도하는 장소를 만들게 된다. 바로 이곳이 애파는 곳이다.

애파는 곳은 아이들을 낳아 기르는 전통사회 여성들에게서만 이루어지는 매우 흥미로운 현상 중의 하나이다. 집안에는 애를 위해 기도하는 삼신할머니가 모셔져 있다. 무속인이 의뢰를 받으면 이 삼신에게 물어보아 애들이 명이 짧거나 부모의 운에 애가 맞지 않으면 애의 명을 늘리기 위해서 양부모를 정해 줘라하고 한 장소를 지정하게 된다.

가장 흔하게 일어나는 사례가 애의 수명이나 띠를 보고 장소를 지정하는 경우이다. 그 이유는 띠의 동물들이 자주 다니는 곳이나 먹이를 구하는 장소에 애를 팔아 애가 앞으로 잘 먹고 잘 살아 갈 수 있도록 해주자는 의도도 있지만 띠에 따르면 대부분 집안이나 가까운 곳이 되므로 쉽게 가서 기도를 드릴 수 있기 때문이다.

그래서 애를 파는 의식은 시어머니에서 며느리 혹은 딸에게 계속해서 이어져 내려오고, 그 장소는 애가 죽을 때까지 부모, 자식 그리고 중계자인 무속인이 기억하게 된다.

남이 잘 안가는 조용한 곳이나 물이 고이고 영구히 마르지 않을 곳으로 영구히 지속될 수 있는 바위나 암반이 있어서 경치가 좋은 곳이 애를 팔기에 좋은 곳이 된다. 그중에서도 장소 좋고 산에서 내려온 줄기가 물을 만나는 '산반물반'을 이룬 장소가 좋은 곳이 된다. 겨울에도 물이 얼지 않고 흘러나오는 자연의 기이한 현상이 있는 장소에는 여러 명의 애들을 팔기도 한다.

"상탕에서 머리감고 중탕에서 목욕하고 하탕에 수족 씻고 명산대천을 찾아 왔노라. 머리에 천재주고 손에는 수재주고 나라에 충성하고 부모에 효도하고 일가친척에 화목하고 뜻대로 마음대로 많은 중생을 거느리고 용산에 앉아 우주를 보게 도와 주시옵고 천년만년 뒤에 다시 찾아 뵙겠습니다."

애파는 의식을 통해 어머니와 애가 자연과 끊을 수 없는 관계를 맺게 된다. 애를 판 이후에 어머니는 애가 보고 싶거나, 생일이거나, 시험을 보거나, 군대에 가거나, 결혼을 하거나 할 때마다 수시로 찾게 된다. 그래서 한밤마을에서 애를 판 곳을 조사해 보면 전통사회에서 활동범위가 제한되었던 여성들이 마을밖 어디까지가 활동범위이었는지를 알 수 있다. 다시 말해 애파는 곳은 애를 통해 어머니들이 집에서 나가 마을경관과 끊을 수 없는 깊은 인연을 맺는 장소이고, 여기서 맺어진 돌, 샘, 계곡, 나무 등은 애의 양부모처럼 애의 생애 전기간의 삶과 혼연일체를 이루어 공존하는 장소로 어머니들에게 자리매김하게 된다.

이상과 같이 전통문화에 얽힌 환경정보는 수많은 사람들의 이야기 속에 아직까지도 기억되고 있다. 물론 20년전 연구를 시작할 때보다는 정보를 갖고 있는 많은 사람들이 사라져 아쉽기는 하지만 연구하면 할수록 전통문화에 담겨진 환경정보는 신기하고 흥미로운 내용을 담고 있다. 크기가 보잘 것 없거나, 역사적으로 유명한 인물이 관련되지 않거나, 학술적 가치가 적은 문화재라고 해서 지정해 보전할 가치가 적을지는 몰라도 애파는 곳과 같이 마을의 어머니들이 애와 관련되어 오랜기간 동안 마을주변 자연의 여러 장소에서 가진 체험은 애파는 장소와 더불어 다른 무엇보다도 소중한 전통문화로서 반드시 지정되어 보전되어야 할 것이다.

2005년 10월쯤 문화재청 내 문화재조경연구회 관계자를 만나 전통문화환경포럼을 제안하던 모습이 생생하게 기억난다. 당시만 하더라도 문화재를 보는 시각이나 문화재청의 업무에서도 문화재의 환경보다는 대상 문화재에 초점을 두고 있었다. 그렇지만 점차 인공유산이 아닌 자연유산 문화재의 경우 환경의 중요성이 더 높아 환경까지도 문화재의 지정 영역으로 포함하는 추세이다. 대부분 자연유산 문화재를 연구하거나, 전통문화환경에 대한 연구에 관심이 있거나, 연구하고자 하는 사람들이 모여 포럼의 형식으로 함께 나누고 공유해보고자 모임이 시작되었다. 여기서는 3년간 발제 참여하여 포럼을 이끌어준 열네 분의 글을 모아 보았다.

책은 모두 3장으로 구성된다. 1장 전통문화환경의 이해에서는 전통문화와 관련된 환경연구의 각 부분별 장르를 다룬 글들을 모았다. 전통문화공간의 환경을 형성하는 숲, 정원, 원지, 사찰의 경관 등에 담긴 역사적 의미와 사상 그리고 자연유산적 지혜를 풀어놓은 글들로 구성하였다. 2장의 전통경관과 문화환경에서는 전통공간의 환경을 연구하는 데 있어서 가장 쉽게 접하는 전통경관에 관련된 글들을 묶어 보았다. 문화경관과 문화재의 기본적 개념 정립을 비롯해 전통경관의 상징에 대한 본질적 의미를 살피고, 실천적으로 문화재로서 전통경관의 대표적 제도인 명승과 현상변경에 대한 연구를 통해 전통경관의 보전에 있어 구체적 대안을 모색해 보고 있다. 3장 전통문화환경의 재현에서는 전통문화환경이 지닌 개념과 의미를 적용하여 재현하고자 하는 하천복원, 전통조경, 설계작품 등에 대한 글을 모았다. 전통문화환경의 재현에 대한 의미론적인 계획적 연구에서부터 설계작품 및 시공의 재료에 이르기까지 발전된 연구를 통해 전통문화환경에 대한 연구가 어떤 실천적 기능과 역할을 할 수 있을 것인지를 조명해 보았다.

전통문화의 환경에 담겨있는 지혜와 의미를 발굴해내려는 노력은 잃어버린 옛 향기를 되찾아 대상 문화재의 가치와 의미를 복원하는 의미있는 작업이다. 그러나 지금까지는 문화재 대상 자체에 모든 연구의 초점이 맞춰지다 보니 환경 분야를 연구하는 필자들의 연구는 큰 주목을 받지 못해온 것이 사실이다. 그러나 고집스럽게 전통문화의 환경을 연구해온 태도는 공통성을 가지고 있다. 이러한 노력이 저탄소 녹색성장을 국가의 성장동력으로 하는 현 정부의 환경가치관과 맞물려 이제라도 전통문화의 환경 복원에 대한 본격적인 작업이 시작되기를 기대해 본다.

끝으로 아낌없는 도움을 주신 문화재청 자연유산회와 대전조경사회 여러분들에게 감사드린다.

2009년 4월

장 동 수

차례

1장 전통문화환경의 이해

전통도시숲의 조경문화_장동수 13

근대 문화유산으로서 한국 정원의 가치_이원호 41

한국 전통원지의 조영에 관한 연구_이상필 65

한국 전통사찰의 경관상징성_홍광표 111

2장 전통경관과 문화환경

문화경관과 문화재_이행렬 125

'전통문화경관' 명승 마이산의 형식미와 상징미_노재현 161

우리나라 명승 지정의 현황 및 개선방향_이재근 187

국가지정문화재 주변 현상변경기준 마련을 위한 계획적 함의 도출 및 적용_최종희 213

고개의 경관적 특성_조승래 231

3장 전통문화환경의 재현

서울 서촌의 지역성에 기반한 역사문화탐방로 제안_김한배 249

전통조경 재료 및 시공론_신상섭 273

한국 현대조경 작품에 나타난 한국성_구영일 303

근대 경매자료를 통해 본 한국의 고미술시장_김상엽 335

수원 화성의 조망점 및 조망 경로를 고려한 경관보존·관리방안_박동석 357

01 전통도시숲의 조경문화

장동수_한경대학교 조경학과 교수

1. 전통도시숲이란 무엇인가

'전통도시'란 예를 들어 조선시대 지방 행정제도로 볼 때 부(府)·목(牧)·군(郡)·현(縣)에 이르기까지 정치적 시설 즉 관아(官衙)가 설치된 행정 단위를 의미한다. 물론 현대의 도시 기준과 비교해 규모나 인구에 있어서 매우 적어 면 단위로 구분될 수 있을 정도로 작은 규모도 있고 과거부터 현재까지 그 규모의 변화 정도가 크므로 정확히 전통도시를 구분하기란 어렵다. 또한 한 시대를 기준으로 하거나 현재로만 구분할 수도 없으므로 전통도시란 현재 해당 도시의 규모에 관계없이 자체 행정 시설이 위치했던 곳이면서 동시에 과거 부·목·군·현에 속했다가 현재는 도시가 아닌 지역도 포함하여 전통도시적 맥락에 있는 전체를 '전통도시'라 정의하고자 한다.

'전통도시숲'은 이 전통도시 내의 '숲'으로 통상 우리가 아는 주택의 '정원'보다는 '원림(園林)'의 개념에 가깝다고 볼 수 있다. 정원이 사유지화 된 토지내에서 주로 이루어지는 원이라면 원림은 공적인 토지에서 이루어지는 원이다. 따라서 원림은 정원보다는 대규모로 조성되어 정원보다는 많은 사람들이 이용하는 경향이 있어 왔다. 고문헌에서 전통도시숲을 의미하는 단어로는 '임수(林藪)' 혹은 '읍수(邑藪)'를 들 수 있다. 양보경은 임수를 "주로 저습지나 하천 연변에 풍수적인 비보사상(裨補思想)에 따라 식목된 인공조림"[1]으로 정의하고 있다. 좀더 구체적으로 임수란 "특수한 기능을 지닌 나무와 풀이 있는 일정한 곳으로 다른 일반숲과는 달리 특수한 기능을 갖고 그 면적 윤곽의 한계가 뚜렷하고 오래된 큰 나무들의 모임으로서 하천변 평지, 산기슭, 밭둑 등에 위치하는 것이다. 그리고 임수는 특수 가치의 보존을 위해서 관리된 것이며 전설성, 역사성[2]을 찾아볼 수 있는 것이다. 여기서 임수는 읍수보다 광의의 용어이다. 읍수가 도시 지역의 숲만을 의미한다면 임수는 농촌을 포함해 미개발된 지역과 도시 지역의 숲 모두를 뜻하는 용어이다. 따라서 읍수가 임수보다는 전통도시숲에 근접된 의미를 갖는 용어라 볼 수 있다. 이처럼 전통도시숲은 '과거의 행정 단위로 현 이상의 도시에 조성되거나 관리되어 자란 고목숲'이라 정의할 수 있다.

더욱이 전통도시숲은 우리가 통상 보는 야산의 숲과는 매우 다른 특징을 갖는다. 야생숲과 달리 전통도시숲은 인공조림이거나 오늘날 그린벨트와 비슷하게 특정지역을 보호·관리하여 제한된 한두 수종만으로 이루어진 단순림의 형태를 띠는 경향이 있다. 따라서 숲내 수종이 다양한 야생숲과 달리 소나무, 느티나무, 팽나무의 한 두 수종으로 구성된다. 더나아가 전통도시숲은 풍수지리나 토착신앙의 전통문화적 배경을 담고 있거나, 방수·방풍·방조의 재해방지나 경관적·풍치적·미적 기능 등의 풍부한 인간적 조경문화를 담고 있다. 그러기에 전통도시숲에서는 역사를 통해 사람들의 제례, 휴양, 놀이의 다양한 문화활동이 발생되고 지역주민들에게는 친숙한 장소중의 하나이다. 다행히도 전통도시숲은 국유지가 많아 민간개발의 영향을 적게 받아왔다. 이는 전통도시숲이 처음 조성된 이후 지금까지 국가나 지역 주민들 공동으로 숲을 운영하고 관리해온 점에서 확인된다.

조선시대 정조가 수원 화성에 조성한 전통도시숲을 보면 "팔달산 일대에는 조림용 소나무, 상수리나무, 단풍나무를 주로 식재하고, 용연(龍淵)과 대천 변과 대로변에는 버드나무를 심고 팔달산 기슭과 행궁 안팎은 과목, 관상수와 각종 화목·화분류를 심었으며 성내 민가에는 과목과 상목(桑木), 탱자나무를 성내탁(城內托)쪽에는 조림용 소나무, 상수리나무, 버드나무 등이 골고루 심어지고, 성밖 관길야(觀吉野)와 영화정(迎華亭) 이북 등 농경지 주변과 산언덕에는 상목과 과수, 탱자나무 등 농용과 약용 식물을 어울리게 심"[3]고 있다.

또한 안동향토지에서는 전통도시숲을 "법으로 금하지 않아도, 누구도 장기를 대지 않음은 물론, 마른나무 가지 하나도 함부로 건드리지 않으매 오랜 역사 속에서도 안전과 번성을 누릴 수 있었다. 따라서 이런 숲들은 사람에게 아름다운 풍치를 주고, 수해·풍해를 막아 주고, 지형의 허술함을 메워 주고, 맑은 공기를 주고, 고을의 품위를 돋우어 주는 등 다양한 이익"[4]을 제공하는 것으로 정의해 주고 있다.

---

1) 양보경(1987), "조선시대 읍지의 성격과 지리적 인식에 관한 연구", 서울대 박사논문.
2) 민족문화 대백과사전 18(1988), 한국정신문화연구원.
3) 수원시사(1986), 수원시사편찬위원회.

2. 전통도시숲의 조경문화

오늘날 우리가 신도시를 만들면 도시공원녹지를 계획해 조성하듯이 전통도시숲은 전통도시가 형성되는 처음에 의도적으로 조성되거나, 전통도시의 제례나 의식의 장소, 경승지, 혹은 군사나 방어의 기능 등으로 활용하기 위해 엄격하게 관리함으로써 유지되어온 숲공원이라 볼 수 있다. 따라서 전통도시숲에는 도시계획적, 경관·풍치적, 토착신앙적, 그리고 재해방지, 군사, 농업, 교통, 생산, 놀이 등의 기능을 포함하는 조경문화를 갖추고 있었다.

1) 도시계획적 조경문화

우리나라 전통도시가 형성된 원리는 제도적 측면에서 주례고공제와 문화적 측면에서 풍수지리의 영향[5]을 들 수 있다.

주례고공제 주례고공기에 "왕의 도성은 구리 사방으로 각 일 변에 세 개의 문을 설치하고 성내에는 동서 방향과 남북 방향과의 간선 도로가 각각 아홉 개 있는데 각기 노폭은 아홉 대의 차가 동시에 통행할 수 있어야 한다. 중앙에 王宮이 있고 동쪽에 종묘, 서쪽에 사직, 전방(남)에 정부, 후방(북)에 시장이나 오락장을 설치하여 상인과 여객이 모이는 장소로 한다"[6]고 한다.

주례고공기에 따라 전통도시가 배치되면 왕궁이나 관아가의 지배적인 정치적 기능은 도시의 중심축 선상의 중앙이나 상부에 배치되는 반면에 세속적 활동이라 생각했던 시장의 경제 활동 기능들은 대체로 중심 축선을 벗어난 하부의 양측에 배치된다. 도읍에서 정치적 기능의 시설로는 왕궁이, 지방도시에서는 객사가 중앙에 입지하고 종교적 시설로는 도읍에서는 종묘나 사직단이, 지방도시에서는 종묘 대신에 향교내 문묘와 사직단이 설치되었고, 배치상 사직단은 서측에 배치되고, 동측에는 종묘(宗廟)나 향교의 문묘가 배치되어 좌묘우사의 원리를 따르게 된다.

동측에 위치한 종묘는 왕가 조상의 신위를 모신 곳으로 국가적으로 높이 받들어 중시하던 대표적인 종교 시설이다. 태조는 3년(1394) 11월 2일에 종묘와 사직(社稷)의 터를 잡았는데 종묘의 터를 경복궁(景福宮) 동쪽 연화방(蓮花坊)에, 사직의 터를 서쪽 인달방(仁達坊)"[7]에 정하였다. 이 종묘는 궁궐이나 성곽

---

4) 안동향토지(1983), 송지향, 삼원사, p.117.
5) 손정목(1977), 조선시대 도시사회연구에서 정리.
6) 김의원(1987), 한국전통도시 구성의 원리, 공간 237호.
7) 서울6백년사 1권(1977), 서울시사편찬위원회, p.227.

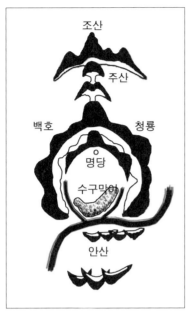
그림 1. 풍수형국도

만큼이나 중요한 시설이면서도 종교적인 위엄을 갖추어야 했기 때문에 그 주변에는 송림에 의해 둘러싸여 왕가의 권위를 느낄 수 있도록 했다. 반면에 사직에는 서울 서측 인왕산(仁旺山) 줄기에 입지해 국토의 신과 오곡의 신을 모신 두 신위를 설치하였다. 특히 사직은 민간 종교적 차원에서 출현한 서낭의 국가 종교적 시설로 볼 수 있는데 이 주위에는 다산을 상징하는 느티나무를 식재해 숲을 조성하였다.

한편, 풍수지리는 바람과 물을 살펴 주거지와 묘지로 최적인 길지를 찾고자 하는 일종의 입지이론으로 주례고공제와 함께 전통도시의 건물이나 시설의 입지를 결정하는데 있어 중요한 역할을 담당해 왔다. 여기서 풍수지리의 명당 입지는 경작이 잘되고 식수로 구할 수 있는 깨끗한 물이 풍부한 장소로서 이 명당이 되기 위해서는 불어 들어오는 거센 바람을 막아 부드럽게 하고 산의 숲을 보전해 깨끗한 물이 풍부해야 한다. 즉 바람을 막고 물을 저장해 풍수를 다스리는데 가장 효과적인 숲을 잘 다루는 것은 풍수사의 필수적 조건이었다.

풍수지리에 있어서 생기(生氣)를 탈 수 있는 입지가 우선 선택될 수 있는 길지(吉地)인데, 이 기는 바람을 맞으면 흩어져 버리기 때문에 생기가 멈추어 모이게 하기 위해서는 바람막이가 가장 중요하다. 그중에서도 외부로부터 바람이 강하게 불어 들어오는 수구(水口)의 바람 통로를 가로막는 수구막이는 바람이 강한 해안지역이나 깊은 산속 계곡에서 필수적 요소였다.

수구는 물리적으로 한 유역내의 물이 모여 흘러나가는 하천의 입구이면서, 동시에 의미상으로는 수구내 사람들의 행복과 즐거움, 번영, 풍요 등 상서로운 기운이 흘러 나가는 곳이라고 하여 오래전부터 수구막이를 조성하는 것은 전통도시 기본계획에 있어 최우선 과제였다.

이 점은 하나의 집을 짓는데도 동일하게 적용되었다. "집터를 잡으려면 반드시 수구가 꼭 닫힌 듯하고 그 안에 들이 펼쳐진 곳을 눈여겨보아서 구할 것이다"[8]라 하여 수구가 닫힌 곳이 명당을 고르는 중요한 요소이고 만일 부분적으로 이 명당을 이루는데 허한 수구는 연못, 조산(造山), 그리고 전통도시숲 등 즉 '수구막이'를 조성하여 비보하였다. 이 수구막이는 "흐르는 물이 산속으로 멀리 돌아서 하류가 보

이지 아니하게 만든 형세, 나무를 심거나 산을 만들기도 한 것"[9])이다.

서울의 수구막이를 보면 서울은 북한산을 최고점으로 북서의 인왕산(仁旺山)에서부터 북방의 북악산(北岳山)을 지나 응봉(鷹峯)에 이르고, 동의 낙타산(駱駝山), 남의 남산의 제봉을 연결한 산지 구릉이 서울시가지를 사방으로 에워싸는 천연의 명당 형국을 이루나 개성과 달리 남서쪽의 남대문 일대와 동쪽이 약간 열려있는 지형적 결함을 갖고 있다. 따라서 서울의 수구막이는 동쪽의 허함을 막기 위해 조성된 동대문 근처 숲과 조산의 수구막이를 들 수 있다.

또한 서울의 수구막이는 동대문 외에도 남대문 밖에 남지라는 연못과 숲을 조성해 인왕산 줄기와 남산 중간에 열린 곡구의 허를 비보한 사례를 들 수 있다.

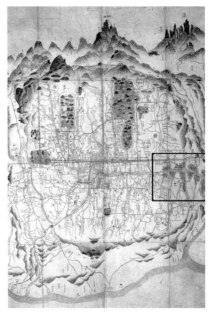

그림 2. 한양도성도내 수구막이 버들숲(호암미술관 소장)

서울의 수구막이에 대한 기록은 세종 30년 3월 8일 김수온의 상서에 "수구에는 꼭 산세가 튼튼하고 조밀한 것이 요청되나니, 천 명이 모여선 듯한 것을 이름하여 귀지(貴地)라 한다……이제 우리나라 국도에 나성(羅城)이 공결(空缺)되고 수구가 관활하게 되었은즉, 나성과 수구를 보충하지 않으면 안 됩니다. 그러하오나, 흙을 쌓아서 산을 만들어 보결하려면 성공하기가 어려우니, 나무를 심어서 숲을 이루어 가로막게 하면 작은 노력으로 많은 효과를 거둘 수 있습니다"에서 확인된다.

또한 조산은 문종 2년(1452) 3월 3일 풍수학 문맹검의 글에 "명당의 좌수와 우수가 서로 만나는 곳은 상격(相激)하는 기세가 있으니 양수의 사이에 작은 석산 한 개를 조성할 것 그리고 명당수의 수구에 세 개의 소산(小山)을 만들어 각각 나무를 심어 수구를 진새(鎭塞)할 것"을 건의하고 있어 수구막이로 조산 3개가 있었음을 알게 한다. 계속해서 "지금 국도의 수구 안에는 고인이 만든 삼산이 있어 각각 솔나무가 심어져 있으나 수구에 있지 않고 수구 안에 있을 뿐 아니라 퇴락되어 낮고 작아져서 송목도 마을 지경에 있다"고 하여 소나무 식재가 되었음이 확인된다.

이처럼 수구막이로서 조산을 조성하는 것은 다른 무엇보다 허함을 보완하는 효과가 매우 커서 널리 활용되었으며 조성시에는 사면을 안정시키고 비보효과를 증가시키기 위해 식재가 병행되었음을 알 수

---

9) 우리말 큰사전(1992), 한글학회, 어문각, p.2439. 수구막이를 한문으로 표기하면 수구장문(水口藏門)이라 할 수 있다.

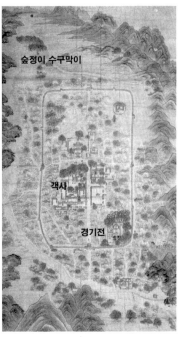

숲정이 수구막이

객사

경기전

그림 3. 전주부 고지도(서울대도서관 소장)

있다. 조산이 수구가 물이 빠져나가는 낮은 저지에 위치하다 보니 폭우를 대비해 준설작업후 하천 바닥에서 채취한 토사를 수구 근처에 조산하여 만들거나, 기존 수구의 저습지를 파내어 못을 조성한 후 남게 된 흙을 쌓아 만들었을 것으로 추측된다. 이처럼 수구막이로서 조산은 생태적으로 장마시 수구 근처의 지형과 제방을 보강하여 수구의 훼손을 방지하거나, 외부의 거센 바람으로부터 수구 안의 경작지를 보호하는 기능 외에도 도시의 군사적 방어선으로 활용되었다.

서울외에 사례로 전북 전주시는 주산으로 북쪽에 건지산(乾止山)을 두고 전주천이 남측에서 북측으로 흘러 나가는 북향입지를 이루고 있다.

전주고지도에 보면 전통도시숲은 성내 객사(客舍) 뒷편의 조산과 북서편숲, 선하당(宣化堂)과 본부(本府)의 뒷편숲, 경기전(慶基殿) 주변숲이 있고, 성밖에 숲정이 수구막이와 건지산과 가련산(可蓮山) 사이에 축조된 덕진지(德津池) 제방에 조성된 숲 등이 있다. 이 전주의 전통도시숲은 북향입지의 허(虛)를 비보하기 위해 인위적으로 조성된 것이다.

전주와 마찬가지로 북향입지인 경북 경주의 전통도시숲을 보면 조산인 봉황대(鳳凰臺)와 북측 독산을 중심으로 한 황성공원의 수구막이를 들 수 있다. 경주의 봉황대는 형국이 '봉황비무형(鳳凰飛舞形)'이므로 봉황이 다른 곳에 날아가지 못하게 하기 위해 봉황의 알을 상징하는 봉황대와 그 주변에 작은 산을 많이 만들어 놓은 것이라 한다.[10] 이 봉황대는 그 명칭에서도 알 수 있듯이 봉황사상과 관련되며 고분 형태이지만 신라 왕가의 다른 고분들과 달리 고목나무들이 위에 조성되어 과거 신라시대 경주 사람들이 올라와서 놀던 곳이었다고 한다.

경주의 수구는 경주를 에워싸고 흐르는 동·서·북천의 물줄기가 흘러 나가는 소금강산과 금장대 사이고 그 간격이 넓은 개활지가 위치해 하천을 따라 불어드는 바람이 세므로 방풍을 위해 수구막이 숲을 넓

---

10) 풍물지리지(1991), 김재식 외 1인 편저, 보우문화재단, p.261.

그림 4. 봉황대숲   그림 5. 황성공원숲 전경

게 조성하였다. 그동안 수구에 조성되어 있다가 소멸된 숲을 보면 현존하는 황성공원과 유림 외에 소금
강산의 백율사와 황성공원의 독산을 연결하는 임정수, 황성공원과 형산강변을 따라 북으로 위치했던 지
북림 등이 있었다.

특히 황성공원내 독산(獨山)은 풍물지리지에 "고성의 서북쪽의 외따로 있는 높이 27미터의 작은 산.
신라 때 도읍의 북쪽이 허함을 방비하기 위해 사람들이 쌓아 만들었다"[11]고 전해져서 수구비보의 조산
임을 짐작할 수 있다. 이는 독산이 평탄한 들판 한가운데 불쑥 솟은 뾰족한 형태를 이루고 있는 점에서
도 확인된다.

수구막이의 역할로 조성된 전통도시숲은 외부로부터의 바람을 막아 주거지역내의 미기후를 개선하
는 실질적 효과가 있는 동시에 숲은 비교적 그 조성이 쉽고 시간이 흐름에 따라 성장하므로 수구막이 효
과도 증진된다. 수구막이는 불어 들어오는 강한 바람을 약한 바람으로, 더운 바람을 시원한 바람으로,
차가운 바람을 따듯한 바람이 되도록 한다. 그 위치도 산이 좁아들며 병목이 되는 수구, 곡구(谷口), 풍구
(風口) 등이기 때문에 도시에서 최대의 미기후조절 효과를 갖는 입지적 특징을 갖는다.

2) 경관·풍치적 조경문화

정조 24년 6월 1일에 정조가 수원유수 서유린에게 "평양의 성이 설치되었을 때 강 오른쪽에 길게 잇
닿은 숲을 길렀고 선산 고을이 완성되었을 때도 시내 왼쪽에 역시 거대한 숲을 설치하였다"고 하였다.
여기서 평양의 숲이 바로 대동강변에 설치된 장림(長林)으로 연광정연회도에 그 모습이 잘 그려져 있다.

---

11) 풍물지리지, 앞의 책, p.225.

그림 6. 연광정연회도에서 보이는 장림의 모습(국립중앙박물관 소장)

박제가는 북학의(北學議)에서 "우리 나라에는 오직 평양 대동강가 만이 수십 리 한 길에 늘어선 수목이 아름다워 볼만하다. 이 방법을 다른 곳에도 옮겨서 시행하면 10년 안에 큰 수풀이 될 것을 알지 못하고 있다"고 해서 장림처럼 전국 도시에 숲을 조성할 것을 권장하고 있다.

경남 밀양시 영남루에 적힌 시 서문에서 성원도는 "남방의 아름다운 것으로는 복주(안동)의 영호루(暎湖樓), 울주(울산)의 태화루(太和樓), 금주(김천)의 연자루(燕子樓), 진주의 촉석루(矗石樓), 합주(합천)의 함벽루(涵碧樓)인데, 모두 이 다락에 어깨를 겨룰 수 없고, 여강(여주)의 청심루(淸心樓), 평해(울진 평해)의 망양루(望槎樓), 단양의 봉소루(鳳韶樓)"12) 등을 들고 있다.

경북 안동시의 영호루는 안동시가지에서 낙동강 건너편 남쪽 5리 강변에 입지해 안동시가지와 강변 제방에 조성되었던 전통도시숲을 조망하도록 배치하였다. 또한 밀양의 영남루에서는 율림(栗林)13), 울산 태화루와 진주 촉석루에서는 강변 죽림(竹林)14), 합천 함벽루에서는 화달림(禾達林)15), 그리고 여주 청심루에서는 팔대수(八大藪)16)를 조망할 수 있었다.

밀양의 영남루에서 읊은 시에서 성원도는 "서쪽으로 관도(官道)에 임했는데 큰 강이 그 사이에 비껴 흐르고……큰 숲이 그 가운데에 무성하다"17)라 하여 영남루에서 조망되는 율림의 모습을 그리고 있다.

이와 같이 고도읍에 누각이 설치되면 이에 걸맞게 큰 숲이 조성되었다. 즉 누와 숲이 한 묶음의 경승지를 이루어 조성됨으로써 전통도시의 명소를 만들었고, 이 경승지는 각 도시의 이미지를 대표하는 아름다운 경관을 형성하였다.

더욱이 고도읍에 설치된 누는 평상시에는 오가는 많은 사람들이 비바람을 피하고 머물러 쉬기 위해 자주 찾는 장소이거나, 연회나 행사가 개최되거나, 시작의 장소가 되거나, 외적의 침입을 살피는 등 다

---

12) 신증동국여지승람(밀양도호부)(1971). 민족문화 추진위원회, p.568.
13) 신증동국여지승람(밀양도호부), 위의 책, p.568.
14) 진주는 일부 현존, 울산은 현존함.
15) 소멸됨.
16) 소멸됨.
17) 신증동국여지승람(밀양도호부), 위의 책, p.568.

양한 공공적 목적으로 활용되어 왔다. 이러한 경승지에 설치된 누나 대의 명칭에는 동락(同樂), 무민(撫民), 관정(觀政), 감정(鑑政), 대화(大化), 대동(大同)[18] 등으로 치자(治者)가 행한 선한 행정이나 시민을 위해 조성했다는 공적 의미를 담고 있다. 따라서 누와 하나의 도시계획적 세트로 조성된 전통도시숲은 전통도시의 경관과 풍치를 돋보이게 하거나, 마나 죽순 등 임금에게 진상하는 귀한 물건이 생산되거나, 화살 등의 무기를 제조하는 군사적 재료로 활용하거나, 제방구역을 보호하는 등의 공공적 기능을 고려하여 조성되었고, 이 점은 오늘날 도시공원의 공공적 역할과 유사한 것이다.

여주 팔대장림의 명칭은 예전에는 조개껍질이 많다고 해서 패다수(貝多藪)라 불리다가 조선조에 들어와서 세종대왕의 영농을 천장하고 나서 세종대왕 적출 소생인 대군 8형제의 번창을 기원하는 의미에서 팔대수(八代藪 혹은 八大藪)라고 개칭[19]되었다. 또한 세종 3년 2월 27일에 세종대왕은 "여흥 팔대숲(八代藪)에서 점심을 먹는데 술을 차리니……"라 하여 세종이 팔대장림을 방문하여 점심을 먹었음이 기록되어 있다. 1750년대초 작성된 해동지도에 팔대수를 팔대장림(八大長林)이라 표기해 주고 있고, 그 이후로 팔대장림이 사용되고 있다.

여주군지에 팔대장림은 고려시대부터 유명했던 거대하고 울창한 숲으로 이 숲에서 진공물(進貢物, 상납하는 물품) 중에 서여(薯蕷, 山藥이라고도 하며 마를 말함)를 봄·가을로 1000근씩 채취하여 임금에게 진공하였다[20] 한다. 이 팔대장림은 영조 43년(1767)에 당시 여주목사 이성규에 의해 황폐하게 벌목이 되고 농경지로 개간이 되면서 소멸의 과정을 겪게 되었다.

영조 43년(1767) 당시 농경지로 개간된 면적은 구결 팔십삼부 육속(약 50,000여평) 가량 되어 이미 폐허된 숲이 되었으나, 그 뒤로 점차 개간이 확장되다가 철종 5년 (1854)에 완전히 개간되어 팔대장림의 형체는 없어지고 말았다. 그리고 이로 인해 생긴 농경지는 모두 보은사(신륵사)에 부속시켰다.[21]

그림 7. 광여지도내 팔대장림의 모습(서울대 규장각 소장)

18) 전영옥(1990), "조선시대 관영원림에 관한 연구", 서울대 환경대학원 석사논문, p.37.
19) 여주군지(1989), 여주군, p.1338.
20) 여주군지, 위의 책, p.1338.

그림 8. 남한강 북안 팔대장림터 전경

팔대장림에 대한 모습이 전해지는 한시는 주로 청심루에서 작성되었는데 시문내용을 보면 팔대장림의 과거의 모습을 잘 알 수 있다. 서거정은 팔대수를 "패다는 예부터 이름난 숲이라(貝多古名藪) 강가에 넓게 우거졌네(盤鬱江之滸)"[22]라 하여 강변 팔대장림의 모습을 전하고 있다. 최숙정의 팔대수에는 "평림은 끝이 없이 바라보이고(平林望不窮) 한쪽 끝이 강가에 잇닿아 있네(一趾連江滸)"[23]라 하여 더 현실감 있게 묘사되고 있다. 그리고 신광한의 이호십육영(梨湖十六詠)의 패수평초(貝數平楚)에는 "마치 조개형상의 띠같은 땅은 뛰어났어라(地雄猶帶貝區形)[24]"라 하여 팔대장림이 강변을 따라 길게 형성된 모습이 그려져 있다. 여주 팔대장림은 남한강 반대편 여주읍내의 청심누(淸心樓)에서 바라보이는 강변에 위치하고 약 50만평에 이르렀던 국내 최대 규모의 숲이었다.

오늘날 대도시 내에 거대 규모의 마천루가 등장되고 녹지가 크게 감소하면서 실제 과거 전통도시에 조성되어 그 도시를 대표하는 풍치와 경관을 형성하였던 전통도시숲들은 대형 건물이나 구조물로 바뀌었다. 그러나 오늘날 서구의 전통도시에는 여전히 도시를 대표하는 장소로서 역사적 건물이나 공원 혹은 숲이 존재하고 있는 것을 상기해 보면 다른 역사자원과 더불어 전통도시숲의 복원 및 재생은 도시경관의 장소적 정체성 회복 즉 전통도시환경의 회복이라는 차원에서 그 의의가 높다고 하겠다.

3) 토착신앙적 조경문화

나무는 하늘과 땅의 상호교섭에 의하여 이루어진 지표상의 다른 생물 중에서도 가장 오래 살고 거대한 규모로 성장하는 대상이다 보니 고대로부터 인간의 숭배대상이 되어왔고, 더 나아가 이 고목들로 이루어진 숲(藪)은 대표적인 제례의 중심장소가 되어왔다. 따라서 사람들이 모여 사는 마을이나 도시에 역사를 지닌 숲을 조사하면 오랜 기간 동안 전해져 내려오는 토착 문화를 쉽게 발견할 수 있고, 바로 숲이

21) 이현구 역(1991), 여강시축, 여주신문사, p.481.에서 요약정리.
22) 여주문화원역, 목은 이색 저(2004), 여강 한구비 산이 그림같은 이, p.46.
23) 여주문화원역, 목은 이색 저, 위의 책, p.36.
24) 여주문화원역, 목은 이색 저, 위의 책, p.74.

그 문화의 중심지라는 사실을 발견하게 된다.

숲의 명칭을 조사해 보면 당숲 혹은 당산숲, 성황림(城隍林)과 신림(神林) 등과 같이 수목숭배의 종교적 의미가 담겨져 있다. 당숲이나 당산숲은 수호신이 거처한다고 믿는 숲으로서 나무외에도 돌탑, 돌단, 솟대, 장승, 신장대 등의 종교시설이나 제단도 함께 설치되어 있게 된다. 이외에 신수(神樹), 당산목, 성황목, 본향목(本鄕木), 당나무25) 등으로 불리기도 한다.

그림 9.경주 계림 전경

마을의 당산나무나 정자나무로 기억나는 수종을 물어보면 누구든지 느티나무를 가장 많이 얘기한다. 이 느티나무는 한자로 '귀신이 붙은 나무'라는 의미의 '괴(槐)'로 표기하는데 글자 그대로 느티나무는 당목으로 우리나라에서는 대표적인 수종이다.

한국 고대의 단군신화(檀君神話)에 '신단수(神檀樹)'는 "환웅(桓雄)이 무리 삼천 명을 거느리고 태백산 꼭대기 신단수 아래 내려오니 여기를 신시(神市)"26)라고 하여 신단수를 통해 단군이 천계(天界)에서 지계(地界)로 내려오게 되었고 신단수가 제단임을 알 수 있다. 고대 사람들에게 있어 신단수가 위치한 곳은 신성한 장소였고 신단수 주변 일정 면적을 엄격하게 보호하다 보니 숲이 출현하는 계기가 되었다고 볼 수 있다. 그리고 이 숲에서는 매년 전통도시의 제례나 의식 혹은 판이나 굿이 개최되었다.

고대 신라에는 박·석·김 신라시조의 탄생설화가 전해지는 '허림(墟林)'이라는 숲이 있다. 허림은 '오래된 고적의 터'란 의미지만 여기서는 국가의 시조가 탄생한 숲으로 별도의 관리인을 두어 보존해 왔다. 허림에 해당되는 숲은 박혁거세의 양산 나정(蘿井), 박혁거세 부인의 알영정(閼英井, 주변이 五陵林), 석탈해의 아진포(阿珍浦), 김알지의 계림(鷄林) 등이다. 시대 순으로 보면 양산 나정숲과 알영정숲이 가장 오래되었고 아진포숲 그리고 계림의 순이다.

계림27)에는 "탈해왕 9년(65)에 왕이 밤에 성의 서쪽 시림(始林)의 수풀사이에서 닭이 우는 소리가 나는 것을 들고 대륜(大輔) 호공(瓠公)을 보내어 가보게 하였더니 금빛나는 조그만 궤가 나뭇가지에 걸려있

---

25) 한국민속대사전Ⅰ(1991), 신준호, 민족문화사, p.350.
26) 이상호 역, 일연 저(1990), 삼국유사, 신서원, p.82.
27) 계림은 경북 경주시 황남동에 위치한 느티나무, 회화나무, 팽나무, 왕버들 등의 수종으로 이루어진 숲으로 현재 주변에 첨성대, 월성과 왕릉들이 입지하고 있어 사적지로서 보호되고 있다.

고 흰 닭이 그 아래에서 울고 있었다. 왕이 궤를 가져다가 여니 작은 사내아이가 있었다. 왕이 거두어 기르고 이름을 알지라고 그 수풀을 계림이라 하고 인하여 나라이름으로 삼았다"[28]는 이야기가 전해지고 있다.

이외에도 토착신앙적 의미를 갖는 전통도시숲은 각 전통도시의 제례를 행하던 소위 '삼단일묘(三壇一廟)' 즉 사직단, 성황단, 여단(厲壇), 문묘[29] 주변과 봉산(封山)의 숲을 들 수 있다.

서울에는 왕이 친히 나가 농경생활을 체험하고 풍년을 기원하던 선농단(先農壇)[30] 주변에도 숲이 있었다. 세종 6년 1월 20일 예조의 계에 "선농단과 우사와 산천에 기우제 지내던 제단은 방으로 1백 보 되게 하고, 그 안에서 단에 가는 거리가 10보쯤 되는 주위에다 소나무를 심으소서"라고 하여 송림이 조성되었음을 알 수 있다.

또한 봉산[31]은 그 종류에 따라 태봉산(胎封山), 황장봉산(黃腸封山), 율목봉산(栗木封山), 향탄봉산(香炭封山)[32] 등이 있다. 태봉이란 왕자 왕군의 태반도 분신 유물이라고 정중히 영장(永葬)하는 것, 궁중 내의 관곽용재(棺槨用材)와 신주목(神柱木, 宮闕을 지을 때 기둥으로 사용하는 재목)의 확보를 위해 황장목을 금양하는 산을 황장봉산[33]이라 했다. 이밖에 향탄봉산은 제사용의 분향용탄(焚香用炭)을 위해 지정한 산이고 율목봉산은 밤과 목재를 생산할 목적으로 나라에서 보호한 산이다.

세종 19년 3월 13일 봉산의 하나인 강원 양양(襄陽) 동해송(東海松)관련 내용에 "예조(禮曹)에서…강원도에 나라에서 행하는 양양부의 동해는 중사(中祀)이고, 사묘(祠廟)의 위판(位版)은 동해지신(東海之神)이라 쓰며, …여러 제사의 의식 내에 제사의 신단과 묘원 밖의 30보에는 땔나무와 짐승을 기르지 못하게 하고, 경작과 행인을 금하게 되어 있으니, 청하건대, 의식에 의하여 초목과 행인을 금하고, 또 소나무를 심게 할 것…"이라 해 주변에 송림을 조성해 동해미솔밭이라 불리었고 현재까지도 많이 남아있다.

전통도시에서 행해지던 종교적 제례는 해당 도읍의 안녕과 평화를 기원하는 의미를 담고 있어서 매우 엄격하고 신성하게 취급되어 제단지역만이 아니라 주변의 숲도 보호하게 되었다. 숲의 위치도 제단이 주

28) 이석호 역, 유득공 저(1991), 동경잡기, 동문선 문예신서, p.338.
29) 사직단(社稷壇)의 사는 토신이고 직은 곡신이므로 도시 내의 신중 제일 크다고 할 수 있으며, 문묘는 공자의 위패를 모셨으며 역대의 여러 유현(儒賢)들을 종사(從祀)했다. 그리고 여단(厲壇)은 후손이 없는 귀신 등 제사를 못 받아먹는 귀신을 제사 지내던 곳이며 성황단(城隍壇)은 전통도시의 수호신을 모신 곳이다.
30) 선농단은 동대문구 용두동 138번지에 있는데, 예전에 그 주변에는 친경대(親耕臺)와 적전(籍田)이 있어 국왕이 직접 적전을 갈기도 했다.
31) 봉산은 국가에서 지정하지만 일반 서민들이 신역(神域)이라고 느끼고 이곳에서 신목을 벌채하는 것은 하늘의 노여움을 살 수도 있어 자연스럽게 보호되는 종교·문화적 기능을 담고 있다.
32) 치산녹화 30년사(1975), 한국임정연구회, pp.32-33.
33) 민족문화 대백과사전 10(1988), 한국정신문화연구원, p.88.

로 위치한 전통도시의 진입공간, 고개, 산정상 등을 점하게 된다. 이와 같이 토착신앙적 의미를 지닌 전통도시숲에서 행해지는 제례는 숲의 신성성을 강화해 결국 숲이 보존되는데 중요한 역할을 했으며 상징적으로 해당 도시의 공동체적 결속력을 강화하고 도시의 장소적 정체성을 높이는 결과를 낳게 하였다.

4) 기능적 조경문화

(1) 재해방지

전통도시숲의 재해방지 역할로는 방수, 방풍, 방조, 방화 등을 들 수 있으며 그중에서도 수해방지숲이 대표적이다. 수해방지숲의 경우 전통도시 주변의 강과 하천 유역에서 해마다 수차례의 수해가 유발되므로 수해방지 제방 축조와 더불어 격류로 인한 제방의 유실을 방지하기 위해 조성되었다. 특히 하천변 제방에는 풀과 나무가 무성해야 세찬 호우의 타격을 완충하고 유속을 감소시켜 격류로 인한 제방 유실과 붕괴를 방지할 수 있어서 과거부터 제도를 정해 제방구역의 나무나 풀을 엄격하게 보존하였다. 더욱이 제방의 숲은 항시 그늘을 형성하여 제방환경에 일정한 수분을 유지하여 지피류나 관목 등 식물의 도입과 성장을 촉진하고 결국 제방 지표면의 식피율을 높임으로써 생태적으로 안정된 제방이 되게 한다. 따라서 흙과 돌로 축조된 제방의 견고성을 강화하기 위해 제방위에 나무를 식재하는 것은 과거 전통도시에서는 가장 보편적인 사항이었다.

경국대전(經國大典) 호전(戶典) 전택(田宅)에 "제언(提堰)은 수령(守令)이 매년 춘추에 관찰사(觀察使)에게 보고하고 수축한다. 새로이 쌓을 곳은 왕에게 보고한다. 여러 읍의 제언은 안팎에 잡목을 많이 심어 터지거나 헐리지 않도록 한다. 제언 및 비보소(裨補所)의 숲(林藪) 안에서 나무를 베고 경작하는 자는 장 80에 처하고 거기에서 얻은 이득은 들추어서 관에 몰수한다."[34] 제방을 축조하고 여기에 잡목을 심어 벌목을 엄격하게 통제하는 것은 제방을 구성하는 돌과 흙을 식물 뿌리가 잡고 결속해 줌으로써 제방의 유실과 붕괴를 방지하기 위함임을 알 수 있다.

대사간(大司諫) 홍양호(洪良浩)가 계하기를 "우리 나라 북경의 강변을 따라 산이 헐벗어 땔감을 얻기 어려울 뿐만 아니라 강물이 제방을 결궤시켜 국토의 경계가 변천할 지경이오니 강변에 따라 나무를 심고 제방을 수축하는 것이 긴요합니다. 또 나무를 심으면 국경을 보호하고 적의 침입을 막는 데에도 큰 도움이 될 것입니다. 옛 책에도 느릅나무로 요새를 만들고 버드나무로 방책(防柵)을 만들어 적의 침범을

---

34) 한국정신문화연구원 역(1985), 경국대전, p.151.

막는다고 했습니다. 지금 버드나무를 심으면 오리(五利)가 있습니다. 첫째는 국토의 경계를 확실하게 하여 그것을 방호하는 것이고, 둘째는 적의 침입을 막는 것이고, 셋째는 물로 제방이 터지는 것을 막는 일이고, 넷째는 땔감을 얻을 수 있고, 다섯째는 바람을 막아 환경을 좋게 하는 일입니다.……"35)라 해 제방숲의 기능이 소개되고 있다.

수해방지숲 사례로는 함양 상림, 담양(潭陽) 관방제림(官防堤林), 그리고 하동송림을 들 수 있다.

경남 함양읍 상동 위천(渭川)의 맑은 물을 따라 울창한 수풀을 이루는 대관림(大館林)은 함양읍을 둘러싸듯 펼쳐지며 속칭 '상림'이라고 부른다. 구읍지의 기록에 위천은 원래 함양읍성을 스쳐 넓은 들의 복판을 꿰뚫어 흘렀다. 매년 홍수로 농토와 가옥의 유실이 심했는데, 신라 진성여왕 때 최치원이 함양군 태수로 재직 중에 치수를 위하여 현재의 상림에서 하림까지 둑을 쌓아 물을 돌리고 나무를 심고 조림한 것36)이라 한다.

전남 담양 관방제림은 담양천 변의 둑을 따라 약 2,400m에 이르는 노거수의 긴 하천변숲이다. 이 숲은 느티나무, 벚나무, 서어나무, 팽나무, 왕버들, 버즘나무의 고목들로 구성되어 있다. 이 숲은 호우 지역인 이 지역의 수해를 막기 위해 인조 26년(1648) 당시 부사 성이성(成以性)이 제방을 축조한 후에 조성한 호안림(護岸林)으로 약 300년 정도의 역사를 갖고 있는데, 관에서 방재 목적으로 제방을 구축했다 하여 '관방제림'이라고 지칭하였다.

끝으로 하동송림은 조선 영조 을축년(1745) 당시 도호부사 전청상이 방풍·방사용으로 소나무 1,500여 그루를 심은 것이다. 숲 내는 1920년에 세워진 하상정이란 정자가 있어 매우 유명하다. 현재 하동송림은 섬진강변 공원으로 개발되어 창송(蒼松)과 모래사장이 어울린 천혜의 경승지로 인근에 잘 알려져

그림 10. 함양 상림 전경

그림 11. 담양 관방제림 전경

35) 정조 5년(1781) ; 임경빈(1993), 우리 숲의 문화, p.150.에서 재인용.
36) 신경남일보, 1990. 6. 6.

있다.

그 외 방화를 고려하여 숲이 조성된 사례로는 순조 9년(1809)에 박종훈(朴宗薰)이 "함흥부의 지형은 남빈대해(南濱大海)하고 북통장곡(北通長谷)이라서 항상 큰 바람이 많이 불고 특히 겨울과 봄에 심해서 화재가 잘 발생한다. 물과 불의 재앙에 대처하고자 강가에 방제를 축조하고 나무를 심어 울창하게 된 뒤부터는 근 20년 동안 화재가 발생한 일이 없었으나 그뒤 이곳 나무를 베어 내자 화재가 발생하기에 이르렀고 지난 30년 동안 대소 13번이나 화재가 있었다. 제방 위의 민가를 다른 곳으로 옮기고 나무를 심는다면 불과 10년 이내에 그 효력을 볼 수 있을 것이라고 했다. 임금이 이 뜻을 이해하고 그렇게 실행할 것을 명했다"[37]는 기록에서 확인된다.

방재기능을 고려해 조성한 숲은 오늘날 도시지역에 조성되는 완충녹지와 마찬가지로 과거 전통도시 주변에 조성되어 방수, 방풍, 방조, 방화 등의 자연재해를 방지할 목적으로 조성된 것이다. 그 형태도 전통도시로 진입하면서 트인 계곡을 댐처럼 가로막거나 넓은 들에 연한 도시의 외곽지역을 에워싸듯 울타리 형태로 조성되기도 한다. 특히 해안방풍과 해일을 막는 방파제에 조성되는 숲은 대규모로 조성되는 특징이 있다. 따라서 오늘날 악화된 도시환경을 고려해 볼 때 과거 전통도시숲의 자연재해 방지 기능은 소음, 건물풍, 환경오염, 악취 등의 인공재해를 방지하는 완충녹지의 기능으로 전환되어 그 맥을 잇고 있다고 하겠다.

대도시지역이 수평·수직적으로 급속하게 확장됨에 따라 날로 증가되고 있는 것 중에 하나가 각종 재해로서 과거와는 달리 도시내 인공재해가 급속하게 증가되는 추세이다. 지금까지 진행된 각종 개발의 경우에 환경의 자정 및 조절작용이 가능한 녹지나 숲을 훼손하면서 진행됨으로써 개발 후에 수해, 지온 상승, 풍해, 그리고 수질과 대기오염 등의 인공재해가 빈번하게 발생되어 왔다. 따라서 앞으로는 개발시 기존 녹지나 숲의 방재적 기능을 유지함과 더불어 대규모로 전통도시숲을 복원하여 숲이 실질적인 환경 조절기능을 가질 수 있도록 해야 한다. 예를 들어 서울의 경우 일부공간의 소규모 녹지대나 숲보다는 도시의 재해방지 기능도 할 수 있는 대규모로 조성하고 더 나아가서는 주변의 산과 강에 연결되어 녹지계통이 구축에 중요한 역할을 담당하도록 조성되어야 할 것이다.

(2) 군사

정조 9년 7월 26일 유학(幼學) 조익의 상소에 "……당나라 사람은 서산에 유류(楡柳)를 심어 호기(胡騎)를 막았다 합니다. 지금부터 읍치와 진보 및 창고가 있는 곳에 그 지형을 살펴보고, 두세 길의 둑을

---

37)순조 9년(1809) ; 임경빈, 앞의 책, p.151.에서 재인용.

둘러쌓고 토질에 맞는 나무를 많이 심고……마땅히 구제(舊制)를 줄여서 그 성지를 정하고, 또한 둑을 쌓고 나무를 심어야 할 것입니다……대체로 고갯길 좁은 목을 방어하는 방법은 나무를 많이 기르는 일보다 상책은 없습니다.……북로는 철령 및 삼방 등을 철저히 지키고 추지령(楸地嶺) 안팎에 나무를 많이 기르며……또 행주에 한 개의 진보를 설치하여 진보와 창고와 사찰과 어촌에 모두 둑을 쌓고 나무를 심어 각각 의지할 수 있게 하며……백성을 모아 입거(入居)시키며, 둑을 쌓고 나무를 심는다면 강도(江都)의 남쪽 변경은 비로소 방수(防守)하는 방도가 있게 될 것"이라 하여 성곽내외, 고개, 주도로, 나루터 등 여러 장소에 군사적 방어목적으로 둑을 쌓거나 숲을 조성하였다. 이처럼 군사적 의미를 갖는 숲을 구분하면 건물이나 시설을 포함해 성곽에 조성된 성곽방어를 위한 숲, 영액(嶺隘)의 주요 고개 방어를 위한 숲, 여울목과 나루터의 방어를 위한 숲, 그리고 해안 방어를 위한 숲 등이다.

관방집록(關防集錄)에 "느릅나무, 버드나무, 탱자나무, 가시나무 따위를 빽빽하게 심어서 얽히게 하고 엮어 목책을 만들되, 넓이는 50, 60보 정도로 하고, 둘레가 서로 연결되게 하면 곧 하나의 목성(木城)이 된다. 그 수목의 빈틈을 타서 활과 포를 비치하고 기다리면 우리 편은 믿는 데가 있지만 적병은 의심스럽고 두려워서 감히 달려들지 못한다."[38] 이 성곽 방어를 위한 숲은 성곽 내외에 기존 수림을 보호하거나 새로 조성되기도 하며 전란시에는 몸을 가리는 목적도 있지만 유사시 무기와 목책을 만들기 위함이기도 하다.

성곽방어를 위한 전통도시숲으로는 충남 서산 해미 지성(枳城), 전남 무안 목성, 전남 영광 법성진성(法聖鎭城) 숲쟁이숲 등이 있다.

서산 해미읍성은 성벽 외측에 연해 탱자나무 생울타리가 심겨져 있어 성을 견고히 하므로 '지성(枳城)'이라고도 했는데 해미현고지도 하단에 나오는 성밖에 조성된 반달형의 탱자나무숲은 현재 읍내로 개발되어 소멸되었다. 현재는 성내 도로 측면에 조성된 탱자나무가 일부 남아 옛 모습을 전해 주고 있다.

무안 목성은 목(牧) 내를 성처럼 둘러싸고 있는 숲으로서 이 숲을 이루게 된 동기는 "약 300여 년전에 풍수지사(風水地師)가 이 터가 번창하려면 나무를 심어야 한다고 해 나무를 심어 그 숲을 '목성'이라 부르게 되었다"[39]고 한다. 현재 망운지역이 주변에서 가장 높은 분지의 구릉을 이루고 있고 숲은 숨어서 사방을 조망할 수 있는 능선 위에 위치해 바다를 포함해 외부를 감시하는 군사적 목적으로 조성되었음을 짐작하게 한다.

영광 법성포 숲쟁이숲은 법성진성(1514)을 쌓을 때에 조림한 것으로 알려지고 있는데 능선을 따라 느

---

38) 민족문화추진위원회 역(1971), 만기요람, 고전국역총서 68(군정), p.439.
39) 무안군의 문화유적(1986), 국립목포대학 박물관, p.272.

그림 12. 영광풍경도내 숲쟁이숲   그림 13. 영광 법성포 숲쟁이숲 전경

티나무 고목들이 심겨 있어서 마치 성을 쌓은 듯한 형을 이루고 있고 실제로 능선을 따라 옹성(甕城)의 석성(石城)이 위치하고 있어서 성을 연장한 듯한 느낌을 주기도 한다.

법성진 지도에 나타난 것처럼 법성진의 북편 산 능선 밑에 숲(藪)이 그려져 있어서 이 숲이 예전부터 법성포의 중요한 경관이었음을 짐작케 한다. 이 숲쟁이숲은 법성포를 둘러싸는 인의산(仁義山)의 남쪽 산 능선을 따라 약 300미터에 달하고 있고 법성포 후면에 위치한 울타리 형태로 북풍을 막기도 했을 것으로 보인다.

영액이란 적이 침입해 오는 길목의 요충 즉 고개에 성이나 목책과 같은 군사시설을 설치하던 곳으로 이 영액 주변에는 전시에 목재수급을 위해 숲을 금양하였다. "동선령(銅仙嶺)은 군사상의 요충으로 그 험한 지형이 믿을 만합니다. 만약에 수목을 크게 길러서 빽빽한 숲이 된다면 군사를 숨기고 복병하는 데 모두 믿을 만하며 일이 닥치면 유용한 도움을 받을 수 있을 것입니다."[40] "임시로 나무를 베어 울타리를 만들어서 길을 막는 일에도 또한 쓸모가 있을 것입니다. 그러므로 신이 이미 황주(黃州)·봉산(鳳山)의 두 읍으로 하여금 따로 산직을 정해 두어 화전(火田)과 벌목(伐木)을 엄금하게 하여 점차적으로 조림계획을 세웠습니다"[41]라고 한 점에 미루어 보면 예전부터 군사적 주둔지내 나무를 심고 가꾸어 유사시 이를 베어 무기와 방책을 만들기도 하고, 또 나무에 몸을 숨기기도 하는 군사적 목적에 활용하였다. 대표적인 영액의 숲으로는 조령, 죽령, 추풍령, 동선령(銅仙嶺), 마천령, 철산(鐵山) 등이 소개되고 있다.

연안지역은 외적을 방어하는데 있어서 천혜의 조건을 갖추고 있는 곳으로 예전부터 전시에는 군사적 방어목적의 목책과 같은 시설을 설치하여야 했기 때문에 이 방어시설을 제작하는데 필요한 자재를 확보

---

40) 다산연구회 역, 정약용 저, 앞의 책, p.186.
41) 민족문화추진위원회 역(1971), 앞의 책, p.381.

하기 위해 숲을 조성하거나 금양하였다. 그 중에서 연안지역의 진(津) 즉 나루터나 군사가 주둔하는 진(鎭), 그리고 수심이 낮아 외적이 쉽게 건널 수 있는 여울목 등과 같은 군사 전략상 요충지 주변에는 숲을 조성하여 활용하였다.

끝으로 해안방어를 위한 숲은 해안을 통한 외적의 침입을 방어하기 위해 주요 포구에 군사시설을 설치하거나 혹은 이를 대비하기 위한 군기와 전함선의 건조로 활용하기 위해 해안 가까이 지정해 숲을 조성하거나 금양한 경우이다. 송금절목(禁松節目)[42]에 "바다 연변의 30리에서는 비록 사양산(私養山)이라 하더라도 일체 벌채를 금지한다"[43]라고 하고 여기서 연변 30리로 정한 것은 아마도 벌채후 운반을 고려한 것으로 보이며 해안숲의 사례로는 포항 대송정, 영일 봉송정, 태안 안면도, 그리고 북한지역인 황해 장산곶 등을 들 수 있다.

요약해 보면 군사적 기능의 전통도시숲은 전통도시내 성곽축조시 조성되는 경향이 많았으며 그 외에는 국경에 인접한 주요 침입로인 고개나 해안의 진 주변에 조성되었다. 성곽 주변에 조성된 숲의 경우에는 성곽을 따라 식재되어 성곽의 시각적 이미지를 강화하고 토성의 경우에는 토성의 견고성을 강화해 주었다. 그리고 해안일대에 대규모로 조성 보호된 숲은 전란시 전함과 군기를 제작하는 목재를 수급하기 위해 국법으로 엄격히 보호해 왔다.

(3) 농업

농업관련 기능의 숲으로는 저수지 제방숲, 보 제방숲 등을 들 수 있다.

그림 14. 광주가도변 유림수 전경

저수지 제방숲의 사례로는 광주광역시의 경양지(景陽池)숲(소멸), 충북 제천시의 의림지(義林池)숲(현존) 등을 들 수 있다. 광주광역시 경양지 혹은 경양방죽은 현재 광주광역시 동구 계림 1동에 있었던 저수지로 팽나무와 왕버들이 약 1km에 걸쳐 조성되어 있었다. 경양지는 진산인 무등산에서 흘러오는 물을 담고 있어 저수지로서 뿐만 아니라 유원지로서 그 가치가 높았던 곳이다. 특히 경양지숲은

---

42) 각 고을 여러 庫에는 모두 예로부터 내려오는 관례가 있는데 이를 절목이라 한다.
43) 다산연구회 역, 정약용 저, 앞의 책, p.175.

인근에 높이 30m, 면적 약 3000평에 달하는 아담한 태봉산과 함께 있어서 온갖 전설과 설화가 전해지고 있다. 여기서 태봉산은 실제 인조의 왕자였던 아지대군의 태를 묻었던 봉산44)이라고 전해지고 있다. 이 경양지는 1967년 바로 태봉산(胎封山)을 헐어 메우게 됨으로써 중요한 역사적 자원이 동시에 사라지게 되었다.

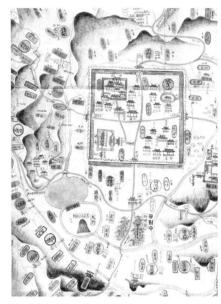

그림 15. 광주부지도(1872년)

의림지는 김제 벽골제(碧骨堤)와 더불어 우리 나라 최고의 저수지로 알려져 있으며 그 둑에는 노송과 수양버들이 식재되어 있다. 더욱이 의림지의 상류 부근에는 또 다른 저수지가 있고 그 사이에는 하천 변을 따라 울창한 송밭공원이 있어 의림지의 제방숲과 함께 많은 사람들이 즐겨 찾는 제천시의 명소가 되고 있다.

보(洑)에 조성된 숲은 하천에서 물을 막는 보 부근의 숲보다는 보물을 답에 공급하는 수로 즉 구(溝) 주변 제방 위에 조성된 숲이 대부분이다. 그러나 이 경우에 수로는 해당 보의 명칭에 따라 불리어 지기 때문에 숲의 명칭도 보명(洑名)을 따르게 된다. 보숲의 사례로는 광주광역시 유림수(柳林藪, 소멸), 경북 경주시 유림(柳林, 현존)을 들 수 있다.

광주광역시 유림수는 광주천의 하류에 위치해 관개용으로 물을 끌어들이는 입탑보(立塔洑)의 제방을 보호키 위해 조성되었으나 현재 과거의 숲은 대부분 소멸되었고 최근 광주천 자연형하천 사업에서 그 일부를 복원하였다.

경주시의 유림은 홍수로 인한 북천과 서천의 제방유실이나 범람으로부터 황성동 일대의 비옥한 전답을 보호하기 위해 조성된 강변숲으로 특히 유림은 황성동 일대의 경작지에 물을 공급하는 유림보의 물이 흘러 들어오는 보 제방 위에 조성되었던 버드나무와 팽나무의 숲이다. 몇년전

그림 16. 강변도로에 이식된 경주시 유림

---

44) 무등의 얼(1985), 광주문화원, p.217.

전통도시숲의 조경문화

유림을 가로지르는 강변도로 신설공사로 인해 소멸될 위기에 처하기도 했으나 시민의 자발적인 복원운동을 통해 강변도로변으로 이식하여 가로 녹지대 형태로 조성되어 있다. 그러나 가로 녹지대가 기존 유림의 지대보다 높고 강변에서 분리되어 생육환경이 열악하다 보니 숲의 생육상태가 불량하고 고사목이 발생되고 있는 실정이다.

토지이용으로 볼 때 농업은 공업이나 상업에 비해 투자가치가 떨어지는 대상으로 여겨지고 있으나 현재도 도시 주변에 남아있는 전, 답, 그리고 과수원 등은 도시의 환경적, 여가수용적 차원에서 매우 중요한 대상이다. 그러나 농촌지역에도 획일적인 대규모 개발 즉 대형 댐이나 저수지, 주택단지 개발, 혹은 하안정비나 경지정리 등이 이루어지면서 농업 기능의 전통도시숲을 소멸시켜 왔다. 그나마 도시근교에 남아있는 농업관련 기능의 숲은 도시사람들이 즐겨 찾는 곳일뿐더러 그 수요도 매년 증가되고 있어 공원이나 녹지형태로 보존될 수 있는 가능성이 높다. 따라서 농업을 위한 기능을 했던 숲은 인근 도시민 여가의 중심지로 활용하면서 보존을 도모할 수 있을 것이다.

(4) 교통

과거 국가에 있어 도로건설은 사람, 산물 등의 흐름을 촉진하는 매우 중요한 사항으로 이 도로의 원활한 흐름을 돕기 위한 시설로는 후자(堠子)나 역원(驛院), 교량(橋梁), 진(津)의 설치를 들 수 있다. 이와 같은 시설 주변에는 수목이 심겨져 오고가는 사람들에게 교통적 정보뿐만 아니라 휴식을 제공하는 곳으로 활용되었다. 그 대표적인 시설로는 후자[45]의 설치를 들 수 있다.

중국의 경우 "오리가 일정(一亭), 십리가 일후(一堠)인데, 오리마다 환영(桓楹, 푯말 기둥)을 세우고 십리마다 후인(堠人)을 세우며 사방의 리수와 지명을 새겨 넣었다. 그런데 후(堠)는 처음에 흙으로 만들어 세웠기 때문에 비가 오면 허물어 버려 자주 수리를 해야 했다. 그리하여 위효관(韋孝寬, 北周, 杜陵人)이 옹주자사(雍州刺使)가 되어 후(堠) 대신에 모두 괴화나무를 심게 해 후(堠)를 수리하는 불편을 덜하게 했고, 나그네도 나무 그늘에서 쉴 수 있게 되었다. 각주에 도로를 분담시켜 일리마다 나무 한 그루를, 십리마다 두 그루를, 백리마다 다섯 그루를 심었다."[46] 결국 후자는 진(津)에는 배가 정(亭)에는 후(堠)가 빠짐이 없이 설치되는 것과 같이 상인이나 여행자에게 거리와 위치에 관한 교통적 정보와 더불어 휴식을 제

---

45) 후(堠)는 일종의 장승으로 장승의 기원은 하나라 禹임금이 치수를 할 때 땅을 개착(開鑿)한 곳에 모두 푸른 진흙으로 봉하여 기록해 둔 것에 유래하며 거리(里程)와 소성(小城-堡)을 기록했다(한국정신문화연구원역, 앞의 책, p.747.)고 하는데 후자란 일종의 흙을 쌓아 올린 돈대(墩臺)의 생김새(윤국병(1978), 조경사, 일조각, p.236)를 가졌으며 현대적 개념으로는 도로의 이정표라 볼 수 있다.
46) 다산연구회 역, 정약용 저, 앞의 책, p.277.

공키 위해 국가에서 설치한 일종의 이정표이면서 가로 공원이라 볼 수 있다. 그리고 이 후자에는 역원이나 주막이 설치되어 지역교통과 상업 거래의 장터로 활용되었다.

기록상 후자에 관한 내용은 1453년(단종 1년) 5월 12일에 서울과 지방의 대로 좌우에 토성(土性)에 따라 소나무, 잣나무, 배나무, 밤나무, 회화나무, 버드나무를 심어 길을 표시하고 있다.

"어로의 복판에 황토를 까는 것은 언제 시작되었는지 알 수 없다. 혹자는 태양의 황도를 상징한 것이라지만 과연 그런지는 알지 못하겠다. 봉명사신이 고을에 들어올 때에 특별히 황토 한 삼태기를 길 양쪽 가에 쏟아 놓은 것도 또한 오리정에서 관사까지 만이다"[47]라고 해 도시 중심에서 오리거리에 설치된 정자 즉 오리정(五里亭)에서 도시까지 황토를 깔았고 여기서 후자는 '한 삼태기를 길 양쪽에 쌓아 놓은 것'이다. 즉 해당 도시를 방문하는 중요한 사신들을 맞이하는 환영행사의 일환으로 후자가 사용되었음을 짐작하게 한다.

이밖에도 전통도시내 도로를 따라 선형으로 설치된 숲을 보면 고려시대 도읍인 개성에 왕도 보정문(保定門) 밖의 가로숲[48], 조선시대 한양의 서대문밖에도 방송정(盤松亭)과 사현(沙峴, 무악재)에 송림과 율림[49], 수원 노송지대(老松地帶), 남원 오리정(五里亭), 서울의 양화진, 공주 곰나루 등이며 전통도시에서 일정거리의 간격을 두고 떨어져 위치하거나, 도시로 진입하는 길목에 위치하는 도로목이나 나루터에 조성되었던 숲이다. 이러한 선형의 가로 숲은 도로를 보호하고 주변의 풍치나 경관을 증진시켰을 뿐만 아니라 오고 가는 사람들이 바람, 비, 폭염을 피할 수 있는 장소가 되어 왔다.

나루터에 조성된 숲사례로는 서울의 양화진(楊花津)은 강건너 양천(陽川)·강화(江華)로 통하는 나루터로 도성밖 서쪽의 교통·국방의 요지가 될 뿐만 아니라 강변의 명소였다.

"마을에 잇따른 버드나무숲 일천(一千)가지나 드리웠고,

섬을 덮은 구름과 연기 한 줄로 가로질러 있네.

버들꽃 날아 떨어지는데 버들실이 드리웠고,

연파강상(烟波江上) 비 뿌리는 배에 어부들 나가네."[50]

---

47) 다산연구회 역, 정약용 저, 앞의 책, p.230.
48) 조선의 임수, 앞의 책, p.348.
49) 서울 육백년사 1권, 앞의 책, p.688.
50) 서울6백년사 2권(1978), 서울시사편찬위원회, p.983.

그림 17. 1938년 수원 장안문밖 송림 모습　　　　　　　그림 18. 2004년 수원노송지대 모습

과거 교통적 의미의 전통도시숲은 오늘날 역이나 시장과 같이 오고가는 사람들과 사람들이 많이 모이는 중심이 되거나, 도시로 접근하는 일정거리마다 조성함으로써 도시의 정체성을 높이는 기능을 하였다.

(5) 생산

생산적 기능을 갖는 전통도시숲은 재목생산을 위한 송림과 각종 생활용도의 관전(官田)[51]으로 구분해 볼 수 있다.

목재생산의 예로 금산(禁山)은 국도 주변 사산(四山)이나 그 외부에 지정된 외방금산(外防禁山), 그리고 그밖에 금산과 유사한 역할과 기능을 하는 것들로 구분될 수 있다. 조선시대 서울의 사산은 국도로서의 위엄과 풍치를 유지코자 하는 목적을 갖는 금산인 반면에 외방금산은 군사적 목적, 목재 생산 목적 등 사산보다는 순수한 산림 자원 활용이 목적이었다. 그 외 생산적 기능을 가졌던 숲의 유형으로는 관의 시목(柴木) 채취지역인 관용시장(官用柴場), 선점한 사람들이 스스로 산림을 배양한 사양산(私養山), 그리고 산림의 사점이나 독점의 폐단을 개혁키 위해 영조때 등장한 송계림(松契林)[52] 등을 들 수 있다.

관전(官田)에 조성되었던 종류는 상전(桑田), 저전(楮田), 칠전(漆田), 전죽(箭竹) 등과 과목(果木)으로 대추나무, 밤나무, 오동나무, 탱자나무 등을 들 수 있다. 경국대전에 "여러 고을의 옻나무, 뽕나무, 과목의 조수(條數) 및 저전(楮田), 완전(莞田), 전죽(箭竹)이 생산되는 곳은 장적(帳籍)을 작성하여 본조(本曹)와 본도(本道)·본읍(本邑)에 간직하여 두고 식재하여 기른다"[53]고해 예전부터 전통도시 주변에 생활 목적의

---

51) 관전(官田) 혹은 관전(館田)은 관의 소요 경비를 마련하기 위해 지급한 토지(민족문화 대백과사전 3, 앞의 책, p.121)를 의미한다.
52) 한국임정연구회(1975), 치산녹화 30년사, pp.29-34.
53) 한국정신문화연구원 역, 앞의 책, p.486.

숲들이 많이 조성되어 관리되었음을 알 수 있다. 특히 공조(工曹)에 소속된 기관으로서 장원서(掌苑署)는 각 곳의 과원(果園)은 관원이 나누어 맡아 해마다 과목을 혹은 심기도 하고 접붙이기도 하며, 그 그루 수 는 장부에 기록[54]하며 공조에 보고했으며 공조에서는 이를 관리하였다.

현재 알 수 있는 생산 의미의 숲은 청도 상지율림(上枝栗林)·하지율림(下枝栗林), 정주 율림, 선산 동지 수(冬至藪), 상주 율수(栗藪), 밀양 율림, 남원 율림·과목전, 영일 후동약수(厚洞藥藪)·관송전(官松田)·수시 수(壽矢藪)·송전(松田), 함안 대동수(大桐藪), 진주 관죽전(官竹田), 울산 태화강죽림(太和江竹林), 경주 산조 수(山棗藪), 기타(밤숲, 松林) 등으로 밤, 약초, 소나무, 대나무, 오동나무, 대추나무, 과일 등을 생산할 목적 으로 조성된 숲이다.

경국대전에 오동나무는 각 관사(官司)에서 각 십조씩 식재하여 기르고 본조에서 점검하여 살핀다. 또 한 지방의 여러 고을은 각 삼십조씩이며 관찰사가 점검하여 살핀다[55] 하는데 이 오동나무는 예전부터 장롱, 책장, 서랍과 악기를 만드는 재료로 사용되었을 뿐만 아니라 그 기름은 예전부터 배틈을 봉합[56]시 켜 배건조시 재료로 널리 사용되었다.

생산적 기능의 전통도시숲은 전통도시숲내 나무의 목재나 열매를 취득할 목적으로 조성되어 생활용 도로 사용하고자 조성되었던 숲들을 의미한다. 현재는 거의 남아있지 않아 그 모습을 알 수 없으나 다른 전통도시숲들 보다 사람들의 생활에 밀접한 관련을 갖고 있었다. 특히 이는 전통도시숲에서 생산되었던 나무나 열매가 바로 전통도시를 대표하는 특산물과 일치되는 점에서 확인된다.

(6) 놀이

전통도시숲은 조성 초기부터 독특한 배경 속에 출현했으며 오랜 기간 동안 전통도시의 다양한 놀이 와 이용을 수용하여 왔다. 이는 전통도시숲이 도시 내나 인접지에 위치해 도시사람들에게 휴식, 모임, 담화, 놀이의 대표적 장소로 기억되어 온 점에서 입증할 수 있다. 특히 이 숲에서는 누정, 못, 강, 호수 등 과 인접해 사람들이 머물러 쉬거나, 각종 연회(宴會)나 행사(行事)가 개최되거나, 손님을 맞거나, 외부를 감시하거나, 시를 짓거나 하는 다양한 놀이적 이용이 있어 왔고 오늘날 남아있는 숲의 대부분도 도시공 원, 사적지, 유원지, 휴양지 등으로 활용되고 있다.

특히 전통도시숲에서는 계절적으로 행해지는 씨름, 연날리기, 그네뛰기, 백중 놀이의 세시풍속과 화

---

54) 한국정신문화연구원 역, 위의 책, p.487.
55) 한국정신문화연구원 역, 위의 책, p.487.
56) 다산연구회 역, 정약용 저, 앞의 책, p.182.

전놀이, 시회, 궁회 등의 전통놀이가 행해졌다. 그러나 전통도시숲에는 축구, 게이트볼, 다이나트랙, 그리고 각종 현대적 놀이시설을 활용한 현대적 놀이가 많이 행해지고 있다.

또한 전통도시숲에서는 각종 놀이와 더불어 만남과 모임이 이루어지는 장소이기도 하다. 많은 사람들의 모임 장소로 전통도시숲이 잘 활용되는 것은 숲의 정체성이 높아 인근에서 널리 알려진 명소일 뿐만 아니라 여름철 시원한 그늘과 운동장, 광장, 혹은 누정이 설치되어 있기 때문이다.

놀이문화를 담고 있는 숲은 해남 서림공원(西林公園), 영동 송호리 국민관광지, 광양 유당공원(柳塘公園), 점촌 영신유원지(永新遊園地), 나주 드들강유원지, 거창 원상동공원(元上洞公園), 부산 에덴공원, 제주 금산공원(錦山公園), 서산 양유정 등 다수가 남아있다.

오늘날 전통도시숲중 일부는 문화재보호법으로 지정되는 명승, 천연기념물, 혹은 산림청에서 지정하는 천연보호림으로 지정되고 있는 추세여서 자연과 함께 전통문화의 교육적 역할이 증대되고 있다.

그림 19. 영동 송호리 국민관광지

전통도시숲에서 이루어지는 놀이와 이용은 시대에 따라 다소 차이가 있으나 현대의 도시 공원에서 발생되는 이용행태와 같은 맥락에 있다 하겠다. 따라서 전통도시숲에 나타났던 다양한 놀이문화에 관한 연구를 통해서 오늘날 현대 도시공원에서 잊혀져 버린 우리 고유의 전통놀이나 문화를 발굴하고 실제 체험할 수 있는 공원을 창조할 필요가 있다.

과거 전통도시숲을 조성한 의도에서 알 수 있듯이 우리에게 전해주는 교훈은 어떤 형태이든지 간에 반드시 사람들의 놀이행태가 숲에서 이루어지는 것을 전제로 한다는 점이다. 그리고 이러한 놀이문화는 과거의 폐쇄적 전통사회에서 개방적 현대사회로 전환되면서 더욱 확산되었으나 이를 수용할 충분한 숲이 조성되지 못해 이용을 전제로 조성되지 못한 야산의 숲까지도 이용 피해를 받고 있다. 뿐만 아니라 최근 자연 및 환경교육의 욕구가 더욱 강조됨에 따라 앞으로는 전통도시숲 복원을 통해 문화환경의 교육적 기능을 확대해야 할 것이다.

3. 결론

전통도시숲은 그 도시의 장소적 정체성(正體性)을 강화하기 위한 대표적 수단으로서 내외부를 통해 가장 뚜렷한 시각적 속성과 외관을 갖고 있으며 많은 사람들이 찾는 그 도시의 명소일 뿐만 아니라 그 도시 사람들의 영혼마저도 일체된 대표적 상징이었던 것이다. 풍수적 배경의 수구막이숲은 예전부터 그 도시의 입구에 설치되어 오가는 사람들의 휴게소와 같은 기능을 수행해 왔다. 그 도시의 입구에 위치한 이 숲은 그 도시의 대문과 같이 상징적 작용을 갖고 있을 뿐만 아니라 항상 많은 사람들이 오고가기 때문에 매우 인상깊은 숲으로 그 도시를 명소로 기억하게 했다. 더 나아가 이 숲 내에는 누정, 못, 각종 공적비 등의 시설들이 설치되어 그 도시의 자랑거리가 모이거나 그 도시의 권위와 위엄을 상징하기도 하고 시회, 궁회, 씨름 등 각종 대회나 모임이 개최되는 사람들의 중심 문화공간이었다.

결국 한국의 전통도시숲은 독특한 전통문화적 산물이면서 오랜 역사를 간직하고, 도시 내나 주변에 입지하여 사람들의 휴식, 놀이, 운동 등 다양한 이용행태를 담는 그릇으로, 각종 재해를 막아 주고, 아름다운 경관을 이루는 전통도시공원이다.

현존하는 전통도시숲의 경우 토착신앙, 풍수, 유교 등의 역사·문화적 의미를 갖는 숲이 그렇지 못한 숲보다 보존될 확률이 높은데 이는 문화와 관련이 깊고 사람들의 관심과 활용이 지속적으로 유지되는 숲이기 때문이다. 따라서 전통도시숲 조경문화 보전과 활용이야 말로 전통도시숲을 미래에도 유지하는 가장 효과적 방법이라 하겠다.

현재 대도시에 남아있는 숲의 대부분은 인공림이라기보다는 시가화 되면서 개발에서 누락된 자연숲들이 대부분으로 이들 숲은 적극적으로 이용하면 급속한 파괴가 유발되고 환경적 보전만을 한다면 주변 이용과의 마찰을 가질 수밖에 없는 딜레마에 빠져 있다. 그러나 전통도시숲을 보면 이러한 문제가 비교적 적게 출현하고 있기 때문에 도시내 숲관리의 교훈을 얻을 수 있을 것으로 보인다. 이 교훈은 전통도시숲이 본래 출현시에 사람들의 이용을 전제로 조성되었으며 사람들의 필수적 생활과 관련되어 출현되는 점에 있다. 즉 이는 숲이 시각적으로 감상하거나 노는 장소만을 제공하는 것이 아니라 심어보고, 먹어보고, 가꾸는 장소로서의 문화기능을 포함함을 의미한다. 물론 과거의 숲이 모두 시민들과 함께했다고는 장담할 수 없으나 숲의 관리나 조성의 부담을 지역주민들 스스로가 담당했던 점에서 미루어 짐작할 수 있다. 따라서 현대 도시공원 혹은 기존 도시숲(야산숲도 포함)의 조성 및 관리에 있어서 시민들의 참여를 어떻게 자연스럽게 유도할 것인가는 바로 전통도시숲의 조경문화속에 나타나는 주민참여적 측면에서 찾을 수 있다.

지금까지는 숲의 역사·문화적 가치를 고려하여 숲을 보존이나 보호하기 위한 제도적 장치로서 천연기념물 제도가 활용되어 왔다. 그러나 전통도시숲을 천연기념물적 차원에서만 지정하다보니 숲 자체의 천연적 자연자원이 빈약하거나, 그간의 과다이용으로 심한 훼손 피해를 받아 그 규모가 작거나, 지정여건이 불리한 전통도시숲의 존립에 어려움이 많아왔다. 지금이라도 천연기념물 지정범위를 정할 경우 지정관심을 자연성의 물리적 차원만이 아니라 문화적 차원에 비중을 두어야 할 것이며 숲 자체의 물리적 공간만이 아니라 주변 자연환경과 혹은 주변에 산재하고 있는 문화 관련된 장소까지도 확대하여 지정하여야 할 것이다. 더욱이 앞으로는 천연기념물의 제도보다는 명승이나 역사경관적 차원에서 전통도시숲을 확대 지정함으로써 지정후 보전 중심의 관리보다는 이용중심의 관리가 되어야 할 것이다. 더 나아가 지속적인 보존 및 활용을 유도하기 위해서는 기존의 역사·문화적 활동의 복원과 새로운 놀이문화와 이벤트가 전통도시숲과 함께해야 할 것이다.

이 전통도시숲을 복원하기 위해서는 도시내 하천제방, 산, 도시인근 농업지구 등 아직까지 현재 정규 공원녹지가 아닌 도시 빈공간을 대상으로 숲의 조성과 복원을 시도하는 것이 바람직하다. 그리고 새롭게 조성되는 전통도시숲은 연계성이 높은 사적지, 야산 혹은 야산의 능선, 하천, 수로, 성, 도로 등과 가능하면 연결되는 부지를 선정함으로써 자연스럽게 생태적 네트워크가 형성되도록 해야 한다.

또한 전통도시숲이 가져온 다양한 활동과 의미를 비추어 보면 오늘날 현대 도시공원의 다양화가 필요함을 제시해 주고 있다. 이 점은 지금까지 각종 공원계획에서 부분적으로 고려되기는 하였지만 전면적으로 확대되지는 못하였다. 현대도시의 도시공원녹지가 전통도시숲이 해왔던 방재, 풍치, 생산, 군사, 놀이 등의 기능을 갖기 위해서는 무엇보다 대규모로 조성되어야 할 것이다.

■ 참고문헌

1872년 고지도

경주시지(1971), 경주시

광여지도

김의원(1987), 한국전통도시 구성의 원리, 공간 237호

김학범 외(1995), 마을숲, 열화당

다산연구회역, 정약용 저(1985), 목민심서 5, 창작과비평사

무등의 얼(1985), 광주문화원

무안군의 문화유적(1986), 국립목포대학 박물관, p.272

문화상징사전(1992), 문화상징사전 편찬위원회, 동아출판사

민족문화 대백과사전 10(1988), 한국정신문화연구원

민족문화 대백과사전 18(1988), 한국정신문화연구원

민족문화추진위원회역(1971), 만기요람, 고전국역총서 68(군정)

박용숙(1990), 한국의 미학사상, 일월서각

서울6백년사 1권(1977), 서울시시사편찬위원회

서울6백년사 2권(1978), 서울시시사편찬위원회

서울6백년사 3권(1979), 서울시시사편찬위원회

손정목(1977), 조선시대 도시사회연구

수원시사(1986), 수원시사편찬위원회

신경남일보, 1990.6.6.

신증동국여지승람(밀양도호부)(1971). 민족문화 추진위원회

안동향토지(1983), 송지향, 삼원사

양보경(1987), "조선시대 읍지의 성격과 지리적 인식에 관한 연구", 서울대 박사논문

여주군지(1989), 여주군

여주문화원 역, 목은 이색 저(2004), 여강 한구비 산이 그림같은 이

우리말 큰사전(1992), 한글학회, 어문각

윤국병(1978), 조경사, 일조각

이상호 역, 일연 저(1990), 삼국유사, 신서원

이석호 역, 유득공 저(1991), 동경잡기, 동문선 문예신서

이윤기 역, Eliade, M 저(1992), 샤마니즘, 까치

이익성 역, 이중환 저(1971), 택리지, 을유문화사

이현구 역(1991), 여강시축, 여주신문사, p.481에서 요약정리

임경빈(1993), 우리 숲의 문화

장동수(1995), "전통도시조경의 장소적 특성에 관한 연구 – 전통도시숲(읍수·임수)을 중심으로", 서울시립대 박사논문

장동수(2001), "수해방지림의 조경배경과 분포", 전통조경학회 통권 36호, pp.49-58

장동수(2005), "청계천 주변에 조성된 전통도시숲의 복원에 관한 연구", 한경대논문집, pp.117-129

장동수(2006), "경기도 여주군 팔대장림 복원에 관한 연구", 전통조경학회지, 24권 1호, pp.78-84

장동수(2006), "풍수지리적 배경의 전통숲 조성에 관한 연구", 계명대 한국학논집 33집, pp.49-80

장동수(2006), "A Study on the Restoration of Traditionally Planted Forests on the Urban Waterfront Bank", 전통조경학회 영문판 4호, pp.1-7

장동수 외(2004), 한국의 전통생태학(숲 문화와 생태), 사이언스 북스

장동수 외(2007), 마을숲과 참살이(수구비보 전통숲이야기), 계명대학교 출판부

장동수 외(2007), 지명의 지리학(한국 전통숲의 지명에 관한 연구), 푸른길

장동수 외(2007), Korean Traditional Landscape Architecture(Village Grove Culture), Hollym

장병길 역, J. G. Frager 저(1990), 황금가지 I, 삼성출판사

전영옥(1990), "조선시대 관영원림에 관한 연구", 서울대 환경대학원 석사논문

조선왕조실록 CD판

조선의 임수(1938), 조선총독부 임업시험장

치산녹화 30년사(1975), 한국임정연구회

풍물지리지(1991), 김재식 외 1인 편저, 보우문화재단

한국민속대사전 I (1991), 신준호, 민족문화사

한국임정연구회(1975), 치산녹화 30년사

한국정신문화연구원역(1985), 경국대전

02 근대 문화유산으로서 한국 정원의 가치

이원호_문화재청 국립문화재연구소, 조경학 박사

1. 서언

시간적인 차원에서 볼 때, 한 사회의 문화 과정은 정체적인 것이 아니라 하나의 유형에서 다른 유형으로 근본적으로 변환되기도 하고, 급작스럽게 또는 점진적으로 변화해가는 문화의 진화 과정을 거치기도 한다. 역사상, 특정 시기의 문화는 시대를 건너 뛰어 다른 시기의 그것과는 상이함이 발견되기도 하며, 이들 사이에는 일부 또는 동일한 문화 요소가 재등장되거나 크게 변형되어 전혀 다른 양상을 보이는 경우도 있다(신범식, 1989). 이러한 문화 과정의 하나로서 '근대'의 도래는 역사적 전환점의 하나로서 그 시대 고유의 사회 경제, 문화적 환경과 결부되어 다양한 문화 양상을 보이고 있다. 그러나 우리의 역사에서 '근대'는 그 전·후시대에 비해 제대로 된 위상을 확립하고 있지 못하였다. 이는 우리 문화 전반에 걸친 현상으로 이 시기에 대한 관심의 부재는 우리의 역사 인식에 단절을 초래하고 있기도 하다. 고래 (古來)의 것은 유구나 사료의 부족에 의한 시기적 제약으로 인정하더라도 문화 전반에 걸친 근대에 대한 학술적 연구의 부족은 연구 여건 보다는 오히려 기피적인 영향으로 보는 시각이 제기되고 있다. 이 시기의 역사에 대한 연구를 꺼리는 풍조의 일차적 원인은 이전 시기에 발흥한 문화적 신기운을 고양하거나 전진시키지 못한 일종의 실패한 시기이자, 국망을 초래한 시기로 인식하고 있기 때문이다(김상엽, 2002). 그러나 과거 찬란했던 전통문화 역시, 이 시기를 거쳐 온 산물이며, 부끄러운 역사 또한 바로, 우리의 역사임을 간과해서는 아니 된다. 최근 들어, 이러한 문제의식의 확산으로 각 분야에서 '근대' 시기에 대한 관심이 증가하고 있는 추세이다. 문화재청에서 실시한 근대문화유산 등록사업(2001)과 각 학문 분야에서 일어나고 있는 근대시기에 형성된 문화의 실체를 정리하려는 연구들이 그것이다. 본 고에서는 근대시기에 조성된 문화유산 중 정원 분야의 변화를 중심으로 살펴보고자 한다. 이러한 시각에서 근대적 성격이 발현되는 20세기를 시점으로 한 정원문화의 특질을 찾는 것을 과제로 외암리 마을의 주택정원을 사례로 삼고자 한다. 그동안 전통정원조성기법과 이질적인 것으로 때로는 외래식정원으로 취급되어온 근대적 정원의 본질이 과연 우리의 사회 문화적 제반 상황에서 어떠한 양상으로 인식되었고 수용되었는가를 밝히는 것은, 정원뿐만 아니라 모든 문화적 전반에서 하나의 중요한 가치 평가의 실마리가 될 수 있을 것이다. 또한 당대의 상황과 입장에서의 접근과 해석이 필요하다.

이 근거를 토대로 근대에 대한 개념의 이해와 근대문화유산등록사업과 정원 분야의 실정, 근대 정원의 특성과 가치를 중심으로 근대 정원에 관한 관심과 논의의 장을 마련하고자 하는 것이다. 이는 결과적으로 정원 분야에서 전통과 현대를 잇는 교량적 역할은 물론 전, 후 관계의 규명을 통한 한국 전통정원의 정체성을 더욱 명확히 할 수 있는 작업이 될 것으로 기대해 본다.

2. '근대'에 대한 이해

근대(Modern)[1]의 어의는 '지나간 지 얼마 안 되는 가까운 시대'를 지칭하는 말로 중세와 현대의 중간 시대를 지칭한다(동아 새국어사전).

역사학의 시대 구분법에서 자본주의가 행해지는 시대와 동일한 뜻으로 쓰이는 말이다. 이는 서양사 연구에서 형성된 사고로 modern[2]은 자신들의 현재를 과거와는 다른 독특한 것으로 인식하고 구별하여 부른데서 연유한다. 유럽사에서는 중세의 봉건시대에서 절대 왕정 시대를 거쳐, 영국으로 대표되는 산업혁명과 프랑스의 시민혁명에 의하여 근대화가 이루어졌다고 보고 있고, 동아시아에서는 중국이 아편전쟁으로 남경조약을 체결, 문호를 개방한 것을 근대화의 실마리로 취급하고 있다(동아 세계대백과사전).

건축에서의 근대성에 관한 논의를 보면 "건축 사상에서 근대 지향적 성격은 민본사상, 생산력 확대, 재료, 구조 기술, 기능, 의미의 측면에서 과거와는 확실히 다른 기능주의적 주장을 하게 된 것에서 찾아볼 수 있다"(김홍식, 1972)는 견해를 가지고 있다. 여기서 근대의 시작은 주로 외부의 영향에 의한 이전

---

1) 대문자(M)로 시작하는 근대는 역사적 근대를 지칭하는 것으로 근대화라는 미증유의 사건이 야기시킨 혁명적 변화가 일어나고 계속되어 온 특수한 시간대를 말한다.
2) 서구에서 16세기부터 구별하여 불렸으며 항상 그 시대에 있어 현대를 지칭하는 의미.

시기와의 차별성이라고 볼 수 있다. 이와 같이 근대에 대한 정의와 시기는 동·서양에서부터 각 학문 분야에 이르기까지 그 시각을 달리하고 있다. '근대'는 또한 전체적이고 동시적인 시대 현상의 시점을 제시할 수 없다는 한계점을 지니고 있으며, 단순히 시기나 양식으로 규정하기에는 많은 부분에 서로 다른 견해 차이를 보이고 있는 실정이다. 우리나라의 경우, 일제 강점기라는 특수한 상황 하에서 근대시기의 변화는 피동적인 측면만이 강조되기 쉽다. 외세에 의한 식민지양식3)(colonial style)으로 취급되어 일본풍이 되어버린 우리의 근대문화유산들에 대한 가치의 재평가가 필요하다고 하겠다. 문화란 그 시대의 자연환경 뿐 아니라 정치·경제·사회적인 인자에 의한 인문환경의 소산인 것을 감안한다면 자국민의 문화가 오로지 타국의 지배에 의해서 영향을 받는다는 일차원적인 사고에서 자유로울 수 있을 것이다.

3. 근대문화유산등록사업과 정원 분야

근대문화유산에 관한 국가적 차원의 보존 정책으로 2001년 7월에 문화재청에 의해 근대문화유산의 보존·활용에 대한 새로운 모색과 잠재적 가능성을 넓히는 '등록문화재제도'가 본격 시행되었다. 동시에 '근대문화유산 조사 및 목록화 사업'이 지방별로 추진되어 전국에 산재한 근대문화 유산의 보존·관리를 위한 기초 자료를 확보하게 되었으며, 등록문화재 등록의 효율적인 업무 수행을 원활히 할 수 있는 발판이 마련되었다. 한편, 등록문화재제도가 시행된 후 등록 기준에 적합한 건조물이 순차적으로 등록되었으며, 2004년 9월 현재, 113건에 이르고 있다. 처음에는 주로 건조물을 대상으로 등록하였으나 차츰 근대토목유산과 근대산업유산까지도 포함하게 되었다(최병하, 2004). 그러나 아직까지 정원의 가치를 위주로 한 근대문화유산의 등록은 활발히 이루어지지 않고 있는 실정이다. 정원은 건축과 같이 정형화될 수 없으며 서양의 근대와는 달리 일반 서민 계층으로의 파급이 제대로 되지 못한 한계상황을 이해한 구도 속에서 접근될 필요성이 있다. 현재, 전국에 다수가 분포4)되어 있는 이 시기에 조성된 정원은 단순히 이질적 양식의 도입이라는 측면에서 전통과 현대의 사이에서 모두 배척되고 있다. 일본풍의 양식을 따른 정원은 왜식 정원으로 취급되어 정원의 조영에 대한 자료 또한 제대로 알려져 있지 않고 전통적인 원리

---

3) 식민지 양식. 식민지에서 모국의 건축을 본뜨는 양식으로 풍토, 재료, 기술수준, 생활수준의 차이에 의해 모국의 것과는 다른 독특한 특색이나 내용을 갖는다. 예를 들어 미국에는 영국계, 네덜란드계, 스웨덴계, 프랑스계, 스페인계의 각종 콜로니얼 양식이 있으며, 오스트레일리아와 인도에는 영국계 콜로니얼 양식이 지배적이다.

4) 근대시기에 조성된 정원은 지방문화재나 사적 등으로 지정된 가옥의 정원 이외에도 개항 초기에 개항장이였던 항구도시인 인천, 목포, 군산, 부산 등지와 전국 각지에 다수가 분포하고 있으나 그 원형이 제대로 보존되어 있지 못하고 사라져 가고 있는 실정이다.

에 벗어난 정원의 형식은 전통에 위배되는 양식으로 관심 밖에 밀려나고 있다. 또한 해방 이후, 6.25 동란을 겪으면서 이 시기의 정원에 대한 원형조차 훼손되어 우리는 이들 정원에 대한 제대로 된 인식이나 평가의 여건도 마련하지 못한 채 전후 복구와 경제 성장에 매달려 지금의 현대사회로 급히 진화하였다.

4. 근대 정원의 특성과 가치

근대시기에 조성된 정원은 전통적 정원과는 다른 특성을 갖는다. 이러한 변화의 요인으로 크게 신분제의 변화와 경제력에 따른 지위 변화 가능성, 시대적 변화에 따른 전통적 규범의 변화 등을 들 수 있다. 사상적으로는 실학사상의 계속적인 발전과 실학자의 활동, 외국 문물과 사상, 과학기술의 영향 등으로 인해 그 시대 정원조영자들의 사상에 영향을 미치게 된다. 그로 인하여 전통 주택의 주거 조정 현상이 일어나게 되며 공간상의 변화도 맥을 같이하게 되어 정원이 변화를 겪게 된다.

근대적 정원의 특성으로는 전통적 공간과 구성 요소의 변화로 대별된다.

전통적 공간인 마당의 개념이 정원으로 변화하면서 공간내 구성 요소의 형태와 밀도, 재료 등이 변화하고 있다. 특히, 전통적 방지원도에서 부정형의 계류 형식의 연못을 가진 회유식 정원이 외암리의 건재고택, 교수댁, 송화댁 및 창녕의 성윤경가를 통해 나타나며, 사랑 마당의 석물과 재식기법의 변화도 이 시기의 특징으로 볼 수 있다.

정원감상의 방법은 정자나 건물에 머무르는 정적인 것에서 정원을 산책하며 즐기는 동적인 것으로 변화하고 있다. 시각 구조도 내부지향적 성향인 정원을 위주로 감상하는 것으로 보여지며 동선 구조의 변화 또한 규범의 혼란으로 기능적으로 변화 한다.

정원구성요소에서 외래 요소와 전통적 요소의 혼재, 상류 지향의 조성 태도 등을 제시 할 수 있다. 서울 석파정의 중국식 정자나 석교, 윤보선가의 서양식 정원과 건물, 다수의 정원에서 나타나는 궁궐에서 사용하는 장대석 등의 기단 등을 조성한 것이 사례가 된다. 전통적 조성 기법은, 수경 처리가 단순하며 상징적인 의미가 큰 비중을 차지한 데 비하여 이 시기는 외래 문물의 유입과 실학, 개화사상으로 인한 신기술에 대한 관심이 정원의 재료 또한 다양하게 유도하였다. 석물의 사용이 두드러지는데 형상석, 석탑, 석등, 석교 등의 형태나 놓는 위치 등이 다양하게 나타난다. 특히, 정원 조영자의 경우, 근대 수용 양상에 따른 변화가 정원에 나타나는 경향은 외래 요소의 도입에서 두드러지게 된다.

근대시기에 조성된 정원의 본질이 과연 우리의 사회 문화적 제반 상황에서 어떠한 양상으로 인식되었고 수용되었는가를 밝히는 것은, 정원뿐만 아니라 모든 문화적 전반에서 하나의 중요한 가치 평가의 실마리가 될 수 있을 것이다. 바로, 근대시기를 규명하는 한 부분으로서 정원은 가치를 지니게 된다. 또한 이 정원의 사례들은 다른 어느 나라의 양식도 아닌 우리의 전통적 기반 위에 이루어진 것으로 해석될 수 있으며, 한국 정원사의 한 획을 긋는 시대 양식으로 자리 매김할 수 있을 것이다.

5. 정원사례

1) 외암리 건재고택(정원조성 : 1920년경)

(1) 정원 개관

외암리 건재고택은 1830년대에 가옥이 조성되었고 현재의 정원을 조성한 것은 이용기 씨(1896-1980)에 의해서라고 한다. 이 댁의 호칭이 영암댁이기도 한 것은 작정자 이용기씨가 일제 강점기에 전남 영암 군수를 역임한 바 있기 때문이다. 이용기씨는 또한 제주도에서 관직을 지낸 바 있으며, 송악면장을 역임한 바도 있는 인물이다. 그는 젊었을 때 와세다 대학에서 유학을 하였고 유학 시절에 일본 여행을 많이 하였다고 한다. 그때 일본 문물과 정원에 관심을 갖게 되었고 귀국 후 마당을 넓혀 외세풍의 정원을 조영하게 되었다고 한다(남승희·김용기, 2000 : 64).

정원의 작정자인 이용기는 일제강점기에 권력층에 속하는 상류 계층으로 당시, 일본의 문물들과 접촉할 수 있는 기회가 빈번하였다. 당시 상류층은 유교적 규범질서 속에서 교육을 받아온 사람들로 급변하는 국내 정세의 변화 충격을 수용하여야 하는 처지였다. 특히 부와 권력을 얻은 경우는 새로운 요소를 자신의 규범 안에서 빠르게 받아들이고 신문화를 적극 수용하는 양상이 두드러지게 보인다. 이러한 집단들에서 공통적으로 나타나는 현상은 유행 양식 등을 선진적으로 수용하는 태도라고 볼 수 있다. 그러나 그들의 수용방식은 전통적 규범에서 완전히 벗어나진 못했다. 특히, 건재고택의 정원 작정자의 경우, 일본의 양식을 수용했으나 정원의 조성 공간은 전통적 규범의 틀인 사랑 마당내에서의 범주를 넘지 못했다. 또한 수종의 선택에 있어서도 전통수종이 다수 사용된 것을 보면 알 수 있는 부분이다. 특히, 건재고택의 사랑마당에서 기록한 감흥을 보면 사랑채의 누마루에서 바라보는 사랑 마당의 정원이 마치 정자에서 감상하고 있는 듯 신선의 경지라 표현하기도 하였다. 이 정원에서는 전통적 방지도 나타난다. 이처럼 과거 선비들의 풍류를 계승하고 있으면서 시대적 양식을 받아들인 것으로 보인다.

이용기씨는 일제하에 지방행정관리를 지내는 동안 서울과 일본을 두루 다니며 견문이 넓은 까닭에 당시에 친일 세도가들에게서 유행하였던 일본식 정원요소들을 다수 도입하게 되었다(유병림, 1989 : 151). 이는 관리를 지내는 동안의 견문과 정원의 조성에 있어 유병림(1989)의 조사에 따르면 정원조성은 천안에서 한국인 기술자가 와서 완성했다고 하며, 소나무, 단풍나무, 산수유 등의 수목은 근처의 야산에서 캐어왔고, 괴석은 제주도에서 가져 왔다고 한다. 또한 사랑마당에 있는 오층석탑은 관직에 있는 동안 인근의 폐사된 사찰에서 가져온 것이라고 한다. 그는 제주도 뿐 아니라 금강산 등의 명승지에서 좋은 수석을 구하여 정원에 두었고 수목을 식재하였다. 이를 통해, 일본의 정원문화를 경험한 전환기적 시대를 산 인물이 이를 자신의 정원에 도입하고자 조성 개념에 부합하는 재료를 찾기 위한 노력과 수집취미를 엿볼 수 있다.

(2) 공간 구성

건재고택은 마을 동북쪽 중심부에 위치하고 있으며 이 집은 삼면이 바깥담으로 둘러쳐져 있어서 가옥 자체의 영역성을 분명히 하고 있다(홍광표 외, 2001 : 81).

외암리 부락에서 건재고택은 평지에 위치한 마을의 중심적 주택에 속하며 마을의 길과 담으로 주택의 영역을 구분하고 있다. 가구배치 등은 마을의 전체배치와 큰 영향력이 없는 것으로 보인다.

기본적인 주택의 공간구성은 전통 양식을 기본으로 하고 있으나 경물의 배치나 수목의 배식, 동선처리, 지수의 형식 등에서 외래양식을 도입하고 있다(유병림 외, 1989 : 151-157). 이 집은 문간채, 사랑채, 안채, 가묘 등 크게 4동의 건물과 그 건물들과 담에 의해서 형성되는 바깥마당, 사랑마당, 안마당, 후원으로 구성되어 있다.

전정공간인 사랑마당은 건물과 담에 의해서 철저히 위요되어 있으며, 괴석과 수목, 연못으로 가득 채워져 있다. 사랑채 앞의 석탑은 또한 안채와 사랑채 그리고 내담에 둘러싸여 있는 안마당은 전통적 방식에 준거하여, 좁지만 청결하게 조성되어 있다. 안채의 위편에는 가묘 및 채마밭을 겸한 후원이 있다(홍광표

그림 1. 건재고택 배치도(자료 : 유병림 외, 1989, 조선조 정원의 원형)

그림 2. 건재고택 사랑채 전경   그림 3. 건재고택 후원

외, 2001 : 81). 후원에는 1993년에 매립된 방지원도가 있었는데 후손인 이준경(65세)의 증조할머니가 태몽을 꾸고 난 뒤 조성한 것이고, 사랑채의 석탑 역시 증조부 때 폐사된 사찰에서 가져다 놓은 것이라고 한다. 공간의 구획은 담장을 통해서 이루어지는데, 바깥마당과 사랑마당은 문간채와 외담으로 구분되고, 사랑마당과 안마당은 내담으로 엄격히 구분되고 있다. 사랑채와 안채 영역은 별도로 난 중문을 통해서 연결되는데 두 공간 사이의 대비감을 극대화 시켜주고 있다.

정원은 문간채 밖 바깥마당에서 진입하면 사랑채와 전정을 면하게 된다. 탑을 중심으로 두개의 원로가 사랑채와 수공간을 통한 중문으로 통하게 배석되어 있다. 전정 공간을 지나 중문을 들어서면 내담을 만나게 된다. 이것은 중문과 안채 간의 시선을 차단하여 집안에 거주하는 부녀자들의 사생활을 보호하기 위해서이다. 안마당은 작업공간으로 비워져 있으며 안채의 뒤쪽은 사당과 후원으로 이루어져 있다.

(3) 정원 설계요소

① 수경

연못은 회유식으로 사랑마당의 측면에 굴곡진 선형을 이루며 집안을 통과하고 있다. 과거의 부정형의

그림 4. 건재고택 수공간   그림 5. 연못 입수구 부분   그림 6. 연못 출수구 방향

곡지와는 달리 주변을 산책하며 감상을 유도하는 형태를 가지고 있다. 이 외에도 전통적 방지가 안채의 후원에 조성되어 있었으나 현재는 매몰되었다.

　② 식물

　　정원에 도입된 수종은 소나무를 비롯한 향토수종이 대부분을 차지하고 있으나 향나무나 회양목, 사철나무 등의 토피아리용 수종이 나타나고 있다. 주로 연못의 주변이나 사랑채앞 전정공간에 석물과 함께 배치되어 있는데 심리적인 만족감을 줄 수 있을 만큼 여러 요소가 적절히 조화되어 정원을 가득 채우고 있다. 수목과 점경물은 구성요소간에 균형이 잘 잡혀 있다. 정원에 빽빽이 차 있는 듯 하면서도 여유가 있어 번잡스럽지 않고 적당한 간격에서 산책하며 감상할 수 있도록 배치되어 있다. 연못부분의 식재는 연못 주변을 회유하며 감상 할 수 있도록 동선을 유도하며 적절히 배치되어 있다. 주로 소나무를 위주로 식재하고, 하층부에는 관목과 관엽식물로 처리하였다. 연못부분에서는 사랑마당 앞이 잘 보이지 않도록, 사랑마당에서는 연못부분이 잘 보이지 않도록 수간의 위치를 고려하여 식재하였다. 이는 공간을 양분하여 서로의 기능적 특성을 잘 살려주는 식재 기법이라 할 수 있다.

그림 7. 사랑채 앞의 식재

그림 8. 연못 부분 식재

　③ 건조물

　　건재고택은 크게 4동의 건물로 구성되어 있다. 건물의 배치는 설화산을 진산으로 하여 산세에 따라 서북향으로 하고 설화산 계곡에서 흐르는 물이 명당수를 이루고 있다. 가옥의 구성은 문간채, 사랑채, 안채를 주축으로 하여 향우측에 나무광을, 향좌측에 곳간을, 향우측 맨 위쪽에는 가묘를 배치하였으며 사랑채 앞은 넓은 마당으로, 가묘 우측에는 후원으로, 나무광 우측에는 연못(후에 변형)으로 조성되어 있다.

　　가옥의 주위에는 돌담을 두루고 돌담 밖(곳간채 우측)에는 초가로 된 하인들의 거처가 있다.

그림 9. 안채에서 본 사랑채 협문

그림 10. 안채 전경

④ 점경물 및 포장

건재고택의 점경물은 괴석과 석탑, 반석, 석교 등의 석물이 주를 이루고 있다. 괴석은 사랑채 앞의 전통적인 형태의 괴석과 이국적인 형상석을 정원의 수목과 함께 배치하여 정원을 가득 채운 요소로 활용되고 있다. 또한 정원의 원로로 사용한 디딤돌 등도 있다.

그림 11. 석탑

그림 13. 물확

그림 12. 건재고택 석탑과 원로

그림 14. 사랑채 앞 괴석군

2) 외암리 교수댁(정원조성 : 1920년경)

(1) 정원 개관

교수댁 가옥은 성균관대제학을 역임한 이용귀공(1854-?)이 대제학 재임 당시에 건축한 것으로 알려져 있다. 정원을 조성한 것은 그의 아들 이백선 씨(1893-1969)인데, 건재고택 정원에 영향을 받아 이를 모방하여 연못을 만들고 정원을 확장 개수하였다고 한다(유병림 외, 1989 : 158).

당시 지식층들은 일제 강점기에 들어 전통적인 규범과 외부적 영향 사이에서 고뇌하게 된다. 현실세계에서 도피하거나 아예 신문화를 적극 수용하는 두 종류의 반응을 보이게 되는데 여기에는 전통적인 생활양식이 기반이 되는 것은 당연하다. 외래풍의 정원을 조성한 작정자의 경우, 대부분 유행양식을 본따거나 자신의 여행 경험 등을 통해 신문물을 받아들이면서 정원에서도 동일한 현상이 나타나는데 과거, 권력층이 누렸던 풍류나 자연감상의 태도는 여전히 내재되어 있게 된다.

교수댁 정원의 조성에는 이 집의 바로 앞에 위치해 있는 건재고택의 영향을 받은 것으로 본다. 당시 일제강점기의 권력층들은 일본풍의 정원을 조성한 사례가 있었는데 건재고택이 조성한 정원의 풍을 따라 조성한 것임이 선행 연구를 통해 밝혀지고 있다. 정원의 규모 면에서 볼 때 그는 영암댁을 능가하는 정원을 만들고자 하였다는 설이 전해지고 있다. 정원의 연못에 소나무를 주로 식재하고 삼신산을 조성한 것으로 보면 전통적인 사상에 입각한 것으로 나타나는데 건재고택의 장점을 취하고 이를 전통적인 조성기법과도 연관시킨 조영자의 태도를 볼 수 있다.

이백선 씨가 본래 주택의 마당을 개조하여 사랑채 측면부에 부정형 인공계류를 조성하고 수변을 따라 소나무를 식재한 외래풍의 정원을 조성하였으며 연못주변에 석물들을 배치하였다.

(2) 공간 구성

외암리 마을의 중심부에 위치하고 있다. 이 가옥은 마을의 큰길에서부터 갈라져 한참을 들어와서 나타나게 된다. 바깥마당은 약 70평 정도의 평지를 가지고 있다.

문간채로부터 진입 동선은 두개로 나뉘고 있는데 사랑채로 연결되는 동선은 문간채로부터 넓은 마당을 지나 사랑채에 곧바로 연결될 수 있도록 되어 있다. 또 하나의 동선은 문간채에서 사랑채의 남쪽을 돌아 안채 쪽으로 향하도록 되어 있는데 이 길에서는 사랑채를 중심으로 한 사랑마당과는 달리 유수를 중심으로 한 수공간이 펼쳐진다. 또한 현재 채마밭으로 이용되는 연못 옆 공지에도 "ㄱ" 자형의 행랑채가 있었고, 행랑채 남쪽에 싸리문을 두어 출입하였다고 한다. 행랑채와 사랑채 사이에는 중문이 있었고, 연

그림 15. 교수댁 배치도(자료 : 유병림 외, 1989, 조선조 정원의 원형)

그림 16. 교수댁 진입부

그림 17. 사랑채 앞 정원

그림 18. 수공간의 원로

그림 19. 수공간쪽에서 본 사랑채 전경

못 주변은 담을 쌓지 않고 돌을 쌓은 것으로 보인다.

　　문간채를 들어서면 높은 기단 위에 조성되어 있는 사랑채를 만나게 되고 이곳의 앞부분에 정원이 조성되어 있다. 사랑채 마당은 연못으로 통하게 되는 길이 나있고 이곳을 경유하여 안채로 들어가게 되어 있다.

(3) 정원 설계요소

① 수경

교수댁의 수경관은 건재고택과 동일한 형태이나 규모면에서는 더 크게 조성하려 했던 의도가 보인다. 사랑채 측면에 회유식의 부정형 연못이 조성되고 그 주변에 소나무와 석재가 배치되어 있다. 연못 안에는 삼신산을 상징하는 석재를 배치하여 전통적 상징수법을 보여주고 있다.

그림 20. 연못

그림 21. 인공계류

② 식물

이 집의 정원수와 석물 등은 집안이 쇠락하는 과정에서 많은 부분이 처분되어 현재는 많은 부분이 변형되었다고 한다. 안마당의 내담 밑에는 복숭아나무와 고욤나무 등의 유실수가 심어져 있고 후원에는 살구나무, 감나무 등이 식재되어 있다. 사랑채의 서쪽 담장에는 두 그루의 소나무가 서로 합치되어 식재되어 있다. 연못 주위에는 소나무가 주로 식재되어 있다.

그림 22. 사랑채 앞의 화단

그림 23. 연못가의 식재

③ 건조물

건조물로 복원된 사랑채는 기단이 전통가옥보다 높게 조성되어 있는데 이는 외암리의 건재고택과 같은 현상으로 누마루에서 전정의 경관을 즐기기 위함으로 판단된다.

그림 24. 사랑채 전경

그림 25. 안채

④ 점경물

정원의 점경물은 건재고택과 마찬가지로 석물이 가장 많이 차지하고 있다. 특히 연못속에 앉혀진 배모양의 선형석과 삼신산이 배치되어 있다.

그림 26. 사랑채 앞의 석재

그림 27. 사랑채 측면부 석재

그림 28. 연못안의 선형석

3) 외암리 송화댁(정원조성 : 1929년)

(1) 정원 개관

송화댁 정원은 1887년 홍열공(1857-1896)에 의해 작정된 것으로 알려지고 있는데, 정원을 지금의 형태로 확장 조영한 것은 그의 아들 용근공(1903-1975)이라고 한다(남승희·김용기, 2000 : 65).

그림 29. 송화댁 배치도(자료 : 유병림 외, 1989, 조선조 정원의 원형)

정원의 형태를 보면 외암리의 건재고택이나 교수댁과는 달리 이들의 원형을 모방하였으면서도 전통적인 양식을 따른 것으로 유추해 보면 용근공은 전통적 자연관에 입각한 인물로 볼 수 있다. 또한 정원의 계류를 따라 석물이 배치되어 있는데 음양석이 다수 나타난다. 형상석 외에 문인석도 배치되어 있는 것을 보면 전통적인 사상에 입각한 요소들을 그 시대의 영향으로 정원구성요소로 도입한 것을 볼 수 있다.

건재고택과 교수댁의 정원에 비해 조성 시기면에서 뒤에 있게 된다. 이러한 시기적 요인으로 용근공이 정원을 조성할 구상이 어느 정도 변화할 수 있었을 것으로 본다. 이전 사례의 정원에서 보여지는 외래적 요소를 최대한 배제하고 자연스런 자연경치를 떠올릴 수 있는 공간구성을 한 점과 정원을 야생의 상태로 두어 좀 더 자연스런 경관을 조성하였다.

(2) 공간 구성

외암리 마을의 동북쪽 끝에 위치하였으며 920평의 넓은 부지위에 사랑채, 안채, 곳간채, 행랑채가 조합되어 주택과 정원이 조성되어 있다.

평지에 인공적인 언덕을 조성하고 계류를 이용하여 정원을 조성한 것으로 뒤편에는 설화산이 조망된다. 돌각담으로 돌려진 대지의 모서리에는 문간채를 두고 사랑채 앞에는 이 마을 전체를 관류하는 수로를 이용하여 마당 중심에는 자연스러운 곡류를 흐르게 하고 양쪽 낮은 동산과 자연석을 적절히 이용하여 물길의 방향을 바꾸는 등 자연스러운 요소를 도입하여 정원을 구성하였다. 정원의 면적에 비해 건물의 규모는 작게 하여 자연 경관 속에 머무르는 느낌을 최대한 고려하였다.

주택의 전체적인 배치를 보면 담장으로 둘러싸인 집안 중심부에 사랑채와 안채 그리고 곳간채와 아래채가 "ㅁ" 자 형에 가깝게 배치되어 있어, 안채 영역은 막힌 구조를 주변부는 개방되어 있다. 문간채에서 사랑채로 지나는 양쪽 공간에 1m 높이의 가산을 조성하고 그 위에 소나무를 식재하여 마치 산속을 연상하여 조성한 것으로 보인다. 규모가 작은 사랑채 앞에는 인공의 계류를 조성해 놓고 계류의 굽이마다 괴석 등을 배치해 놓았다. 안마당에는 소나무가 한그루 식재되어 있는데, 안마당에 교목을 도입하지 않았던 전통적 양식과 상이한 현상이 나타나고 있다(홍광표 외, 2001 : 77).

문간채를 통해 진입하면 작은 인공의 언덕을 지나 계류를 만나게 된다. 이곳이 사랑채 앞의 전정이 되며 그 뒤에 안채가 자리잡고 있다. 안채는 사랑채 좌측담에 작은 월문 그리고 우측으로 꺾이어 있는 중문을 통해 안마당으로 들어 설 수 있게 되어 있다.

(3) 정원 설계요소

① 수경

송화댁의 연못은 자연계류를 연상할 수 있도록 주변 경물을 배치하여 외암리 건재고택과 교수댁의 연못과 차별된 수경관을 연출하고 있다. 이 마을의 다른 수경관과는 달리 상당히 자연스러운 계류로 바뀌어 있음을 알 수 있다. 집안을 관통하는 계류의 유입방식은 동일하나 일본정원에서 나타나는 회유식의 연못과는 달리 계류를 중심으로 굽이치고 있다. 이는 시대의 흐름에 따라 일본풍의 답습에서 전통적인 조경기법과 혼용되면서 독창적인 방식으로 진화한 사례로 볼 수 있다.

그림 30. 송화댁 사랑채앞 전경

그림 31. 송화댁 인공계류

② 식물

송화댁의 식물은 전통수종을 위주로 하여 식재되어 있다. 정원입구에 인공으로 조성한 언덕에 소나무가 줄지어 식재되어 있으며 앵두나무, 양버들, 호두나무, 개비자, 잣나무, 향나무, 잎갈나무, 감나무, 단풍나무, 대추나무, 모과, 밤나무, 산수유, 살구나무 등이 식재되어 있으며 특이하게 안마당 가운데 소나무가 식재되어 있다.

그림 32. 송화댁 가산의 소나무　　　　　　　　　　그림 33. 안채의 소나무

③ 건조물

안채는 ㄱ자 형으로 사랑채 아래채와 함께 ㅁ자형과 유사한 배치형태를 가지며 사랑채 아래에는 곳
간채가 별체로 되어 있다. 또한 3개의 대소 사랑방과 대청 또는 사랑채 서북쪽에 딸린 누다락 등의 사방
문짝을 완전히 개방할 수 있게 설치하여 정자와 같이 자연과 융화되고자 했던 의도를 볼 수 있다.

④ 점경물

송화댁의 점경물은 괴석과 형상석, 문인석 등의 석물을 중심으로 이루어져 있는데 특히, 자손이 귀하
여 음양석의 형상석이 정원에 들어온 점이 특이할 만하다. 조영자의 정원내 수변에 위치한 석물들은 조
영자의 전통적 사상이 깃들여져 정원에 이를 도입하여 조영자가 바라는 기운이 깃들기를 염원한 것으로
보인다.

그림 34. 송화댁 석물　　　　　　　　　　　　　　그림 35. 송화댁 석물

4) 외암리 정원에서 보여지는 근대적 특징

(1) 전정(사랑마당)공간의 변화 : '虛'에서 '實' 개념으로

　조선조의 상류주택의 꾸밈새를 살펴보면 일반적으로 솟을대문을 가운데 두고 양쪽에 행랑채가 자리 잡으며 다시 중문을 들어서면 협문을 사이에 두고 사랑채와 안채에 이른다. 또한 사당은 흔히 사랑채 뒤쪽에 위치하며 별당이 있는 경우에는 안채의 뒤쪽 구석진 곳이 그 자리가 된다(이재근, 2002).

　19세기 이전의 상류계층의 전통적 가옥에서 보여지는 마당의 구성에서 보면 솟을 대문을 들어선 행랑채로 둘러싸인 지역은 대부분 비워 두는 형태가 많이 나타나고 있다. 옛 사람들에게 회자 되어온 漢字의 「困」자를 들어 집안에 나무가 있으면 곤궁해진다고 했다. 굳이 이러한 연유를 들지 않더라도 기능적인 조건은 요인으로 충분하다. 마당이라는 말은 넓은 땅이라는 뜻을 지닌 '맏'과 접미사 '앙'으로 이루어 졌다(김광언, 2000). 주로 인접 건물과의 관련성으로 마당의 명칭을 불러 왔는데 대문 밖의 앞마당은 볏단을 쌓아두거나 타작을 하는데 필수적인 공간이었다. 안마당은 탈곡한 곡식을 말리거나 여름에 멍석을 깔고 더위를 피하는 실용적인 공간으로 사용되었다. 특히 큰나무는 뿌리를 길게 뻗어 주택을 해치고 담장을 무너뜨리는 원인이 될 수 있었고 전통가옥의 채광을 가리는 요인이 되기도 하였다(이도원, 2004 : 70).

　근대적 시기의 특성의 하나로 이 부분이 정원요소로 채워지는 전정공간의 적극적 조영사례를 들 수 있다. 예로부터 사랑채를 제외한 마당에는 적극적으로 식재를 하지 않는 것을 기본으로 하고 있다. 사랑채 공간의 경우라도 정원을 가득 채우는 재식기법은 아니었다. 그러나 이 시기의 정원은 마당의 기능성 강조에서 관상을 목적으로 하는 장식원으로서 역할이 변모되고 있다. 외래수종이나 점경물의 도입은 그 포치를 고려하게 되고 점점 마당을 가득 채우게 되는 집주인의 수집취미와도 관련되어 있다. 즉, '허'에서 '실'로 변화하고 있다고 볼 수 있다. 중국의 조경예술에도 '허'와 '실'이 언급된다. 심복은 「浮生六記」에서 조경예술을 논한 바 있었는데 "큰 것 중에는 작은 것을 보고 작은 것 중에는 큰 것을 보며, 허에는 실이 있으며 실에는 허가 있고, 감추거나 드러나게 하거나 천박하거나 깊이 있게 하거나 하는데 그 묘미는 주회곡절 네 글자일 뿐만 아니다"라고 말하였다. 이러한 견해는 주로 일종의 수법을 가리키며 소위 '허'는 공 혹은 청공, 공령이라고 말할 수 있으며 혹은 무라고 말할 수 있다. 소위 '실'은 존재하며 결실 혹은 질실이며 혹은 있다고 말할 수 있다. 후자는 비교적 형태가 갖추어져 있어 구상적이며 쉽게 감지할 수 있으나 전자는 다소 나부끼거나 갑자기 없어지고 비어있어 사람들이 쉽게 감지할 수 없다.

　'소'로서 '공'을 명확히 나타냈으며 형상조직이 '밀'한 것으로 '실'을 의미한다(강태호 역, 1999 : 40). 이러

그림 36. 건재고택 안마당의 '허'　　　　　　　　　그림 37. 건재고택 사랑마당의 '실'

한 '실'의 기법으로서 외암리 건재고택의 사랑마당은 이전시기와 확연한 차별성을 보여주고 있다. 건재고택의 사랑채 앞 정원에서 보여주는 '실'은 다른 공간에 계승되어 있는 전통적 기법인 '허'와 교묘하게 조합되어 대비효과를 창출하고 있다. 이는 적극적 조영행위가 허락되었던 사랑채 공간의 전환기적 발전양상으로 볼 수 있다. 경관처리에서 사랑채 공간의 전정을 수목과 괴석, 새로운 형태의 규모가 커진 수공간으로 배치함으로서 전체가옥의 공간에서 강렬한 대비감을 주고 사랑채공간의 정원에 심미감과 정원감상의 미를 증가시켜 주고 있는 것이다. 이것은 일본의 정원에서 보여주는 다정 기법의 정원사례들과는 다른 기법으로 볼 수 있다. 일본의 다정의 경우, 밀식된 수목들로 생기는 '어두움'과 좁은 원로로 이어지는 공간의 구성이라면 외암리 건재고택 사랑마당의 '실'은 천박한 느낌보다는 공간상에서 '허'의 반대개념으로 받아들여지고 있다. 안마당의 '허'로서의 계승은 예부터 나무를 심는데 기피해야 할 장소인 점에서 기인하는 것으로 판단된다. 「거가필용사류전집5)」에 보면 "인가에서 안마당에 나무를 심으면 한 달 안에 재물 천만금을 흩뿌리게 된다. 안마당에 나무를 심으면 주인이 이별을 겪게 된다" 등의 강한 금기사항이 기록되어 있는 것을 보면 굳이 파행적으로 변이될 필요성이 요구되지 않았을 것이라는 정서를 읽을 수 있다.

　외암리 교수댁의 경우도 이러한 '실' 개념이 적용되어져 있다. 전체적인 땅가름에서는 동일한 기법이 적용되어진 것을 엿볼 수 있다. 이 사례에서 전체적인 '실'을 결정하는 부분은 부정형 연못의 배치이다. 서쪽에 연못이 큰 규모로 자리잡게 되면서 그 외의 공간은 화오 형식의 수목 식재나 점경물들의 배치로 마감되어질 수 있다. 이러한 과정을 통하여 정원이 밀하게 되는 것이다.

　교수댁 정원의 경우는 솟을대문에서 사랑채를 지나 안채로 향하는 동선에 해당하는 부분은 개방되

---

5) 중국 원대에 저술되어 명대 이후 동아시아 각국에서 널리 읽혔다. 역대 명현의 격언을 비롯하여 일상적인 갖가지 일을 소상히 기록한 백과사전류이다. 총10권으로 구성되어 있으며 사고전서총목 자부 잡가류에 목록이 올라와 있다.

그림 38. 교수댁 연못   그림 39. 교수댁 사랑채앞

어져 있다. 완전한 형태의 실이라는 점에서의 건재고택과는 차이를 보인다.

　외암리 마을에서 시대순으로 가장 늦게 정원이 조성된 송화댁의 경우는 물길을 중심으로 주변에 괴석 등을 배치하고 있고 주변에 소나무 등의 전통수종을 식재함으로서 초기의 건재고택에서 시작되었음 직한 이례적 수법이 보다 자연적인 형태의 '실'의 정원 스타일이 변화되어 가고 있음을 가시화 시켜주고 있다. 식재수종도 전통적인 소나무를 중심으로 배치하였으며 물을 자연스럽게 굽이치게 하고 경물의 배치 또한 자연 계류와 비슷한 느낌이 들도록 하고 식재후에는 자연상태에서 방치함으로서 자연스러움을 더하였다.

그림 40. 송화댁 사랑마당   그림 41. 사랑마당의 점경물

(2) 정원 감상의 유도 : '靜'에서 '動'으로

　기존 정원의 마당은 구획이 따로 되어 있지 않은 기능적인 비워진 공간이었다. 따로 비워진 '공'의 의

미를 빌지 않더라도 이 빈 공간을 방해하지 않기 위하여 수목과 경물들은 마당의 한 가운데를 훼손하지 않았다. 취경의 형태는 주로 멀리 있는 자연경관을 감상하거나 주위에 괴석 등을 두고 정자 등에 앉아 정적인 감상태도를 유발하였다. 그러나 마당이 가득 채워지고 감상의 대상이 외부에서 내부지향적이 되면서 이러한 성향에 변화가 나타나게 된다. 특히, 정원의 수경관의 형태가 부정형의 인공 계류형이 나타나면서 기존의 부정형지와는 다른 석물 등을 수변에 배치하고 식재를 하는 등의 수법으로 계류를 따라 산책하며 유상할 수 있는 동선이 확보되었다. 이는 일본의 회유식 정원과 유사한 형태에서 나온 것으로 연못 주위에 산책길을 만들어 놓고 그 길을 따라 돌면서 경관을 감상하는 정원이다. 회유식의 연못은 보는 각도에 따라 그 형상이 달라지고 시각적 변화를 유발한다. 동적인 정원 감상을 유도하기 위한 방편의 하나로 정원 내부에 디딤돌 등으로 원로를 조성하기도 하였다. 이러한 형태의 조성은 정원 공간인 마당에서 차지하는 비중이 커짐을 의미하고 연못 주변은 괴석이나 수목 석탑 등의 점경물로 장식되게 된다. 정원을 따라 돌면서 동선에 따라 다양한 볼것과 각기 다른 장면을 구성하기 위한 요소들인 셈이다. 회유식의 연못들은 주로 마당의 측면부에서 물을 끌어 마당의 한편이나 중앙을 지나 다시 흘러나가는 마당 관통형이 나타나게 된다. 전통적 마당의 규모에서 볼 때 회유식 연못의 특성상 나타난 규모상의 문제로 판단된다.

(3) 수경기법 : 내부지향적 시각구조 외원 – 내원

전통적 사랑마당은 비교적 넓고 잘 꾸며지게 되는데 외부자연경물의 시각적 접촉에 비중을 두었다(신상섭, 1996 : 187). 이 시기의 사례정원들은 사랑마당의 조영이 더욱 활발하게 나타나는 현상을 보이고 있다. 또한 외부지향적 현상은 이 시기에 와서 주택내부 정원으로의 시각적 지향성이 더욱 증가되게 된다. 특히 정원내부에 자리한 정자의 시각구조는 이를 잘 설명해 준다.

대표적 사례인 외암리 건재고택 사랑마당 정원의 정자의 경우 수경관과 정원의 수목, 점경물 등을 감상할 수 있도록 마당의 각 구석에 2개소를 배치한 것을 확인할 수 있다. 이는 수공간과 수목과 괴석이 장식된 공간을 위한 각각의 관망장소로의 기능을 담당하고 있는 것으로 정자의 위치와 조망범위를 통해 설명된다. 수공간의 정자의 경우는 연못으로의 조망이 주가 되고 있으며, 수목부근의 정자의 위치 또한 수목과 괴석을 잘 조망할 수 있는 위치에 배치되어 있으며 또한 이 2개의 정자는 각각 독립적으로 다른 쪽의 경관이 수목을 통해 가려지게 되는데 이는 각자의 공간을 위주로 조망할 수 있는 시각적 범위를 가지고 있어 각 공간을 기능적으로 양분화 시켜 주고 있다.

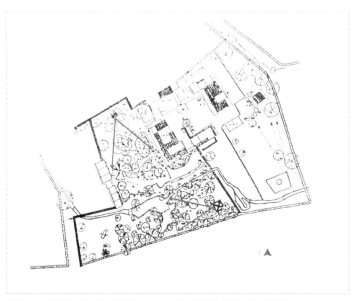

그림 42. 건재고택 정자의 시각구조(자료 : 조선조 정원의 원형 도면 재구성)

그림 43. 물가의 초정

그림 44. 물가 초정 전면부에서의 조망

그림 45. 수목 근처의 초정

그림 46. 초정 전면부에서의 조망

6. 결언

　당대의 문화적 산물로서 그 원형과 대상을 보존하는 것은 중요한 일이나 아직도 해결되지 않은 우리의 '근대'가 처한 상황과 정원이 지니고 있는 시간에 따른 변화 가능성과 관리·보존상의 문제점은 그리 밝아 보이지 않는다. 그러나 그 시대를 이해하기 위한 도구로서 당시, 정원에 나타난 시대적 흐름에 대한 평가 대상은 분명 우리 땅 어딘가에는 남아 있어야 할 것은 자명하다. 이를 통해 우리는 한국 정원의 정체성을 이어나가기 위한 하나의 시대로서 빈자리를 메워 놓아야 할 것이다. 이것은 근대 정원에 대한 관심과 노력으로 시작될 것이며, 해당 정원의 자료구축 사업 또한 필요한 상황이다. 이러한 기반이 조성되어 갈 때 머지않아 근대문화유산목록으로 다수의 근대 정원이 자리하게 될 것이며, 한 시대 양식의 표현으로서 근대 정원이 존재하기를 기대한다.

참고문헌

동아새국어사전

동아세계대백과사전

김상엽(2002), 소치허련, 학연문화사, 서울

김영호(1992), 國譯 小癡實錄, 서문당

리화선(1993), 조선건축사Ⅱ, 도서출판 발언

박병오·양병이(2003), 조선중기 영남사림(士林)의 원림조영 특성에 관한 연구 – 16~17세기 퇴계학파를
　　　　중심으로, 한국전통조경학회지 21(4)

사공영보·김용기·김상엽·이원호(2004), 소치 허련의 자연관과 진도 운림산방의 조영에 관한 기초 연구,
　　　　한국전통조경학회지 22(2)

서정오(2004), 진주용호정원의 조영배경과 경관특성에 관한 연구, 성균관대 석사논문

신상섭(2003), 한국조경학회지 게재논문 조경사 분야의 연구경향, 한국조경학회지 31(5)

신범식(1989), 건축의 전환기적 양상에 관한 연구, 한양대학교 박사논문

유병림·황기원·박종화(1989), 조선조 정원의 원형, 서울대학교 환경계획연구소

이원호(2005), 19세기 중엽부터 20세기 중엽에 조영된 한국정원 설계요소의 전환기적 양상에 관한 연구,
　　　　성균관대학교 박사학위논문

이원호(2004), 보성 강골마을의 수경관 고찰, 한국전통조경학회 추계학술대회 발표논문

이원호(2005), 한국정원의 근대성 고찰, 한국전통조경학회 추계학술대회 발표논문

이원호(2005), 근대문화유산으로서의 한국정원의 가치, 제2회 전통문화환경포럼 발표원고, 문화재청

이원호·이종성·김용기(2006), 석파정의 조영과 공간구성에 관한 기초 연구, 한국전통조경학회지 24(1)

이재근(1992), 조선시대 별서정원에 관한 연구, 성균관대학교 박사학위논문

정재훈(1996), 한국전통의 원, 도서출판 조경

홍광표·이상윤(2001), 한국의 전통조경, 동국대학교 출판부

홍형옥(1992), 한국주거사, 민음사

http://www.visitseoul.net

03 한국 전통원지(園池)의 조영에 관한 연구
– 옛 그림 및 발굴조사 된 원지를 중심으로

이상필_문화재청 문화재전문위원, 경상북도 문화재위원

1. 서론

우리나라에는 민가, 사지(寺址), 사원, 서원, 향교 및 능·묘, 산성, 읍성, 궁궐 등에 조경유적이 다수 현존하고 있어 화계, 담장, 루·정, 연지 등의 전통조경에 대한 조사·연구가 꾸준히 진행되어 왔다.[1] 전통조경에 대한 많은 연구 논문 중에는 지당(池塘)과 수경(水景)에 대하여 조사·연구한 논문이 다수 발표되어 원지(園池)에 대한 인식과 관심도 높아져 가고 있다.[2]

원지는 도성과 궁궐, 왕릉, 사원, 읍성, 민가 등 유형문화재의 성격과 경관 등 위치에 따라 여러 형태로 조성되었으나, 도성과 읍성 등의 기록화나 풍속화에 나타나 있는 원지가 산업화, 도시화 및 국토개발

1) 박길용(1984), "한국정원의 구성요소에 관한 연구", 한국정원학회지, 통권3권, pp.1~25.
　; 심우경·강훈(1989), "한국 고대사찰에 있어서 영지의 상징적 의미와 수경적 가치", 한국정원학회지 통권 제7호.
　; 이재근(1992), "조선시대 별서정원에 관한 연구", 성균관대학교 대학원, 박사학위논문.
　; 홍광표·이상윤·장병현(2000), "사찰의 화계에 관한 연구", 한국정원학회지 18(2), pp.13~25.
　; 김동훈·김용기·김두규(2003), "서석지원의 조영배경과 공간구성에 관한 연구", 한국정원학회지 21(4) 통권 제 46호, pp.1~13.
2) 정재훈(1975), "신라 궁원지인 안압지에 대하여", 한국조경학회6, pp.21~27.
　; 조정숙(1987), "전통정원에 있어서 지당구성의 특성에 관한 연구", 한양대학교 환경대학원 석사학위논문.
　; 김동일(1982), "한국궁원의 수경연출기법에 관한 연구", 서울대학교 환경대학원 석사학위논문.
　; 전영옥·양병이(1994), "조선시대 한양에 조성된 관영의 연못에 관한 연구", 한국조경학회지 22(2).
　; 권차경·강경조(2000), "조선시대 민간정원 지당형태의 통시적 분석", 한국조경학회지28(3), pp.61~71.
　; 박경자(2001), "안압지 조경계획에 관한 연구", 서울대학교 환경대학원 박사학위논문.
※ 이 논문은 한국전통조경학회지 통권 제52호(2005) 및 통권 제57호(2006)에 게재된 논문을 부분 수정한 것임을 밝힌다.

로 허물어지고 메워져서 다른 용도로 사용되거나 흔적조차 찾을 수 없을 정도로 소멸되었다.

　　이러한 원지가 언제 어떻게 매몰되고 어떻게 소멸되었는지에 대한 기록조차 없는 실정이다. 수십년전에만 해도 옛 고을 마다 이름난 연당(蓮塘)이 있어 연꽃이 만발할 때에는 많은 주민들이 연꽃 구경을 즐겼다. 또 이 연당들은 생활용수의 정화 기능도 하여 맑고 깨끗한 물을 하천으로 내보낼 수 있었다. 이러한 원지는 사람들의 심성(心性)에도 중요한 영향을 미쳤을 것으로 생각한다. 그러나 현재는 일부를 제외하고는 대부분 소멸되었거나 변형되어 버렸다.

　　그러나 궁궐, 별서 등 유적지에 현존하는 원지가 다수 있고, 발굴조사 결과 비교적 원형을 잘 보존하고 있는 원지 중심의 조경유적이 다수 밝혀졌다. 이들 유적별로 원지의 조영 목적과 성격, 전통원지에 사용된 자재와 조영양식, 시공기법 등을 밝히고, 변천과정 및 조영사상까지 포함한 종합적이고 체계적인 조사·연구를 통하여 소멸되거나 변형된 원지를 원형대로 수리 복원할 수 있을 것이다.

　　그렇게 하기 위하여는 원형고증이 필요하므로 현재 남아 전하는 고문헌(古文獻)과 최근 문헌, 발굴조사보고서, 연구물, 고분벽화 및 옛 그림 등을 통하여 원지의 조영 기법, 양식 등 원지조영 전반에 관하여 고찰함으로써 전통원지를 원형으로 보수·정비할 기초자료로서 활용할 수 있으며, 전통원지를 현대 조경에 반영 접목할 수 있는 자료로도 활용가능 할 수 있을 것이라 생각한다.

　　우리의 옛 경관을 회복하고 전통에 기초한 현대 조경공간을 창출하기 위해서는 수경관(水景觀)을 조성하는 옛 원지의 회복이 필요하며 역사적 고증에 의하여 매몰되었거나 변형·파괴된 원지의 복원이 시급히 이루어져야 한다고 생각한다.

2. 원지조영의 배경과 역사

　　고구려 고분벽화 중에서 덕흥리고분과 진피리 제4호고분은 극락세계를 표현한 연지도(蓮池圖)가 있는 특이한 벽화가 있다. 고대 사원에 실제로 원지가 조영된 실례는 고구려 정릉사의 진주지(眞珠池), 백제 공주 대통사지의 석조(石槽), 부여 동남리사지의 수조(水槽), 정림사지의 동·서연지, 익산 미륵사지의 동·서연지가 조사되었다. 사원의 전면에 연못을 만들어 부거(芙蕖)를 심은 원지의 조성은 삼국시대로 생각되나 정확한 발전과정과 양식, 기법에 대하여는 밝혀지지 않은 실정이다. 사원과 관련한 원지의 조영은 삼국시대부터 성행하였으며 초기는 소규모의 석연지(石蓮池)를 금당의 전면에 배치하여 연화(蓮花)가 사원의 경관을 구성하는 조경적 요소가 되고 그것이 발달하여 사원의 입구에 대규모의 원지가 조성되며 불교적으로는 극락정토의 성중(聖衆)들이 원지가에 모여서 설법을 들으며 연화회(蓮花會)를 갖는 장소로도 사용하고 수상관(水想觀)[3]을 갖을 수 있도록 한 것이다.

옛 부터 집을 지으려면 자연히 뒤에 나지막한 동산이 있고 앞에는 들판이 펼쳐지고 냇물이 흐르는 그런 지형이 되기 때문에 곧잘 좌청룡, 우백호, 남주작, 북현무를 따져 풍수지리설에 따라 집터를 잡게 되었다.[4] 그리고 강우량이 많지 않기 때문에 일정한 장소에 물을 저장하여 두었다가 활용하는 수고(水庫)를 만드는 지혜가 있는데 집안의 수지(水池)를 가지(家池)라 하고 들의 수지를 야지(野池)라 하였다.[5] 홍만선의 산림경제에서는 앞에 못이 있는 것을 주작(前有汚池謂之朱雀)이라 하고 좋은 터라 했다.

이중환의 택리지 복거총론의 땅(地)에서 …무릇 물이 없는 곳은 사람이 살 곳이 못된다. 산(山)은 반드시 배수를 얻은 후에야 묘기를 다 할 수 있다고 했다.[6] 풍수에서는 지형 지세를 강조했는데 이에 따라 산세를 파괴하지 않고 자연의 생김새에 맞게 꾸몄고, 누·정을 지어서 이를 감상하게 했다.

물을 이용한 경관처리를 보면 온대성의 기후 변화와 계절의 감각을 맛 볼 수 있게 누정을 짓되 창호 지창을 통하여 물소리, 낙엽 지는 소리, 새 소리, 빗방울 소리, 바람 소리들을 듣기에 알맞도록 하였으며 계절에 따라 변화하는 아름다운 자연을 감상할 수 있도록 원지를 조영하였다.

연못(澤)에 대한기록은 2년(고구려 琉璃王 21년)때 처음 나타나고[7], 인공적으로 성내에 연못(池)을 처음 조성한 것은 6년(백제 온조왕 24년)이다.[8] 삼국사기에 연(蓮)이 문헌에 처음 나타나는 시기는 123년(신라 祇摩尼師今 12년)이며[9], 조산(造山)을 하고 짐승과 화초를 가꾼 원지의 조영은 391년(백제 진사왕 7년)이다.[10]

삼국시대에 원지에 관한 기록은 27회가 나타나는데 지(池)로 기록된 것이 22회로 가장 많고, 택(澤) 3회, 연(淵)과 담(潭)이 각 1회씩 나타난다.

원지의 명칭이 없는 것이 대부분(11개)이고 명칭이 있는 연못은 16개인데 방위에 따른 명칭은 동지(東池 3개)와 남지(南池 2개)가 있으며, 방위와 연못의 크기 및 지명에 따른 명칭은 동소지(東小池)와 궁남지(宮南池), 임천사지(林泉寺池)가 있다. 또 연못의 크기만 따른 명칭은 대지(大池)가 있으며, 못물의 맑기에

---

3) 수상관은 정토의 대지를 관상(觀相)하는 방편으로 행하는 관법으로 먼저 물의 맑은 것을 관(觀)하고 차차 생각을 나게 하여 유리와 같은 정토의 대지가 넓고 편편하여 그 광명이 안팎에 두루 비친 모양을 관함.

4) 주남철(1983), "한국건축미", 일지사.

5) 서유거, "임원경제지" 담용지 권제1 영조지제 수고, 池有二, 日 家池 日 野池...

6) 이중환(1978), "택리지", 삼중당, p.205.

7) 김종권 역(김부식 저)(1993), "삼국사기", 삼중당, p.249 "...還至沙·池澤, 見一丈夫 坐澤上石..."

8) 위의 책, "...大設城池..." p.394.

9) 위의 책, "...金城東民屋陷爲池, 芙蕖生..." p.22.

10) 위의 책, "...重修宮室.穿池造山.以養奇禽異卉" p.423.

따른 것으로는 청지(靑池)가 있다. 연못에 고유 명칭을 부여한 것은 옥지(玉池), 옥문지(玉門池), 월지(月池), 벽골지(碧骨池), 신지(神池), 성지(城池) 등이 있으며, 못 속에 섬이 있는 것은 2회 나타나는데 신지와 궁남지이다.[11]

고려시대 37개소의 연지 명칭에 대한 조사결과 11개의 명칭이 있는데 연(蓮)과 관련이 있는 명칭은 4개(蓮池 8, 荷塘 2, 荷池 1, 蓮荷池 1)이고, 형태에 따른 명칭은 3개(曲沼 1, 方塘 3, 方瀛 1)이며 기타 원지(園池 1), 유당(柳塘 2), 익지(益池 1), 지당(池塘 16) 등으로 되어있는데 지당으로 부르는 것이 약 43%이다.[12]

우리나라에서는 각종 문헌에 옛 조경에 대한 기록의 대부분은 「천지조산종화이초…(穿池造山種花異草…)」와 같이 못의 조영을 앞세워 표현하고 있다.

이것은 경관조성에 있어서 물이란 것이 빠질 수 없는 중요한 요소가 되기 때문이라 하겠으며, 인류문화가 발달하여 오늘날 우리가 가지고 있는 조경의 개념에 부합되는 공간이 꾸며지면서 원지는 필수적 시설의 하나로 조성되었던 것으로 보인다.[13]

고려시대의 궁궐에서는 강호(江湖)와 같은 큰 연못을 만들고 유락의 장소로 사용하였지만, 일반 민간의 정원에서는 주변의 환경에 조화되게 알맞은 규모의 원지를 만들어 정적(靜的)인 수경미(水景美)를 감상하였다. 고려시대 사저의 원지 기록은 1103년(穆宗 6년)에 김치양의 저택에 원지와 대사(臺榭)를 꾸몄다. 기제지삼백여간 대사원지 궁극미려(起弟至三百餘間 臺榭園池 窮極美麗)… 등의 기록으로 보아 고려시대 원지에는 대(臺), 사(榭), 누(樓), 정(亭)을 건립하여 유연(遊宴)이나 관상의 장소로 원지를 꾸미거나 계류의 물을 끌어들여 못을 만들고 폭포를 꾸미거나 괴석을 설치하여 가산(假山)을 조영하는 원지가 있었음을 알 수 있다. 고려시대 문헌에 나타난 원지의 형태를 보면 곡지(曲池), 곡소(曲沼), 방지(方池), 방당(方塘) 등으로서 이 시대에는 자연형과 방형이 함께 조영되었던 것으로 보인다. 방지(方池)는 고려말 탁원무의 별서인 경렴정(景濂亭) 원지가 방형(方塘)[14]인 것으로 보아 이미 고려말 이전에 방형의 원지에 연을 심고 섬과 정자 등을 설치한 별서가 조영된 것으로 보인다.[15]

삼국시대에는 연못을 담·연·택·지(潭·淵·澤·池)로 기록되어 있으며, 고려시대에는 소·당·지·영(沼·塘·池·瀛)으로 기록되어 있는 것으로 보아 지(池)는 계속하여 사용되었으나 담·연·택(潭·淵·澤)은 고려시대에는 사용되지 않았고, 소·당·영(沼·塘·瀛)이 사용되었으며 주로 당(塘)의 명칭이 많이 사용된 것을

---

11) 이상필(2004), "한국 전통 원지 조영에 관한 연구", 상명대학교 대학원 박사학위 논문, pp.49~50.
12) 윤국병(1982), "고려시대 정원용어에 관한 연구", 한국정원학회지 제1호, p.34.
13) 윤국병(1985), "고구려 안학궁 정원에 관한 연구", 한국정원학회지 제1호 통권 4호, pp.38~39.
14) 탁광무(1850), "景濂亭集" 景濂先生奉安文　鑑方塘君子淸通同古自愛傍垂揚立通 p.70.
15) 위의 책, 景濂亭益齋所名,…別墅鑿池種蓮築土池中小島搆亭… p.58.

알 수 있다. 일본은 대부분 지(池)로 표기 되어 있고[16] 중국은 규모에 따라 지, 호, 해(池, 湖, 海)를 혼용해 사용되고 있다.[17]

삼국시대에는 신선사상의 영향을 받아 못속에 섬을 둔 곡수형 원지가 조영되었고, 한편 불교의 영향으로 사원의 전면에 원지가 조영되었다. 고려시대에는 궁궐과 관아, 사원, 민가와 별서에 여러 유형의 원지가 꾸며졌으며, 조선시대에는 풍수지리설과 유교의 영향을 받은 원지가 도성과 궁궐, 관아(官衙) 및 민가·별서에 주로 조영되었다.

3. 고분벽화 및 옛 그림에 표현된 원지

1) 고분벽화에 표현된 원지

삼국시대 고구려의 고분벽화에 나타나는 연지도 2건과 조선시대 동궐도, 동궐도형, 수원궁궐도, 화성행궁도, 옥호정도, 전라구례오미동가도, 하환정도, 쌍도정도 등의 기록화 14건 및 금호완춘도, 단원도, 위기도·투호도 등 풍속화 6건에 나타나 있는 원지 46개소에 대하여 고찰한다.

(1) 덕흥리 고분벽화

고분벽화에 연못이 처음 나타나는 것은 평안남도 대안시 덕흥리에 있는 덕흥리 고분벽화이다. 이 덕흥리 고분의 벽화는 409년 1월 26일(永樂 18년 12월 15일)의 묘지명에 의한 축조연대가 확실한 고분으로 현실(玄室) 동벽 북측에 연지도(蓮池圖)가 있다(그림 1).

이 현실 동벽은 두 구획으로 나뉘었는데 북측부분에는 못에 있는 큰 연꽃 두 송이를 그리고, 남쪽 부분은 아래 위 두 단으로 나누어 다 같이 칠보 행사를 그렸다.[18] 연못도의 연못에는 수면(水面)으로 벽면을 거의 등분되게 하고 수면 위에는 남(우)쪽과 북(좌)쪽의 연화가 거의 대칭으로 배치하였고 세 줄기의 하경(荷莖)이 평행곡선으로 수면에 뿌리를 내리고 있다. 현실의 동벽은 불교적 색채가 농후하여 남벽동측에도 연화가 그려져 있다.[19]

---

16) "發掘されに古代,の園池" 東京, 學生社.
17) 김농오 역(동탁 저) "江南國林志", 명보문화사, pp.231~232.
18) 최무장·임연철(1992), "고구려벽화고분", 도서출판신서원, p.30.
19) 김기웅(1986), "한국의 벽화고분", 동화출판공사, p.253.

그림 1. 덕흥리 고분벽화 연지도, 409년(영락 18년)

(2) 진파리 제4호분 벽화고분

평남 중화군 동두면에 있는 이 벽화고분은 6세기 전반기에 만든 고구려의 고분으로 무덤의 연도 동·서벽에 연못이 그려져 있다(그림 2).[20] 이 벽화는 좌우에 거의 대칭으로 연화장세계(蓮華藏世界)의 금강륜산(金剛輪山)을 상징한 것과 같은 높은 산을 중첩하여 그렸고 높은 산등성이마다 소나무를 울창하게 심었다. 소나무는 △형의 정점에 배식하였다.

연못은 이 울창한 송림 사이에 있는데 수면은 물결이 일고 있으며 지중(池中)에 활짝 핀 연화(芙蓉)가 대칭으로 심어져 있다. 연못 중앙에는 우산형의 연화가 있고 좌우 양측에는 우산형의 연화보다 키가 배

그림 2. 진파리 4호분의 원지

정도 되는 측면형 연화를 대칭으로 배치하고 그 사이에 우산형의 반 정도 되는 연화를 좌우 대칭으로 배치하였다. 우산형 연화 뒤편에는 또 하나의 연화가 있고 관목성의 화목류와 인동화(忍冬花)들이 연못을 에워싸고 있는 연지도이다.

이 연지도는 불교적 정토지(淨土池)의 상징적 의미를 함축적으로 그려 놓은 것으로 특징은 연잎과 솔잎의 대비와 천·지·인(天·地·人)의 삼재(三才)를 나타내는 품(品)자형

---

20) 임연철(1990), "고구려고분벽화", p.192; 전태호(2000), "고구려벽화고분", p.403 등 여러 책자에 수록되어 있음.

의 수석(樹石) 및 배식기법으로 요약할 수 있다.[21] 연도 동·서벽의 연지도는 피장자가 불교신자였음을 말하는 동시에 극락세계에서의 영생불멸을 위하여 그의 소원껏 공양해 준 표현인 것이다.[22]

2) 기록화에 표현된 원지

(1) 동궐도·동궐도형

동궐도(그림 3)는 창덕궁과 창경궁을 조감도식으로 그린 조선 후기(1824~1827)의 궁궐 그림이다. 창덕궁에는 연못이 여러 곳 조성되어 있는데 부용지, 애연지, 반도지, 존덕정 전지, 몽답정 전지 등은 정자와 함께 있는 연못이고 청심정 앞의 빙옥지(氷玉池)는 돌을 파서 만든 일종의 석지(石池)이다. 현존하는 연못들 중에서 존덕정 전지(前池)와 반도지만 곡지(曲池)이고 나머지는 모두 방지이다. 동궐도에 연못은 18개소가 나타나 있는데 당(塘)으로 기록되어 있다.[23]

형태는 존덕정 전지가 반원형이고 존덕정 남쪽 원형지 이외 16개소는 모두 방형지이다. 연못 속에 섬이 조성되어 있는 것은 부용지와 존덕정 남쪽의 원형지, 광례문 서쪽의 연못, 청의정지 등 4개소가 있고 못 속에 괴석을 배치한 곳은 통명전 앞 방지이다. 유형별로 나누어 보면 방지무도형 연못이 가장 많은 12개소이고, 방지원도가 2개소, 원지원도, 반원지무도, 방지방도, 방지괴석이 각 1개소가 있다. 정자가 있는 연못은 부용지의 부용정과 애연지의 애연정, 존덕정, 청의정 등 4개소이다.

동궐도형(그림 4)에 나타나는 연못은 모두 12개소인데 대부분 연지(蓮池)로 기록되어 있다.[24] 연못의 형태는 존덕정 앞 반원형과 그 남쪽으로 표주박 형태로 그린 곡지가 2개소이고, 그 외 10개소는 방형이다. 연못의 섬이 조성된 곳은 부용지와 애연정 북쪽의 방지 등 2개소이다. 이 연못을 유형별로 보면 방지무도가 7개소, 방지원도가 2개소, 방지방도 1개소, 곡지가 2개소이다.

연못에 교량이 설치된 곳은 통명전 옆 석지의 석교와 존덕정 남측 표주박형 연못의 주교(舟橋), 청의정의 장대석교 등 3곳이며, 정자가 있는 연못은 부용정, 애연정, 존덕정, 청의정 등 3곳이다.

동궐도에는 부용지와 애련지에 배가 떠있는 모습이 묘사되어 있는 것으로 보아 뱃놀이도 하였던 것으로 추정된다.

부용지 못 가운데에는 원형의 섬이 조성되었는데 연못이 네모지고 섬이 둥근 것은 천원지방(天圓地方)

21) 민경현(1991), "한국 정원 문화-시원과 변천", 애경산업사, pp.73~74.
22) "전등명왕릉부근 벽화고분", 1963, 고고자료집 제3집, p.187.
23) 동궐도에 나타나 있는 원지는 모두 당(塘)으로 표현되어 있음.
24) 동궐도형에 나타나 있는 원지는 모두 연지(蓮地)로 표기되어 있음.

이라고 하는 음양오행사상에서 비롯된다. 주합루 북동쪽에 보이는 애련지 못가에 있는 애련정은 1692년 숙종 18년에 지은 것이다. 애련지 입구인 불로문(不老門) 앞에는 또한 불로지(不老池)라는 연못도 있었다.

그림 3. 동궐도 부용지 부분

그림 4. 동궐도형 연못

(2) 수원궁궐도·화성행궁도·강화부궁전도

① 수원궁궐도(水源宮闕圖)

고려대학교 박물관에 소장되어 있는 수원궁궐도는 필자 미상이나 19세기 초의 것으로 보아야 할 것이다(그림 5).

수원궁궐도에는 건물이나 행각에 대하여 전혀 명칭이 적혀 있지 않아 수원의 궁궐, 즉 화성행궁을 묘사한 것인지 확인하기가 어렵다.[25]

이 궁궐도에 나무들은 녹음이 짙어지기 시작하고 있으나 버드나무에는 연두색조가 보여 늦은 봄이나 초여름을 배경으로 그려졌음을 알 수 있다.[26]

수원궁궐도에는 모두 3개소의 연못이 표현되어 있는데 화폭 아래쪽 가운데에 있는 방형 연못의 섬(圓島)에는 소나무 한 주가 그려져 있고, 못 속에는 연이 심어져 있다.

---

25) 문화부 문화재관리국(1991), "동궐도", 삼성남국인쇄주식회사, p.39.
26) 文化部 文化財管理局(1991), 東闕圖, 三星南國印刷株式會社, p.40.

화폭의 우측 중상부분에 층단을 이루는 담장 넘어 있는 방형의 연못에는 연꽃만 그려져 있고 주변에는 나무도 없으며 담장으로 둘러싸인 공간에 연못만 배치되어 있다. 이 연못 위쪽에는 행각으로 둘러싼 공간에 방형의 연못에도 연꽃이 심어져 있으며 화폭 위쪽부분에 건물 2칸이 연못속에 들어와 있다. 이 건물은 연못속에 장초석을 설치하고 그 위에 누마루 형식의 건물을 배치하였는데 연못쪽으로 문을 내어 연못의 경관을 볼 수 있도록 꾸몄다.

그림 5. 수원궁궐도

그림 6. 강화부궁전도(江華府宮殿圖)

② 강화부궁전도(江華府宮殿圖)

국립중앙도서관에 소장되어 있는 강화부궁전도(江華府宮殿圖)의 산수경관은 겸재 정선(鄭歚)일파의 진경산수화풍을 따라 묘사되어 있어 18세기의 화풍을 드러내고 있으며, 성벽이 수평을 이루듯 뻗쳐 있고 우측의 공간이 여백으로 남겨져 있어 북새선은도(北塞宣恩圖)등에 엿보이는 조선중기의 전통과 19세기의 새 궁궐도 양식의 중간에 위치하며 그 중간적 변화과정을 보여준다는 점에서 매우 큰 의미를 지니고 있다.[27]

담장으로 둘러싸인 공간의 중심에 정면 7간의 팔작지붕인 행궁(行宮)이 있고 우측으로 동행각(東行閣)과 외규장각(外奎章閣)이 있으며, 좌측으로 서행각(西行閣)이 있고, 북쪽 공간에 육각형 정자(尺天亭)와 큰 소나무 한 주가 배치되어 있다(그림 6).

---

27) 文化部 文化財管理局(1991), 東闕圖, 三星南國印刷株式會社, p.37.

행궁에서 육각형 정자가 있는 공간으로의 연결은 행궁 좌우의 석계단으로 연결된다. 좌측 계단보다 한 단 높은 서쪽에 세심제(洗心齊)가 있고 그 앞쪽(남쪽)에 방형의 연못이 배치되어 있다.

방형의 연못은 지면보다 좀 높은 곳에 조영되어 있으며, 연못속에는 연꽃이 가득하고 '지(池)'자가 표기되어 있다.

③ 화성행궁도(華城行宮圖)

「원행을유정리의궤(園幸乙卯整理儀軌)」 첫머리(卷首)에 소장되어 있는 화성행궁도는 18세기 말의 궁궐도 중에서 "어좌도차도(御座都次圖)" 이상으로 평행투시도법을 보여 주면서 동시에 19세기의 동궐도(東闕圖)와 맥락이 잘 이어지는 계보를 나타내는 판화로 된 작품이다(그림 7).[28]

이 그림에는 신풍루(新豊樓)와 좌익문(左翊門), 중양문(中陽門), 봉수당(奉壽堂) 건물이 일직선축선상에 배치되어 있으며, 봉수당 우측에 낙남헌(洛南軒) 앞쪽 공간에 방형의 연못이 배치되어 있다.

이 연못은 간략하게 표현하였는데 지안(池岸)은 두 선으로 그렸고 못속에는 원형의 섬이 있다. 섬에는 가지가 둘인 수목이 심어져 있으며 연못 주변에도 수 그루의 수목이 배치되어 있다. 연못의 우측 지안에는 입수로로 보이는 두선이 담장 밑을 통해서 동쪽으로 길게 연결되어 있다.

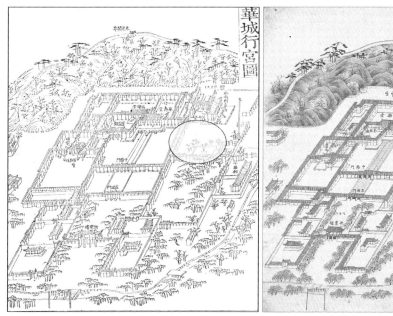

그림 7. 화성행궁도(園幸乙卯整理儀軌 卷首 所載)

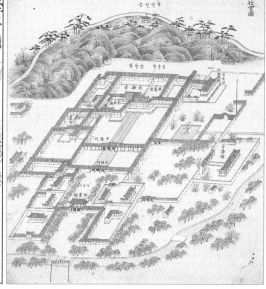

그림 8. 화성행궁도(채색도)

28) 文化部 文化財管理局(1991), 東闕圖, 三星南國印刷株式會社, p.38.

(3) 구례 오미동가도(求禮 五美洞家圖)

전남 구례군 토지면 오미동에 있는 운조루는 조선 영조 52년(1776)에 건립된 호남 지역에서는 보기 드문 조선시대 □자형 상류주택이다.[29)]

건물군은 성격상 5부분 즉 대문간행랑채, 바깥사랑채, 안채, 안사랑채(현재 소실), 사당채 등의 영역으로 구성된 것으로 보이고, 마당은 행랑채 바깥마당, 행랑 마당, 바깥사랑마당, 사랑뒷마당, 안마당, 안사랑마당, 사당 마당 등으로 구성되어 있다. 행랑채 바깥에는 삼태봉(三台峰)에서 발원하는 계류를 끌어들어 동에서 서로 흐르도록 한 수로가 있고, 이 수로의 물을 이용하여 수구와 연못을 조성하였다. 오미동 가도(그림 9)의 연못은 장방형이며 못 속에는 원형섬이 있다.

연못에는 연꽃이 심어져 있고 섬에는 소나무가 심어져 있으며 연못 주변에는 소나무와 버드나무, 대나무로 보이는 수목이 있다. 연못의 수원은 동쪽에서 물이 흘러 들어와서 서쪽으로 배수되는 것으로 보인다.

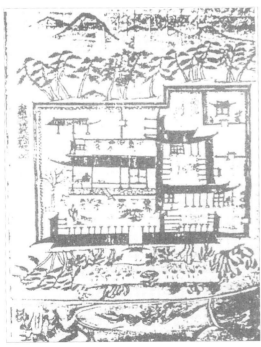

그림 9. 전라 구례 오미동가도(全羅 求禮 五美洞家圖)

그림 10. 하환정도(何煥亭圖)

---

29) 박익수(1988), 운조루 건축, 구례 운조루, 국립민속박물관·전라남도, pp.46~48.

(4) 함안 무기연당(舞沂蓮塘)

경남 함안군 칠원면 무기리에 있는 무기연당 하환정은 조선 영조 4년(1728)에 주재성(1681~1743) 선생의 공덕을 기리기 위해 조성되었다.[30]

하환정중수기(何換亭重修記)에 의하면 1717년 군의 힘을 빌려 단하(壇下)에 못을 파고 물고기를 길러 낚시터로 하였으며 1728년에는 단상에 하환정을 지었는데 이 하환정의 명칭은 '자연 속에서 소요 자적하는 생활을 어찌 삼공(三公)과 바꾸겠는가' 라는 데에서 유래하였다 한다.

하환정도(그림 10)의 연못은 장방형이며 명칭은 국담(菊潭)이고, 못 속의 방형 섬은 당주(當州)라고 한다. 연못은 방지방도(方池方島)이며 하환정도에 의하면 와송 곁에 연못으로 내려가는 돌계단이 있으며 이것을 탁영석(濯纓石)이라 부르고 풍욕루(風浴樓) 오른쪽 담장 아래에 괴석을 세우고 구두석(龜頭石)이라 부르고 있다. 연못속의 정방형 섬에는 백세청풍(百世淸風)과 양심대(養心臺)라 새긴 괴석이 있다.

(5) 경기감영도 및 여지도

조선시대 도성(都城)에 조영된 연못은 반송지(盤松池-西池)와 동지(東大門外池-東池), 어의동지(於義洞池), 남지(南大門外池-南池)가 여지도 등 도성도에 나타나 있다(그림 11 우측).[31]

서지(西池)의 그림은 19세기에 그려진 경기감영도(京畿監營圖)에 있는데 거대한 방지에 한 개의 섬이 조성되어 있고, 섬은 자연스러운 암석의 형태로 만들어져 있고 두 종류의 나무가 심어져 있다. 연못 속에는 연꽃이 탐스럽게 피어 있고, 방지 주변에는 괴목(槐木) 2주가 서 있고 건물이 밀집해 있다(그림 11 좌측).

방지의 지안(池岸) 가장자리는 진흙으로 처리하였으며, 못을 중심으로 남쪽과 서쪽, 북쪽에는 바로 길이 있고 동쪽과 북동쪽은 건물이 배치되어 있다. 방지 서쪽에 있는 괴목 아래에는 작은 우물이 있다.

이 그림은 북악산, 인왕산, 안산 아래로 넓게 펼쳐진 서대문 밖 경기감영 일대의 풍경과 생활상이 묘사되어 있다.[32]

경기감영은 1393년(태조 2년)에 설치된 후 1896년(고종 32년) 수원으로 이전할 때까지 현 서대문 적십자 병원자리에 위치하고 있었다. 본관 건물인 선화당, 영은문 좌측 방형의 연못에 연꽃이 피어 있었다.

---

30) 정재훈(1996), 한국전통의 원, 도서출판 조경, p.211.
31) 掌苑署謄錄(1974), 供上式 "靑蓮房 東大門外池 於義洞池 南大門外池 盤松池 各隨 其結實使各其池直摘納" 이중 東池, 西池, 南池에 관한 자세한 내용은 전영옥·양병이(1994.7), 朝鮮時代 漢陽에 조성된 관영의 연못에 관한 연구, 한국조경학회지 22(2). 여지도의 도성도, 수성전도 등 조선시대 도성도에도 南池,東池,西池 등이 표기되어 있음.
32) 정병모(2000), "한국의 풍속화", (주)한길아트, p.189.

이 서지는 1923년에 제작된 경성시가도(미국 하와이대학교 한국학연구소 개인소장)에도 나타나 있는 것을 보면 1923년까지도 원형을 유지하고 있었으며, 그 후 멸실되었다는 것을 알 수 있다.

그림 11. 경기감영도(호암미술관) 및 여지도(도성도)

(6) 남지기로회도(南池耆老會圖)

조선시대 도성에 조영된 연못인 남지의 그림으로 1629년의 이기룡 작이며, 채색필사본, 계회도(契會圖)인 남지기로회도(南池耆老會圖)에 나타나 있다(그림 12). 연못은 숭례문이 보이는 위치에 있으며, 못의 형태는 방지형이고 사방의 지안은 돌로 쌓았으며 그 주위에는 버드나무가 두 주씩 심어져있고, 연못 안에는 연꽃이 가득하다. 조선시대 성지(城池)는 한양의 성곽과 문을 삼군영에서 나누어 맡아 관리하고 공조에서 봄·가을로 순찰하여 점검하도록 하였다.[33] 이 남지(南池)도 어느 시기에 어떻게 매몰 멸실되었는

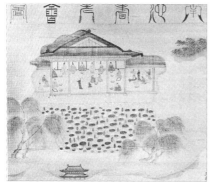

그림 12. 남지기로회도(서울대박물관소장, 보물 866호)   그림 13. 북새선은도권 吉州科試(국립중앙박물관)

33) 六典條例(1867), 서울: 경문사, 工典 營造司 城池 "三營門分管而 本曹只爲春秋巡審"

지 현재로서는 정확하게 밝혀져 있지 않다.

(7) 북새선은도권(北塞宣恩圖卷)

설탄 한시각(韓時覺)의 작품(1621~?)으로 함경도 길주에서 실시된 문무(文武) 양과의 도회시 장면을 그린 기록화이다(그림 13).[34] 길주과시장(吉州科試場)에는 관아의 성과 건물, 산과 수목, 인물 등이 섬세하게 묘사되어 있다. 또 이 그림에는 관아의 성 안과 밖의 광경을 사실적으로 그렸으며 좌측의 문루를 들어오면 우측에 장방형의 연못이 있다.

연못속의 장방형 섬에는 버드나무로 보이는 수목이 한 주가 심어져 있으며 못속에 연꽃은 그려져 있지 않다. 이 연못은 방지방도형으로 보인다(그림 13).

(8) 연광정연회도(練光亭宴會圖)

김홍도의 그림으로 알려진(1745~1806) 평양감사향연도(1745~1806)는 연광정연회도, 월야선유도, 부벽루연회도와 함께 세 폭으로 구성되어 있다. 연광정연회도(그림 14)는 성안에서 대동강변을 배경으로 낮에 펼쳐지는 광경인데 중층의 문루 등 건물과 성곽, 성안과 바깥의 초가와 기와집, 수목을 섬세하게 그렸다.

그림의 좌측에 있는 ㄱ자형 중층건물의 2층은 완전히 개방된 누마루형이고, 이 건물 전면 한 단 낮은 곳에 장방형의 연못이 있다.

이 연못 속에는 섬이 없으며 연도 심어져 있지 않아 건물이 투영될 수 있을 것으로 보이며, 지안은 자연석으로 쌓은 것 같다.

그림 14. 연광정연회도(練光亭宴會圖, 국립중앙박물관)

---

34) 박해정·안명희(2002), 한국의 문화, 한국신문방송인클럽, p.44.

(9) 판서행차도(判書行次圖)

평생도는 높은 벼슬을 지낸 사대부의 일생 동안 기념이 될 만한 경사스러운 일들을 골라 그린 풍속화다. 김홍도의 그림(1745~1806)으로 전하는 평생도는 관찰사 부임, 판서행차도(그림 15) 등 8폭으로 구성되어 있다.[35]

이 그림은 판서 행차를 중심으로 우측 화면에는 장대석 기단위에 초가잇기를 한 판축담장으로 보이는 담장 안에 건물과 수목이 있고, 좌측 화면에 방형으로 보이는 연못 일부가 그려져 있다.

연못의 지안은 장대석 2단이 수면에서 노출되어 있으며, 연못 속에는 연꽃

그림 15. 판서행차도(判書行次圖,국립중앙박물관)　　그림 16. 쌍도정도(雙島亭圖)

이 가득 심어져 있고 못가에는 버드나무가 한 주 서 있다.

(10) 쌍도정도(雙島亭圖)

겸재 정선(謙齊 鄭歚, 1676~1759)의 쌍도정도에 나오는 쌍도정(그림 16)은 경상북도 성주의 관아 중 서헌(西軒) 객사인 백화헌(百花軒)의 후원 남쪽 연못에 있는 정자이다.[36] 이 그림은 정선이 40대 후반 하양 현감을 지낼 때(1721~1726)에 그렸다는 확실한 전거를 가지고 있는 작품이다.[37]

성주는 대구의 서쪽에 인접(30리)하여 있고, 하양은 대구의 동북쪽으로 60리 길이다. 쌍도정도에는 이병연(李秉淵, 1671~1751)과 조영석(趙榮祏)의 제화시를 한 수씩 지어 그림 옆에 붙여놓았다.

물길을 따라 연못을 만들고 돌을 쌓아 섬을 만들었는데 모두 사람의 공덕이구나(이병연의 제화시, 畜水爲池 累石爲島 階人功也…).

---

35) 국립중앙박물관(2002), 조선시대 풍속화, 삼화인쇄, p.298.
36) 박경자(1997), 한국전통조경구조물, 도서출판 조경, p.137.
37) 유홍준(2001), "화인열전1", 역사와 비평, p.238.

쌍도정도를 보면 연못은 장방형지에 2개의 방도가 있는 방지쌍방도(方池雙方島)이다. 두 섬 중 한 섬에는 초당을 짓고 한 섬에는 소나무를 심었으며 다리로 두 섬 사이와 연못 밖을 연결하고 있다. 연못 속에 괴석을 놓고 연못 주변에는 소나무, 버드나무, 느티나무, 단풍나무를 심었다. 또 지안과 섬은 자연석을 정교하게 쌓았다.

연못에는 연을 심지 않았으며, 양 방도 가운데에는 자연석으로 방형의 대(臺)를 만들었는데 우측 섬의 대에는 사방이 개방된 초정이 있고 초정 뒤에는 나무 한 주가 있으며, 좌측 섬의 대에는 소나무 3주가 있다.

현재 관아는 거의 남아있지 않으며, 관아의원지인 쌍도정도도 메워져 민가와 버스터미널 부지 등으로 변형되었지만 방지쌍방도의 조성형태를 알 수 있는 자료로 이 기록화를 기초로 보수·정비의 기초자료로 활용 가능하다고 본다.

(11) 옥호정도(玉壺亭圖)

옥호정도는 서울 종로구 삼청동 133번지 일대[38]에 있었던 조선시대 사대부 민가조경인 옥호정(玉壺亭)의 모습을 그린 기록화이다(그림 17). 옥호정은 조선왕조의 제23대 왕인 순조(純祖, 在位 1801~1834)의 장인이 되는 김조순(金租淳, 1765~1831)의 집이다.

옥호정도는 조선시대 사대부 민가의 높은 격조를 보여주는 구성과 기법을 가지고 있다. 화려하지도 않고 거북스럽지도 않게 초가와 와가를 알맞게 배치하고 자연과 동화되어 단아하고 소박한 아름다움을 보여주고 있다.[39]

이 옥호정도는 길이 1.5m, 폭 2.8m의 크기로 고 이병훈(故 李丙薰) 선생이 보관하고 있었던 그림으로 현재도 그 집안에서 잘 보존하고 있다. 옥호정의 조영은 1815년경으로 보고 있기 때문에 그림을 그린 시기는 그 후 가까운 해에 그려진 것으로 추측되는 채색 그림으로 작자 미상이다.[40]

옥호정의 지형은 동쪽으로 경사진 산록에 ㄷ자형 안채를 계류가 있었던 입구 쪽에 배치를 하고 그 뒤쪽 석 계단에 루마루로 꾸민 죽정(竹亭)이 있고, 그 위쪽에 창호를 설치한 한 칸 규모의 초정이 있는데 이 초정은 '첩운정(疊雲亭)'이라 쓴 편액이 있다.

이 초정 좌측으로 산록으로 오르는 석계로 꾸민 길이 있고, 그 좌측에 정면 2칸 측면 1칸의 루마루인

---

38) 경복궁 동북편 삼청동 계곡 서편 산자락으로 현 감사원으로 들어가는 입구 맞은편인데 지금은 모두 민가가 들어서 있다.
39) 정재훈(2005), 한국전통조경, 도서출판 조경, p.278.
40) 정재훈(2005), 한국전통조경, 도서출판 조경, p.278.

초루가(草樓)가 있다.

이 초루 전면에는 수고(樹高)가 큰 수목 한 주가 서 있고, 나무 아래에 석상(石床)이란 글씨가 있고 장방형의 석상이 배치되어 있으며, 그 우측 마당에는 큰 장방형 수조(水槽) 2개가 있다. 초루의 우측에 연못이 조영되어 있으며, 그 좌측에 '혜생천(惠生泉)'이라 새긴 붉은 글씨가 있고 그 밑에 석재를 다듬어 조영한 샘이 그려져 있다.

혜생천 위쪽에 붉은 글씨를 횡서로 '옥호동천(玉壺洞天)'이라 쓴 글씨가 있으며, 좌측 암석 위에 나무 홈통 2개를 "⌐"형으로 연결하여 연못에 물이 떨어지게 한 그림이 있다. 이 연못의 지안을 보면 위쪽은 자연못형을 이용하여 자연스럽게 하였고, 양 측면과 아래 쪽은 석축호안을 하였으며, 연못속에는 장방형의 섬이 있다.

이 연못 좌측 산록의 암반에는 종서로 쓴 붉은 글씨로 '을해벽, 산광여 수고, 석기가장년(乙亥壁, 山光如 邃古, 石氣可長年)'이라고 적혀 있다.[41] 옥호정도에 나타나는 원지도 도시화로 민가가 들어 서 있으며 변형·소멸되었다.

그림 17. 옥호정도(玉壺亭圖)

그림 18. 금호완춘도(개인 소장)

3) 풍속화에 표현된 원지

(1) 금호완춘도(琴湖翫春圖)

금호완춘도(그림 18, 金碩臣, 1758~?)는 금호동 근처의 봄을 그린 그림으로[42], 좌측 높은 대(臺)위에 맞

---

41) 乙亥는 1815년으로 조선 순조 15년이며, 을해년에 옥호정의 옥호동천을 꾸민 것으로 추정해 볼 수 있다.

배집 형태의 초정이 있고 가운데에 사랑채로 보이는 ㄱ자형의 건물 전면에 방지로 보이는 연못의 지안은 장대석으로 처리한 것을 볼 수 있으며 연못 주변에 버드나무와 관목으로 보이는 수목이 식재되었다. 사랑마당에 공간이 넓으면 연못을 파고 좁으면 석조를 설치했던 조선시대 전통마당 꾸밈을 이 그림에서도 볼 수 있다

(2) 위기도·투호도(圍碁圖·投壺圖)

작자 미상인 투호도는 19세기에 그려진 것으로 투호는 조선시대 궁중이나 고관들의 회로연 때 여흥으로 즐겼으며, 조선후기에는 반가(班家)에서도 즐겼던 듯 놀이를 표현하고 있다.[43]

이 투호도(그림 19)의 좌측 상부에 있는 큰 나무 아래에서 노소를 가리지 않고 투호에 열중하고 있는 투호 전면에 방형으로 보이는 연못이 있다.

물오리가 노니는 방형의 연못 전면 좌측에 오래된 화목과 물속에 노니는 오리와 수초가 여유롭고 한가한 후원의 정취를 살려준다. 위쪽 지안에는 2단의 계단이 있고 못 가운데에 물막음 시설이 있는 것으로 보아 상하 2개의 연못인 것으로 보이며 연못의 지안은 자연석으로 조영한 것으로 사료된다.

그림 19. 위기도·투호도(국립중앙박물관)

그림 20. 단원도(개인 소장)

(3) 단원도(檀園圖)

김홍도(金弘道)가 1781년 청화절(淸和節)에 '단원(檀園)'이라 부르던 자기 집에 창해(滄海), 정윤(鄭潾), 강희언(姜熙彦)과 함께 진솔회(眞率會)를 묘사한 단원도(그림 20)는 그 때를 회상하여 1784년 섣달에 그린 그림이다.[44] 화면 좌측의 초정 안에서 진솔회 장면이 있고 그 전면에 오동나무와 학, 파초와 수목들이

---

42) 이동주(1999), 우리 옛그림의 아름다움-전통회화의 감상과 흐름, (주)시공사, p.264.
43) 국립중앙박물관(2002), 조선시대 풍속화, 삼화인쇄, p.299.
44) 정병모(2000), 한국의 풍속화, 한길아트,. p.310.
   ; 박해정·안명희(2002), 한국의 문화, 한국신문방송인클럽, p.108.

배치되어 있으며, 돌담이 묘사되어 있다.

초정 우측 화면의 가운데에 방형의 연못에는 연꽃이 가득하고 그 우측으로 괴석과 석상, 기암과 큰 수목이 있다.

연못의 지안은 돌로 쌓았으며 못 속에 섬은 없다.

(4) 학을 바라보며

신윤복의 작품[45]으로 화면의 좌측부분에 두벌대 기단 위에 세워진 건물의 개방된 누마루에서 연못과

학을 바라보고 있다
(그림 21).

방형의 연못 속에
는 연꽃이 가득 피어
있고, 지안은 장대석
으로 쌓았으며 수면위
로 두 단이 나와 있다.
우측부분에 소나무 2
주가 그려져 있다.

그림 21. 학을 바라보며

그림 22. 연당의 여인(국립중앙박물관)

(5) 여속도첩(女俗圖帖)

혜원 신윤복의 그림인 여속도첩은 처네 쓴 여인과 연당의 여인(그림 22), 저잣길, 전모 쓴 여인 등 여섯 점이다.[46]

화면의 윗부분에는 오른손에 생황을 들고 왼손에 장죽을 들고 있는 건물의 툇마루에 걸터앉아 쉬고 있는 기녀의 모습이 매우 서정적이다.[47]

툇마루에 앉은 여인은 건물 기단에 접하여 있는 연못을 바라보고 있으며, 연못에는 연잎과 연꽃이 가득하다. 여인이 주인공인지 연꽃이 주인공인지 분간하기 힘들 정도로 서로 어우러져 있다. 연못의 지안은 사각의 마름돌로 표현되어 있다.

---

45) 박혜정·안명희(2002), 한국의 문화, 한국신문방송인클럽, p.108.
46) 국립광주박물관(2002), 조선시대 풍속화, 삼화인쇄, p.167.
47) 정병모(2000), 한국의 풍속화, 한길아트, p.342.

(6) 혜원전신첩(蕙園傳神帖)

신윤복 풍속화의 대표작으로 알려진 '혜원전신첩'은 30면이다.[48] 후원놀이(蓮塘野遊, 그림 23)는 연못

가에서 풍류를 즐기는 그림으로 위쪽은 2단의 화계에 큰 수목이 있고 그 위 부분에도 여러 단으로 쌓은 축대가 있다. 연못은 좌측하단에 모서리 일부가 그려져 있다. 연꽃이 가득 핀 방형의 연못가에서 가야금 소리를 들으며 풍류를 즐기고 있는 모습을 볼 수 있다. 연못의 지안을 장병형의 석재로 쌓았는데 2단이 수면 위로 나타나 있으며 연못 속에는 갓 몽우리져 올라오는 연꽃과 연잎이 가득하다.

그림 23. 연당야유(蓮塘野遊, 간송미술관)

4) 고분벽화 및 옛 그림에 표현된 원지의 고찰

삼국시대 고분벽화 2건과 조선시대 동궐도, 궁궐도형 등 기록화 14건, 단원 김홍도, 혜원 신윤복의 풍속도 6건 등 22건의 도상자료에 표현된 46개소의 원지에 대한 형상과 호안처리, 입·배수 기법, 식재, 조경시설물 등에 대한 고찰 결과는 다음과 같다.

(1) 형상

방지형이 대부분이며 방지원도형, 방지방도형, 극소수로 방지쌍방도형이 있는 것을 볼 수 있다. 원지가 표현되어 있는 삼국시대의 고분벽화 2개소와 조선시대의 기록화 14건과 풍속화 6건 등 총 22건의 그림에는 46개소의 연못에 대하여 분석한 결과 연못의 형태는 방형(方形)이 전체의 85%를 차지하며, 원형(圓形), 반원형(半圓形), 표주박형, 형태를 알 수 없는 것이 각 1개소 있었다.

유형별로는 방지무도(方池無島) 23개소, 방지방도(方池方島) 3개소, 방지원도(方池圓島) 6개소, 방지쌍방도(方池雙方島), 원지원도(圓池圓島), 방지괴석(方池怪石), 기타 형태, 형태를 알 수 없음이 각 1개소로 방지무도(方地無島)가 전체의 62.5%이다.

---

48) 정병모(2000), 한국의 풍속화, 한길아트, p.324.
　; 국립중앙박물관(2002), 조선시대 풍속화, 삼화인쇄, p.302.

(2) 호안처리

궁궐도의 경우 장대석으로 호안쌓기를 하였으며 민가의 경우는 자연석 호안쌓기를 많이 한 것으로 보이며 때로는 진흙처리도 병행하였다.

(3) 입수와 배수

일부의 그림에서 연못의 물은 동쪽으로 입수되어 서쪽으로 배수되는 것을 볼 수 있으나 대부분의 그림 상에 구체적인 표현은 절제되어 있었다. 그러나 수원궁궐도의 중앙연못에서는 동쪽 담장 밑으로 멀리서 물을 끌어 들이는 입수로가 보이며 옥호정도에서는 암반에 「ㄴ」'형으로 나무 홈통을 설치하여 비천(飛泉)으로 입수되는 모습을 볼 수 있었다.

(4) 조경시설물 및 식재

시설물로는 연못 속에 장초석을 설치하여 2칸의 건물이 들어서게 조영한 데가 있고, 연못 안에 석가산(石假山)을 설치한 경우와 연못 밖으로 괴석, 석상이 배치된 것을 볼 수 있다. 섬에 들어 갈 수 있는 다리를 가설하고 섬과 섬을 연결하는 다리를 설치한 예도 있으며, 섬에 정자(亭亭)를 설치한 예도 있다. 연못 주변의 수종은 느티나무, 버드나무, 단풍, 배롱나무, 오동나무, 파초가 식재되었던 것을 볼 수 있다.

(5) 기타

삼국시대 고분벽화에 나타나는 연지도에서는 소나무가 울창한 높은 산 사이에 있는 연못은 잔물결이 치고 그 속에 연이 가득 자라고 연꽃이 만개한 것으로 보아 종교적 의미의 극락세계에서 영생불멸을 위한 표현으로 원지를 그렸음을 볼 수 있다.

4. 발굴조사된 원지 분석·고찰

1) 삼국시대의 원지

(1) 삼국시대 원지 고찰

대성산성 내에는 170여개소의 못자리가 발굴조사 되었으며 이중에 8개소가 복원되었다.[49] 발굴조사

---

49) 대성산성의 고구려유적, 김일성종합대학교 출판사.

된 원지에서 순채나 연화를 심어 경관을 조성한 예가 있고 또 원형지(圓形池) 주변에는 정자가 있어 못 주위를 조경공간으로 꾸몄다.[50]

산성의 지(池)는 누수방지를 위하여 바닥과 호안(護岸) 뒤편에 진흙다짐을 한 것으로 보아 용수를 목적으로 한 것도 있으며 수원은 대부분 계류의 자연수를 끌어들였거나 얕은 샘물(박우물)[51]을 이용하여 맑은 물을 얻을 수 있도록 하였다. 또 못 바깥에는 흙이나 표면수가 못에 흘러들어가지 못하도록 돌담이나 배수구 시설을 하였다.

삼국시대의 조경은 신선사상의 영향으로 못 속에 방장선도(方丈仙島)를 꾸민 궁남지와 삼신산(三神山)을 상징하여 삼도(三島)를 꾸민 안압지와 같이 선경(仙景)을 바라보도록 한 원지가 꾸며졌다.

또 불교의 영향으로 정토사원과 선원(禪院)이 조영되고 사원의 전면에는 속계를 떠나 사역, 즉 극락정토의 세계로 들어가는 상징적 표현으로 영지(影池)가 조성되었다.[52]

삼국시대 경주 안압지와 구황동 원지[53], 용강동 원지[54] 등의 곡수지(曲水池)에서는 못 안과 못 주변에 경관석을 배치하였고 또 용강동 원지에서는 못 안에 와편과 적심이 확인되어 섬과 연결되는 다리가 있었음을 추정 해 볼 수 있는 유물과 유구가 있다.

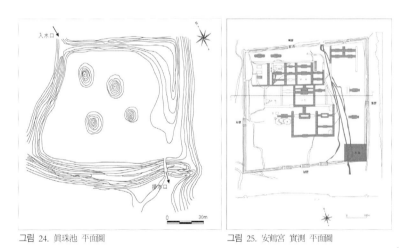

그림 24. 眞珠池 平面圖　　　　그림 25. 安鶴宮 實測 平面圖

삼국시대 조영된 원지 중에서 발굴조사 된 24개소(고구려9, 백제4, 신라4, 산성5)를 대상으로 고찰한 결과 원지의 규모와 형태 및 특징을 요약하면 다음 <표 1~4>와 같이 나타난다.

50) 김기웅, "고구려산성의 특성에 관한 연구", p.148.
51) 바가지로 물을 뜰 수 있는 정도로 물이 고인 샘(형제못에는 9개소의 박우물이 있음.)
52) 심우경·강훈, "한국고대사찰에 있어서 영지의 상징적 의미와 수경적 가치" 한국조경학회지 22(2), 1994
53) 경주문화재연구소, "경주 구황동 황룡사지전시관건립부지내 유적 발굴조사보고서(구황동 원지유적)", 태양상사, 2008.
54) 영남매장문화재연구원, "경주 용강동 유적조사 보고서" 2001.

〈표 1〉 고구려의 원지

구분	지명	지의 형태	규모	누·정	특징	비고
안학궁 (安鶴宮)	동남방지	정방형지	동서, 남북 70m		대성산성 소문봉에서 흘러온 3개의 물 줄기중 한 줄기를 궁성 북쪽성벽 수구(水口)로 끌어들여 궁성내 인공수로를 통하여 남쪽성벽의 수구로 흘러가게 하였음	궁성내 샘물과 대성산에서 끌어들인 계류의 물로 궁궐내 크고 작은 여러개의 원지를 조영(그림 25)
대성 산성 大城 山城	잉어못 (1號池)	방형지	동서 37m 남북 34m		• 순채와 연화를 심어 경관을 조성 • 못바닥은 진흙과 막돌을 섞어 다짐하고 그 위에 다시 큼직한 막돌을 깔아서 못바닥에 스며들지 못하게 하였음	• 지안(池岸)높이 1.1m • 지안(池岸)폭 3.55m 원지에는 물을 끌어 들이는 홈과 내보내는 홈이 있음
	형제지 (3號池)	방형지	동서 20m 남북 25m		• 물깊이는 60cm 정도이며 바닥에 진흙과 굳게 다진 후 큼직한 막돌을 깔았으며 수원(水源)은 방형의 얕은 우물인 것으로 추정	• 못안에 반원형의 뚝이 있고 서쪽과 남쪽에 9개의 박우물이 있음. • 못 바깥으로 3~4겹의 뚝을 쌓아 흙이 흘러 들어가지 못하게 하였음.
	삼각형지 (7號池)	삼각형지	동서 15m 남북 8m		• 박우물과 연못 사이에 돌각담을 설치	
	구룡지 九龍池 (10號池)	정방형지	동서, 남북 18.2m		• 지안(池岸)의 호안석축 뒤에 진흙 다짐을 하였으며 바닥은 30cm 두께로 또한 진흙다짐을 하였음.	• 지안(池岸)높이 3.5m
	원형지	원형	직경14.6m 수심 3.0m	못가에 정자가 있었던 것으로 추정.	• 지안은 다듬은 돌로 쌓았으며 호안(護岸) 뒤편은 50~60cm 두께로 진흙다짐을 함.	• 원형못 주위는 가장 아름다운 조경공간으로 조성
환인 오녀 산성	천지 (天池)	장방형지	동서 12m 남북 5m		• 지안은 자연암반을 파낸 다음 자연석을 쌓았으며 수원은 서남모서리에 인공으로 판 샘임(그림 26).	
길림 용담 산성	용담 (龍潭)	장방형지	동서 52.7m 남북 26.5m		• 수심은 원래 11m였다 하나 지금은 4m 정도이며 입수구는 동쪽에 1개소와 남쪽에 2개소가 있으며 출수구는 동북쪽 모서리에 있음.	
정릉사 定陵寺	진주지 (眞珠池)	방형지에 가까움	면적 2,250평		• 지내에 4개의 섬이 있으며 수원은 북쪽 샘이며 서북쪽 모서리로 입수되어 동남쪽 모서리로 출수되게 하였음.(그림 24)	• 탄화된 연꽃씨가 발견됨.

〈표 2〉백제의 원지

구분	지명	지의 형태	규모	누·정	특징	비고
공주 공산성	만하루지 (蓮池)	방형지 (사다리꼴)	동서 21m 남북 12m	만하루 (挽河樓)	• 못 바닥까지 내려가는 계단시설이 있으며 바닥 은 강자갈을 깔았고 동 쪽 지안과 북쪽 지안에 수구가 있음.	• 저수용량 1,223톤
	원지 (蓮池)	원형지	윗면직경9.3m 바닥직경4.78m 깊이 4.18m	주위에 건물지가 있음	• 못 바닥은 판석형 활석 을 깔았으며 지안 뒷면 은 1m 정도로 진흙을 채웠음.	• 저수용량 75톤
부여 정림사지	쌍지 (蓮池)	방형지	동연지 : 동서 15.3m 남북 11m 서연지 : 동서 11.2m 남북 11m		•북안과 서안은 호안석축 (護岸石築)이 있으나 남 안과 동안은 토안(土岸) 임.	• 탄화된 연화가 발견되었 음. • 사원의 전면에 두 방형 지를 조성한 것이 특징 적이며 영지(影池)의 기 능도 있음.(그림 27)
부여 관북리	연지 (蓮池)	방형지	동서 6m 이상 남북 6.25m		• 다듬은 돌로 호안석축을 쌓았으며 높이는 0.9m 임.	• 탄화된 연화가 발견되었 음.(그림 28)
익산 미륵사지 (彌勒寺址)	남지	자연형지	동연지 동서 49~51m 남북 41m 수심 1.6m 내외 서연지 동서 51m 남북 48m 수심 1.2m 내외		• 일부 지안은 토안(土岸) 이며 계류의 물을 선형 (扇形)으로 유입되게 하 였음	• 가운데와 동쪽에 뚝이 있음. • 자연형지로 미륵사상(彌 勒思想)과 영지(影池)의 기능 등이 함께 포함된 원지로 보임.(그림 29)
부여	궁남지 (宮南池)	현 원형지 이나 자연형지 로 추정	동서 120m 남북 130m	원도 (직경20m)에 포룡정 (抱龍亭)이 있음. (근래에 세운 정자임)	• 원형에 가까운 원지로 다리가 놓여져 있으며 원 형섬에는 정자가 있음	• 방장선도(方丈仙島)의 기록이 있음. • 신선사상(神仙思想)의 영향을 받아 조영된 원 지로 특징이 있으나 고 증조사가 계속되어야 함. (그림 31)

〈표 3〉 신라의 원지

구분	지명	지의 형태	규모	누·정	특징	비고
월성동궁 月城東宮	안압지 (雁鴨池)	곡지 (曲池)	동서 200m 남북 180m	지안에 5개의 건물지가 있음.	• 지내 자연형 3도가 있음. 　대도(大島) 330평 　중도(中島) 150평 　소도(小島) 20평 • 2단 폭포로 입수됨.	• 못바닥은 진흙다짐을 하고 강회 　다짐한 다음 모래를 깔고 검은색 　의 바닷가 조약돌을 깔았음. • 못 한가운데서 한변이 1.2m인 　정방형 정(井)자 형 나무틀 3개가 　노출되었음. • 자연형 3도형의 원지로 특징이 　있음.(그림 32)
용강동 원지	용강동 원지	곡지 (曲池)	발굴 조사가 완료되지 않 았음	건물지	• 지 안에 2도가 있음.	• 건물지와 인공섬을 연결시키는 　교각지가 있음(그림 35)
구황동 원지	구황동 원지	곡지 (曲池)	동서 26.1m 남북 46.3m	육각 건물지	• 경관석 81점 • 지 안에 2도가 있음.	• 경관석이 확인되었으며 ㄹ자형 　배수시설 등이 있음.(그림 33)
불국사	구품연지 (九品蓮池)	타원형지 (楕圓形池)	동서 39.5m 남북 25.5m 깊이 2~3m	범영루 (泛影樓) 등	• 수원은 무설전 동쪽의 샘 　물을 끌어들여 폭포로 떨 　어진 물이 잠류(潛流)로 　입수되게 하였음.	• 속계(俗界)와 정토계(淨土界)를 구 　분하는 영지(影池)의 기능을 함.

그림 26. 오녀산성 천지와 샘

〈표 4〉 삼국시대 산성의 원지

구분	지명	지의 형태	규모	누·정	특징	비고
순천 검단산성 (檢丹山城)	목가구 석축지 (木架構 石築池)	타원형 (橢圓形)	남북 : 8.1~8.9m 동서 : 4.0~4.8m 깊이 : 3.5~5.0m	석축지 동쪽으로 8m 정도 거리에 동서 2칸, 남북 3칸으로 추정되는 건물지가 있음	• 석축지 서측의 성벽에 ㅁ자형의 수구 4개소가 있으며, 석축지 속에 목가구틀에 10개의 목주(木柱)가 있음	• 백제산성에서 석축지 속에 목가구를 설치한 사례로서는 처음 발견되었으며 저수시설은 약 160톤의 물을 저수할 수 있음
남해 대국산성 (大局山城)	연지	원형	상부직경 : 6.5m 하부직경 : 5.4m 깊이 : 2.5~2.8m	원형연지 부근은 발굴조사가 이루어지지 않아 건물지가 확인되지 않았음	• 연지의 호안석축은 3개의 단(段)으로 구성하였음. 각 단의 상부 마감은 성벽 여담을 설치하기 위한 미석과 같은 판석형의 석재로 마감	• 연지의 형상은 원형에 가까운 타원형이며, 누수 방지를 위하여 점토다짐을 하였음. • 입수구 퇴수구가 없는 점으로 보아 단순 집수조의 기능으로 보임. 저수량은 70톤 정도임
창녕 화왕산성 (火旺山城)	연지, 용지, 용담 (龍池, 龍潭)	방형	상부 호안석축 : 14.0m, 하부 : 12.5m 깊이 : 1.7~2.4m	연지 외연상층부에 초석 유구로 보아 건물지가 있었을 것으로 추정	• 연지를 둘러싸고 있는 외연에 석재를 층단으로 촘촘히 깔았으며, 호안석축의 상부는 계단상으로 들여쌓기를 하고, 하부는 수직으로 쌓았음	• 입수시설은 확인되지 않았으며, 출수로는 동쪽 외연으로 배수되게 한 것으로 추정. • 연지의 저수량은 약 350톤 정도임
여수 고락산성 (鼓樂山城)	원형석축지외 3개소	원형 및 방형	본성의 원형석축지상부직경 : 5.2~5.3m 하부직경 : 3.95m 깊이 : 2.2m		• 본성에 3개소의 저수시설이 조사되었으며 원형 석축지 1개소, 방형점토지 2개소, 보루성에 1개소의 원형 석축지가 있음	• 총 4개소의 저수시설이 조사되었으며 2개소는 원형석축지이고, 2개소는 방형점토지이며 물을 길러서 저장한 것으로 보임
호암산성	연지 (한우물 또는 石拘池)	방형지	동서 17.8m 남북 13.6m 깊이 2.5m		• 남서 모서리 동쪽에 우물이 있음.	• 동쪽에 석구지(石拘池)라 음각(陰刻)한 각자가 있음.

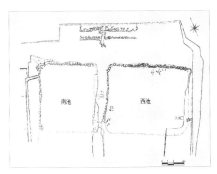

그림 27. 定林寺址 東·西池의 平面圖

그림 28. 부여 관북리 원지

그림 29. 益山 彌勒寺址의 東西蓮池(1)[55]

그림 30. 益山 彌勒寺址의 東西蓮池(2)

그림 31. 궁남지 전경

그림 32. 안압지 배치도[56]

---

55) 그림 29는 국립문화재연구소(1996), 『彌勒寺유적발굴조사보고서』의 수록도면을 인용 재구성한 것임.
56) 그림 32는 정재훈(2005), 『한국의 전통조경』(도서출판 조경) 수록도면을 인용 재구성한 것임.

그림 33. 구황동 원지 유구 배치도[57]

그림 34. 구황동 원지 유적 전경

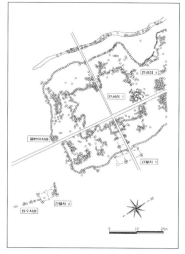

그림 35. 용강동 원지 유적 유구 배치도[58]

그림 36. 용강동 원지 유적 전경

(2) 삼국시대 원지 분석 결과

삼국시대 조영된 24개소의 원지에 대하여 형태와 용도 및 지안(池岸)의 처리, 입·배수시설, 바닥처리, 경관석, 기타 유구 등을 분석 고찰한 결과는 다음과 같다.

① 형태

삼국시대에 조영된 24개소의 연못 형태는 방형이 13개소로 전체의 54%를 차지하며, 원형 4개소, 곡수형 3개소, 타원형 2개소, 삼각형 1개소 등이며 궁남지는 발굴조사가 진행되고 있어 형태를 확인할

---

57) 그림 33, 34는 영남매장문화재연구원(2001), 경주용강동원지유적조사보고서에 수록된 도면을 인용·재구성한 것임.
58) 그림 35, 36은 경주문화재연구소(2005), 황룡사전시관건립지역내유적발굴조사 지도위원회 회의자료에서 인용·재구성한 것임.

수 없는 곳이 1개소 있다. 삼국시대 산성의 연못은 대부분 방형과 원형이며, 신라의 원지 3개소는 모두 곡수지(曲水池)로 지안과 섬을 곡선으로 꾸몄으며, 백제의 사원에 조영된 원지는 방형으로 진입로를 중심으로 동·서쪽에 위치하고 있다.

② 지안(池岸)의 처리

원지의 지안을 구축하는데는 지안을 따라 나무말뚝을 좁은 간격으로 세운 목주열호안(木柱列護岸)과 지안을 점토로 다짐하는 점토호안, 점토와 와편(瓦片) 또는 석재를 혼합하여 구축한 혼합호안, 면은 석재로 쌓고 뒷채움을 석재와 점토로 다짐한 석축호안 등이 있다. 또 특수한 예로 석축호안을 지탱하기 위하여 내부에 목가구를 설치하여 석축을 보호한 석축목구조호안이 있었는데 석축호안이 대부분이다. 목주열호안이 나타나는 원지는 백제 정림사지의 동지의 북쪽 지안과 함안 성산산성, 익산 미륵사지 동·서연지 등으로서 초기삼국시대에 주로 사용되었으며 지안을 보호하는 친환경적인 시설로 판단된다.

③ 입·배수시설

- 雁鴨池 폭포 평면도 -

- 雁鴨池 폭포 정면도 -

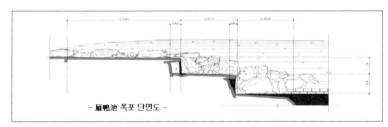

- 雁鴨池 폭포 단면도 -

그림 37. 안압지 입수구 현황 실측도

곡수형으로 꾸민 원지에서는 물을 멀리서 끌어들이는 경우가 있으며 또 폭포로 떨어지게 한 경우도 있다(그림 37). 사원의 원지에서는 인근의 계류를 입수로를 만들어 연지의 동측 지안으로 자연스럽게 흘러 들게 입수되게 하였으며, 산성의 못은 물을 저수하는데 목적을 두고 별도의 입·배수시설이 없는 경우도 있다.

④ 바닥처리

경관 조성을 목적으로 조영한 원지 가운데 바닥을 진흙다짐을 하고 그 위에 강회다짐을 한 다음 모래를 깔고 검은 조약돌을 깔아서 마감한 사례는 경주 안압지가 있고 못 바닥에 자갈을 깐 사례는 정릉사 진주지, 공산성 만하루지(挽河樓池), 경주 구황동 원지 등이 있다. 자연암반을 그대로 사용한 사례는 환인 오녀산성의 천지(天池)와 창녕 화왕산성의 연지에서 볼 수 있으며, 생토 바닥을 그대로 사용한 경우는 익산 미륵사지 동·서연지와 부여 관북동 연지가 있다. 또 못 바닥을 평편한 석재를 깔아 물을 저장한 경우는 공주 공산성 추정왕궁지의 원형지와 평양 대성산성 잉어못과 형제지(兄弟池), 순천 검단산성의 석축지(石築池), 남해 대국산성의 연지, 여수 고락산성 보루의 집수정 1 등이 있으며, 점토다짐을 한 사례는 평양 대성산성 구룡지(九龍池)와 여수 고락산성 본성의 집수정 등이 있다.

이와 같이 못 바닥의 처리는 조영한 목적에 따라 여러 가지 유형이 있으나, 점토다짐 층의 두께나 바닥석의 깔기 양식과 하부 구조 등에 대하여 정확하게 조사되지 않아 조영기법이나 양식 등 세밀한 분석 등 앞으로 추가 조사를 할 필요가 있다.

⑤ 경관석, 교각지

경주 안압지와 용강동 원지, 구황동 원지 등 곡수형(曲水形) 원지에서는 경관석을 못안과 못 주변에 배치하여 조원공간을 꾸몄으며, 사용된 경관석은 청색과 붉은색으로 그 생김새에 따라 적절하게 배석(配石)하였다.

또, 경주 용강동 원지에서는 섬과 연결되는 교각으로 추정되는 유구가 우리나라 삼국시대의 원지에서는 처음으로 노출되었는데 그 주변에 출토된 와편 등을 볼 때 건물이 있었음을 알 수 있으며, 조사된 유구를 고려하여 복원은 두 가지로 추정해 볼 수 있다.

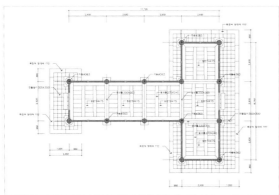

그림 38. 추정복원 평면도(건물지1 및 교량 복원)

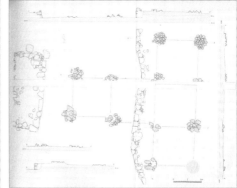

그림 39. T자형 건물추정 평면구성

한 예는 섬까지 연결되는 루(樓) 형식의 다리를 고려해 볼 수 있고(그림 38) 또 한 예는 누각 두 칸이 연지 속에 들어와 있는 T자형의 건물(그림 39)로 추정해 볼 수 있다.

2) 고려시대의 원지

(1) 고려 시대의 원지 고찰

고려시대는 궁궐, 관아, 사찰, 민가, 별서 등에 여러 유형의 원지에 관한 기록이 있으나, 유적이 주로 북한에 있어서 현장조사를 하지 못하고 원지의 형태와 꾸밈새를 문헌조사를 통하여 확인해 볼 수 있었다.[59]

고려시대에는 다양한 기법으로 원지가 조성되었고 원지문화가 발달되었음을 알 수 있으며 내용을 정리하면 다음 <표 5>와 같다.

〈표 5〉 고려시대의 원지

구분	명칭	시대	내용요약	형태적 특성	비고
궁궐 宮闕	동지	977년 3월 (景宗 2年)	왕이 동지에서 용선을 타고 친히 진사시험을 주도		
		1002년 5월 (穆宗 10年)	못을 깊게 파고 높은 대를 쌓아 올려 유상(遊賞)하는 원지를 조성	• 못을 깊게 팜, 높은 대(臺)	
		1041년 12월 (靖宗 7年)	동지의 구령각(龜齡閣)에서 활 쏘는 것을 사열함		
		1056년 9월 (文宗 10年)	태자에게 명하여 왕씨와 더불어 동지루에 잔치를 차리고 수재, 최옹, 이서, 어실 등을 불러 시를 짓게 하는 등의 기록.		
	상춘정지	1070년 (文宗 24年)	연경궁 후원 상춘정(賞春亭)에서 곡연(曲宴)을 행하였다는 기록	• 곡연(曲宴)	
		1116년 (예종 11년)	궁궐안에 청연각(淸燕閣)을 짓고 동 왕 12년에 지은 「청연각기(淸燕閣記)」가 있으며 「고려도경」 연영전각 조에는 물을 끌어들여 소와 첩석성산을 만듦	• 소(沼), 첩석성산(疊石成山)	

59) 서긍, "고려도경", 아시아문화사, 1972.
   ; 이규보, "동국이상국집 제1집" 고전간행물발행, 동국문화사, 1958, 荷池, p.23.
   ; 위의 책 제3집, 卷第二十三, 康候茅亭記, p.83.
   ; 정인지 등 編, "高麗史" 연세대학교 東方學硏究所, 경인문화사, 1980,"…起第至三百餘間 臺樹園池 窮極 美麗…"
   ; 安軸, "謹齋集", 高麗名賢集 2, 성균관대학교 大同文化硏究院, 1973, pp.427~479.
   ; 卓光茂, "景濂亭集", 고려명현집5, 성균관대학교 대동문화연구원, 1980, pp.247~273.

구분	명칭	시대	내용요약	형태적 특성	비고
궁궐 宮闕	상춘정지	1157년 4월 (의종 11年)	민가 50여 채를 철거하고 태평정을 만듦. 정원의 주경관으로 정자 남쪽에 못을 파고 관란정을 짓고, 괴석을 모아 가산(假山)을 만들고 멀리서 물을 끌어들여 폭포(飛泉)를 만드는 등 원지를 꾸미는 기록.	• 관난정(觀瀾亭), 가산(假山), 비천(飛泉)	• 괴석가산과 비천(飛泉)의 원지 기법이 특이함
	판적요지 (板積窯池)	1165년 4월 (의종 19年)	왕이 판적요지에 배를 띄워 유안하고 수루(水樓)에 올랐다는 기록	• 수루(水樓)	
	중미정남지 (衆美亭南池)	1167년 3월 (의종 21年)	중미정 남쪽 못에 배를 띄워 유안하며 정자 남쪽 시내(澗)에 흙과 돌을 쌓아 물을 막아서 저수하고 모정(茅亭)을 짓고 오리가 놀고 갈대가 우거진 것이 완연한 강호의 경치와 같았다 함.	• 흙, 돌, 호안, 초정	• 오리가 놀고 갈대가 우거진 것이 완연한 강호의 경치
	만춘정지 (萬春亭池)	1167년 4월 (의종 21年)	정자 남쪽 못에서 배를 띄워 유안하였고 만춘정은 판적요 안에 있다는 기록이 있으며 시내(澗) 좌우 송림과 화초를 심었고 모정과 초루가 7개소 있었다 함.	• 모정(茅亭), 초루(草樓)	• 간(澗), 송죽(松竹), 화초
	연복정지 (延福亭池)	1167년 6월 (의종 21年)	왕성 동편 용연사 남쪽에 단애절벽과 울창한 수림을 배경으로 삼은 별궁인 연복정을 지었다 함. 정자의 네 모퉁이에 기화이목을 심었는데 물이 얕아 배를 띄울 수 없어 제방을 쌓아 호수를 만들었다 함	• 제방(堤防)을 쌓아 호수를 만듦	• 기화이목(奇花異木)
관아 官衙	순천관 (順天館)		향림정 부근의 아름다운 경관과 함께 도활제함위에는 물을 저장하는 도구도 다 동(銅)으로 했으며 계류의 물을 집 뒤의 벽돌로 만든 못에 끌어 들였다. 순천관의 동편에는 5칸의 청풍각이 있고 그 서편에는 도할(都轄)제할(提轄)의 삼간초옥이 있으며 그 당 뒤에는 鳌石으로 둘러 있는 못이 있다 함	• 물저장 도구는 銅, 벽돌로 만든 못, 鳌石으로 둘러있는 못	
사원	숭교사의 연지	충혜왕 4년	대호군(朴良衍)에게 명하여 숭교원(崇敎園)에 화목을 심게 하였음. 이에 앞서 숭교사의 연지가에 루를 세워 유안에 쓰이도록 하였는데 이는 嬖臣인 송명리(宋明理)의 권유에 따른 것임. 「동국통감」 이제현의 「櫟翁稗說」에 의하면 충렬왕 때의 문인으로서 한림원(翰林院)에 있던 곽예(郭預, 1232~1286)가 비가 올 때마다 홀로 우산을 받치고 용화원의 숭교사에 있는 연지에 달려가 빗속의 연꽃을 감상하곤 하였는데 성자처럼 보였다고 함.	• 연지 가에 루(樓)	• 연꽃
	화엄사 (花嚴寺)		동국여지승람에 "못가에는 창포(菖蒲)가 우거져 있고 계전(階前)에는 황모란이 활짝피어 마당과 담을 누렇게 물들이고 있으며 작약도 붉게 피어 중국 월나라의 미인 서시(西施)를 취하게 하고 있다"고 기록.		• 못가에는 창포(菖蒲)가 우거짐
	수다사 (水多寺 方池)		이규보의 「次韻惠文長老　水多寺八詠」 중의 「하지(荷池)」라는 시를 보면 하지는 방지이고 여기에는 연이 심어져 있음.	• 방형	• 연

구분	명칭	시대	내용요약	형태적 특성	비고
민가	기홍수의 퇴식제 (退食齋)		계류가 흐르고 자연경관이 좋은 곳에 터를 잡았으며 여기에 퇴식재(退食齋)를 비롯하여 勝王閣, 滌暑亭, 燕黙堂, 綠筠軒 등 많은 건축물을 세웠고 영천과 연의지(蓮이 심어진 曲池)를 만들었으며 竹, 垂柳, 靑松, 李, 甘梨, 牡丹, 荷, 菖蒲 등의 佳木異卉를 심음. 또 뜰에는 갖가지 새와 진기한 짐승이 길러지고 있었는데 「동국이상국집」에 의하면 공작, 앵무, 원숭이 등이 있음.	• 연이 심어진 곡지	• 대나무, 수류(垂柳), 청송(靑松) 등 갖가지 새와 진기한 짐승
	김치양	1103년 (穆宗6)	원지와 대사(臺樹)를 꾸몄다(…起弟至三百餘間 臺樹園池 窮極美麗…)는 등의 여러 가지 기록.	• 대사(臺樹)	
別墅	경렴정 방지 (景濂亭 方塘)		정자 아래에 못을 파고 지중에 소도를 만들었으며 섬에는 소나무가 식재되어 있을 정도로 규모가 컸던 것으로 보임. 지안에는 연, 우류(垂柳), 섬에는 송(松), 정자 주위에는 매화와 기타 화초─앞 뜰에는 채원(菜園), 울타리 밑에는 상원(桑園)이, 기타의 조경공간에는 송, 죽, 국(竹, 松, 菊) 등이 배식되어 있었음을 알 수 있음. 채원과 상원이 있어 실용원(實用園)으로서 활용되어졌으며 「봉안문」에서 연못의 형태를 방당(方塘)이라 함.	• 못속에 중소 섬	• 섬에는 송(松), 못 주변에는 연, 수류(垂柳) 등

(2) 고려시대 원지 분석 결과

궁궐의 원지는 연회장소로 주로 이용되었고 원지 주변에는 대(臺), 수루(水樓), 모정(茅亭), 초루(草樓) 등의 건물이 있고 첩석성산(疊石成山)을 하거나 괴석을 사용한 가산(假山)을 조영하였고, 오리가 놀고 갈대가 우진 강호의 풍경을 조성하여 송죽, 화초 등이 식재되었다. 사원의 원지에는 연꽃이 식재되었고 특이한 기록은 멀리서 물을 끌어 들여 비천(飛泉)으로 입수되게 하였고, 관아의 원지에 동(銅)으로 만들어 물을 저장하고 벽돌이나 와석으로 호안을 만들기도 했다. 원지중에는 소, 중의 섬을 조영했고 방지(方池)와 곡지(曲池)도 볼 수 있다

3) 조선시대의 원지

(1) 조선시대 원지 고찰

조선시대 궁궐에 조영된 원지와 관아(官衙) 및 민가·별서에 조영된 원지의 형태와 규모, 특징 등을 정리한 결과는 다음 <표 6>과 같다.

〈표 6〉 조선시대의 원지

위치	지명	지의 형태	규모	누·정	특징	비고
경복궁 (景福宮)	경회루지 (慶會樓池)	방형지	동서 126m 남북 114.5m 면적 4,364평 (수면면적 3,709평)	• 동쪽 방도에 경회루가 있음. 동서 33.6m 남북 28.26m 면적 287.2평	• 방지 3방도의 원지임. 동방도 : 595평 동서 38.9m 남북 50.6m 서북방도 : 31평 동서 6.35m 남북 16.43m 서남방도 : 28.8평 동서 6.05m 남북 15.37m	• 경회루와 궁을 연결하는 석교가 동쪽에 3개소 있으며, 교폭은 각기 다름. • 경회루 서편에는 못으로 내려가는 석계(石階)가 있음. • 못 북동쪽의 우물과 연결되는 입수구가 있으며 출수구는 서남 모서리에 있음. • 방지방도형(方池方島型)의 원지로 대표적임(그림 40).
	향원지 (香遠池)	방형지 (모서리는 각이 없도록 조영)	동서장축 82m 남북장축 87m 면적 1,786평	• 원도(圓島)에 6각형 중층건물 향원정(香遠亭)이 있음. • 면적 6.8평의 육모지붕임.	• 원도는 182평이며 향원정과 연결되는 취향교가 남쪽에 있음(원래는 북쪽에 있었던 것임). • 향원지의 수원은 '열상진원(洌上眞源)'의 물이 특이한 입수시설로 현폭(懸瀑)과 자일(自溢)을 동시에 이용하였음.	• 방지원도형(方池圓島型)에 정자가 있는 원지로는 대표적임
창덕궁 (昌德宮)	부용지 (芙蓉池)	방형지	동서장축 30.7m 남북장축 36.51m 면적 323평	• 지의 남안에 부용정이 있음 • 十자형 평면으로 면적은 9.02평임. • 수중에 두 돌기둥을 세워 꾸민 정자의 조영이 특이함	• 지내원도(면적 10평, 직경 6.63m)에는 소나무가 심어져 있으며 부용정과 섬의 비는 1:1로 같게 하였고, 지안에 공기조절 시설과 입수 석누조시설이 있음.	• 방지원도형(方池圓島型)의 원지로는 가장 대표적임.
	애련지 (愛蓮池)	방형지	동서 31m 남북 25.6m 면적 240평	• 북쪽 지안에 애련정이 있음	• 입수구의 폭포시설이 특이함(그림 42).	• 방지무도형(方池無島型)의 원지로 특색이 있음.
	존덕정지 (尊德亭池)	반월형의 지가 변형된 형태로 원형에 방형이 붙은 부정형임.	동서장축 21.5m 남북장축 15m	• 6각형의 존덕정이 있음.	• 지안에 석상(石床)과 괴석·일영대(日影臺)의 배치와 석교 밑의 계간에 석지(石池)를 만든 것이 특이함.	• 기록상으로 볼 때 붉은 물고기와 흰 물고기를 기른 못임. • 원래는 반월형(半月形)의 원지로 특이함.

〈표 6〉 계속

위치	지명	지의 형태	규모	누·정	특징	비고
창덕궁 (昌德宮)	빙옥지 (氷玉池)	방형석지	동서 2.15m 남북 1.53m 깊이 4.3m	• 북쪽으로 2.5m 거리에 한 칸(2.65m)인 청심정(淸心亭)이 있음.	• 화강암 내부를 파낸 특이한 석지로 남쪽에 장수를 상징하는 거북이가 못 속으로 들어가는 형상을 조영하였고 거북이 등에 빙옥지가 음각되어 있음.	• 북쪽에 청심정(淸心亭), 남쪽에 돌거북을 배치한 석지원으로 가장 특색이 있음(못 속에는 암도(岩島)가 있었음)(그림 45)
	청의정지 (淸漪亭池)	방형지	동서 7.15m 남북 9.7m	• 방도에 초가로 지은 청의정이 있음	• 관석형 다리의 가설과 궁중에 유일 초가 정자가 특이함.	• 옥류천 계류(玉流川 溪流)에 꾸민 초정의 원지로 특색이 있음.(그림 47)
창경궁 (昌慶宮)	통명전 서지 (石欄池 연못, 沼)	장방형지	동서 5.2m 남북 12.8m 깊이 4m	• 지의 동쪽에 통명전(通明殿)이 있음.	• 못 가운데에 동서로 석교를 놓고 못 주위는 석란을 설치하였으며 지내에는 괴석 두 개와 대석(臺石) 한 개가 있음. • 수원은 북쪽의 원형샘물이 석구(石溝)를 따라 흘러 폭포로 유입되게 하였음.	• 동궐도에는 방지 속에 또하나의 방지를 만들어 그 속에 괴석을 배치 하였음. • 방지암도형(方池岩島型)의 원지로 석란과 석교를 설치한 대표적인 원지임.(그림 49)

〈표 7〉 조선시대 도성 및 관아 등 기타 원지

구분	위치	지의 명칭	지의 형태	규모	특징	비고
도성의 원지 (都城의 園池)	흥인지문 (興仁之門)밖	동지 (東池)	확인되지 않고 있음	확인되지 않고 있음	도성도 등 고지도에 나타나 있음(그림 50)	도성에 연못 중 풍수지리설에 따라 남지와 동지가 조영 되었으며, 이들 연못은 연잎, 연밥, 연근을 생산하여 궁궐에 제공하였고 연꽃을 관람하는 장소로도 제공
	어의동 (於義洞)	어의동지 (於義洞池)	확인되지 않고 있음	확인되지 않고 있음		
	돈의문 (敦義門)밖	서지 (西池,盤 松池)	방지 원도	확인되지 않고 있음	경기감영도에 연지의 형태와 섬 및 주변의 현황이 그려져 있음	
	숭례문 (崇禮門)밖	남지 (南池)	방형	확인되지 않고 있음	남지기로회도에 남지의 모습이 그려져 있음	
관아의 원지 (官衙의 園池)	제주목관아지 (濟州牧官衙址)의 연지	연지 (蓮池)	방형	동서 13.5m 남북 7.7m 깊이 1.2m	생토 암반층을 굴착하였으며, 굴착면은 점토로 다졌음. 연지의 보수정비는 암반층을 기반으로 잡석을 깔아 다짐하였으며 그 위에 진흙다짐을 하고 모래다짐으로 마감하였음	탐라방영총람(耽羅防營總攬)란 도(池島)란 표현이 있으며, 발굴조사결과 연지의 규모가 밝혀졌다.

구분	위치	지의 명칭	지의 형태	규모	특징	비고
민가 별서의 원지 (民家·別墅의 園池)	보길도 (曲水堂)	비례폭 (飛來瀑)	방형	가로 4.5m 세로 2.4m 호안높이 남측 3.1m 서측 1.8m 동북 2.5m	못바닥은 암반이며, 물은 곡수의 계류를 수구로 끌어와서 다시 계류로 배수	보길도 유적에 대하여는 정조 8년(1784)에 답사 후 쓴 윤위(尹偉)의 보길도식(甫吉島識)에 기록이 있으며, 곡수당지의 못은 2005년 발굴조사 되었음
		연지 (蓮池)	방형	가로 14.0m 세로 12.5m 깊이 0.95m	못 동편에 작은 臺를 축조하고 대위에 石亭을 설치	

그림 40. 경회루

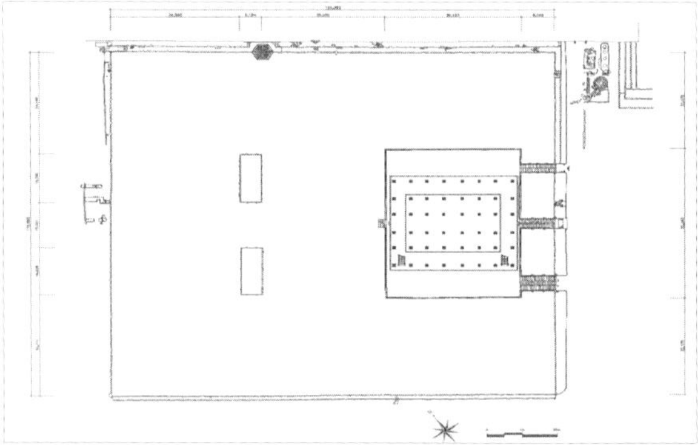

그림 41. 경회루 평면도

그림 42. 愛蓮池 入水口 瀑布

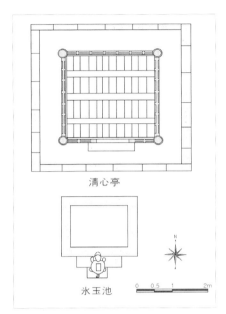

淸心亭

氷玉池

그림 43. 淸心亭과 氷玉池 平面圖

그림 44. 淸心亭

그림 45. 氷玉池

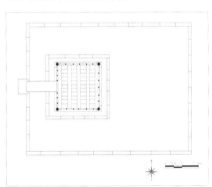

그림 46. 淸漪亭과 方池 平面圖

그림 47. 淸漪亭

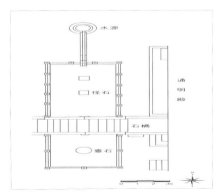

그림 48. 通明殿 西池 平面圖

그림 49. 창경궁 통명전 석지 및 석교

그림 50. 도성도에 표현된 남지와 동지, 서지

(2) 조선시대 원지 고찰 결과

조선시대 궁궐인 경복궁과 창덕궁, 창경궁에 조영된 원지를 형태별로 분류하면 방지방도형(方池方島型)의 원지와 방지원도형(方池圓島型), 방지반도형(方池半島型), 석지암도형(石池巖島型), 부정형(不定形) 등으로 구분하여 볼 수가 있다.

경복궁 북궐도형에는 향원지와 경회루 방지, 광화문안 용성문 남서쪽의 방지 등 3개소의 원지가 있었으나 현재 향원지와 경회루 방지가 남아 있다.

창덕궁 동궐도에는 금마문(金馬門) 앞, 희정당 동쪽, 인정전 서북 장유고 옆, 옥류천 태극정 앞, 영화당 동쪽, 경복전 앞, 대보단 동남쪽 등에 원지가 있었으나 현재는 매몰되거나 없어졌으며, 기록으로는 1406년(태종 6년) 궁 동북에 조성한 해온정(解溫亭)의 원지, 1459년(세조 5년)에 건립한 열무정(閱武亭)앞에 조성한 원지, 1505년(연산군 11년) 서총대(瑞蔥臺)앞 대지(大池)가 있었으나, 창덕궁에는 7개소의 원지가 현존하고 있다.

경복궁에 원지 2개소와 창덕궁 후원의 원지 5개소, 창경궁의 원지 1개소 등 8개소의 원지중 7개소가 방지형이며 1개소가 반월형이다.

경복궁 경회루 방지에는 3개소의 방도(方島)가 있으며 동측 큰 섬에 경회루가 있고, 창덕궁 후원 청의정지는 방지방도(方島)로 섬에는 초정(草亭)인 청의정이 있다. 경복궁 향원지는 방지원도(圓島)로 섬에 향원정이 있고 향원정에 연결된 목교가 있으며, 창덕궁 후원 부용정은 방지원도로 지안에 부용정이 있다. 애련지는 방지로 섬이 없으며 지안에 애련정이 있고 존덕정 앞의 반월지에도 섬이 없으며 지안에 육각정인 존덕정이 있다. 창덕궁 후원의 청심정 앞의 빙옥지(氷玉池)는 석재로 조영된 방지이며, 창경궁 통명전 서쪽에 석재로 조영된 방지 속에는 괴석(怪石)이 배치되어 있고 석교가 방지를 가로질러 설치되어 있으며 석지(石池) 주변에는 석난간이 설치되어 있다.

조선시대 경복궁과 창덕궁, 창경궁에 조영된 원지는 방지방도형이 2개소이며, 방지원도형 2개소, 방지무도형 2개소, 방지암도형 1개소, 반월형(半月形) 1개소가 있다. 원지내의 섬에 누·정을 배치한 곳은 3개소가 있고, 원지의 지안에 정자를 배치한 곳도 3개소가 있으며, 원지와 인접하여 정자를 배치한 곳은 1개소가 있고, 전각이 배치된 곳도 1개소가 있다. 이와 같이 궁궐의 원지에는 누와 정자가 배치되는 것을 알 수 있다.

조선시대 궁궐에 조영된 원지의 지안은 모두 장대석으로 호안(護岸)을 구축하였으며, 섬의 호안도 장대석으로 쌓았고, 경회루 방지의 호안은 심석과 지대석을 설치한 가구식 구조로, 4~5cm 퇴물림으로하여 쌓았다.

도성의 숭례문(崇禮門, 南大門) 바깥 남지(南池)와 흥인지문(興仁之門, 東大門) 바깥의 동지(東池)는 풍수지리설에 따라 조영된 원지로 연을 심어 연근(蓮根)을 궁궐에 제공하였으며 돈의문(敦義門, 西大門) 바깥의 서지(西池)에서도 연을 심어 연꽃의 관람과 함께 연근을 궁궐에 제공한 실용적 원지이다.

관아와 별서에 조영된 원지도 대부분 방지이며 자연지형을 최대한 조화롭게 이용하였고 관장의 위치에 정자를 배치하고 있다.

5. 결론

원지에 대한 기원과 명칭변천, 조영사상, 조영 법식 등에 대한 고문헌기록을 고찰한 결과 시대별 원지의 명칭변천과 형태, 유형, 조경시설물의 배치 등에 대한 기초자료를 얻을 수 있었으며, 발굴조사 및 보수·정비한 삼국시대의 원지와 조선시대 궁궐, 관아, 별서의 원지에 대하여 조사·분석한 결과 원지의 형태와 바닥처리, 입·배수, 지안의 지안 처리, 공간구성 등 원지의 조영에 관한 연구결과 다음과 같은 결론을 얻을 수 있었다.

첫째 삼국시대에 못에 관한 기록은 27회가 나타나는데 지(池)로 기록된 것이 22회로 가장 많고, 택(澤)

3회, 연(淵)과 담(潭)이 각 1회씩 나타나며, 명칭이 없는 못이 대부분(11개)이고 명칭이 있는 못은 16개인데 방위에 따른 명칭은 동지(東池 3개)와 남지(南池 2개)가 있으며, 방위와 못의 크기 및 지명에 따른 명칭은 동소지(東小池)와 궁남지(宮南池), 임천사지(林泉寺池)가 있다. 또 못의 크기만 따른 명칭은 대지(大池)가 있으며, 못물의 맑기에 따른 것으로는 청지(青池)가 있다. 못에 고유명칭을 부여한 것은 옥지(玉池), 옥문지(玉門池), 월지(月池), 벽골지(碧骨池), 신지(神池), 성지(城池) 등이 있으며, 못속에 섬이 있는 것은 2회 나타나는데 신지(神池)와 궁남지(宮南池)이다.

고려시대 37개소의 못 명칭에 대한 조사결과 13개의 명칭이 있는데 연(蓮)과 관련이 있는 명칭은 4개(蓮池 8, 荷塘 2, 荷池 1, 蓮荷池 1)이고, 형태에 따른 명칭은 2개(曲沼 1, 方塘 3, 方瀛 1)이며 기타 경지(景池), 원지(園池), 유당(柳塘), 익지(益池), 지당(池塘 16개소) 등으로 되어있다.

삼국시대에는 못을 담·연·택·지(潭·淵·澤·池) 등으로 기록되어 있고, 고려시대에는 소·당·지·영(沼·塘·池·瀛) 등으로 기록되어 있는 것으로 보아 못의 명칭변천이 있었음을 알 수 있다. 구체적으로 보면 지(池)는 계속하여 사용되었으나 담·연·택은 고려시대에는 사용되지 않았고, 소·당·영이 사용되었으며 주로 당(塘)의 명칭이 많이 사용된 것을 알 수 있었다.

삼국시대에는 신선사상의 영향을 받은 원지가 조영되었으며, 불교의 영향으로 사원의 전면에 영지(影池)가 조영되었고, 조선시대에는 풍수지리설과 유교의 영향을 받은 원지가 궁궐 및 사원, 민가·별서에 주로 조영되었다.

삼국시대에 멀리서 물을 끌어 들여 궁성에 원지를 조성하였고, 못 속에 섬을 만들고 못 주변에 가산(假山)을 만들어 수목을 식재하였으며, 진기한 화초를 심고 금수(禽獸)를 기르는 등 못을 중심으로 한 원지를 조영하였다.

둘째 고구려 고분벽화와 조선시대 동궐도(東闕圖), 가도(家圖), 연회도(宴會圖) 등의 기록화 및 단원도(檀園圖), 금호완춘도(琴湖翫春圖) 등 풍속화에 나타는 못에 대하여 조사·분석한 결과 못의 형태와 호안(護岸), 입·배수, 괴석, 식재 등 원지와 관련되는 다음과 같은 기초자료를 얻을 수 있었다.

원지의 형상은 방지형(方池形)이 대부분이며 방지원도형(方池圓島形), 방지방도형(方池方島形), 극소수로 방지쌍방도형(方池雙方島形)이 있는 것을 볼 수 있었다.

원지의 형태는 방형(方形)이 전체의 85%를 차지하며, 원형(圓形), 반원형(半圓形), 표주박형, 형태를 알 수 없는 것이 각 1개소 있었다.

유형별로는 방지무도(方池無島) 20개소, 방지방도(方池方島) 3개소, 방지원도(方池圓島) 4개소, 방지쌍방도(方池雙方島), 원지원도(圓池圓島), 방지괴석(方池怪石), 형태를 알 수 없음이 각 1개소로 방지무도가 전체의 62.5%이다.

원지의 지안(池岸)처리는 궁궐도의 경우 지안을 장대석으로 쌓았으며 민가의 경우 장대석 쌓기도 있으나, 자연석 쌓기를 많이 한 것으로 보이며 때로는 진흙처리도 병행하였다.

입수와 배수에 관하여는 일부의 그림에서 원지의 물은 동쪽으로 입수되어 서쪽으로 배수되는 것을 볼 수 있으나 대부분의 그림에는 구체적인 표현은 절제되어 있었다. 특이하게 암반 위에 나무홈통 두개를 "』"형으로 설치하여 바위 위의 물을 홈통으로 입수되게 하여 원지에 떨어지게 만든 사례도 있었다.

조경시설물 및 식재에 관하여는 섬 안의 초당(草堂)과 원지 안의 석가산 설치와 원지 밖으로 괴석, 석상이 설치된 것을 볼 수 있고, 원지 주변의 수종은 느티나무, 버드나무, 단풍, 배롱나무, 오동나무, 파초가 식재되었던 것을 볼 수 있다.

삼국시대 고분벽화에 나타나는 연지도에서는 연지의 형태를 파악할 수 없으나, 연지에 불교와 관련이 있는 연꽃을 대칭적으로 그린 것으로 보아 종교적 의미에서 극락세계를 표현한 원지로 볼 수 있다.

셋째 삼국시대 및 조선시대의 원지중에서 발굴조사 및 보수·정비가 이루어진 원지에 대하여 입·배수시설과 호안석축, 바닥처리, 경관석 등 유구(遺構)와 조사보고서를 중심으로 고찰하고 현장실사 및 실측조사 한 내용을 분석·연구한 결과 다음과 같은 결과를 얻을 수 있었다.

삼국시대 발굴조사된 원지를 중심으로 형태를 조사한 결과 신라에서 조영한 경주안압지와 용강동, 구황동의 원지는 모두 곡수형(曲水形) 원지로 꾸몄으며, 호안석축은 직선부분과 곡선부분을 조화롭게 하였다. 고구려와 백제에서는 안학궁의 방지와 익산 미륵사지 및 부여 정림사지의 동·서지 등에서와 같이 방지형(方池形) 원지를 주로 조영하였고, 삼국시대 산성의 못은 방형과 원형이 많이 조영되었다.

조선시대 궁궐의 못은 대개 방지형을 주로 하였으나 원형과 반원형, 난형 등도 예외적으로 조영하였으며, 관아와 별서에서도 방형의 원지를 주로 조영하였다.

삼국시대 신라에 조영한 경주 안압지의 경관석 설치는 못 속과 못 주변에 석분 없이 땅에 직접 배석하였다. 경주 구황동 원지에 81점의 경관석이 배석되어 있고, 안압지에는 총 1,286점의 경관석이 배석되어 있는데 지형과 돌의 생김새에 따라 산치(散置), 군치(群置), 첩치(疊置), 특치(特置)의 기법으로 배석하여 지안 및 경사면 보호기능과 경관조성을 목적으로 하였으나, 조선시대에는 괴석을 대부분 석분에 배석하거나 담장 밑 등 생활주변에 배석하여 관상할 수 있도록 하였다.

삼국시대 경주 안압지의 입수는 다듬은 화강석으로 만든 "ㄴ"형 직선 수로로 물을 끌어들여 화강석재로 조형한 대형 수조를 지나게 한 다음 자연석으로 굴곡지게 조영한 계류를 흘러 폭포로 입수되게 하였고, 익산 미륵사지와 부여 정림사지의 동·서 연못은 S자형 입수로를 조성하여 자연스럽게 입수되게 하였으며, 조선시대 궁궐에 조영한 경복궁 향원지의 입수는 샘에서 넘친 물이 U자형 수로와 원형 수조를 돌아 판석 밑으로 숨어 연못 속으로 들어가게 한 자일기법으로 하였고, 창덕궁 애련지와 향원지는 폭포로 떨어지게 하였다. 이와 같이 못의 입수는 현폭, 자일, 잠류의 방식으로 입수한 사례를 확인하였다.

못의 바닥처리는 조영목적에 따라 처리 방법을 다르게 하였는데, 경관조성을 목적으로 조성한 경주 안압지의 바닥처리는 진흙다짐을 하고 그 위에 강회다짐을 한 다음 모래를 깔고 검은색의 조약돌을 깔아서 마감한 경우가 있고, 또 자연암반을 그대로 노출시켜 사용한 원지도 있었다. 저수를 목적으로 한 산성의 못은 진흙다짐을 두껍게 한 다음 평편한 석재를 깔아 마감하였다.

삼국시대 원지의 지안(池岸)은 주로 마름돌 각석과 자연석으로 호안석축을 쌓았으며 일부는 자연경사면에 점토다짐과 점토와 잡석을 혼합하여 호안처리를 하였으며, 삼국시대 산성의 못 지안은 대부분 누수방지를 위하여 점토다짐을 한 다음 경관석, 각석 또는 잡석을 쌓아 호안을 구축 하였다.

조선시대 궁궐 원지의 지안을 대부분 장대석으로 호안석축을 쌓았으며, 섬에도 장대석으로 쌓았으나 일부 마름돌 각석으로 한 경우도 있다.

호안 석축의 쌓기 기법은 대부분 퇴물림 기법을 사용하였으며 일부는 직각으로 쌓아올리고 성벽의 미석처럼 판석형의 석재를 안쪽으로 내밀게 한 위에 석축을 층단으로 처리한 경우도 있고, 섬에는 심석을 설치하고 가구식으로 쌓은 경우도 있다.

배수는 연지의 수위를 조절하여 일정 수위를 넘을 경우 배수될 수 있도록 시설을 하여 항상 일정 수위를 유지할 수 있도록 하였고, 구황동 원지에서는 "르"자형 배수로를 꾸민 경우도 있다.

사원의 입구에는 종교적 의미의 원지가 조영되었고, 별서, 관아, 궁궐 등에는 경관조성의 목적과 함께 실용적, 종교적, 철학적 의미가 반영된 원지가 조영되어 왔다.

6. 맺음말

물과 산, 즉 산수는 경관의 또 다른 옛 용어로서 우리의 옛 경관을 회복하고 전통에 기초한 현대 조경 공간을 창출하기 위해서는 수경관(水景觀)을 조성하는 옛 원지의 회복이 필요하며 역사적 고증에 의해서 매몰되거나 변형·파괴된 원지의 복원이 시급히 이루어져야 한다.

앞으로 남은 과제는 우리나라 옛 원지를 어떻게 복원할 것이며, 현대 조경에 어떻게 계승 발전시키는가 하는 문제 일 것이다. 전통에 기반을 둔 현대양식이 가장 한국적인 차별성을 부각시킨다는 전제하에 추후 전통원지의 현대적 계승·발전에 대한 보다 심도 깊은 조사 연구가 지속적으로 이루어져야 할 것이다.

■ 참고문헌

◎ 고문헌

· 宮闕志

· 高麗圖經(徐兢 著, 아세아문화사, 1983)

· 朝鮮王朝實錄(成宗實錄 권174,世祖實錄卷 42, 世宗實錄 卷 61)

· 高麗史節要(民族文化推進委員會, 민문고, 1989)

· 六典條例(경문사, 1867) 工典 營造司 城池 "三營門分管而 本曹只爲春秋巡審"

· 擇里志(李重煥 著, 三中堂, 1978)

◎ 저서

· 高裕燮(1974), 韓國美術文化史論叢, 서울통문관

· 국립광주박물관(2002), 조선시대 풍속화, 삼화인쇄

· 金基雄(1986), 韓國의 壁畵古墳, 同和出版公社

· 김정동(2001), 남아있는 역사 사라지는 건축물, (주)대원사

· 대성산성 고구려 유적(1973), 김일성 종합대학출판사

· 東明王陵과 眞珠池 發掘調査 報告書(1975)

· 柳承国(1974), 東洋哲學論考, 성균관대학교 동양철학 연구실

· 文化部 文化財管理局(1991), 東闕圖, 三星南國印刷株式會社

· 文化財保存研究所, 우리나라의 역사유적, 과학백과사전출판사, 평양종합인쇄공장

· 閔庚眩(1980), 韓國庭園文化 始源과 變遷論, 藝耕産業社

· 閔庚玹(1983), 高麗文殊院庭苑, 季刊造景 4(10)

· 閔庚玹(1991), 韓國庭苑文化史 始原과 變遷論, 서울: 藝耕出版社

· 박경자(1997), 한국전통조경구조물, 도서출판 조경

· 박익수(1988), 운조루 건축, 구례 운조루, 국립민속박물관 전라남도

· 박해정, 안명희(2002), 한국의 문화, 한국신문방송인클럽

· 안휘준·이종상(1983), 전통회화의 寫實정신, 계간미술28

· 유홍준(2001), 화인열전 1, 역사와 비평

· 尹武炳(1981), 定林寺址 發掘調査 報告書, 忠南大學校博物館, 忠淸南道

· 尹武炳(1982), 夫餘百濟王宮址 發掘調査, 忠南大學校 博物館

· 尹龍爀(1859), 朝鮮後期 公州邑誌의 編纂 公州誌

· 尹張燮(1984), 韓國建築研究, 서울 東明社

· 李基白(1969), 永川菁堤碑 考察, 考古美術 102(2)

· 이동주(1999), 우리 옛그림의 아름다움 – 전통회화의 감상과 흐름, (주)시공사

  李相夏(1990), 詳說 古文眞寶大全, 圖書出版 保景文化史

· 李鐘旭(1987), 彌勒寺址 發掘調査 報告書, 文化財管理局

· 任孝宰·崔鐘澤, 한우물, 虎岩山城 및 연못 發掘調査 報告書, 서울대학교 博物館

· 정재훈(2005), 한국의 전통조경, 도서출판 조경

◎ 조사보고서

· 慶南文化財研究員(2003), 昌寧 火旺山城內 蓮池發掘調査 結果略報告

· 慶南文化財研究員(2005), 昌寧 火旺山城內 蓮池發掘調査 現場說明會 資料

· 경주문화재연구소(2008), 경주구황동 황룡사지전시관건립부지내유적발굴조사보고서, 태양상사

· 公山城 百濟推定王宮址 發掘調査 報告書?(1987), 公州師範大學博物館, 圖書出版 신서원

· 순천대학교 박물관(1998), 全南東部地域의 文化遺蹟과 遺物, 학연문화사

· 순천대학교 박물관(2003), 麗水 鼓樂山城 Ⅰ, 도서출판 누리기획

· 순천대학교 박물관(2004), 順天 劍丹山城 Ⅰ, 아름캐니

· 순천대학교 박물관(2004), 麗水 鼓樂山城 Ⅱ, 아름캐니

◎ 번역서

· 金農梧 譯(동탁 著)(1994), 江南園林志, 명보문화사

· 김원중 역(一然 著)(2004), 三國遺事, 을유문화사

· 金鍾權 譯(金富軾 著)(1993), 三國史記, 三中堂

· (재)민족문화추진회(洪萬選 著)(1982), 山林經濟, 민족문화문고간행회

◎ 학위논문

· 金東日(1982), 韓國宮苑의 水景演出技法에 관한 研究, 서울大學校 환경대학원 석사학위논문

· 金濟東(1974), 韓國古建築의 配置計劃에 따른 外部空間構成에 관한 考察, 서울대학교 석사학위논문

· 박경자(1979), 統一新羅시대 雁鴨池의 造景樣式에 관한 연구, 서울대학교 환경대학원 석사학위논문

· 박경자(2001), 雁鴨池의 造營計劃에 관한 연구, 서울대학교 대학원 박사학위논문

· 朴時翼(1978), 風水地理說과 建築計劃과의 關係에 관한 研究, 高麗大學校 大學院, 碩士學位 論文,

· 李載根(1992), 朝鮮時代 別墅庭園에 關한 研究, 성균관대학교 대학원 박사학위논문

· 李相弼(2004), 韓國 傳統 園池 造營에 관한 研究, 상명대학교 대학원 박사학위논문

· 趙貞淑(1987), 傳統庭苑에 있어서 池塘構成의 特性에 관한 研究, 漢陽大學校 環境科學大學院 석사학위논문

◎ 논문

· 김기웅 高句麗 山城의 特性에 관한 研究

· 沈愚京·康 勳(1989), 韓國 古代寺刹에 있어서 影池의 象徵的 意味와 修景的 價値, 韓國庭苑學會誌, 통
　　　권 제7호

· 禹慶國(1985), 韓國의 水景과 建築空間의 만남에 관한 研究, 韓國庭苑學會誌

· 尹國炳(1982), 高麗時代 庭苑用語 관한 研究, 韓國庭苑學會誌

· 張慶浩(1984), 韓國庭苑의 구성요소에 관한 研究, 한국정원학회지

· 전영옥·양병이(1994), 朝鮮時代 漢陽에 조성된 관영의 연못에 관한 연구, 한국조경학회지 22(2)

· 鄭在国(1975), 新羅 宮苑池인 雁鴨池에 對하여, 韓國造景學會誌 6

· 曹正松(1978), 韓國人의 自然觀에 관한 美的接近, 韓國造景學會誌, NO11

· 鄭瞳昕(1978), 韓國庭園의 池塘形態 및 構成에 대하여, 韓國造景學會誌

◎ 단행본 내 논문

· 盧基煥((1996), 彌勒寺, 유적발굴조사보고서II, 國立文化財研究所, 夫餘文化財研 究所

· 安承周(1982), 公山城, 公州 公山城內 건물址 發掘調査 報告書, 公州師範大學校 百濟文化研究所, 忠淸南道

· 安承周·李南奭(1987), 公山城 百濟推定王宮址 發掘調査報告書, 公州師範大學博物館,新書苑

◎ 해외문헌

· 田治六郎(1959), 紫禁城 西苑史抄二, 日本造園雜誌 22(4)

· 宮元健次(2003), 日本庭園의 みかた, (株)學藝出版社

· 森 蘊(평성5년), 庭園, (株)東京堂出版

· 尹武炳(1990), 韓國の古代苑池, 發掘されに古代の苑池, 東京,學生社

· 高句麗 文化展實行委員會, 高句麗古墳壁畵史料集(1), 高句麗文化に ついて高句麗 遺跡Ⅵ. 結果 및 考察

04 한국전통사찰의 경관상징성

홍광표_동국대학교 조경학과 교수

1. 서론

외래종교인 불교는 한국의 전통문화형성에 있어서 대단히 큰 영향을 미쳤으며, 불교의 도입과 더불어
조영되기 시작한 사찰은 중국의 고급조영문화를 한국에 도입하는 중대한 기회를 제공하였다.[1] 따라서
사찰은 한국의 조영문화를 선도하는 대상이 되었는데, 그러한 까닭에 사찰은 우리나라의 건축과 조경
그리고 불교미술을 이해하는데 있어서 소홀히 할 수 없는 대상으로 여겨지고 있다. 특히 불교는 한국인
의 전반적인 삶에 깊이 관여되어 있다는 점에서 생각할 때, 전통사찰의 경관성에 대한 연구는 한국의 전
통경관에 대한 원형과 변형을 이해하는데 있어서 중요한 단서를 제공해주게 된다.

사찰경관은 불교의 교리에 입각하여 형성된 종교적 상징성을 바탕으로 하여 형식화된다.[2] 따라서 불
교의 발상지인 인도를 비롯한 수많은 불교국가에서 조영된 사찰의 경관성은 근본적으로 어느 정도까지

---

[1] 가야불교의 경우에는 남방불교가 도입된 것이라는 주장이 있기는 하나 아직까지 한국의 불교는 중국을 통해서 이루어진 것
으로 이해하는 것이 일반적이다.

[2] 사찰은 불교의 교리와 철학을 바탕으로 형성되는 수행과 포교의 장이다. 따라서 사찰의 조영은 불교의 제반 교리와 불교경
전에서 묘사하고 있는 세계관 및 우주관 등과 같은 철학적 개념을 바탕으로 해서 형성되기 마련이다. 물론 그러한 제반 불
교교리와 철학은 디자인의 내용으로서 형식에 내재하게 되고 그러한 내용을 구체화하는 형식은 당해 시대와 장소의 조형양
식을 바탕으로 하여 이루어지게 된다. 그러하니 사찰의 경관성에 대한 연구는 사찰조영의 내재적 의미로 작용하게 되는 불
교교리와 철학 등에 대한 이해는 물론 형식을 가능케 하는 조형언어, 조형원리 등 조형적 개념에 대해서도 충분한 이해가
있어야한다. 이러한 사실은 사찰이 종교공간이기 때문에 더욱 그러하다.

는 동질적일 수밖에 없을 것이다. 그러나 불교가 전파되는 과정에서 불교를 받아들인 각 나라의 독특한 문화가 가미됨은 물론 불교경전에 대한 해석의 차이로 말미암아 드러나는 경관성은 각각 달라지게 되는데 이것이 곧 특정한 나라의 사찰에서 나타나게 되는 경관적 정체성으로 작용하게 되었던 것이다.

한국의 경우에도 불교의 전파가 이루어지는 과정에서 외래문화인 불교문화에 한국 고유의 문화가 결합되어 한국고유의 사찰경관이 형성되는 현상을 보이고 있다. 물론 한국의 경우에는 중국에 대한 의존 정도가 크게 나타나서 불교가 도입되는 초기단계의 사찰들의 경우에는 한국에 영향을 준 중국사찰의 경관성과 큰 차이를 보이지 않고 있으나 시간이 흐르게 되면서 한국의 독특한 문화가 입력되어 이루어진 한국 고유의 사찰경관이 나타나게 되는 현상을 보이고 있다. 이와 같은 한국사찰의 독특한 경관형성은 곧 상징언어의 한국화를 통해서 나타나게 되는 것이라고 할 수 있겠다.

한국의 사찰경관이 나름대로 한국적 정체성을 갖게 되는 시기는 대체적으로 통일신라시대부터라고 할 수 있다. 이후 고려시대와 조선시대를 거치면서 한국의 사찰은 그야말로 다른 나라와는 구별될 수 있는 경관성을 보이게 되며, 이것이 바탕이 되는 뚜렷한 경관상징성을 지니게 된다.

본 연구는 이상의 배경을 토대로 과연 한국전통사찰에서는 어떠한 경관성이 주로 나타나고 있는지에 대한 의문으로부터 출발하였다. 따라서 본 연구에서는 한국의 전통사찰에서 나타나는 독특한 경관상징성을 밝히는 것이 주된 목적이 된다. 그런데 경관상징성이라는 것은 어떤 특별한 상징언어가 구체화된다는 관점에 주목하여, 본 연구에서는 한국의 사찰경관에서 나타나는 특별한 의미를 불교적 세계관과 우주관인 만다라도형과 수미산 그리고 극락정토라는 상징언어를 통해서 밝히고자 노력하였다.

2. 만다라도형과 사찰의 공간구성

1) 만다라도형의 개념

만다라(曼茶羅, mandala)는 본질, 중심, 진수 등을 뜻하는 'manda' 라는 어간에 소유라든가 성취의 뜻을 가지는 'la' 라고 하는 접미어를 더한 말이다(山崎泰廣 ; 박필규 역, 1983: 76). 불교적 개념으로 볼 때, 만다라는 부처의 깨달음의 경지를 말하는 것으로, 그것은 모든 덕을 갖추어 부족함이 없으므로 의역해서 '원륜구족(圓輪具足)', 혹은 그 공덕이 다른 것과 비할 바 없는 정순된 우유맛과 같이 뛰어나므로 『대일경소(大日經疏)』에서는 '극무비미(極無比味)', '무과상미(無過上味)' 라고 불리어지고 있다. 이러한 만다라

는 흔히 그림으로써 표현되고 또 읽혀지게 되는
데, 그것이 곧 만다라도형이다. 따라서 만다라도
형은 만다라가 가진 내재적 의미를 가시적이고
물리적으로 표현한 결과라고 하겠다.

미리암은 만다라를 시각과정으로서의 예술형
식이라고 정의한 바 있으며(Argüelles, J. and M.,
1972 : 23; 김용환 역, 1991 : 37에서 재인용), 융은
만다라를 "개성화 과정의 그림"이라고 정의했다
(Jung, 1973 : 3~6, 71~72). 이렇게 형상화된 만다
라도형의 평면은 구조적으로 볼 때, 중층의 방형
이며, 그 구조로 본다면 동심원적이어서 중앙이

그림 1. 만다라도형(주 : 필자가 합성한 도면임)

주체적, 본질적, 추상적, 고차적인데 반해 밖으로 갈수록 종속적, 현상적, 구체적, 현실적이 된다(山崎泰廣
; 朴畢圭 譯, 1983 : 76~100).

한편, 만다라도형을 측면에서 고찰한다면 실은 입체구조로 되어있음을 알 수 있다. 결국 만다라는 평
면적으로는 구심성을 표현하고 있으며, 입체적으로는 위계성을 나타내는 이중구조를 보이고 있다. 이러
한 만다라도형의 개념을 잘 나타내주는 예로써 기념비적인 석조사원인 인도네시아 자바의 '보르부드르
사원'을 들 수 있다.[3]

한국의 전통사찰에서도 만다라가 가진 내재적 의미를 형식화하기 위하여 도입된 만다라도형을 여러
곳에서 발견할 수 있다.[4] 특히 불교 전래 초기의 사찰과 통일신라시대에 조영된 쌍탑형 사찰에서는 이
만다라도형을 설계원리로 삼아 공간을 구성하고 있어 주목의 대상이 되고 있다. 만다라도형을 설계원리
로 하여 공간을 구성한 쌍탑형 사찰 가운데에서도 불국사는 대표적인 사찰이라고 할 수 있겠다. 본 연구
에서는 사찰의 공간구성에 있어서 만다라도형이 어떻게 설계원리로 적용되었는지 그리고 그것의 경관
상징성이 무엇인지를 살피기 위해서 불국사를 사례로 연구하였다.

---

3) 융은 만다라를 "마법의 원"으로서 심리적인 중심을 강렬하게 표상한다고 말한다(Jung, C. G. ; 이부영 외 역 : 71). 그리고
Argüelles는 만다라의 보편타당성을 중심이라고 설명하고 있다(Argüelles J. and M., 1972 ; 이규목, 1988: 41에서 재인용)
4) 사찰에서 만다라도형은 주로 불화의 형식으로 나타나게 되지만, 불교공예품은 물론 건축에서도 원용되는 대표적인 상징언어
이다.

2) 불국사의 중심공간의 설계언어 : 만다라도형

(1) 불국사의 공간구성

불국사는 751년(신라 경덕왕 10)에 대상(大相)이었던 김대성(金大城, 700~774)에 의해서 창건된 사찰로[5], 창건시의 형식이 비교적 원형에 가깝게 전승되고 있는 한국의 대표적 사찰 가운데 하나이다.

불국사의 전 영역은 석가삼존불을 모신 대웅전 일곽과 아미타불을 모신 극락전 일곽 그리고 모든 부처님의 본체인 비로자나불을 모신 비로전 및 관세음보살을 모신 관음전 일곽 등 크게 3영역으로 나누어지고 있다. 그런데 이러한 3영역 가운데에서도 전각의 성격이나 공간의 위치와 규모 그리고 조형물의 우월성[6] 등으로 미루어 볼 때 종교적 기능수행을 위한 본질적 중심공간은 대웅전(금당) 일곽이라는 점에는 이론의 여지가 없다. 불국사의 중심공간인 이 대웅전 일곽은 청운·백운교로부터 자하문, 석등, 대웅전, 무설전으로 이어지는 남북중심종축과 다보·석가탑에 의해서 이루어지는 동서횡축에 의해서 공간구조적 질서가 형성되고 있다.

(2) 불국사 중심공간 조영의 원리

불국사의 조영원리를 작도를 통하여 해석하기 위해서는 일단 작도를 하기 위한 중심점의 설정이 필요하다. 그런데 이 중심점의 발견은 탑 중심형 사찰의 중심이 탑이었다는 사실에 주목할 때 비로소 접근이 가능하다. 즉, 탑 중심형 사찰의 조영원리를 교훈으로 삼아 쌍탑형 사찰의 중심점을 설정해 보면, 그 중심점은 양 탑과 남북주축선상의 교차점에 설정될 수 있다는 가설에 접근하게 된다. 그것은 쌍탑형 사찰의 경우 공간상에서 여전히 탑의 중심성을 유지하려고 하는 흔적이 공간구성에 남아 있는 것이 확인되고 있기 때문이다.[7]

이렇게 양 탑과 남북주축선의 교차점에 중심점을 설정하고 불국사 중심영역의 구조를 도형적으로 분석해 본 결과 다음과 같은 그림을 얻을 수 있다. 이 그림은 불국사 발굴평면도를 기본도면으로 하여 컴퓨터상에서 작도를 통하여 분석한 결과이다.

---

5) 佛國寺의 創建年代에 대해서는 두 가지 說이 있으나 佛敎學界에서는 대체로 『三國遺事』의 기록에 따라 景德王代에 金大城에 의해서 創建된 것으로 理解하고 있다(文化財管理局, 1976 : 27 및 金相鉉, 1986 : 28 참고).
6) 鄭武雄은 그의 博士學位論文에서 求心性은 階層的 秩序에 의해 表現되며, 그 表現方式은 形態의 異質性, 크기의 優越性, 色의 強調, 機能의 重要性, 配置의 劇的 變化 등 다른 要素에 대한 優越性을 통하여 나타난다고 하였다(鄭武雄, 1984).
7) 視覺構造的 側面에서 볼 때, 佛國寺는 釋迦·多寶 兩 塔이 大雄殿에 비해 視覺的 比重이 크게 나타난다는 安瑛培의 研究結果 역시 이러한 사실을 뒷받침해주는 것으로 볼 수 있다(安瑛培, 1980 : 33).

이 분석의 결과, 불국사 중심공간구성의 중심점(기준점)은 석가·다보 양 탑을 연결하는 동서축과 자하문·대웅전·무설전을 잇는 남북축의 교차점에 설정되며, 그 중심점을 기준으로 원과 정사각형이 일정하게 계속 √2배로 중첩되면서 외부로 확산되는 설계원리에 의해서 공간이 구성되고 있음을 확인할 수 있다. 이 분석에서 특히 중요한 발견은 √2라는 수치가 불국사 대웅전영역의 공간구성에 작용한 비례수치로 이것이 곧 불국사의 설계원리를 해석할 수 있는 신비스러운

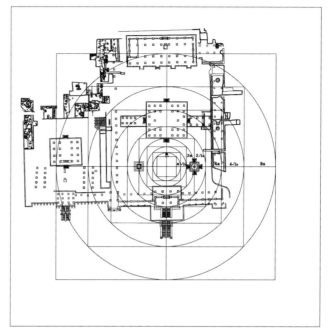

그림 2. 불국사 대웅전 영역의 도해

열쇠였다는 것이다. 한편, 이 분석의 결과가 타당성을 가질 수 있는 결정적인 이유는 √2배로 늘어나면서 작도되는 원과 정사각형의 각 변에 대웅전, 동·서회랑, 자하문, 석가탑, 다보탑, 청운·백운교 등과 같은 의미있는 건축선들이 접하고 있음을 발견할 수 있기 때문이다.[8]

　　이상의 분석결과를 볼 때, 불국사의 중심영역에 대한 설계원리는 만다라도형을 적용하여 이루어진 결과임을 알 수 있다. 그것은 불국사 중심영역의 구성이 도식적으로 볼 때 만다라도형에서 볼 수 있는 것과 같이 일정한 중심을 기준으로 원과 정사각형이 계속적으로 중첩되어 나타나는 구조를 갖고 있음을 통해서 확인된다. 이것을 보면, 불국사 중심영역의 공간구성을 위한 기준점은 역시 탑과의 상관성을 갖고 있음을 알 수 있으며, 불국사의 중심영역 구성에 있어서 탑이 가진 중심성이 완전히 배제되지 못하고 있음을 재확인할 수 있다. 결국 불국사의 공간구성에서 볼 수 있는 이 중심점은 보이지 않는 중심 즉, 의미 있는 내용으로서 공간에 내재하여 그것이 형식화된 중심으로서의 역할을 담당하고 있는 것이다.

---

8) 경우에 따라서는 불국사 중심공간이 좌·우 대칭을 이루기 때문에 이 분석의 결과가 당연한 듯 보이기도 하나, 남북중심축 선상에 접하는 각 건축선들은 중심의 위치에 따라서 달리 나타날 수도 있기 때문에 분석된 결과는 시사하는 바가 큰 것으로 생각된다.

3. 수미산 개념과 계층적 질서의 표현

1) 수미산(須彌山)의 개념

수미산이라 하는 것은 불교적 우주관으로 본 상상적인 산이다. 이 우주관에 따르면, 허공에는 원반형의 풍륜(風輪)이라는 것이 떠 있고, 그 위에는 같은 원반 모양의 수륜(水輪)과 금륜(金輪)이 차례로 있는데, 바로 이 금륜 위 표면에는 산, 바다, 섬 따위가 존재한다고 한다. 수미산이라 함은 금륜 위에 있는 9개의 산 가운데 가장 중앙에 솟아오른 산을 말하는 것이다. 그런데 이 수미산 밖으로는 동심방형의 7개의 산이 있으며, 그 산의 바깥에는 4개의 섬이 있는데 그 가운데에서 남쪽에 있는 섬부주(瞻部洲)가 곧 우리가 살고 있는 세계이다(定方晟, 1973 ; 동봉 역, 1988 : 19~24).

그리고 이 수미산의 물위에 나와 있는 부분은 정입방체로써 그 입방체 하반부가 사천왕(東 : 持國天, 西 : 廣目天, 南 : 增長天, 北 : 多聞天)이 살고 있는 곳이다. 또 그 아래의 세 계단에는 사천왕의 부하들이 살고 있다. 한편, 수미산의 정상 정중앙에는 선견이라고 하는 도성이 있으며, 이 도성 중앙에는 수승전이라고 하는 정방형의 궁전이 있다고 한다. 이 수승전이 바로 三十三天 중의 제일인자인 제석천의 거처가 된다.

2) 계층적 질서의 구체적 표현

(1) 위계적 구성

앞에서 말한 불교적 우주관으로 살펴볼 때, 불교적 세계는 사천왕천으로부터 도리천, 야마천, 도솔천, 화락천 그리고 타화자재천에 이르는 욕계(欲界) 6천(天)의 세계와 그 위에 형성된 색계(色界) 18천(天)의 세계 그리고 다시 그 위에 무색계(無色界) 4천(天)의 세계로 구성되어 있으며, 이 각각의 세계는 계층적으로 구성되어 있어 위로 가면 갈수록 깨달은 자들이 사는 높은 위계의 세계가 된다. 한국의 산지사찰은 바로 이러한 수미산 개념의 불교적 세계관에 의해서 구성된다. 이것은 평지형 사찰에서 사찰의 공간구성이 만다라도형에 의해서 이루어지는 것과 같은 맥락에서 이해할 수 있다.

이러한 수미산의 개념에 따라 한국의 산지사찰은 일주문으로부터 사천왕문, 불이문을 지나 누에 이르는 전이과정을 통하여 욕계 6천의 세계와 색계 18천의 세계를 상징화하고 있으며, 대웅전영역을 제일 상단에 배치함으로써 무색계 4천의 세계를 표현하고 있다. 물론 이러한 문·루와 제반 전각은 지형의 상승을 통하여 의미를 전달할 수 있도록 지형처리를 하게 되는데, 누가 있는 곳에서 갑자기 상승감을 높인 다든지 대웅전 등과 같은 주불전이 있는 곳에서 마당과 건물을 이분화시키는 것 등은 바로 수미산 세계의 개념을 분명히 인식시키기 위한 구체적 표현이라고 할 수 있겠다.

이러한 산지사찰의 구성은 다른 측면에서는 삼단구성(三壇構成)이라는 개념으로도 설명이 가능하다. 삼단구성이라 함은 신중, 성문, 연각, 보살, 부처님들과 같은 신앙의 대상들이 대개 삼단계로 위계화되어 구성되는 것을 의미한다. 이 위계적 삼단구성은 불가의 일반적인 신앙체계가 되는 것으로 이렇게 신앙의 대상들이 뚜렷이 삼단의 위계를 갖기 때문에 이들의 가시적 표상인 전각의 구성 역시 삼단의 위계를 갖지 않을 수 없는데, 여기에서 말하는 삼단이라 함은 불단(佛壇), 보살단(菩薩壇), 신중단(神衆壇)을 말함이다.

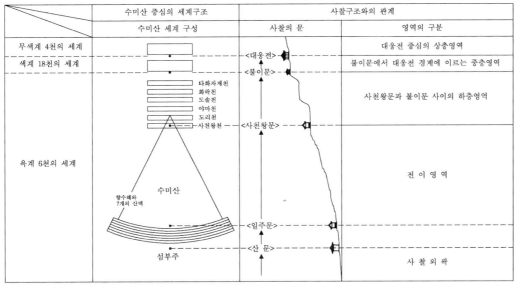

그림 3. 수미산 구조(정각, 1991: 58)

(2) 삼문의 도입

산지사찰에서 지향하고 있는 수미산의 개념은 문을 통해서 구체적으로 표현된다. 즉, 한국의 사찰은 산지로 그것의 입지를 옮기게 되면서부터 영역성을 분명히 하기 위한 수단을 도입하게 되는데, 그 결과 통과의례적 개념의 문이 나타나게 된다. 이것은 과거 평지에 사찰이 입지했을때 나타났던 중문과는 다른 개념이라고 하겠다[9].

일반적으로 산지사찰의 문은 일주문-천왕문-불이문과 같이 삼문의 형식을 취하게 된다. 그런데 이러한 삼문은 우연히 그렇게 되는 것이 아니라 바로 수미산의 개념을 표현하기 위한 하나의 수단으로 도입되는 것이니, 불교적 우주관인 수미산의 개념은 산지사찰의 경우 적극적으로 형식화되고 있음을 알 수 있다.

한국의 주요사찰에서 나타나는 삼문과 누문을 살펴보면 다음 <표 1>과 같다(홍광표, 1988 : 376 참고).

〈표 1〉 한국사찰의 문

사찰명	제1문	제2문	제3문	누문
通度寺	一柱門	天王門	不二門	
海印寺	一柱門	鳳凰門	解脫門	九光樓
華嚴寺	一柱門	金剛門	天王門	普濟樓
雙溪寺	一柱門	金剛門	天王門	八泳樓
梵魚寺	一柱門	天王門	不二門	普濟樓
松廣寺	一柱門	天王門	法王門	鐘鼓樓
法住寺	一柱門	天王門		
桐華寺	一柱門	護法門		鳳棲樓
浮石寺			天王門	梵鐘樓

4. 극락정토의 구현

1) 극락정토의 개념

사찰의 경관은 실제로 부처님이 설하신 극락정토의 모습을 현실세계에서 표현하고자 하는 목적을 가지고 만들어진 장엄의 결과라고 생각해도 큰 무리는 없을 것이다. 그렇기 때문에 사찰의 경관을 제대로 이해하기 위해서는 우선적으로 극락정토에 대한 이해가 요구된다.

극락정토는 극락(極樂)과 정토(淨土)가 합성된 말로, 극락이라 함은 범어로 Suhāmatī 혹은 Sukhāvatī

---

9) 평지형 사찰의 문이 폐쇄적 성격을 갖는다고 한다면, 산지형 사찰의 문은 비교적 개방적 성격을 갖게 된다. 즉, 불교도입 초기에 지어진 사찰에서 볼 수 있는 중문의 경우에는 외부와 내부를 구분함과 동시에 연결하는 기능을 가지고 있지만 폐쇄성이 강하고, 산지형 사찰의 경우에는 잠금의 기능이 없고 담장이 없어 상징적인 구분의 기능만을 가지게 되며 내부와 외부의 연계성이 대단히 강하게 나타난다.

인데, 극락, 안양(安養), 묘락(妙樂), 낙유(樂有) 등으로 번역된다. 극락은 우리가 사는 사바세계에서 10만억 불토(佛土)를 지나간 곳에 있다는 아미타불의 정토이며, 아미타불의 전신인 법장(法藏)비구의 이상을 실현한 국토이다. 또한 아미타불이 지금도 있어 항상 설법하며, 모든 일이 원만구족하여 즐거움만 있고 괴로움은 없는 안락한 이상향을 말한다(운허 용하, 1992 : 92). 이 극락정토의 모습은 『정토삼부경(淨土三部經)』에 잘 설명되어 있다.

『정토삼부경』은 『무량수경(無量壽經)』, 『관무량수경(觀無量壽經)』, 『아미타경(阿彌陀經)』으로 구성되어 있는데, 그 내용을 간략히 살펴보면, 먼저 『무량수경』에는 아미타불의 48원과 정토의 장엄 및 왕생하는 사람의 인과가 설해져 있고, 『관무량수경』에는 정토장엄과 아울러 부처님을 관하는 13종류의 방법 그리고 범부의 정토왕생에 대하여 상세히 적혀 있으며, 마지막으로 『아미타경』에는 극락정토의 위치, 극락정토의 수승한 모습, 정토의 교주와 성중, 염불왕생, 염불왕생에 거짓이 없음을 증명하는 내용이 적혀져 있다.

2) 극락정토의 구체적 표현

(1) 경전에 나타나는 연못(蓮池)과 연꽃(蓮花)

『정토삼부경』을 구성하고 있는 3가지 경전을 보면 극락정토의 모습을 설명하는 가운데 연꽃과 연꽃이 심어진 연못에 대한 언급이 빈번하게 보이고 있음을 알 수 있다. 이것을 보면 연못과 연꽃은 극락정토를 상징하는 대표적인 요소가 되고 있음을 알 수 있는데(李太元 譯, 1995 참고), 실제로 연꽃은 극락정토의 상징물로서만이 아니라 불교적 상징물로서 부처의 꽃으로 인식되고 있다. 『정토삼부경』에 실려 있는 연못과 연꽃에 관련된 내용을 살펴보면,

『무량수경』의 경우에는 극락정토에 있는 보배연못의 크기, 종류, 형상 그리고 보배연못에 있는 연꽃의 종류[10] 등이 매우 상세하게 기록되어 있으며, 『관무량수경』 역시 극락정토에 있는 칠보로 된 연못과 그 곳에 피어 있는 연꽃에 대한 내용이 실려 전해진다. 『관무량수경』에서는 연못에 고인 여덟 가지 공덕이 있는 물이 연못 중앙에 있는 마니 보배구슬에서 흘러나와 열 네 갈래로 나뉘어져 흘러가고 있음을 언급하고 있어 극락정토에 있는 연못의 수원과 흘러가는 모습을 상세히 보여주고 있다. 더불어 연꽃에 대한 내용도 있는데, 극락정토의 연못에는 60억 종류나 되는 칠보로 된 연꽃이 피어 있으며, 그 하

---

10) 『無量壽經』에는 연꽃의 종류로 우발라화(청련화), 발담마화(홍련화), 구물두화(황련화), 분다리화(백련화)를 들고 있다.

나하나의 연꽃은 둥글고 탐스럽고, 꽃의 크기는 모두 똑같이 12유순(由旬)[11]이나 된다고 적고 있다. 또한, 『아미타경』에 실려 있는 연못과 연꽃에 관한 내용도 앞의 두 경전에 나와 있는 내용과 유사하다.

결국 『정토삼부경』을 이루고 있는 각각의 경전에서 설해지고 있는 연못과 연꽃의 내용에는 약간씩의 차이가 있기는 하나 이것을 통해서 우리는 극락정토에서 만날 수 있는 연못에 대한 장엄의 내용과 연꽃의 크기, 형태, 색깔과 빛 그리고 향기 등을 상상할 수 있게 된다. 『정토삼부경』에 실려 전하는 이와 같은 내용은 대단히 흥미로운 사실이 아닐 수 없는데, 불교국가에서는 이 경전의 내용에 따라 현실세계에서 극락정토를 실현하기 위하여 연못을 조성하고 그 연못에 연꽃을 심어 장엄하였던 것으로 보인다. 이렇게 볼 때 사찰에 조성된 연못과 그곳에 심어진 연꽃은 상징적인 불교경관으로 우리들에게 인식되고 있는 것이다.

(2) 상징물로서의 연꽃

불교가 꽃과 깊은 인연을 맺고 있는 것은 깨달음을 얻은 세계, 법을 깨우친 불국정토의 영원하고 자유롭고 번뇌가 없는 상락아정(常樂我淨)의 모습을 나타내기 위한 것이다. 이 가운데에서도 연꽃은 불교가 가진 종교적 상징성을 표현하는데 있어 가장 대표적으로 사용되어 왔다. 이것은 불가에서 이루어진 다음과 같은 여러 가지 사실로 미루어 볼 때 확인이 가능하다.

즉, 부처님이 영축산 영산회상에서 설법을 하면서 연꽃을 들어보이자 마하가섭이 부처님의 뜻을 깨닫고 조용히 미소를 지었다는 '마하가섭의 미소'는 연꽃을 매개로 해서 이루어진 형이상학적인 대화이며, 부처님께 올리는 육법공양물 가운데에서 꽃 공양이 으뜸인데, 꽃 공양 중에서는 연꽃공양이 제일이라고 하니 연꽃은 불교를 상징하는 꽃이 아닐 수 없다. 또한, 불가에서는 '연'자를 넣어서 만든 말들이 많은 것을 볼 수 있으니 '연화회', '연화의(蓮花衣)', '연화합장' 등이 그것이다. 이러한 것들만 살펴보아도 연꽃은 실로 부처님을 상징하는 꽃이라는 데에는 의심의 여지가 없다.

더 나아가 연꽃은 부처님의 세계, 극락의 세계를 나타낼 때 가장 적절한 상징물로 사용되고 있는데 다음과 같은 몇 가지 사실이 그것을 입증해준다. 먼저 법당 안을 살펴보면 활짝 핀 연꽃자리(蓮花座) 위에 부처님을 모시고 뒤에는 온갖 꽃으로 꾸며진 광배를 두르며, 양옆에는 꽃 관을 쓴 아름다운 보살이 있다. 즉, 한 무더기의 꽃으로 부처의 자리가 이루어지는 것이다. 따라서 부처님을 모신 집은 곧 화원이며 그 세계가 또한 꽃누리, 연화장세계(蓮華藏世界)가 된다.

---

11) 범어로 Yojana라고 하며, 인도에서 쓰는 길이(里數)의 단위이다. 1유순은 40리(혹은 30리)에 해당되는데, 1리를 360보, 1800척이라고 하면 1유순은 6마일의 22분의 3에 해당된다(운허 용하, 1992, 전게서: 670).

이렇듯 한국사찰의 곳곳에는 연꽃과 관련되지 않은 곳이 거의 없다고 해도 과언이 아닐 정도이다. 즉, 한국의 사찰에는 연꽃을 심기 위하여 연못을 조영하게 되며, 법당의 천장, 대들보, 불단 더 나아가서는 석단이나 계단의 소맷돌, 탑이나 부도, 석등의 대석 등과 같은 석조물에 연꽃 문양을 새기는 것 역시 불가에서 연꽃을 종교적 상징물로 삼고 있는 증거가 된다. 그리고 범종이나 법당의 벽에 새겨진 비천상에서 보이는 연꽃방석에서도 연꽃이 표현되고 있음을 볼 수 있다. 더 나아가 등을 만들어도 연등을 만들었으니, 연꽃은 가히 불국정토를 상징하는 대표적인 상징물이라 일컬을 수 있을 것이다. 이러한 것을 통해서 볼 때, 불교사찰에서는 연꽃을 통해 법희선열(法喜禪悅)의 환희로운 세계를 상징하고 있음을 알 수 있다(구미래, 1993 : 67~79).

(3) 사찰에 도입된 연못

연못은 한마디로 연꽃을 식재하기 위해 만들어진 못으로 사찰 경내에 조성된 연못은 극락정토를 표상하는 대표적인 시설이 된다. 이 연못은 궁극적으로 현세에서 극락정토를 경험할 수 있는 특별한 경관을 제공하게 되는데, 연구결과를 보면 한국의 사찰에서는 일반적으로 연못을 도입해왔음을 알 수 있다(권태철, 1998). 그런데, 이 연못은 한국에 불교가 전래되면서부터 조영되기 시작한 것이라는 연구결과들이 있는 것을 보면, 연지의 조성역사는 실로 한국불교의 역사와 연륜을 같이한다는 것을 알 수 있다. 물론 연못은 시대가 흐름에 따라서 형식의 변화를 보이게 되나 그것이 가진 의미에는 큰 차이가 없이 면면히 계승되어 왔다.

한국의 사찰에서 나타나는 연못은 형태적으로 볼 때, 방형의 것이 가장 많이 나타나고 있으며, 연못에는 다리나 섬 등 특별한 시설이 없는 것으로 조사되었다. 특히 독특한 현상으로 보여지는 것은 호남지역의 사찰의 경우 방형으로 된 쌍지가 많이 나타나고 있다는 것인데, 이것은 다른 지방에서는 찾아보기가 쉽지 않은 현상이다.[12]

5. 결론

본 연구는 한국사찰의 경관은 어떠한 의미를 가지고 있는지, 그리고 그 의미는 어떠한 상징언어를 통해서 구체화되고 있는지에 대한 답을 얻기 위해서 이루어졌다.

---

12) 호남지방에서 나타나는 연지 가운데에서 쌍지형식을 갖추고 있는 것을 살펴보면, 정림사지의 연지, 동남리사지의 연지, 미륵사지의 연지 등이다.

연구의 결과 한국의 사찰은 만다라, 수미산 그리고 극락정토라는 불교적 세계관과 우주관 그리고 불교경전의 내용이 상징적 경관으로 구현되고 있음을 확인할 수 있었다. 여기에서 만다라의 개념은 만다라도형을 설계원리로 하여 사찰의 공간구성에서 나타나고 있었으며, 수미산 개념은 사찰의 수직적 위계성을 표현하는 근본으로 작용하고 있었는데, 특히 지형의 처리, 삼문의 도입 등은 수미산구조를 구체적으로 표현하기 위한 상징언어로 작용하고 있다는 것을 확인할 수 있었다. 한편, 극락정토의 개념은 사찰의 모든 경관에서 찾아볼 수 있는 가장 보편적인 상징언어로써 그 가운데에서도 연못과 연꽃은 극락정토를 표상하는 대표적인 상징요소였다.

결국 한국의 사찰은 평면적으로는 만다라도형의 원리가, 수직적으로는 수미산의 구조가 상징언어가 되어 사찰경관으로 형식화되고 있으며, 사찰의 전반적인 장엄은 극락정토의 경관성이 바탕이 되어 이루어지고 있다는 결론을 얻을 수 있었다. 이것을 보면, 한국의 사찰경관은 불교교리와 불교적 세계관 내지는 우주관이 상징적으로 펼쳐지는 하나의 특별한 세계임이 분명하다.

참고문헌

구미래(1993), 한국인의 상징세계, 교보문고

권태철(1998), 한국전통사찰에서 나타나는 인공지에 관한 연구, 동국대학교 대학원 석사학위논문

김상현(1986), 석불사 및 불국사의 연구, 불교연구2, 한국불교연구원

김용환(1991), 만다라, 열화당 미술선서 65, 열화당

김휘영(1984), 상징으로 본 한국 불교사찰의 경관구성에 관한 연구, 서울대 환경대학원 석사학위논문

문화재관리국(1976), 불국사 복원 공사 보고서

안영배(1980), 한국건축의 외부공간, 보진제출판사

운허 용하(1992), 불교사전, 동국역경원

이규목(1988), 도시와 상징, 일지사

이기백(1990), 한국사신론, 일조각

이태원 역(1995), 정토삼부경개설, 운주사

정각(1991), 가람, 절을 찾아서, 산방

정기호(1993), 불국사의 배치 및 세부형식의 검토, 사찰조경연구 창간호, 동국대학교 사찰조경연구소

정무웅(1984), 한국전통건축 외부공간의 계층적 질서에 관한 연구, 홍익대학교 대학원 박사학위논문

홍광표(1988), 우리나라 전통조경 양식중 전이공간의 구성기법에 관한 연구, 동국대학교 경주캠퍼스 논문집(7)

홍광표(1992), 신라사찰의 공간형식변화에 관한 연구, 성균관대학교 대학원 박사학위논문

山崎泰廣, 密敎冥想と深層心理 ; 박필규 역(1983), 밀교명상과 심층심리, 이문출판사

定方晟(1973), 佛敎の 宇宙觀 ; 동봉 역, 1988, 불교의 우주관, 진영사

Jung, C. G.(1973), Mandala Symbolism, Princeton Univ.

05 | 문화경관과 문화재

이행렬_상명대학교 환경조경학과 교수

1. 서론

알트만과 체머스(1980)[1]는 문화에 관한 특성을 네 가지로 설명하고 있다. 첫째, 그 사회 구성원 내지 사회가 갖고 있는 신념(beliefs), 지각(perceptions), 가치(values), 기준(norms), 습관(customs) 및 행동 (behaviors)을 말한다. 둘째, 문화란 그 사회 구성원간의 합의에 의해서 공유되어지는 인지(cognitions), 감정(feelings) 및 행동(behaviors)을 나타내는데 사용된다. 셋째, 문화란 이렇게 공유된 신념, 가치나 행동양식을 다른 이에게 전달하는 것을 말한다. 이러한 사회화 내지 교육은 한 세대에서 다음 세대에게 전해져서 일치감(consensus)을 유지하는데 기여한다. 넷째, 사회의 가치, 신념과 습관은 정신적 내지는 행동의 발생과정 이상의 의미를 갖는 것으로 대상물(objects) 또는 물리적인 환경(physical environment)을 통하여 나타난다. 이렇게 문화활동이란 세대간을 잇는 문화의 교량이 되며 가치관의 공유라는 점에서 동질성 (identity)을 부여하는 계기가 된다.

문화경관이란 것도 결국 문화활동의 결과로 본다면 시대를 잇는 교량이 되는 것이며 다가 올 미래를 위한 디딤돌이 될 것이다. 포스트모더니즘을 미래의 불확실한 현상에 대한 능동적인 표출로 이해한다면

---

1) Altman, I. and Chemers, M.(1980), Culture and Environment, Brooks/Cole Publishing Company, pp.3-11.

이 시대의 혼란스러운 사회 현상에 대한 대응 전략으로 문화경관의 재인식에서 찾을 수 있을 것이다. 문화경관을 단순히 박물관 속의 박제되고 화석화된 과거의 전통과 유물로 바라보지 않아야 되는 이유가 여기에 있다고 하겠다. 그런 의미에서 문화경관이 함유하고 있는 가치를 재조명해 보고자 한다.

고운 최치원은 통일신라 말기의 어지러웠던 시대에 당나라 유학을 하였던 해외유학파 학자요 정치가였다. 그러나 그의 높은 이상과 학문도 당대의 부패하였던 정치권력과 성골과 진골의 신분제 왕족사회 체계 속에서 뜻을 펼칠 수 없었기에 둔세하여 시대의 아픔을 몸으로 체험하면서 전국을 소요자방하는 세월을 보내었던 인물이었다. 그가 우리 고대 정치사에 남겼던 족적도 중요하지만 문학과 다양한 형태의 문화경관을 남겼던 선구자로서 그의 위치는 이루 말할 수 없을 정도이다. 따라서 그가 남겼던 문화경관의 흔적들을 살펴봄으로서 오늘날 우리가 말하는 문화재로서의 한정된 영역을 확대하여 문화경관의 보전에 대한 범위를 확대할 수 있으며, 최치원 유적지가 갖는 문화경관의 가치와 의미를 음미해 봄으로써 오늘날 망각되어져 가고 있는 우리 고유의 문화경관에 관한 재인식을 촉구해 볼 수가 있을 것이다.

2. 문화경관이란 무엇인가?

1) 문화경관의 개념 정의

황희연(1985)[2]은 문화경관이란 자연경관에 대한 상대적 개념으로서 자연환경 위에 가해진 인간의 작용이 구체화된 결과물 모두를 의미한다. 따라서 한 사회나 사회집단에 나타난 정신적, 물질적, 감성적, 지적인 것의 총체적인 복합물로써 인간의 삶의 형태 자체를 말하며, 생활양식, 인간의 기본권리, 가치체계 및 역사성이나 장소성이 있는 공간 일체를 포함한다고 하였다. 그는 문화경관에 포함되는 내용으로 그 도시의 문화적 유산, 추억이 있는 곳, 그 지역을 대변할 수 있는 것 등 다분히 도시이미지 또는 지역의 역사적 정체성과 관련되는 항목으로 분류하고 있다. 또한 이러한 문화경관 내지는 문화재와 직간접적으로 관련된 도시계획의 입안과정에서 간과되어 온 일반시민들의 문화환경에 대한 인지도를 설문지 조사를 통하여 살펴 본 바 전문가집단 못지않게 높은 관심과 지식을 가지고 있다는 것을 알게 되었으며, 따라서 향후 문화경관 또는 문화재와 관련된 도시계획의 입안과정에 일반시민들의 의견을 적극적으

---

2) 황희연(1985), 도시형태에 대한 문화경관적 해석-입안과정에서의 주민참여문제를 중심으로, 대한국토도시계획학회지 제20권 제1호, pp.76-77.

로 반영하여야 한다는 사실을 강조하였다.

김성균(1993)[3]은 구체적이며 3차원적인 공유된 현실을 경관이라고 한다면 문화적 맥락에서 본 경관을 문화경관이라고 할 수 있다고 보았다.

UNESCO에서는 문화경관을 인간과 자연력이 서로 혼합되는 방식으로 정의하고 있다(D.Lowenthal, 1997).

김덕현(2000)[4]은 문화경관이란 거주자들의 생활이 기록된 일종의 자서전인 동시에 특정한 시대의 사회적 역학관계가 담겨져 있는 텍스트라고 보았다. 따라서 이러한 문화경관은 우리에게 장소성을 제공해 주는 것으로 장소가 가진 자연미, 형태미, 실재 또는 신화, 의미있는 사건, 인물과 연결되어 특징적이고 기억될만한 상징성을 가진 것으로 보았다. 따라서 이러한 경관을 읽기 위해서는 텍스트라는 경관대상, 그 경관에 내포된 이데올로기 그리고 읽는 독해자의 지적, 문화적 배경에 기초하여 새롭게 재해석되어야 한다고 보았다.

문화경관이라는 개념과 유사한 용어로 건축분야에서는 역사경관 또는 역사문화환경이라는 용어를 사용하고 있다. 역사경관(권용걸, 2001)[5]이란 향토 및 지역의 전통적 건축물이 밀집된 지역, 역사적 가로경관, 유적지, 문화재를 통하여 경험되는 경관을 말한다. 그러나 단순한 겉모습만을 의미하지 않으며, 그 지역에 사는 인간들의 공통된 생활방식은 물론 가치체계, 즉 문화가 표현되고 축적, 기록된 종합적인 문화경관으로 정의하고 있다는 점에서 유사한 용어로 사용되고 있다.

한편 일반적으로 문화경관을 구성하는 요소를 크게 유형요소와 무형요소로 나누고 각각에 대한 사례를 안동지방의 전주유씨 문중을 통하여 설명하고 있다(박종환, 1986)[6]. 문화경관의 유형적인 요소로는 종가, 서원, 정자, 사당, 洞藪 및 보호수, 문헌·문집을 들 수 있고, 무형적인 요소로는 부락제(동제), 契, 문

---

3) 김성균(1993), 하회마을의 문화경관, 문화역사지리(5) : pp.91-94.
4) 김덕현(2000), 삶의 질을 위한 경관독해, 대한지리학회지 제35권 제2호 : pp.281-304.
5) 권용걸(2001), 도시내의 역사경관보존에 관한 연구-역사적 건축물 밀집지역 사례를 중심으로, 홍익대학교 대학원 석사학위논문
6) 박종환(1986), 동족부락의 형성과정 및 문화경관의 특색-안동 전주유씨 동족부락을 중심으로, 공주사범대학 교육대학원 석사학위논문

중조직 등을 예로 들고 있다.

박찬용·김한배(2002)[7]는 조선시대에 발달한 닭실마을을 유교적 경관자원들을 모두 간직하고 있는 대표적인 곳으로 지적하고 있다. 이러한 전통마을의 경관을 유가적 경관, 도가적 경관 및 풍수경관으로 분류하고 주 구성영역을 크게 생활공간영역, 여가 및 수기공간영역, 강학공간영역, 의례 및 추모공간영역으로 구분하여 각각의 영역별 구성요소를 제시하고 있다. 생활공간으로는 종택 등의 건축물군을 들고 있으며 특히 여가 및 수기경관으로 마을 주변의 산수형승의 세부지형에 대하여 각각 이름과 의미(예 : 靑霞洞天)를 부여하였다는 점에서 문화경관의 특징을 잘 보여주고 있다. 유교적 마을경관의 대표로서 강학경관은 삼계서원과 그 주변(예 : 光風臺, 霽月臺, 風詠臺 등)을 들고 있다. 추모경관으로는 재실과 묘소로 충재 권곡선생의 묘소와 신도비가 중심 역할을 한다고 보았다.

이석해(2004)[8]는 문화경관의 정의에 대하여 다음과 같이 설명하고 있다. 즉 여러 장소·지역들에 거주하는 문화를 지닌 인간집단(개별 인간일 수도 있음)들이 만들어 놓은 인공적 형상들 또는 지역의 풍토를 포함한 여러 자료들로 만든 고유성 있는 경관을 형성해 놓은 것으로 이러한 경관속에는 대개 자기네 인간집단(문화집단)의 가치나 희구, 세계관이 담겨 있다. 따라서 인간 집단이 자연환경에 영향을 미치고 나서 그 영향을 받은 자연환경이 변화 상호작용하면서 하나의 건실한 문화경관으로 조성되어진다고 하였다.

이렇게 문화경관은 지상에 각인된 것들이 종교 이념, 세계관, 인생관, 기타 관념(이념) 등에 의해 문화경관이 형성되고, 해당 장소나 지역의 경관적 특징을 보여주며 경관형성에 지속적으로 작용하게 된다. 따라서 우리는 그것들을 읽고 해석함으로써 그 문화의 의미나 본질을 파악할 수 있으며, 그 장소의 장소성을 이해하는데 중요한 단서가 되는 것이다.

2) 문화경관의 종류[9]

(1) 언어와 문화경관

문자는 문화형성의 기본을 형성하고 문화 전파 및 존속을 위한 중요한 수단이다. 언어는 문화의 한

---

7) 박찬용·김한배(2002), 닭실마을의 경관조영 연구, 한국정원학회지, vol.20 no.3 : pp.1-14.
8) 이석해(2004), 최치원 관련 유적의 문화경관 특성 연구, 상명대학교 대학원 박사학위논문 : p.27.
9) 이석해, 상게서 : pp.29-31.

부분으로서 사람들은 언어를 배우고 사회환경으로 전해진다. 지역의 관점에서 보면 소리, 어휘, 구겁, 수사 등의 특징으로 갖추어지면서 언어경관을 구성한다고 볼 수 있다. 언어가 갖는 문화는 서로 다른 특징으로부터 지역을 구분하기도 하며, 그 지역은 그 민족이 알고 있는 자연경물을 가장 잘 반영할 수 있다. 문학 및 예술 작품의 우수성에서 문화경관의 차이를 알 수 있으며 지역의 사용 유형을 고찰하면 문화경관의 성격을 파악할 수 있을 것이다.

(2) 종교와 문화경관

지역의 역사문화는 종교로부터 분화되어 전해지고 서로 보완되고 유지하면서 독특한 사회를 형성 하는 역할을 한다. 여기에 관여되는 종교적인 형태로는 우선 인위적으로 만든 종교 이전의 신앙, 토지 숭배, 天神, 地神의 영향을 받아 유명해진 명산이나, 신앙을 대상으로 하는 제사하는 사(祠), 신목, 사당과 사찰, 사묘, 불탑, 석물 등이 이 범주에 속한다. 이러한 종교적 요인은 문화경관 형성 과정중에서 많은 역량을 발휘하게 된다.

(3) 민속과 문화경관

민속은 생산, 활동의 생활 방식과 현지의 자연적 조건이 결합되어 일정한 사회 형태 속에서 자연스럽게 만들어진 것을 의미한다. 세대간에 전해져 내려오면서 형성된 일종의 사람의 심리, 언어와 행위, 규범 속에서 안정된 구속을 지닌다. 인간의 행위에 대한 능력의 생성은 문화경관의 형성과 발전에 큰 영향을 주었다.

(4) 주거와 문화경관

주거는 사람들이 활동할 수 있고 편히 쉴 수 있는 장소, 인공구조물의 중요한 부분으로 형성된 건축물

〈표 1〉 문화경관 유형별 요소와 해석방법

유형	요소	해석방법
언 어	시, 현판, 이름(석각)	원전을 읽고 의미를 파악
종 교	유교, 불교, 도교, 토속신앙	문화경관 형성에 미친 사상적 요인을 파악
민 속	전설, 설화	인물과 관련된 설화
주거(건축)	별서, 루, 정, 서원	문헌조사, 기문, 현판 등을 분석
산 업	석각 등 글의 명칭이 명소	후대의 평가, 관광자원으로 이용

등을 의미한다. 이는 경관의 형성에 매우 중요한 요소가 되며 가장 직접적으로 반영되는 요소가 된다.

(5) 산업과 문화경관

인류문명을 형성하는 기본적인 물질로써 주로 산업부문이 경관의 형성에 일부 요소를 갖는 문화경관

3) 문화경관의 속성

자연력과 인간활동의 산물로서 형성된 문화의 과정은 인간의 활동과 환경사이의 관계, 즉 생태, 사회·경제 및 문화적 양상을 창조해 온 지리적 지역에서의 활동이라 할 수 있다. 문화적 활동의 공간은 지리적으로 다루는 사실, 현상, 사건간에 관계를 만들거나 문화적으로 결정된 인간의 활동이 만든 지리적 경관이나 생활체제의 공간적 변화를 이루게 된다.

문화경관의 요소가 성립되기 위해서는 지리적 맥락 속에서 입지되어야 하고 경관을 구성하는 모든 요소가 변하지는 않지만 일부는 불변한 채 존속하게 된다. 문화경관의 요소가 존속하기 위해서는 다음과 같은 속성을 가질 수 있다.

보통성 - 문화경관은 문화가 반영되어 있는 경관으로서 이 문화는 어떤 특정계층에 의하거나 특정계층을 위한 문화는 아니고, 보편적이고 불특정 다수의 대중적으로 보는 것이 타당하다. 경관을 구성하는 요소의 재료가 평범하거나 주변에서 쉽게 구할 수 있다.

역사성 - 일시에 짧은 기간에 만들어지는 것이 아니라 오랜 기간을 두고 서서히 스스로 형성되는 특성을 가지고 있다. 여러 가지 종류의 문화경관이 있겠으나 모두 역사적으로 본래의 경관조건 및 주어진 시대의 문화와 관계된다. 지역간의 문화가 변화가 있으며 또한 같기도 하고 다르기도 하며 특정한 문화를 창출하기도 하고 전파되기도 한다.

상호 보완성 - 자연속의 물리적인 조건과 인간의 생활양식의 반영에서 이루어진 것이다. 지리적인 물적 환경과 밀접하게 관련되어 있고 사물에 대한 메시지가 전해 오기도 한다.

공유성 - 문화경관을 구성하는 요소는 문화를 반영하기도 하고 많은 사람들이 공유하고 만들어 가는 생활 방식이다. 경관속에 있는 대부분의 사물이 메시지를 전달하고 있다. 경관에 내재하고

있는 생활방식, 가치관, 취향 등에 관심을 가지며, 경관의 특성과 변화 양상이 문화의 특성과 변화로서 파악하게 된다.

표현성 - 주어진 환경조건이 시대, 지역, 집단에 따라 그들의 문화적 표현현상이 다르게 나타난다. 문화적 변형, 통합성 등이 누적되어 그 시대를 표현하는 상징성을 가지게 된다. 사람들은 문화를 창조하고 발전시키며 문화의 흔적을 지표공간상에 표현하게 된다.

4) 문화경관의 역할과 기능

문화경관의 구조적 다양성에서 볼 때 문화경관은 자연적 구성원, 문화적 구성원, 경제적 구성원으로 구성되어 있다. 자연적 구성원은 인위적 이용보다는 자연자원 그 자체의 자원의 특징으로 표현되며, 문화적 구성원은 다양한 인간의 자원 이용과 윤리적, 종교적 믿음과 관련된 여러 가지 토지 이용과 관계된다. 인간의 생활근거지 주변은 자연에서 획득한 자연소재로 만들어져 지역 특성을 살리기도 한다. 예를 들면 마을의 원림, 당림이나 당산목 등이 이에 속한다.

이것은 유적물들이 문화이고 이 문화가 자연속에 남아 있다. 자연이 경관이고 그 경관속에 문화가 내재하고 있는 것이 문화경관의 역할을 수행하게 된다. 환경이 강제적으로 부여하는 조건과 인간의 의지가 대응하면서 상호조정된 과정을 반영하고 있다. 그러므로 문화환경은 인간이 공유하는 생활양식에서 그 지역에 거주하고 있는 문화집단이 만들어 놓은 가시적, 물질적인 경관으로 오랜 시간동안 축적되어 온 결과로서 해석할 수 있다.

이상의 논의들을 통해 볼 때 문화경관이란 다의적인 의미를 함유한 개념어로 전통경관 또는 역사문화경관으로 사용되고 있으며, 그 범위는 개별적인 문화재와 같은 요소로부터 마을단위에 이르기까지 광범위한 영역에 사용되고 있음을 알 수 있다. 따라서 본 연구에서는 이러한 다의적, 다층적 개념을 토대로 하여 문화경관이란 일정 지역에 있어서 오랫동안 형성되어져 온 무형, 유형의 개인 또는 집단간에 공유되어져 온 현상으로 그 표현양식은 문자, 문학, 그림, 건축, 정원, 조형물, 민속, 장소성 등으로 표출되는 것으로 정의하고자 한다. 이러한 양식은 각자 고유의 접근방법과 해석 도구가 있으므로 문화경관에 대한 해석과 접근 또한 양식의 특징에 의거해서 진행하고자 한다.

3. 최치원과 문화경관

1) 최치원의 생애

고운 최치원(孤雲 崔致遠, 857~?)은 해동 문장의 조종이요, 유불선(儒佛仙) 3교를 아우르는 위대한 사상가이면서 문학, 역사학, 정치학 등 다방면에 걸쳐서 큰 업적을 남긴 인물이다. 그의 생애는 자세히 알 수 없지만 『삼국사기(三國史記)』, 『동국통감(東國統監)』, 『계원필경집(桂苑筆耕集)』에 의하면 857년(신라 헌강왕 원년)에 출생하였으며 6두품에 속하였다. 삼국사기 최치원전의 기록을 보면 왕경(王京) 사량부 사람으로 자는 고운(孤雲) 혹은 해운(海雲)이며 시호는 문창후(文昌侯)라고 추봉되었다. 약관 12세에 당나라로 유학하여 18세에 진사갑과에 급제하고 이어서 율수현위(溧水縣尉)로 제수되었다. 재당시 880년(乾符 6)에는 황소(黃巢)의 난을 진압하기 위해 제도행영병마도통(諸道行營兵馬都統)이 된 고변(高騈)의 도통순관(都統巡官)이 되어 난을 평정하는데 문명을 날린 바 있다. 그러나 29세 되던 해 885년(헌강왕 11)에 고국에 대한 그리움과 당시의 중국내 정치상황이 악화됨에 따라서 신라로 귀국하게 된다. 귀국하여 헌강왕의 배려 속에 『계원필경집』 등을 발간하였으나 헌강왕의 돌연한 죽음과 함께 그의 정치적 이상을 실현할 수 없게 되자 대산군(大山郡, 泰仁), 부성군(富城郡, 瑞山) 태수로 자임하여 가게 된다. 진성여왕 8년(894)에는 시무십여조를 작성하여 왕께 올려 아찬(阿湌)의 직책에까지 오르게 되지만, 진골측의 반발과 간신들의 배척으로 그의 정치적 이상이 다시 한번 좌절하게 되고 천령군(天嶺郡, 咸陽郡) 태수로 가게 된다. 이후 898년(효공왕 2)에 관직에서 물러나서 전국의 명산대천을 유람하면서 무수한 석각과 정자와 누각 등을 남기게 되며, 이후 사망연대 및 장소는 알려지지 않았다.

2) 최치원의 사상관[10]

최치원은 유교, 불교 및 도교에 대한 폭넓은 이해를 바탕으로 삼교 혼융의 학자로 인식되고 있다. 유교에 관한 학문적, 사상적 기초가 형성된 것은 어린 시절부터였다고 알려져 왔다. 즉 당나라에 12살 나이로 유학가기 전까지 유학경전에 대하여 공부를 했으며, 당에 유학하여 빈공과(賓貢科)에 급제하는 18세까지 경사자집(經史子集)을 두루 익히면서 유학자로서의 기초를 닦았다는 사실은 그가 유학에 대한 소양을 갖추었음을 의미한다. 그 후 통일신라로 귀국하여 시무책2)을 올린 진성여왕 8년(894년) 무렵까지

---

10) 이석해와 이행렬(2005), 최치원 유적의 유형과 문화경관 특성, 한국전통조경학회지 vol.23. no.2 : pp.62-64.

는 유학자로서의 길을 가고 있었음을 알 수 있다. 그의 유학은 사장유학(詞章儒學)으로 알려져 있다. 사장유학이란 기송사장(記誦詞章)이란 말에서 연유한 것으로 위진남북조시대의 유학을 말하며 유학의 근본을 문장에서 찾는 것에 빗대어 송대의 성리학자들이 붙인 명칭이다. 그러나 그는 사장유학에만 머문 것이 아니라 신유학으로 변화 발전되어져 나갔으며 경명행수(經明行修)라는 선비의 학문하는 자세가 여기서 나왔다. 이러한 생각은 후일 그의 출처관(出處觀)으로 확립되어졌는데, 세상에 나아가서 그의 정치적 이념을 펼치는 것이 선비의 본분이며 그것이 여의치 못할 경우에는 산수간에 은둔하여 학문에 정진하는 것이 마땅하다는 은둔사상으로 발전되어졌다. 이러한 은둔사상은 도교의 노장사상과 결합되어져서 은둔과 소요라는 행동으로 표현되어진 것으로 여겨진다.

최치원의 불교에 대한 사상은 재당시기부터 비롯된다. 즉 선주(宣州) 율수현위(溧水縣尉)로 재직하던 때(876년)에서부터 회남절도사 고병(高騈, 821~887)의 종사관으로 근무하던 879년 무렵까지 그는 주로 강소성에 있었으며 자화사(慈和寺) 등에 머물거나 혜원, 왕희지 등의 사적지를 유람하는 등 불교와 관련된 행적을 많이 보여주고 있다. 귀국해서도 왕명 등에 의해 왕실과 귀족들의 불사에 관련하여 글을 쓰거나 비명을 찬하는 등 불교와 직접적인 연관성을 나타내고 있다. 이 과정에서 불교의 선종과 그 개혁사상에 깊은 관심을 갖기도 하였다. 한편 중앙정계에서 물러났을 때에는 그의 종형 현준(賢俊)이 해인사 대덕(大德)으로 있었던 관계로 여기에 은거하게 되며 화엄사상에 심취하게 된다.

최치원이 도교사상을 접하게 되는 시기를 재당시절로 볼 수 있다. 그가 현위로 재직한 율수현은 강소성의 성도인 금릉(金陵, 南京)에 가까운 곳이다. 강소성 지역은 동진(東晋) 문화와 밀접한 관련이 있는 곳으로 당시의 주된 사상은 노장사상 그 중에도 죽림칠현과 격의불교로 대표된다. 죽림칠현의 중심사상인 도교와 자연은일사상에 쉽게 접할 수 있었음을 알 수 있다. 특히 그가 종사관으로 근무했던 고병은 후일 도교에 깊이 심취한 인물로 그의 막하에 있으면서 많은 재사(齋詞)를 짓게 되는데 이 글들은 신선에게 재를 지낼 때 사용된 것으로 이 글 속에서 도교에 대한 이해가 깊어졌을 것으로 생각된다. 귀국하여 도교사상에 접하게 되는 시기는 관직에 있다가 그만두고 전국을 소요하면서 노장적 풍모를 보여주는 때부터라고 할 수 있다.

최치원의 유교, 불교 및 도교와 관련 삼교혼용의 시기에 대하여는 명확하게 나와 있지는 않지만 유교와 불교의 이치가 같은 길(道)임을 주장하고 있는 쌍계사 진감선사(眞鑑禪師) 대공영탑비문(大空靈塔碑文, 定康王 2년, 887)이 만들어진 시기부터 추론할 수 있을 것 같다. 따라서 삼교혼용의 시기는 통일신라 정치권에 참여하던 기간의 말엽쯤에서부터 시작되었다고 생각된다. 다만 사상적으로는 당나라에 유학하던 시기에 이미 당나라의 삼교혼용이라는 사상 흐름에 접하였을 것으로 추측된다. 이러한 사상적 흐름이 최치원의 문화경관과 무관하지 않음은 후일 신라로 돌아와서 정치활동, 유람활동 및 자연은둔생활 등과 같은 존재의 다양한 변화과정을 통하여 나타나는 석각, 문학작품, 전설 등에서 직접 표현되고 있기 때문이다.

〈표 2〉 최치원의 종교사상 변천

구분	신라 성장기 (857~868)	재당 유학기 (869~875)	당 정치 참여기 (876~884)	신라 정치기 (885~896)	유람기 (898~900?)	은둔기 (900~?)
유교	■	■	■	■	■	
불교		■			■	■
도교			■		■	■
삼교혼용				■	■	■

3) 최치원의 산수관[11]

신라의 육두품 신분은 현실 정치에 참여하면서도 진골 귀족의 부패 등으로 좌절을 겪을 때는 깊은 산 속으로 들어가 숨어 자연과 벗하며 미학적인 견지에서 아름다움을 발견하고, 학문 연구를 하던 은둔사상이 있었다.

최치원은 퇴위하고자 하는 진성여왕과 그 뒤를 이어 새로이 즉위한 효공왕을 위하여 각각 대리 작성한 상표문(上表文)에서 신라가 이미 돌이킬 수 없는 멸망의 길로 들어서고 있었던 것을 자세하게 묘사하였다. 그러나 그의 이러한 충정도 육두품이라는 신분제한에 의해 받아들여지지 않자 이에 그는 신라왕실에 대한 실망과 좌절감을 느낀 나머지 40여세 장년의 나이로 관직을 버리고 소요자방(逍遙自放)하다가 마침내 은거를 결심하게 된다.

당에서의 혼란스러운 생활이나 신라 말의 난세를 탓하며 때를 만나지 못함을 번민하는 최치원의 자상불우(自傷不遇)는 그로 하여금 벼슬을 버리고 산수를 찾아 소요자방한 것은 망세의 자락을 찾아 나서게 한 직접적인 동기가 되었으며, 이상의 좌절이라는 심정적 갈등을 벗어나 긍정적인 삶을 구축하고자 하는 은둔에 의한 산수생활을 하면서 대(臺)를 짓고 송죽을 심어 침적서사(枕籍書史)하여 소영풍월(嘯詠風月)하였다. 그는 원래 유학을 공부하였으니 당대를 대표하는 지식인으로 침적서사하면서 사색의 영역을

---

11) 이석해(2004), 최치원 관련 유적의 문화경관 특성 연구, 상명대학교 대학원 박사학위논문, pp.49-53.

확대하여 정신적인 승화를 이루려고 노력하였을 것이다.

최치원이 여러 산수를 유람하면서 별서(別墅)나 대사(臺榭)를 세웠다는 것은 한 곳에 오래 머물면서 생활하였다는 것이다. 누각이나 정자는 생활공간이 아니라 산수의 아름다움을 감상하는 목적으로 세워진 중심공간으로, 산수의 미적 공간을 재구성하는 것이라 하겠다. 이는 우리나라 정원 문화의 중심공간으로 미적 기능을 발견하게 되었으며 유람의 기문이나 문학이 싹트는 계기가 되었던 것이다. 문사적 취향의 유람은 후에 많은 영향을 미쳤다.

그의 산수은둔은 선경에 대한 동경과 함께 자신의 은둔처에 대한 의미를 부여하고 확대하게 되는 것이다. 가야산의 은둔은 일정한 장소에 정착하였다는 것이다. 은둔처의 전체적인 공간에 대한 미적 구성과 자신의 감정이입을 통한 문화경관의 재구성이라는 의미로 해석되고 있음을 말하는 것이다. 은둔의 장소가 문화경관의 재구성이라는 의미가 개인적인 체험공간으로 의미가 부여되고 개인적 정서의 감정을 지각하고 있음을 알 수가 있다. 이것은 조선조 사림들의 산수생활에 이르러 학문탐구와 수양이라는 현실공간으로 변모하게 됨을 알 수가 있다.

4) 최치원의 활동공간 유형별 문화경관 특징[12]

최치원의 유적지가 갖는 문화경관으로써의 특성을 파악하기 위하여 유적지에 대한 유형 분류를 그의 전생애에 걸친 활동유형을 기준으로 나눈 결과 크게 강학, 정치, 유람 및 은일 등으로 볼 수 있다. 최고운이 활동한 지역이 태수 재임의 경우에는 한 곳에 머물면서 주변지역의 산수가 우수한 자연경관을 찾아나서는 유람의 흔적이 남게 되고, 오랜 시간 머물렀던 장소에서는 백

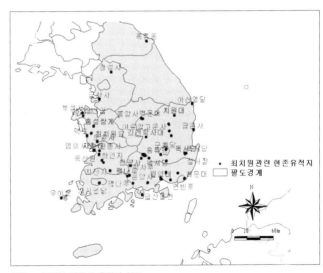

그림 1. 최치원 생존시 유적지 분포

---

12) 이석해와 이행렬(2005), 전게서 : pp.64-71.

성들에게 강학하는 공간적 특성이 나타난다. 또한 관직을 버리고 은일 및 유람한 지역은 전국 곳곳에 산재하고 있는데 이러한 자연경관 속에 문화적인 요소로서 석각(石刻) 등과 같은 인공적 형상으로 재구성되어질 때 최치원 특유의 문화경관을 이루게 됨을 엿볼 수 있다. 고운의 유적지들은 전체적으로 보면 경남지역이 28개소(55%), 경북지역이 12개소(23%), 충남 5개소(10%), 전북 4개소(8%), 강원도와 전남이 각각 1개소(2%)로 나타나고 있다. 이것은 그의 활동영역이 통일신라의 수도인 경주가 포함되어진 경상도 지역을 중심으로 하고 있다고 생각되어지며, 비록 그가 신라정권으로부터 배척과 차별대우를 받는 상황이라 하더라도 항상 신라라는 국가를 중심으로 하고 있음을 보여준다. 그러나 신라를 중심으로 하는 활동영역이지만 경우에 따라서는 강원도까지 포함되는 것을 보면 당시의 교통사정을 감안하더라도 상당히 광범위한 지역을 활동공간으로 하였음을 알 수 있다. 그러나 충청도 이북지역에 대하여는 그의 흔적이 별로 없는 것으로 보아 당시의 정치적 상황인 후삼국시대의 혼란함과 무관하지는 않을 것이다.

〈표 3〉 최치원의 일생으로 본 활동유형

연대	주요 행적	활동의 특징	활동유형
857~868	출생, 입당 유학	유학을 바탕으로 학습활동	강학
874~884	당나라에서 벼슬	고변종사관으로 활약	정치
885~896	신라에 귀국하여 관직에 종사	아찬, 태수 등의 관직을 역임하고 시무십여조 건의	정치, 강학
898~?	유람 및 은둔, 사망	가야산에 은거하면서 전국을 유람하고 별서를 조영	유람, 은일

〈표 4〉 생애활동 유형별로 본 유적지명

생애활동	유적지명	개소	비고
정치활동	피향정, 유상대, 감운정, 상림원, 하연지, 학사루, 상서장, 묘길상탑, 사산비명, 우이도, 봉암사	11	태수재임시기 관련
강학활동	독서당, 광제암문, 삼선암, 자천대, 치원대, 월영대, 문창대, 학사당, 학사루	9	堂, 庵, 臺, 樓
유람활동	옥류동, 용은별서(석각 21점), 쌍계석문, 야유암, 취적대, 고산유수명월청풍, 백운대, 홍류동, 금산동천, 청룡대, 세이암(하동), 세이암(홍성), 광제암문, 월영대, 석벽제시, 해운대, 임경대, 선유동, 빙산	19	친필석각이 존재
은일활동	해인사, 청량사, 독서당, 학사대, 벽송정, 둔세비, 무릉교, 첩석대, 광풍뢰, 낙화담, 칠성대, 용은별서	12	기록, 전설
계		51	

(1) 정치활동 관련 공간

고운의 정치활동과 관련된 유적지를 <그림 2>의 분포도로 나타내었다. 분석의 결과 경상남도와 전라북도를 중심으로 하고 있으며 이들 지역의 공통점은 태수로 부임하는 지역이라는 점이다. 또한 사상적으로는 유교를 바탕으로 한 정치이념을 현실화하려는 모습을 볼 수 있다.

피향정(披香亭, 886), 하연지(下蓮池, 886), 유상대(流觴臺, 886), 진감선사대공탑비(眞鑑禪師大空塔碑, 887), 성주사지(聖住寺址, 890), 우이도(牛耳島, 추정 893), 봉암사(鳳岩寺, 893), 상림원(上林苑, 894), 학사루(學士樓, 894), 상서장(上書莊, 894), 묘길상탑(妙吉祥塔, 895) 등 11개소로 추출되었다. 피향정, 하연지[13]는 고운이 대산군(현 태인면)의 태수로 제수된 886년을 기점으로 한 유적지가 된다. 유상대는 대산군 태수 재임시 곡수연(曲水宴)[14]을 한 곳으로 생각되며 유람활동을 포함한 곳으로 생각된다.

한편 지리산 쌍계사 진감선사대공탑비명, 성주사지에 있는 낭혜화상백월보광탑비명(朗慧和尙白月保光塔碑銘), 화양산 봉암사에 있는 지증대사적조탑비명(智證大師寂照塔碑銘) 등은 사산비명(四山碑銘)의 일부로, 왕명에 의해 이루어진 것이며(김시황, 1997) 최치원의 정치적 활동시기에 해당되어 정치활동과 연관된 장소로 보았다.

상림원과 학사루는 천령군(天嶺郡, 현 함양군) 태수 재임시절의 유적지로 당시 천령군은 홍수로 매년 피해가 막심하였으므

그림 2. 정치활동 유적지 분포도

로 최치원이 하천의 물길을 돌리고 제방에 조성한 숲이 상림원이 된다. 그의 애민정신을 보여주는 유적지가 되며, 또한 앞의 유상대와 함께 수리학 또는 토목학에 대한 지식이 상당하였음을 보여준다. 이러한 점은 유교의 경세치민(經世治民) 사상이 표현된 것으로 여겨진다.

---

13) 태산군에 태수재임중 풍월을 읊고 소요하던 장소로서 연못가에 세워진 정자이고, 정자 앞 뒤로 상연지, 하연지가 있었는데 현재는 하연지만 남아 있다. 전북 정읍시 태인면 태창리에 있다.

14) 서기 353년 중국 東晉시대 浙江省에서 명필 왕희지 등 당대의 학자들이 蘭亭이라 불리는 曲水를 만들고 회동한 것에서 비롯된다.

상서장은 893년 부성군(현 서산시) 태수를 그만두고 당나라에 하정사(賀正使)로 파견되었다가 돌아온 후 894년 진성여왕에게 바친 시무십여조가 작성된 곳(최영성, 2001a)으로 신라정권에 대한 마지막 그의 정치적 노력을 보여주는 장소가 된다.

묘길상탑은 해인사 운양대(雲陽臺)에 있는 탑으로 그 속에는 고운이 지은 묘길상탑기(妙吉祥塔記)가 1965년에 발견되어 알려진 곳이다. 탑기에 의하면 당시의 처참한 대중들의 생활고를 위로하고, 죄없이 목숨을 잃은 고혼들의 명복과 국태민안을 빌기 위해 대덕 훈진(訓盡) 스님이 세운 탑이다. 최치원이 관직에서 물러난 이후에도 신라정권과 국민들을 위해 정치적 노력을 계속했다는 점을 엿볼 수 있다. 이러한

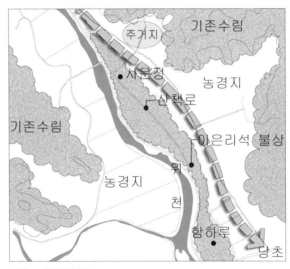

그림 3. 상림원 현황도

상림원 전경

숲 내부와 수로

그림 4. 상림원 현황사진

자세는 조선시대 사림들의 출처관과 밀접한 관련이 있는 것으로 비록 몸은 관직에서 멀리 있지만 항상 임금과 나라를 위한 충정을 버리지 않는다는 관념은 최치원 시대부터 싹 터 온 것이다. 이 역시 문화경관의 한 단면을 보여준다.

신안 우이도는 당나라를 가기 위한 항로의 출발지가 되며(우이도, 2001) 최치원 역시 이곳에서 당나라로 가기 위해 이용하였다는 전설이 전하고 있다. 우이도에 관한 연도 추정은 앞의 전설을 감안하여 최치원이 당나라에 하정사로 파견된 해(893년)를 기점으로 한 것으로 신빙성이 분명하지는 않다.

정치적 문화경관의 사례지로 상림원을 조사한 결과 이곳은 우리나라에서 가장 규모가 큰 인공림으로서 120여종의 나무 2만 그루가 활엽수림으로 구성되어 있으며, 너비가 80∼200m, 길이가 1.4km 규모의 거대한 숲이다. 숲속에는 고운선생 신도비와 함화루, 사운정 등 문화재가 있다. <표 5>에 상림원의 지각된 공간 특성을 정리하였으며 숲 속에 폐쇄된 형태로 존재함을 알 수 있다(그림 3과 4 참조).

고운의 애민사상에 의해 조성된 상림원은 오늘날에는 시민들이 이용하는 공원으로 이용된다는 점에서 이름만 바뀌었을 뿐 그 맥은 같이 하고 있음을 알 수 있다. 유교적 덕목과 실천사상으로써의 위국보민에 대한 최치원의 절차탁마는 조선시대 선비들의 정신적 지주로써의 역할을 하게 되는 소이연을 보여준다. 상림원에 대한 경관 해석은 <표 5>와 같이 조사되어졌다. 물리적·시각적 특성으로는 숲으로 구성된 위요감을 갖는 공간구조를 하고 있다. 따라서 지각적 특성 또한 이러한 위요감에 의해서 강한 폐쇄감과 장소성을 주고 있으며, 각종 기념물과 정자 등에 의해 최치원의 문화경관으로써의 매개체 역할이 강조되고 있다.

〈표 5〉 상림원의 경관해석 특성

구분		조사 내용
물리적, 시각적 특성	대상장 특성	면 – 닫혀진 공간으로 폐쇄적인 분위기
	입지 특성	하천과 농경지 사이의 완충지대
	진입체계	기존의 도로에서 숲의 입구 진입
	공간의 축	절선 형태의 축
	토지이용	내부는 수림과 정자, 기념비 등이 있고 주변은 하천과 농경지가 대부분
지각적 특성	공간체험 특성	숲 사이 길에서 한적한 공원의 분위기
	진입시 느낌	숲 사이 친근한 자연을 발견

(2) 강학활동과 연관된 공간

최치원은 정치를 그만 두면서 지방의 선비들을 대상으로 강학과 자신의 독서와 학문 탐구를 통한 저술활동을 하게 되며 유람을 통해서도 후학 교육에 많은 시간을 보냈다. 그가 지은 시 '寓興'에서 "자네들 부디 이욕엔 문을 닫고 부모께 받은 귀한 몸, 상치 말아라"[15] 라고 훈계한 내용을 통해서도 알 수 있다.

추출된 지역은 총 9개소로 경주 독서당(讀書堂, 추정 885), 서산 삼선암(三仙庵, 887), 김천 학사대(學士臺, 추정 898), 안동 치원대(致遠臺, 추정 898), 마산 월영대(月影臺(898, 추정 898), 하동 팽나무(추정 898), 산청 광제암문(廣濟嵒門, 추정 898), 거창 수식송 유지비(手植松 遺址碑, 추정 898) 등이 있다[16]. 이 중에서 교육공간으로 추정되는 곳은 김천, 안동, 마산, 산청, 하동, 거창 등의 유적지가 해당되며, 학습공간은 최치원 자신의 독서와 학문탐구를 위한 곳으로 경주, 서산 등이 해당된다. 경주 독서당은 정치에 직접 관여하고 있던 시절에 이용하던 곳으로 추정되며, 서산 삼선암은 부성군(현 서산시) 태수로 재임시 수도하기 위해 즐겨 찾았던 곳으로 추성된다. 이들 공간의 분포는 <그림 5>와 같이 주로 경상남도 지역을 중심으로 하고 있다. 즉 지리산과 가야산을 중심으로 하는 지역에 집중되고 있다.

강학활동 공간의 사례조사지로 산청 광제암문을 조사하였다. 이곳은 경남 산청군 단성면에 있으며 단속사(斷俗寺)로 들어가는 입구에 위치한다. 단속사는 905년에 건립된 고찰로 1568년 유생들에 의해 파괴된 후 지금은 절터만 남아있는 곳이다. 신증동국여지승람 진주 불우조에 "최치원이 쓴 광제암문이란 네 글자를 새긴 돌이 있다"[17] 라고 나와 있어서 고운의 친필석각으로 알려져 왔다. 광제암문이 있는 곳은 <표 6>에서처럼 산복부의 수직으로 깎아지른 듯한 절벽으로, 여기에 넉 자의 글만 새겨져 있다. 석각만으로 최치원의 면모를 파악하기는 쉽지 않다. 그러나 김일손(金馹孫)의 지리산기행록(智異山紀行錄)[18]에 쌍계석문(雙磎石門) 네 글자가 최치원의 글씨임을 판명하고 있으며, 그가 속했던 당시의 정치적 상황이 그를 좌절과 은둔으로 행하게 만들었음을 한탄하며 그에 대한 회한의 감정을 토로하고 있다. 만일 최치원이 살았던 시절에 그의 정치적 이념이 받아들여졌다면 결코 그가 불교에 심취되지도 않았을 것이며 은둔의 세월을 보내지도 않았을 것이라는 심사에서 그를 기리는 심정을 토로하고 있는 것이다.

최치원이 유람하던 시절에 단속사에 들러서 이 글을 썼는지 또는 최치원의 문명을 흠모한 지역의 유

---

15) 慶州崔氏大同譜編纂委員會(1997), 國譯 孤雲崔致遠先生文集, 大譜社, p.516, 桂苑筆耕集 卷之 二十 詩, "言局利門 不使損遺體."
16) 학사대, 치원대, 월영대, 하동 팽나무, 광제암문, 거창 수식송 등은 모두 정확한 연대가 알려져 있지 않다. 다만 관련 자료와 유람시기 등을 감안하여 898년 전후로 추정한 것이므로 후일 보다 정확한 고증 연구를 통하여 이를 밝혀야 할 것이다.
17) 李荇이 지은 新增東國輿地勝覽, 晉州 佛宇條에 보면 단속사와 광제암문에 관한 기사가 있다. "斷俗寺在智異山東 洞口有崔致遠所書 廣濟嵒門 四字刻石 又有致遠讀書堂後廢爲大鑑影堂."
18) 金馹孫, 濯纓先生文集 卷5.

지들이 모여 글을 부탁하여 썼는지에 대하여
는 분명치 않다. 다만 유람을 하던 시기에 이
루어진 것으로 생각되며, 석각의 의미가 광
제(廣濟) 즉 널리 구제하겠다는 점에서 당시
의 정치적 혼란기에 피폐해질대로 피폐해진
백성들의 피곤한 삶을 위한다는 점에서 교육
적 목적을 보여주고 있다. 이러한 점은 김일
손의 방문에서 보듯 조선시대 선비들에게 출
처관을 형성하는 기초가 되었던 것이다.

광제암문에 대한 경관해석은 <표 7>과
같이 조사되었다.

그림 5. 강학활동 유적지 분포도

〈표 6〉 광제암문의 경관해석 특성

구분		조사 내용
물리적, 시각적 특성	대상장 특성	면 – 한정된 선으로 나타나며, 비교적 폐쇄된 공간 속에서 북쪽으로 시각이 열린 공간
	입지 특성	밭과 개울을 앞에 두고 수직 단애에 의해 둘러싸인 곳
	진입체계	모서리 진입으로 변화감 있는 진입이 가능
	공간의 축	앞은 트인 공간이고, 수직 벽을 형성
	토지이용	주변에는 '남근석', '치성터' 등이 있으며, 무속적인 공간으로 이용
지각적 특성	공간체험 특성	수직단애 아래 밖을 보면 기암 사이로 논과 계류가 보이며, 나무그늘 아래 감싸임
	진입시 느낌	산모퉁이를 돌면 갑자기 경관이 펼쳐지며 암문단애에 도달

물리적·시각적 특성은 수직단애가 갖고 있는 수직성, 랜드마크로써의 역할 등으로 평가되었다. 장소
가 갖는 지각적 특성은 남근석(男根石) 등과 같은 무속신앙과 밀접하게 나타나고 있으며, 최치원의 존재
가치가 무속신앙에까지 미치고 있음을 보여준다. 성황당의 돌무더기(立石)와 같은 애니미즘적인 요소와
무당과 같은 샤만적 요소가 최치원의 문화경관과 복합적으로 작용하고 있는 현상을 볼 때 문화경관 요
소가 우리의 민속문화와도 밀접한 관계를 유지하고 있음을 알 수 있다.

| 석각이 있는 소하천변에 있는 절벽 | 광제암문 석각 |

그림 6. 광제암문 현황사진

(3) 유람활동과 연관된 공간

최치원은 율수현위로 있을 때 산수 유람을 많이 하였다(이재운, 2001). 그 당시 과거에 급제한 사람은 명승지를 유람하는 문화가 있었으며 그 또한 당시의 문화현상에 참여하였던 것이다. 고국 신라에 돌아와서 현실정치에 참여하다가 여러 가지 정치적 상황에 의해 관직을 그만두었을 때에 다시 명승지를 유람하는 문화현상에 빠지게 된다. 그러나 이번에는 과거급제한 후의 열락(悅樂)에서가 아니라 망세(忘世)의 자락(自樂)을 구하기 위하여 산수를 찾아 나서게 되었다는 점에서 당나라에서의 경우와 다른 점이다.

유람활동과 관련된 장소는 총 19개소로 가장 빈번한 공간으로 나타난다. 옥구 자천대(紫泉臺, 860, 연도추정), 하동 쌍계석문(雙磎石門, 887), 문경에 있는 백운대(白雲臺, 890), 고산유수명월청풍(高山流水明月淸風, 890), 야유암(夜遊岩, 890), 취적대(取適臺, 890), 고령 벽송정(碧松亭, 추정 893), 의성 강주빙산(剛州氷山, 추정 898)과 고운사(孤雲寺, 추정 898), 마산 고운대(孤雲臺, 추정 898), 창원 연빈루(燕賓樓, 추정 898), 부산 해운대(海雲臺, 추정 898), 양산 임경대(臨鏡臺, 추정 898), 강원도 옥류동(玉流洞, 추정 898), 하동 세이암(洗耳嵒, 추정 898), 남해 금산동천(錦山洞天, 추정 898), 의창 청룡대(靑龍臺, 추정 898), 보령 맥도(麥島, 추정 905) 등이다. 이들 지역의 분포는 <그림 7>과 같이 경상남·북도를 중심으로 하여 나타난다. 특이한 것은 강원도 지역까지 그 범위가 확대되었다는 점이다. 강원도 옥류동 지역은 최치원이 은거하게 되는 가야산 홍류동이라는 지명에도 영향을 미친 것이다.

이들 공간의 연대는 크게 887년과 890년이라는 두 시기로 구분된다. 자천대는 최치원의 탄생지와 연관하여 논란이 되는 지역이다. 즉 최치원의 탄생지를 경주 또는 옥구라고 하는 설이 있는데, 여기서 옥구군을 그의 출생지로 볼 경우 자천대는 어릴 적 그가 독서하던 교육 및 학습공간이 되며 연대도 그가 태어난 857년으로 거슬러 올라가게 된다. 반면 그렇지 않을 경우에는 대산군 태수 재임시기인 887년 전후로 보게 된다. 한편 890년 이후로 추정되는 지역들은 주로 그가 관직에서 물러나서 가야산에 은거하기 직전의 시기로 추정되지만, 이 경우에도

그림 7. 유람활동 유적지 분포도

문제는 있다고 본다. <그림 7>에도 나와 있듯이 불과 1~2년 사이에 전 지역을 유람한다는 것은 불가능하다고 본다. 그렇다면 가야산 은거시기를 898년에서 상당한 기간을 경과한 연후로 잡는 것이 타당할 것으로 생각된다. 이 점에 대하여는 친필석각에 나타나는 서체의 변화, 당시의 도로망과 도로체계, 정치적 상황 등을 고려하여 판단해야 하며, 앞으로 금석학과의 학제적 연구 필요성을 보여주고 있다.

유람활동 공간의 사례로 하동의 세이암을 조사하였다. 세이암은 경남 하동군 화개면 범왕리의 왕성초등학교 앞에 위치한다. 앞의 광제암문과 마찬가지로 시냇가의 한켠에 서 있는 큰 석벽에 새겨진 세이암이란 세 글자만이 남아 있다.

<표 7> 세이암의 경관해석 특성

구분		조사 내용
물리적, 시각적 특성	대상장 특성	면-닫혀진 공간으로 비교적 넓은 공간에 주변이 적절한 위요함을 갖는다
	입지 특성	도로 옆 낮게 위치한 계류의 건너편에 위치
	진입체계	도로에서 하천을 건너 가능
	공간의 축	내려가서 건너기로 계류 너머의 대상이 갖는 긴장감을 연출
	토지이용	하천의 계곡부로서 주변은 산림과 음식점, 계류물놀이장으로 이용
지각적 특성	공간체험 특성	계류에 내려서면 넓게 펼쳐진 너럭바위(노반암)와 우뚝 선 수직기암이 경관을 이룬다
	진입시 느낌	계류 사이로 너럭바위를 딛고 건너서는 긴장감

| 석각이 새겨진 바위와 주변 경관 | 세이암 석각 |

그림 8. 세이암 현황사진

    세이암에 대한 경관해석은 <표 7>와 같이 조사되었다. 물리적·시각적 특성으로는 하천과 수직암반에 의해 구성되어지며, 장소에 대한 지각적 특성은 수직기암과 너럭바위가 수평성과 수직성을 동시에 보여주는 장소성으로 나타난다. 현재 주변의 음식점 등으로 인하여 여름철에 많은 인파가 모이는 관광지화 된 곳으로 문화경관 요소의 보전과 복원에 대한 문제를 안고 있는 곳이기도 하다. 문화경관의 의미체험을 통하여 최치원이라는 통일신라 시대의 문인이요, 정치가요, 사상가를 만날 수 있는 장소임에도 불구하고 단지 물놀이장으로 인식될 수 밖에 없는 것이 지금 현재의 장소성으로 파악된다.

    세이암 주변에는 팽나무 한그루가 있다. 경상남도 기념물 제123호로 수고 35m, 흉고둘레 6.25m로서 수령은 약 600년 된 것으로 추정된다. 안내판에 따르면 "신라때 고운이 속세를 등지고 지리산에 들어갈 때 꽂아둔 지팡이에서 움이 터 자란 나무라고 전하여 오고 있다. 고운은 입산할 때 이 나무가 살아 있으면 나도 살아있고 이 나무가 죽으면 나도 이 세상에 없을 것이라는 말을 남겼다"고 한다. 사실의 진위여부를 떠나서 이와 같은 나무는 여기 이외에도 여러 곳에서 전하여 오고 있다. 가야산 학사대에 있는 전나무 또한 최치원이 짚던 지팡이를 거꾸로 꽂은 것이 살았다는 전설이 전한다. 이러한 전설은 최치원의 살아 생전의 활동과 연관되어져서 내려오는 전설로 나무의 진위 여부보다는 그 나무를 통하여 최치원의 활동이 살아서 전해진다는 매개체의 역할에 의미가 더 있다. 이러한 매개체를 통하여 최치원과 후대의 문인들간에 정신적 연대가 가능해진다는 점에서 나무 한그루를 통한 문화경관의 형성이 가능하다고 추론된다.

(4) 은일활동과 연관된 공간

삼국사기에 따르면 "어지러운 세상을 떠나 처자를 데리고 깊숙히 가야산을 들어가서 그의 모형(母兄)

인 현준(賢俊)과 그곳 남악사의 정현(定玄)스님
과 함께 도우(道友)를 맺고 한가로이 지내다가
이곳에서 여생을 마치었다"(이병도 1990 : 355)
고 하였다. 추출된 유적지는 <그림 9>와 같이
두 지역이 있는데, 하나는 경상남도 합천군 가
야산을 중심으로 하는 지역이고 다른 하나는
충청남도 홍성군에 있는 쌍계(雙溪)지역이다.

최치원의 은일시기에 대하여 두가지 학설을
가능케 한다. 즉 가야산을 1차 은일시기로 본
다면 홍성은 2차 은일시기가 될 수 있을 것이
다. 가야산에는 홍류동 계곡이 있고 홍성에는

그림 9. 은일활동 유적지 분포도

용은별서(龍隱別墅)라고 하는 쌍계계곡이 있다. 규모면에서 보면 홍성의 계곡이 훨씬 소규모이고 볼 품
도 없지만 은일의 목적에서 보면 훨씬 설득력이 있다고 본다. 그러나 장소에 대한 비정(比定)이 없기 때
문에 확신하기는 힘들다. 다만 그 주변 산에 최치원의 묘라고 전해오는 곳이 있기 때문에 전설만으로 단
정하기는 어렵다.

은일공간의 사례지로 가야산 홍류동을 조사하였다. 홍류동은 해인사 입구에서 무릉교(武陵橋)를 지나

절을 향해 약 2km 올라가면 다다르게 되는 계류
중의 중심지이다. 여기에는 최치원의 친필석각인
홍류동(紅流洞) 세 글자가 선명하게 계류 암반 위
에 새겨져 있다. 근처에는 농산정(籠山亭)과 고운최
선생둔세지(孤雲崔先生遯世地)라는 비석이 놓여져
있는데 모두 1930년에 만들어진 것이다.

앞에서도 밝힌 바 있듯이 이곳의 명칭은 강원도
금강산에 있는 옥류동(玉流洞)에 비교하여 홍류동
(紅流洞)이라 불리었다. 홍류동 계곡의 경치가 뛰어

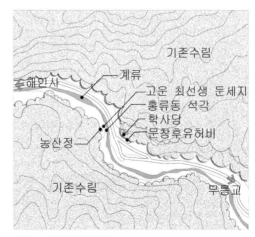

그림 10. 홍류동계곡 현황도

| 농산정 전경 | 둔세지 비 |

그림 11. 농산정과 주변 현황사진

나기 때문이다. 또한 그의 은거와 관련된 행적을 말해주는 곳으로 여겨지며 어지러운 세상의 시끄러움을 흘러가는 물소리로 막겠다는 농산(籠山)이라는 싯구가 있는 칠언절구 "제가야산독서당(題伽倻山讀書堂)"이 맞은 편 석벽에 새겨져 있다. 최치원의 시 중에서 그의 은일관을 가장 잘 나타내는 시구로 조선시대 많은 문인들에 의해서 평가되어져 온 시구이다. 그의 정치적 이념이 표현된 시무책이 귀족들의 반대로 받아들여지지 않게 되자 정치활동에서 물러나서 산수에 묻혀 독서와 은일로 소일하던 시절을 상징하

〈표 8〉 홍류동의 경관해석 특성

구분		조사 내용
물리적, 시각적 특성	대상장 특성	선 – 한정된 공간으로 계류의 특징이 잘 나타나고 있는 곳
	입지특성	도로 옆에 있으며, 좌우로 숲이 있는 통로와도 같은 곳
	진입체계	다리 건너기 진입으로 선계를 들어서는 역할
	공간의 축	직선축으로 계류의 흐름을 표현
	토지이용	가야산의 수림과 주변의 도로
지각적 특성	공간체험 특성	계류를 따라 여러 유형의 암반이 어우러져 있으며, 크고 작은 소와 폭포를 이루며, 옆으로는 도로가 있어서 많은 이들이 오가며 즐길 수 있는 곳
	진입시 느낌	속계에서 선계에로 진입하는 듯하며, 물소리가 요란하여 고운의 가야산 홍류동 시귀를 생각케 한다

는 시구와 함께 홍류동 세 글자만이 오늘 우리에게 그의 면모를 보여주고 있는 것이다.

이곳의 경관해석은 <표 8>과 같이 조사되었다. 물리적·시각적 특성은 계류를 중심으로 하는 경관으로 계류 옆에 도로가 있어 이러한 경관의 의미를 훼손하고 있다. 장소를 통한 의미전달을 위한 개발이 유적지의 보전과 복원에 있어서 필수적인 요소임을 보여주고 있는 것으로 사료된다. 장소에 대한 지각적 특성은 계류와 암반을 통한 장소성에 있었다. 특히 계류 속에서 들려오는 물소리는 최치원의 시 "제가야산독서당(題伽倻山讀書堂)"의 종장(終章) "짐짓 흐르는 물을 시켜 산을 감쌌네(故教流水盡籠山)"와 함께 그 의미전달이 배가됨을 알 수 있다.

5) 최치원과 언어 문화경관

(1) 문헌

중국의 문헌자료는 남경대학 고전문헌연구소에서 1990년 말에 『당시대사전(唐時代辭典)』이 간행되었다. 이 저서에는 고운 최치원에 관해서 가장 체계있고 상세하게 기술되어 있다.[19] 최치원 연구로써 새로운 기본 자료가 아닐 수 없고 중요한 내용이다. 최치원의 연대를 '857~928후'라고 했고 『신당서(新唐書)』예문지(藝文志)에 나왔던 '고려인(高麗人)' 기술을 정정해서 '新羅(今朝鮮南部慶州沙梁人)'이라고 하였다. 그리고 만년에 가야산 해인사에 은거했고 '정년 72세'이라고 하였다. 그의 정년에 대한 추정은 불확실한 것이지만 앞으로 연구의 지표로 삼을 만하다. 그의 자료로써 시가 『전당시일(全唐詩逸)』, '1수 단구약간(斷句若干)'이 수록되고 『전당시외편(全唐詩外編)』 60수가 있다고 하면서, 또 『삼국사기』와 『동문선』에 '尙存 약 40수'가 된다고 했다. 이렇듯이 고운의 근대학술연구가 중국학계에서 진전되고 있다는 것은 대단히 의미있는 일이다.

(2) 在唐시기의 작품

건부(乾符) 원년(873) 최치원은 율수현위의 관직을 받기 전에 낙양(洛陽)에 거주하면서 유람생활을 한다. 그 당시 과거에 급제한 사람은 명승지를 유람하는 문화가 있었는데 최치원도 현위시절 중국 여러 곳을 여행하면서 당대의 유명한 시인들과 서로 교류하였다. 이 시기의 작품으로는 「유증낙중우인(留贈洛中友人)」과 「판하회고」는 수나라 멸망에 대한 회한을 읊은 시이다. 교류 시인중에 중국의 문인이자 그의 과거 급제 동기였던 고운(顧雲)의 송별시[20]를 보면

---

19) 上海 復旦大學에 陳尙君 교수가 작성한 글이다. p.421.

<1-8句 중략>

十二乘船渡海來　　열두살에 배를 타고 바다를 건너와

文章感動中華國　　문장으로 중국을 감동시켰네

十八橫行戰詞苑　　열 여덟에 문단을 휩쓸어

一射跛金門策　　한 화살로 금문책을 꿰뚫었네

　　건부 3년(876) 당나라 조정은 최치원을 강소성 율수현위에 임명한다. 이때 지은 작품이 「금체시(今體詩)」5수 1권, 「오언칠언금체시(五言七言今體詩)」100수 1권, 「잡시부(雜詩賦)」30수 1권 등이다. 이때 공사간에 지은 글들을 추려 모은 것이 「중산복궤집(中山覆匱集)」20집 1부 5권이다. 고병의 종사관으로 있을 때 지은 글이 표(表)·장(帳)·격(檄)·서(書)·위곡(委曲)·거첩(擧牒)·제문(祭文)·소계장(疏啓狀)·잡서(雜書)·시(詩) 등 1만여수에 달한다.

　　관직에 있으면서 「춘효한망(春曉閑望), 강남녀(江南女), 홍엽수(紅葉樹)」 등의 시를 남겼다. 潤州(鎭江)와 金陵(南京)을 기회 있을 때마다 유람하게 되는데 윤주에 있는 자화사에 올라 금릉을 바라보며 읊은 「등윤주자화사상방(登潤州慈和寺上房)」 시는 인간 생명의 중요성을 부각시킨 점과 불교 사원을 소재로 하였음을 알 수 있다. 또 소주에서는 「고소대(姑蘇臺)」 시를 남기게 되는데, 이 시는 우리나라에도 오랫동안 영향을 주게 되고 고려말 정몽주의 고소대는 최치원의 고소대로부터 새로운 의경을 참고하였다고 볼 수 있다. 그는 종남산에서 선기를 충만하게 하고, 도교사상을 신봉하게 되는데 이는 도교 경전의 연구나 숭산의 도교성지를 가게 되면서 도교에 몰입하게 된다. 택리지에는 최치원이 "봉신천사간종남산사(逢申天師干終南山寺)", "득내단비결(得內丹秘訣)"이라고 적혀 있으며 「유별여도사(留別女道士)」의 시를 남긴다.

江南女[21]

江南蕩風俗　　강남 땅은 풍속이 멋대로여서

養女嬌且憐　　딸을 길러 아리땁고 예뻐라.

性冶恥針線　　놀아나는 성품은 바느질을 싫어하고

---

20) 金富軾, 三國史記 제 46권, 열전 제 6권, 崔致遠 : 又興同年顧雲 友□□ 將歸 顧雲以詩送別 略日...
21) 譯註. 崔致遠全集(2), p.54.

粧成調管絃	분단장 마치고 管絃을 타네.
所學非雅音	고상한 곡조 배우지 않았기에
多被春心牽	그 소리 대개 春情에 이끌리네.
自謂芳華色	스스로 꽃답고 아름다운 그 얼굴이
長占艶陽年	언제나 청춘일줄 생각하네.
却笑隣舍女	아침 내내 베틀에서 북을 놀리는
終朝弄機杼	이웃집 딸을 도리어 비웃나니.
機杼縱勞身	비록 베를 짜노라 몸을 괴롭혀도
羅衣不到汝	마침내 비단옷은 너에게 안간다고.

강남의 여인은 세태를 풍자한 시다. 사회적 모순을 풍자하여 폭로한 것이다. 빈정 빈정 놀면서도 호의 호식 하는 부류가 있는가 하면 다른 한쪽에서는 땀 흘려 일해도 가난하게 사는 계층도 있는 것이 현실이다. 쉬지 않고 하루종일 베를 짜는 여인은 헐벗는데 그 베는 유녀(遊女)의 옷감이 되니 모순이다

郵亭夜雨[22]

旅館窮秋雨	나그네집 깊은 가을 비는 내리고
寒窓靜夜燈	창 아래 고요한 밤 차거운 등불
自憐愁裏坐	가엾다 시름 속에 앉았노라니
眞箇定中僧	내 정녕 참선하는 중이로구나

이 시는 그가 22세 때 고병의 기용으로 관역순관(館驛巡官)으로 재직 하던 시절의 작품인 듯하다. 타관인지라 하숙 아니면 여관생활일 텐데 가을 밤비내리는 한창(寒窓) 아래 가물거리는 등불 아래서 이것 저것 생각에 잠겨 홀로 앉았으니 그 모습이 흡사 선정(禪定)에 든 스님 같았으리라.

28세 되던 해에 귀국 길에 오르게 된다. 최치원은 신라로 돌아올 때 동년 고운(顧雲)이 증별시(贈別詩)인 유선가(儒仙歌)를 지어 중화에 떨친 최치원의 특출한 문재를 찬양하자 고운(孤雲)은 다음과 같은 유명한 답시를 읊어 금의환향하는 기쁨을 노래하였다.

---

22) 國譯 孤雲先生文集 下, 崔濬玉 編, 寶蓮閣, 1082. p.45.

文友送別詩[23]

巫峽重峰之歲 絲入中華　　열두살의 나이때 실낱같이 외롭게 중원에 들어왔다가

銀河列宿之年 錦還故國　　스물여덟 나이에 금의로 그리던 조국으로 돌아가리.

토황소격문[24]은 당나라 말기 황소가 난을 일으키자 최치원이 도통사(都統使) 고병을 대신하여 지은 격문이다. 가장 대표적 문장은 "천하 사람이 모두 너를 죽이려고 생각할 뿐만 아니라, 땅속에 있는 귀신까지도 남몰래 베어 죽이려고 의논하리라"[25]는 구절을 읽다가 황소는 너무나 놀란 나머지 저도 모르게 상 아래로 굴러 떨어졌다는 일화가 문학사 및 시화 등에서 빈번히 인용되고 있다.

(3) 국내의 작품

① 詩文

최치원의 시작품은 동문선 권 4, 권 9, 권 12, 권 19의 4권중에 채록된 유문(遺文)을 살펴보면 권 4에 수록된 오언고시 4수가 있고, 동문선 권 9에 오언율시 4수는 長安旅舍 與于愼微長官 接隣有寄, 贈雲門蘭若智光上人, 題雲峰寺이며 대표적인 시는 다음과 같다.

贈雲門[26]蘭若智光上人[27]

雲畔構精盧　　구름 가에 精舍를 지어 놓고서

安禪四紀餘　　조용한 禪定에 근 50년간

槙無出山步　　지팡이는 산 밖에 나본 일 없고

筆絶入京書　　붓은 서울로 가는 글월 안 쓰네

竹架泉聲緊　　대나무 홈에 샘물 소리 졸졸

松欞日影疎　　松窓에 햇빛이 성그네

境高吟不盡　　맑고 높은 境地에 읊다 못하여

瞑目悟眞如　　눈 감고 眞如를 깨치려네.

---

23) 慶州崔氏大同譜編纂委員會, 1997, 國譯 孤雲崔致遠先生文集, 大譜社 무협에서 여섯봉우리가 있는데 거듭하니(重) 열 둘. 은하에는 스물여덟의 별자리가(列宿)

24) 廣明 2년(881), 계원필경집 권 11에 전문이 실려 있다.

25) 慶州崔氏大同譜編纂委員會(1997), 전게서 : p.222 "不唯天下之人 皆思顯戮 仰亦地中之鬼已議陰誅 縱饒仮氣遊魂"

26) 淸道에 있는 雲門寺

27) 慶州崔氏大同譜編纂委員會(1997), 전게서 : p.512.

속세를 떠나서 수도에 정진하여 진여(眞如)를 깨치려는 스님을 흠모하여 읊은 시다. 그러나 산 밖에 나가는 일도 없고 서울로 보낼 서신도 끊었다는 표현은 어쩌면 자신의 은둔생활을 두고 한 말일 수도 있을 것이다.

題雲峰寺[28]
攀葛上雲峰	칡 덩굴 부여잡고 구름봉에 올라
平觀世界空	굽어보니 온 누리가 텅 빈듯
千山分掌上	산들은 올망졸망 손바닥에 놓이고
萬事豁胸中	만사 가슴 속이 탁 트이네
塔影日邊雪	탑 그림자 해 가의 눈이요
松聲天半風	쇄쇄 솔 소리는 반공의 바람일세
煙霞應笑我	구름과 노을이 응당 나를 웃을 것이
回步入塵籠	塵世로 다시 걸음을 돌리다니

이 시는 문경의 금용사(金龍寺)에서 읊은 시다. 구름봉에 올랐더니 온 누리가 다 빈듯하고 천산이 모두 손바닥 위에 놓이는 듯 하여 모든 시름 잊고 가슴이 탁 틔이는 것 같았는데 다시 티끌 세상으로 발길을 옮기려니 연하(煙霞)도 빈정대며 비웃는 것 같다고 하였다. 산수간을 방랑 하면서도 세속과 인연을 끊지 못하는 마음의 갈등을 읽을 수 있다.

동문선 권 12에 칠언율시 9수는 登潤州慈和寺上房, 秋日再經盱 胎縣 寄李長官, 送吳進士密歸江南, 春曉偶書, 暮春卽事 和顧雲友使, 陳情上太尉, 和張進士喬 村居病中見寄, 주 楊贍秀才, 野燒이며, 동문선 권 19의 오언절구 2수는 秋夜雨中, 郵亭野雨이며 대표적인 시는 다음과 같다. 郵亭野雨는 재당시절 작품이다.

---

28) 慶州崔氏大同譜編纂委員會(1997), 전게서 : p.512.

秋夜雨中[29]

秋風唯苦吟	가을 바람에 괴로이 읊나니,
世路少知音	세상에 나를 알 이 적구나.
窓外三更雨	창 밖에 밤비 내리는데,
燈前萬里心	등 앞에 외로운 마음 만리를

최치원이 당나라에서 귀국한 후, 정치 개혁을 위한 노력이 좌절되자, 유랑하다가 해인사에 은거할 때 지은 5언 절구의 한시. 세상에 뜻을 펴지 못한 지식인의 고뇌가 잘 나타나 있다. 깊어 가는 가을밤의 비바람 속에서 서정적 자아는 괴롭게 시를 읊조리고 있다.

동문선 권 19의 칠언절구 10수는 途中作, 饒州鄱陽亭題, 山陽與鄉友話別, 題芋江驛亭, 春日邀知友不至 因寄絶句, 留別西京金少尹峻, 贈金川寺主, 贈梓谷蘭若獨居僧贈, 黃山江 臨鏡臺, 題伽倻山讀書堂이며 대표적인 시는 다음과 같다.

黃山江 臨鏡臺[30]

煙巒簇簇水溶溶	메뿌리 웅긋중긋 강물은 넘실넘실
鏡裏人家對碧峰	집과 산 거울인듯 서로 마주 비치는데
何處孤帆飽風去	돛단 배 바람 태워 어디로 가버렸나
瞥然飛鳥杳無蹤	나는 새 어느결에 자취 없이 사라지듯.

그 산에서 바라보는 낙동강의 경치는 이 시에 묘사된 그대로였다. 수없이 많은 메뿌리들이 강을 따라 웅긋중긋 둘러 서 있고 강물은 넘실넘실 유유이 흘러 가는데 다만 돛단 배만 없었을 뿐이었다.

---

29) 慶州崔氏大同譜編纂委員會(1997), 전게서 : p.511.
30) 慶州崔氏大同譜編纂委員會(1997), 전게서 : p.521, 최자(1188~1260)의 補閒集에 "양산 임경대에 최치원의 시가 바위에 새겨져 있는데 글씨가 마멸되어 알아보기 힘들다"라고 기록되어 있다.

題伽倻山讀書堂[31]

狂噴疊石吼重巒   미친 듯 흐르는 물 바위를 치며 산을 울리어,

人語難分咫尺間   사람소리 지척에서도 분간하기 어렵네.

常恐是非聲到耳   행여나 세상 시비 귀에 들릴가 두려워

故教流水盡籠山   짐짓 흐르는 물을 시켜 산을 감쌌네.

석벽제시는 최치원이 신라 말기의 난세를 절망하여 각지를 유랑하다 가야산 해인사에 은거할 때 지은 7언 절구의 한시, 세상을 멀리하고 산중에 은둔하고 싶은 심경을 노래했다. 이 시는 경상남도 합천군 가야면 홍류동 바위에 원문이 석각되어 있다. 롱산정, 혹은 가야산 홍류동 시라고도 불리우며 홍류동 계곡 바위 위에 자작자제(自作自題)한 작품으로 세상에 가장 잘 알려진 작품이다. 선생은 방랑길에서 돌아와 가족을 데리고 가야산으로 입산한 뒤로는 세상의 시시비비(是是非非)를 귀 밖으로 돌리고 자연의 품에 안겨 살면서 출세간적(出世間的) 기개를 보였다. 그러기에 그의 삶은 고결과 청정뿐이었을 것이다.

동국여지승람(東國與地勝覽) 중의 칠언율시 7수, 지봉유설 권 30의 오언절구, 소화시평(小華詩評) 권 하(下)의 오언율시 1수, 천재가구(千載佳句) 중의 칠언 2구 7수, 백운소설 인용의 칠언 2구 1수, 여시화 인용의 칠언 2구 1수 등의 작품이 있다.

聾山亭[32]

何日文昌入此巒   최치원께서 언제 이산에 들어왔던가?

白雲黃鶴渺然間   흰구름과 황학이 아득히 어우러진 때였도다.

己將流水紅塵洗   이미 흐르는 물로써 세상의 때를 씻었으니

不必重聾萬聾山   만겹 산으로 다시 귀막을 필요는 없으리라.

화개동시(花開洞詩)

택리지에도 이 글이 기록되어 있는 이 친필시는 '친필시첩'이라고도 하는데 하동군의 최북단에 위치

---

31) 慶州崔氏大同譜編纂委員會(1997), 전게서 : p.522.
32) 慶州崔氏大同譜編纂委員會(1997), 전게서 : p.522.

하고 있는 화개동은 옛부터 신선이 사는 선경의 호중별유천(壺中別有天)이라 하여 화개동천(花開洞天)이라 불리었다. 선조 신묘(辛卯) 年間(1591년)에 지리산에 있는 어떤 노승이 암굴에서 여러 질의 이서를 얻었는데 당대의 학자요 시문가인 지봉(芝峰)에 의해 최치원의 친작 친필로 확인되어 지봉유설에 수재(收載)하였다. 원래는 16수[33]였는데 반은 소실되고 현재 8수 만이 남아 있다. 첫 수는

> 東國花開洞　　동쪽나라 화개동은
> 병中別有天　　병속의 딴 세상이라
> 仙人推玉沈　　신선이 옥침을 베니
> 身世□千年　　순식간에 천년이 되었네

그 외 「贈希朗和尙」, 「寄顯源上人」가 있으며, 최치원은 신라의 패망을 이미 알고 있었다. 부패한 신라 사회가 후고구려로 뒤바뀔 것임을 예견한 말로서 왕건에게 지어보낸 시를 보면[34]

> 鷄林黃葉　　서라벌은 누렇게 물든 나뭇잎이요.
> 鵠嶺靑松　　개성 곡령은 푸른 솔이라네.

② 향약잡영(鄕藥雜詠)

최치원의 시중에 하나가 「향약잡영 5수」[35]로서 가면무의 내용이 있었다는 최초의 문헌적 근거는 삼국사기에 다섯가지 놀음과 이에 따르는 음악이 있었음을 알 수 있다. 이 시는 우리의 전통문화에 대한 관심이 대단하였음을 알 수 있으며 칠언절구 5수를 통해 신라 五技, 즉 금환(金丸), 월전(月顚), 대면(大面), 속독(束毒), 산예(酸猊)[36]를 순서대로 읊은 것이다. 금환은 곡예로 고구려와 백제의 농주지희(弄珠之戱)와 같으며, 가야(伽倻)의 보기(寶伎)와도 같은 놀이로 추측되는 놀이의 일종이다. 월전은 서역(西域) 우

---

33) 慶州崔氏大同譜編纂委員會(1997), 전게서 : p.830.
34) 三國史記 崔致遠條 「我太祖作興 致遠知非常人 必受命開國 因致書開國 因致書間有 鷄林黃葉 溪嶺靑松之句 其門人等至國初來 朝任 至達官者 非一」
35) 三國史記 卷 32, 雜志 弟 1, 藥條: 崔文集昌侯全集, pp.209-211.
36) 月顚 : 肩高項縮髮崔嵬 攘袖群儒鬪酒盃 聽得歌聲人盡笑 夜頭旗幟曉頭崔.
　　大面 : 黃金面色是其人 手抱珠鞭投鬼神 疾步徐趨呈雅舞 宛如丹鳳舞堯春
　　束毒 : 蓬頭藍面異人間 押隊來庭學舞鸞 打鼓冬冬風瑟瑟 南奔西躍也無端
　　酸猊 : 遠涉流沙萬里來 毛衣破盡着塵埃 搖頭掉尾馴仁德 雄氣寧同百獸才

전국(于蚊國)에서 전한 탈춤으로 추측되는 놀이이며, 대면은 귀신을 쫓는 구나무(驅儺舞) 춤이다. 속독은 중앙아시아의 타슈켄트와 사마르칸트 지방에서 전래된 건무(健舞)인 호선(胡旋), 호등무(胡騰舞)와 같은 빠른 템포의 춤의 영향을 받은 춤이다. 산예는 사자무(獅子舞)를 말한다. 사자무는 구자악(龜玆樂)에서 유래한 중국 서량기(西涼伎) 계통의 놀이를 받아들여 다시 일본으로 전하였다.[37] 또 금환, 대면은 중국계통의 놀이이고, 월전, 속독, 산예는 서역 계통의 놀이지만 음악은 알 수 없다. 우리 나라의 가면극은 삼국시대부터 있었다. 곧, 고구려의 가면무와 백제의 기악(伎樂) 그리고 신라의 오기(五伎), 처용무, 검무 등이 그것이다.

金丸

廻身掉臂弄金丸   몸 돌리고 팔 휘두드리 금방울 희롱할세

月轉星浮滿眼看   달 구르고 별 뜬 듯 눈이 어지럽네

縱有宜僚那勝此   의료의 재주인들이 이보다 나으랴

定知鯨海息波瀾   넓은 바다 물결조차 잔잔해지리라.

③ 기타 작품

최치원의 문학적인 업적에 대하여 이인로는 파한집(破閑集)에서 "중국에서 아름다운 이름을 나타낸 이로는 최학사 고운이 앞에서 선창하였다"라고 찬미했다. 그리고 이규보는 백운소설에서, 당서 예문지에는 최치원의 四六一卷을 실었으나, 문예열전에 최치원의 전(傳)을 설치하지 않았음을 개탄하고 그 이유를 "어찌해서 문예열전에 유독 최치원의 전을 세우지 않았는가? 나의 사의(私意)로는 옛사람들은 문장에 있어서 서로 시기함이 없지 않기 때문이었으리라. 하물며 최치원은 외국의 외로운 몸으로 중국에 들어가서 당시의 명사를 압도했음에랴! 만일, 전을 설치하여 바른대로 사적을 쓴다면 그들의 시기(猜忌)에 저촉이 될까 염려했기 때문에 이를 생략했을 것인져! 이는 내가 아직 이해하지 못할 일이다."라고 말할 정도로 최치원은 당대의 최상급 문인이였다. 최치원에 대한 이같은 높은 평가는 조선시대에도 이어졌다.

신재(愼齋) 주세붕(1495~1594)은 그의 상이회재서(上李晦齋書)에서 "최치원 선생의 문조(文藻)는 신이(神異)하고 그 견문과 실천은 진실로 백세의 스승이라 일컬을 만하다. 성정(誠正)의 설에 이르러서는 아직 듣지 못했다고 하나 한 모퉁이에서 태어나 문학을 창성하게 한 공은 이보다 더 큰 것이 없은 즉 선성(先

---

37) 최치원이 쓴 향약잡영 五伎에 대하여는 네이버백과사전 참조(http://100.naver.com/100.nhn?docid=114835)

聖)에 배향하기를 이 사람이 아니라면 누구를 하겠는가?"[38] 라고 하여 최치원을 탁월한 문장가로 높이 평가하고 있다.

6) 최치원 유적지가 갖는 문화경관으로서의 의미

최치원이라는 인물의 생애를 통하여 나타나는 문화적 현상 즉 석각과 대의 조영, 시와 비문을 통한 문자경관의 표출은 당대의 시대적 상황과 한 지식인의 사회적, 정치적 대응관계를 이해하는 단서가 되며, 그가 종국에 택할 수밖에 없었던 은일과 잠적이라는 현상을 이해하는데 큰 역할을 한 것이다. 또한 그가 이루었던 숱한 문화경관들은 그가 접했던 유교, 불교 및 도교의 사상적 맥락 속에서 표출되었던 것으로, 후일 고려시대와 조선시대의 선비문화를 통하여 계속적으로 반복되어져서 나타날 수 있는 원동력이며, 문화의 원형 개념이었던 것이다. 고려시대에 최치원을 평한 글로는 정지상(?~1135)의 동경잡기(東京雜記), 파한집(坡閑集)의 이인로(1152~1220), 이규보(1168~1241)의 백운소설(白雲小說), 최자(1188~1260)의 보한집(補閑集) 등이 있으며, 조선시대에 그를 평한 글로는 서거정(1420~1488)의 동인시화(東人詩話), 성현(1438~1504)의 용재총화(慵齋叢話), 이수광의 지봉유설(芝峰類說) 등이 있다. 여기서 공통점은 최치원을 해동문장의 시조로 평하고 있다는 점이다. 이렇게 조선시대 유학자들에 의해서 회자되어지는 최치원은 그의 문장을 통하여 사상적, 문학적 맥이 전하여지고 있음을 알 수 있다. 그의 신념과 사상이 후대에 전해졌다는 점에서 문화경관으로서의 역할을 담당하고 있는 것이다. 특히 광제암문(廣濟嵒門), 쌍계석문(雙磎石門), 세이암(洗耳嵒) 등과 같은 석각이 있는 지리산은 영남 사림파 학자들에게는 정신적 고향과도 같은 곳으로 자리잡았다는 점에서 더욱 그 의미를 가질 수 있다.

문화경관을 구성하는 요소는 여러 가지가 될 수 있다. 건축물과 같은 유형의 요소뿐만이 아니라 언어, 문자, 글씨, 전설, 그림 등등 다양한 형태로 존재하게 된다. 김덕현(2000, 2003)은 문화경관이란 거주자들의 생활이 기록된 일종의 자서전인 동시에 특정한 시대의 사회적 역학관계가 담겨져 있는 텍스트라고 보았다. 따라서 문화경관은 우리에게 장소성을 제공해 주는 것으로 장소가 가진 자연미, 형태미, 실재 또는 신화, 의미있는 사건, 인물과 연결되어 특징적이고 기억될만한 상징성을 가진 것으로 파악된다. 이러한 경관을 읽기 위해서는 텍스트라는 경관의 대상, 그 경관에 내포된 이데올로기, 그리고 읽는 독해자의 지적, 문화적 배경에 기초하여 새롭게 재해석될 수 있어야 한다.

---

38) 주세붕, 武陵雜稿卷之五 原集「崔文昌之文藻神異。其所見所行。眞可謂百世之士。而至於誠正之說。槃乎其未聞也。然其生一隅倡文學。功莫大焉。則配享先聖。非斯人而誰歟。」

문화경관을 읽고 해석하기 위한 과정으로 석각 형태로 존재하거나 기록으로 전해져 오는 최치원의 유적지를 연구하였다. 그 결과로 최치원과 관련된 유적지는 단순히 당대의 전설로 존재하는 것이 아니라 그의 작품을 통하여 시대를 달리하는 오늘날까지도 문학, 철학, 예술 및 경관 형성에 영향을 미치고 있음을 확인할 수 있었다. 그것은 바위암벽에 새겨진 "광제암문"과 같은 석각을 통하여, 또는 가야산 학사대에 있는 전나무 한 그루를 매개체로 하여 고려시대와 조선시대의 많은 문인들이 연결되어졌다는 점을 발견할 수 있었다. 이런 결과에서 볼 때 그의 유적지는 시간과 공간을 가로지르는 문화경관의 특징을 갖고 있다고 볼 수 있다.

4. 결론

최치원이라는 인물의 생애를 통하여 나타나는 문화적 현상 즉 석각과 대의 조영, 시와 비문을 통한 문자경관의 표출은 당대의 시대적 상황과 한 지식인의 사회적, 정치적 대응관계를 이해하는 단서가 되며, 그가 종국에 가서 택할 수밖에 없었던 은일과 잠적이라는 현상을 이해하는데 큰 역할을 한다. 또한 그의 행동은 후일 고려시대와 조선시대의 선비문화를 통하여 계속적으로 반복되어져서 나타나는 원형 개념으로 작용하게 됨을 추론해 볼 수 있다. 비록 그가 남긴 유적지들 모두가 문화재로서의 지정 가치를 지니고 있지 못하다 하더라도 최치원의 유적지는 단순히 관광지의 배경 장소로서만이 아니라 우리에게 전통문화의 연속성을 부여해 주는 문화경관으로써의 가치를 갖고 있다고 판단되며, 이러한 유적지를 보호하기 위한 관심과 조치가 필요하다고 본다.

참고문헌

◎ 고문헌

李荇, 新增東國輿地勝覽, 晋州 佛宇條.

◎ 저서

김시황(1997), 고운 최선생의 사산비명에 대하여(파전한국학당편, "고운의 사상과 문학"), p.169

김창겸(2001), 고운 최치원에 대한 후대인의 평가(한국사학회·동국대학교 신라문화연구소편, "신라최고의 사상가 최치원 탐구"), 서울 : 주류성, pp.207-216

노평규(1999), 최치원의 유학사상의 특성에 관한 연구, 범한철학 20

안영배(1980), 韓國建築의 外部空間, 보진재출판사

엄원대(1997), 최치원 연구사에 대한 분석-일생 연구의 몇 가지 문제-(파전한국학당편, "고운의 사상과 문학"), p.450

오윤희(2001), 최치원의 문학세계(한국사학회·동국대학교 신라문화연구소편, "신라최고의 사상가 최치원 탐구"), 서울 : 주류성, p.174

이원표(1997), 고운 최치원의 생애(파전한국학당편, "고운의 사상과 문학"), pp.27-28

이재운(2001), 고운의 생애와 정치활동(한국사학회·동국대학교 신라문화연구소편, "신라최고의 사상가 최치원 탐구"), 서울 : 주류성, pp27-78

이혜순·정하영·호승희·김경미(1997), 조선중기의 유산기 문학, 집문당, p.54

최규성(2001), 羅末麗初의 시대적 배경(한국사학회·동국대학교 신라문화연구소편, "신라최고의 사상가 최치원 탐구"), 서울 : 주류성, pp.10-16

최영성(2001a), 최치원의 유교적 개혁사상(한국사학회·동국대학교 신라문화연구소편, "신라최고의 사상가 최치원 탐구"), 서울 : 주류성, pp.152-153

(2001b), 崔致遠의 哲學思想, 아세아문화사, pp.549-554

Altman, I. and Chemers, M.(1980), Culture and Environment, Brooks/Cole Publishing Company, pp.3-11

◎ 편저

최준옥 편(1982), 孤雲崔致遠先生事蹟考, 孤雲先生事蹟編纂會

◎ 번역서

慶州崔氏大同譜編纂委員會(1997), 國譯 孤雲崔致遠先生文集, 大譜社, p.516

이병도 역주(1990), 김부식 三國史記(하), 을유문화사, p.355

◎ 학위논문

권용걸(2001), 도시내의 역사경관보존에 관한 연구-역사적 건축물 밀집지역 사례를 중심으로, 홍익대학교
　　　대학원 석사학위논문

박종환(1986), 동족부락의 형성과정 및 문화경관의 특색-안동 전주유씨 동족부락을 중심으로, 공주사범대
　　　학 교육대학원 석사학위논문

이석해(2004), 최치원 관련 유적의 문화경관 특성 연구, 상명대학교 대학원 박사학위논문, pp.49-53

◎ 논문

김덕현(2000), 삶의 질을 위한 경관 독해-문화지리학 연구주제로서 유교의 '자연합일' 전통, 대한지리학회
　　　지 35(2) : 281-294

　　　(2003), 儒敎的 可居地 '내앞' 景觀 讀解, 문화역사지리 15(1) : 48-76

김성균(1993), 하회마을의 문화경관, 문화역사지리(5) : 91-94

김영모·진상철(2002), 神仙思想에 영향 받은 傳統 造景文化의 展開樣相에 관한 연구-古代時代의 造景文
　　　化를 중심으로, 한국정원학회지 20(3) : pp.78-91. 金馹孫, 濯纓先生文集 卷5

박찬용·김한배(2002), 닭실마을의 경관조영 연구, 한국정원학회지, vol.20 no.3 : pp.1-14

이규목(1982), 도시경관의 구성이론에 관한 지각적 고찰, 국토계획 17(1), pp.41-46

이석해·이행렬(2005), 최치원 유적의 유형과 문화경관 특성, 한국전통조경학회지 vol.23. no.2 : pp.62-64

이종문(2000), 崔致遠 硏究(2)-漢文文化圈에서의 位相과 水準을 중심으로, 한문교육연구(14) : pp.223-240

◎ 단행본 내 논문

김시황(1997), 고운 최선생의 사산비명에 대하여(파전한국학당편, "고운의 사상과 문학"), p.169

김창겸(2001), 고운 최치원에 대한 후대인의 평가(한국사학회·동국대학교 신라문화연구소편, "신라최고의

　　사상가 최치원 탐구"), 서울 : 주류성, pp.207-216

노평규(1999), 최치원의 유학사상의 특성에 관한 연구, 범한철학 20

엄원대(1997), 최치원 연구사에 대한 분석-일생 연구의 몇 가지 문제-(파전한국학당편, "고운의 사상과
　　문학"), p.450

오윤희(2001), 최치원의 문학세계(한국사학회·동국대학교 신라문화연구소편, "신라최고의 사상가 최치원 탐
　　구"), 서울 : 주류성, p.174

이원표(1997), 고운 최치원의 생애(파전한국학당편, "고운의 사상과 문학"), pp.27-28

이재운(2001), 고운의 생애와 정치활동(한국사학회·동국대학교 신라문화연구소편, "신라최고의 사상가 최
　　치원 탐구"), 서울 : 주류성, pp.27-78

이혜순·정하영·호승희·김경미(1997), 조선중기의 유산기 문학, 집문당, p.54

최규성(2001), 羅末麗初의 시대적 배경(한국사학회·동국대학교 신라문화연구소편, "신라최고의 사상가 최치
　　원 탐구"), 서울 : 주류성, pp.10-16

최영성(2001a), 최치원의 유교적 개혁사상(한국사학회·동국대학교 신라문화연구소편, "신라최고의 사상가
　　최치원 탐구"), 서울 : 주류성, pp.152-153

◎ 우이도에 관한 인터넷 자료.

http://www.greenceladon.com/5/5.htm v.

06 '전통 문화경관' 명승 마이산의 형식미와 상징미[1]

노재현_우석대학교 조경도시디자인학과 교수

1. 서론

전라북도 진안군 진안읍과 마령면에 걸쳐 솟아 있는 마이산은 그 모양의 특이성으로 인하여 세인들의 애호를 받고 있는 명산으로(황인덕, 2002) 오르기보다는 바라보는 산으로(조광래, 1994) 역사상 저문(著聞)되는 명산이며 통시대적으로 국가의 제향을 입은 영산·신지처(神祇處)로서 존숭을 받아온 유서 깊은 유적지이기도 하다(박천식, 1989). 또한 산봉 전체가 수성암으로 형성된 가운데 남측 암벽은 타포니(Taffoni)현상을 보여주는 대표적인 곳으로 지질학적 측면에서도 희귀한 산이다(성효현, 1982 ; 김대경, 1983). 1990년 초반 이후 관광명소로서의 중요성이 강조되면서 경제성에 근거한 마이산 개발론과 주변 동상지구와 연계된 광역관광지 설정 계획이 추진, 실행되고 있으며 전라북도에서는 처음으로 2003년 12월 명승 제12호로 지정되었다.

조선 태종 13년까지 진안은 월랑현으로 칭해진바 진안의 아름다운 여덟 풍경을 일러 "월랑팔경(月浪八景)[2]"이라 지칭하고 있다. 그 중 으뜸으로 치는 제일경은 "마이귀운(馬耳歸雲)"으로 휘감아 도는 구름

---

1) 본 논문은 1996년 한국정원학회지(현 한국전통조경학회지) 발표논문 "마이산 의미경관의 상징적 해석에 관한 연구"와 같은 해 한국조경학회지에 발표한 "마이산 도립공원 조망경관 특성에 관한 연구"를 기초로 이후의 추가 정리 고찰된 내용을 보강하여 재구성한 논문임을 밝힌다.
2) ≪대동지지≫에 알려져 전해오고 있는 진안지방의 뛰어난 경치를 노래한 저자 미상의 월랑팔경(月浪八景)은 마이귀운(馬耳歸雲)·강령목적(羌嶺牧笛)·부귀낙조(富貴落照)·고림모종(古林暮鍾)·우정제월(羽亭霽月)·학천어정(鶴川漁艇)·우주세우(牛走細雨)·남루호각(南樓蒿角)으로 진안군내 경승을 이 지역의 정서에 담아 노래하고 있다.

속에서 나타나는 신비스러운 마이산의 위용은 시인 묵객들의 입과 붓을 통하여 한 폭의 동양화로 구현되어 지고 있다(김한곤, 1994). 마이산은 그 생김새의 기묘함과 접근성의 괄목할만한 개선으로 전국적인 인지도와 지명도를 보이는 관광명소이긴 하지만 실제 마이산을 찾는 대부분의 기존 관광객들은 목적지형 관광대상으로서 보다는 단순체류 또는 경유를 목적으로 한 이용경향이 높은 실정이다. 이는 마이산 자체의 신비감으로 인한 유인력에도 불구하고 이러한 기회요소를 보다 연장할 수 있는 기반시설의 미비와 함께 형상화된 지식과 감각적인 비전이 결여된 채 마이산 자체의 특이성에서 연유되는 직관적이고 1차적인 감각 특성에 의존하는 탐방행태에서 비롯된다고 판단된다. 따라서 이동차량을 통하여 보이는 형식미학적 특이성에 의존한 경관효과와 더불어 지적 호기심을 유발시키기 위한 의미전달 수단이 강화된다면 마이산 탐방객의 경관 체험효과 제고를 위해 큰 보탬이 되리라 생각된다.

"인간은 아는 만큼 느낄 뿐이며 느낀 만큼 보인다." 또는 "모든 유물의 역사는 그 자체의 역사일 뿐 아니라 그것에 대한 해석의 역사까지를 포함한다"(유홍준, 1993)는 말처럼 경관조성의도 즉, 경관에 부여하고자 했던 의미를 밝히고자 하는 해석학적 측면의 연구 노력의 배가는 경관을 보는 눈을 새롭게 하는데 큰 보탬이 될 것이 자명하다. 이러한 인식에도 불구하고 건축, 도시경관을 비롯한 문화경관에 대한 사상 및 문화적 의미 해석에 관한 장소론적·총체적 입장의 연구(Tuan, 1977 ; 이규목, 1986 ; 홍광표, 1992 ; 노재현과 신상섭, 2007)는 다수 있지만 자연경관을 대상으로 상징경관 해석을 시도한 연구는 매우 미진한 실정이다. 외국의 경우에도 건축물이나 도시를 대상으로 한 접근은 있었으나(Eco, 1980 ; Krampem, 1974) 자연경관을 대상으로 한 본격적인 연구는 이루어진 바 없다.

이러한 맥락에서 기존 관광자원 및 조망경관 효과의 극대화는 물론 내적 의미경관의 홍보 등을 통해 명승 마이산의 매력 및 유인력을 제고시키며 단순 경유자를 포함한 탐방객들의 체류시간 연장을 도모함으로서 군은 물론 도내 관광산업의 활성화에 일조할 수 있는 의미론적 경관해석의 필요성을 느끼게 된다. 내재된 경관의미의 학문적 인식욕구는 자연적, 사회적 시계를 조소(彫塑)함으로써 보다 나은 세계를 지향하려는 인간의 기본적 욕구충족을 위한 전제 조건이며, 발전을 추구하기 위한 자극으로 가능하다(위원학, 1993).

본 연구는 상징학적 장소론(Phenomenological place theory)(이규목, 1988)에 입각한 경관해석을 통해 마이산 경관을 하나의 상징 또는 상징의 복합체로 인식하고 내재된 경관의미가 상징하는 바를 조명하여 경관이해의 시각을 확대하고 겉으로 드러나는 형식(form) 외에 그 속에 함축된 내용의 재해석을 통해 이마쥬의 세계(mundus imaginalis)의 풍요로움과 가치를 깨닫게 함으로서(G. Nataf, 1981) 가려진 마이산의 경관자원적 가치를 발굴·재조명하는데 목적이 있다.

2. 연구의 범위와 방법

본 연구에 인용되는 상징의 정의는 원형(archetype) 구조를 통해 통시적·공시적으로 변형, 반복되는 커뮤니케이션의 기능을 갖는(배상선과 심우경, 1990) 기호로 수용하며 수동적 이해에 대한 부정을 통해 보다 거시적인 측면에서 또 다른 모습의 '실체'를 보게 된다. 오랜 세월 한 지역의 문화적 구심체로써 또는 상징의 복합체로 받아들여지며 숭상 받아온 복합적 경관에 담겨진 의미체계를 구명하고 새로운 의미로 이해·이론화하기 위해서는 문헌의 조사·연구가 의미 있는 수단으로 제시된다(위원학, 1993). 이는 문화 및 자연현상의 의미를 해명할 수 있는 단서로서 문헌의 해석적 이해가 분석도구로써 가능하다는 인식에서이다.

이를 위해 군지 및 향토지 등의 문헌고찰을 통해 마이산 명칭의 유래와 이칭 그리고 마이산 자체의 형식미학적 특성을 정리하는 한편 지형도·고지도로 마이산 입지의 풍수지리적 해석을 시도한다. 또한 마이산 천지탑의 상징적 의미를 해석함에 있어, 경관 해석의 색다른 시도가 상징적 의미를 왜곡시키지 않는 범위 내에서 경관가치의 풍요로움을 극대화하고 경관자원의 효용을 제고 시킬 수 있다는 가정 하에서 『진안문화』 제2호에 게재된 최규영의 논단 "천지탑은 누가 쌓았는가"와 최홍(2005)의 "마이산 석탑군의 비밀"을 조명해 보았다.

문헌 고찰을 통해 얻은 내용의 의미론적 해석은 형식미 분석과는 별도로 아래의 연구 범주에서 순수한 해석에 초점을 맞추었다.

본 연구의 범위는

첫째, 마이산 및 천지탑이 지칭하는 사항(the designation)

둘째, 입지특성상 마이산 및 천지탑의 역할 또는 수단(the sign vehicle)

셋째, 마이산 경관해석을 통해 얻게 되는 영향 혹은 전달된 의미(the interpretant) 등으로 구분된다.

3. 마이산의 형식미학성

1) 지형경관적 특성

동경 127°25′, 북위 35°45′에 위치한 마이산은 소백산맥과 노령산맥이 형성한 진안고원에 자리하고 있는바 소백산맥은 태백산맥에서 갈라져 삼남지방 이남의 국토를 남서로 관통하며 덕유산 등의 커다란 산을 토해내며, 다시 남으로는 지리산으로 이어지는 한편 노령산맥은 충북 영동의 민주지산에서 소백산맥으로부터 떨어져 나와 노령의 주봉인 진안의 운장산을 이루고 다시 진안의 부귀산을 거쳐 전주의 모악산 정읍의 내장산으로 이어지는 바, 이 양 산맥이 진안에서 아주 가까이 평행하며 고원을 이루는 양상을 보이고 있다.

따라서 마이산괴는 북으로는 노령산맥의 부귀산 기슭에 닿고, 남으로는 소백산맥의 성수산 기슭과 닿아 있어 소백산맥과 노령산맥의 계곡을 차단하며 이 때문에 금강과 섬진강의 분수령 역할을 하고 있다(진안군 ; 1978, 1982). 1872년 진안현지도(그림 4)에서도 보이는 바와 같이 지도 좌우측에 선명히 표현되고 있는 수계의 과장된 표현은 금강과 섬진강의 발원지가 바로 마이산[3] 이라는 인식을 기저에 깔고 있음이 명확하다.

그림 1. 마이쌍봉의 현황도

이렇듯 마이산은 양 산맥과의 사이에 홀로 돌출한 수성암 산괴로서 마이산대는 마치 달걀을 옆으로 놓은듯한 타원형 모양으로 동으로는 흔히 말귀처럼 우뚝 솟았다 해서 마이산(숫마이봉△680, 암마이봉△686)이라 부르는 바위산이 있고 서쪽으로는 馬山九曲歌[4]의 제3곡(안익, 1994)인 광대봉(△609)이 그로테스크(grotesque)한 모습으로 솟아 있다.

마이산과 광대봉을 동서의 주봉으로 하여 크고 작은 기기묘묘한 봉우리들이 동서로 약 7㎞, 남북으로 약 3㎞의 타원상의 마이산대를 감싸고 계곡이 형성되어 있으며(그림 1 참조) 여기에 자연과 조화의 극치를 이룬 자연석 조탑군이 있는 탑사를 비롯하여 금당사, 은수사 등의 사찰과 이산묘, 주필대[5] 등의 유적이 있다.

---

3) 현재는 정밀조사 결과, 금강의 발원지는 인근 장수읍 수분리 신무산 뜬봉샘, 섬진강의 발원지는 진안군 백운면 신암리에 위치한 팔공산 데미샘으로 밝혀졌고 이 두 물줄기가 지나치면서 수계가 나누어진다는 것이 정설이나 현지 주민들은 금강은 마이산의 북쪽에서, 섬진강은 마이산의 남쪽에서 발원하는 것으로 믿고 있다.

4) 馬山九曲歌는 1925년경 厚山 李度復(1862-1938)이 마이산 아래 마이정사에서 馬耳洞天의 구곡 승경을 음미하며 주자의 '무이구곡가'와 율곡의 '고산구곡가'를 전범으로 하여 창작한 조선 후기 은일가사(전일환, 1998)로 풍혈냉천, 수선루, 광대봉, 용바위, 마이정사, 천상굴, 금당사, 용두굴, 마이봉을 절정으로 한 자연 승경의 아름다움을 연계경관의 박진감과 문화적 상상력으로 노래하였다.

5) 마이산 남부진입로상에서 이산묘 오른쪽 바위벽에는 마이동천(馬耳洞天) 각자와 함께 주필대(駐蹕臺)라 새겨진 붉은 글씨가 보인다. 동천이란 산과 내가 어우러진 경관이 뛰어난 곳을 말하며 주필대란 임금이 거둥 길에 말을 매어 놓고 쉬는 곳을

2) 마이쌍봉의 형식미와 錯視

a. 북측에서 표준전망   b. 남측에서 표준전망

그림 2. 마이쌍봉의 형상과 크기

마이산(馬耳山)은 암마이봉(686.0m)과 숫마이봉(679.9m)으로 구성되어 있음에서 볼 수 있는 바와 같이 두 봉이 좌우 대칭의 대응적 관계 속에 배치되고 있다. 암마이봉을 북측에서 조망하면 부등변 삼각형상의 수평적 특성이 강조되는 반면 숫마이봉은 두개의 봉이 중첩하여 상대적으로 수직적 특성이 강조되고 있다. 이와 같은 형태적 속성으로 인하여 동서축을 기준으로 남북 어디에서 조망하던지 간에 암마이봉의 절대적 높이가 5.1m 높은 데도 불구하고 숫마이봉의 높이가 더욱 높아 보이는 착시(illusion) 현상을 목도하게 된다(그림 2 참조). 마이쌍봉에 대한 착시는 일종의 '수직-수평의 착시'로 동일 길이의 물체에 대한 수직 길이의 상대적 우월성을 강조되는 현상으로 이해된다. 이러한 특성을 잘 설명할 수 있는 구조물이 미국 세인트루이스의 반원타워(그림 3)가 아닐까한다. <그림 3>에서 보는 바와 같이 이 타워는 90°의 정사각형 안에서 포물선처럼 조각들을 아치형으로 쌓아 만든 타워로 실제로 이 타워의 아래쪽 길이와 높이는 같다. 정면에서 바라보면 누구나 '높이 길이가 높다'라고 지각(perception)하게 되지만 실제 밑의 길이와 높이는 같다. 만약 암마이봉과 숫마이봉이 동일한 높이라면 이러한 착시 현상은 더욱 현저하게 나타날 것이 자명하다.

그림 3. 반원타워의 착시

의미한다.

3) 고지도로 본 마이산

<그림 4>의 1872년 진안현지도(鎭安縣地圖)는 산지가 많은 고을의 특성을 회화식 기법을 가미하여 표현하고 있는데 해제에 의하면 진안현은 현재 전북 진안군 진안읍, 상전면, 부귀면, 마령면, 성수면, 백운면에 해당하고 읍치는 진안읍 군상리 일대에 있었다. 백두대간과 금남정맥의 사이 고지대에 위치한 산간 고을로 북쪽은 금강 수계, 남쪽은 섬진강 수계가 도면 좌우로 뚜렷하게 배치되고 있다. 읍치의 남쪽 마령면은 마령현이 있던 곳으로 섬진강 상류 유역권에 해당하는 곳이다.

진안의 진산인 부귀산이 위치한 서쪽을 지도의 상단으로 배치되고 있으며 역암으로 이루어진 독특한 마이산의 모습이 수직적으로 표현되고 있음으로 볼 때 매우 주목받은 산임을 알 수 있다. 신라에서도 서다산(西多山)이라 하여 소사(小祠)를 지냈고, 고려에서도 그대로 행해졌다고 해제에 표현되고 있으며 1413년(태종 13년) 태종이 남행하여 산 아래에 이르러 제사를 드리고 그 모양이 말의 귀와 같다하여 마이산이란 이름을 내렸다 하였다. 마이산 주변에는 신라 헌덕왕 6년(681) 혜감이 창건하였다고 전하는 금당사(金堂寺)가 그려져 있고 수행굴(修行屈), 화엄굴(華嚴屈), 봉두굴(鳳頭屈) 등의 모습도 이채롭다. 읍치의 북쪽 상도면에는 태조 이성계가 황산대첩 후 이 곳을 지날 때 석공을 시켜 길을 뚫게 했던 명현(銘峴)이 표시되어 있음도 주목할 만하다.

그림 4. 1872년 진안현지도(자료 : 규장각)

<그림 5>에서 보는 바와 같이 대동여지도(f)를 제외하고 읍치를 중심으로 남서쪽의 마이쌍봉이 강조되어 표현되고 있음을 볼 수 있다. 주변의 문화경관 요소로는 금당사 또는 은수사가 표시되어 있다. 해동지도(a), 광여도(b), 지승(c) 그리고 여지도(d)에서 표현된 마이산의 형태는 매우 일관성 있는 결속을 유지하고 있는데 모두 수직적 높이가 과장하여 표현되고 있을 뿐 아니라 우측의 숫마이봉이 상대적으로 크고 높게 표기되고 있음을 알 수 있다. 또한 1872년 진안현 지도에서와 같이 마이산을 중심으로 두개의 물줄기를 구체적으로 표현함으로써 마이산이 금강과 섬진강의 발원지라는 인식을 보이고 있다고 판단된다. 그러나 비변사인방안지도(e) 만큼은 실제 마이쌍봉의 형상과 상대적 크기를 가장 충실하

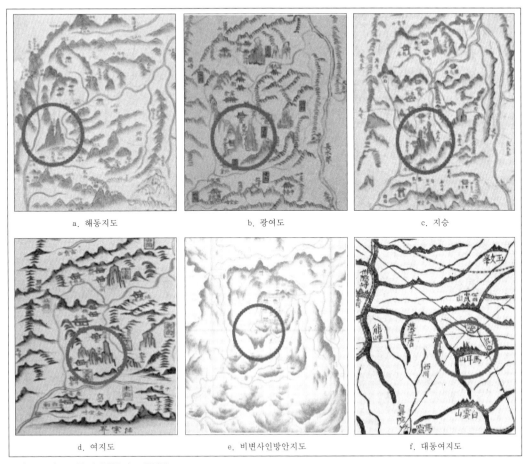

<table>
<tr><td>a. 해동지도</td><td>b. 광여도</td><td>c. 지승</td></tr>
<tr><td>d. 여지도</td><td>e. 비변사인방안지도</td><td>f. 대동여지도</td></tr>
</table>

그림 5. 고지도로 본 마이쌍봉(자료 : 규장각)

게 묘사하고 있음을 엿볼 수 있다. 대동여지도(f)는 군현지도가 아닌 관계로 마이쌍봉 주변의 영봉을 동일체로 뭉뚱그려 표현하고 있다.

4) 마이산형의 시각적 다양성

마이산은 백악기의 마이산 역암으로 되어 있으며 산체는 탑처럼 우뚝 솟은 모양을 이루는 것이 특징으로 마이산 산봉과 유사한 역암으로 된 탑 모양 또는 돔(dome)상의 지형은 마이산 동남쪽 약 2㎞ 지점에까지 10여 개소가 분포하는데 광대봉, 마두봉, 관암봉, 비룡대, 나옹암 등이 줄지어 있다.

마이산은 <그림 6>과 <그림 8>에서 보는 바와 같이 다른 어느 산보다도 시점에 따라 천태만상의 경

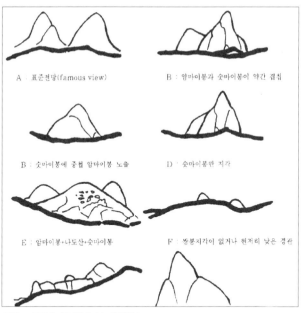

A : 표준전망(famous view)   B : 암마이봉과 숫마이봉이 약간 겹침

B : 숫마이봉에 중첩 암마이봉 노출   D : 숫마이봉만 지각

E : 암마이봉+나도산+숫마이봉   F : 쌍봉지각이 없거나 현저히 낮은 경관

그림 6. 다양한 각도에서 본 마이쌍봉

관상을 보여준다. 특히 남부진입로와 북부진입로를 연결하는 20번, 30번 국도 및 708번 지방도로에서의 앙관의 변화는 변화무쌍하다고 할 수 있다(김세천 등, 1996). 진안읍 사양동 일대와 최근 개통된 익산－장수간 고속도로 마이산휴게소에서 조망되는 경관은 마이산의 표준경관(famous view)(그림 2의 a)이라 할 만하다. 그리고 마이산 등산로 상에서 조망되는 경관 또한 다채로운 경관의 파노라마라 할 만 하다(그림 8의 a, b, c 참조). 이와 같은 시점 변화에 따른 다양한 경관상의 전개는 마이산 경관의 역동성과 박력을 불러일으키기에 충분하다.

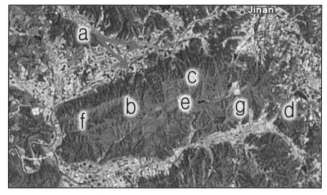

그림 7. 마이산 항공사진(자료 : 구글)과 주변의 등산로와 경관도로에서의 주요 조망점

그림 8. 다양한 형태로 지각되는 마이쌍봉(각 기호는 그림 7의 시점에서 본 조망경관임)

그리고 마이산 표면에는 수많은 풍화혈(風化穴 : tafoni)이 발달하고 있어(그림 9) 학술적인 가치도 매우 크며, 빙정의 쐐기작용에 의하여 생성된 것이다. 마이산은 경상누층군에 속하는 진안군층의 역암으로 된 산으로 큰 원력(圓礫)으로 구성되어 신비감마저 주는 산이다. 돔(dome)모양으로 된 암봉인데, 수마이산과 암마이산 두 봉우리가 우뚝 솟아 있다. 특이한 암산과 남쪽 사면에 많은 풍화혈이 있어 산비둘기가 둥지를 틀고, 인공으로 쌓아 올린 탑사(塔寺)가 있어 자연미와 인공미가 서로 잘 어울린다. 이렇듯 마이산 일대는 주로 기반암인 역암과 미기후적 측면에서도 의의가 있는데 풍화혈의 분포는 남사면이 약 18% 가량의 풍화혈로 파여 있는 반면 서사면은 6.3%, 동사면은 5.6%로 나타나는데 반하여 북사면에서는 관찰되고 있지 않는데(성효연, 1982) 이에 따라 남북사면에 대한 표면질감의 차이에 따라 조망경관 또한 그 특질이 달라지고 있음을 확인할 수 있으며 이밖에도 礫內에는 풍화양상인 cracking, exfoliation, boulder cleaving 등의 현상이 관찰된다. 암마이봉과 수마이봉 사이로 넘나드는 등산로가 조성되어 많은 관광객들이 찾는다.

길봉섭과 김창환(1999)에 의하면 마이산 일대의 관속식물은 109과

그림 9. 마이산 남측 암벽의 타포니(Taffoni)현상

a. 줄사철나무   b. 청실배나무

그림 10. 마이산의 천연기념물

346종 481종 71변종 5품종으로 주요 식생은 졸참나무군락, 굴참나무군락, 느티나무군락, 신갈나무군락, 소나무군락, 구실사리군락 그리고 밤나무식재림으로 밝혀진 바 있다. 특히 구실사리(*Selaginella rossii*)군락은 마이산 岩隙植生帶의 특징적 면모를 잘 보여주는 군락으로 고본, 산조팝나무, 바위채송화, 바위구절초, 돌양지꽃, 개쑥부쟁이, 새, 산초나무, 산거울, 병꽃나무 그리고 병아리난초 등의 종조성을 보이고 있다. 한편 마이산 부근에는 진안 평지리의 이팝나무(천연기념물 제214호)와 마이산의 줄사철나무 군락지(천연기념물 제380호)도 있으며 은수사 전정에 청실배나무는 이성계가 이곳을 다녀가며 기념 식수하였다고 전해지고 있는데 현재 천연기념물 제380호로 지정되어 있다.

4. 마이산의 상징미학성

1) 異稱을 통해 본 상징성

마이산은 그 생김새가 기묘한 만큼 그 별명도 다양하다. 마치 '먹물을 찍은 붓끝 같다' 해서 문필봉, 바위로만 되어 있는 산이라 해서 개골산, 하늘로 우뚝 솟아 있는 모양 때문에 돛대봉, 용각봉, 용출산 등으로 지칭되기도 한다. 현주 조찬한(1572~1631)은 마이산의 형상을 옥비녀와 봉의 부리, 용의 귀로 묘사했으며 작촌 조병희(1910~)는 마이산의 웅장한 자태를 고구려의 옛 땅인 요동을 바라보는 마로 표상한 바 있다(진안군, 1982). 특히 계절별로 봄에는 "돛대봉" 여름에는 "용각봉" 가을에는 "마이산" 겨울에는 "문필봉"이라 불리고 있다(진안군, 1982 ; 조광래, 1994)(그림 3). 금강산이 사계절 별명을 갖고 있듯이 마이산 또한 계절별 별명을 갖고 있다는 것은 그만큼 마이산에 대한 지극한 관심에서 비롯된 의미복합적 해석의 단편이 아닐 수 없다(그림 11 참조). 또한 시대별로는 신라시대에는 서다산(삼국사기), 고려시대에는

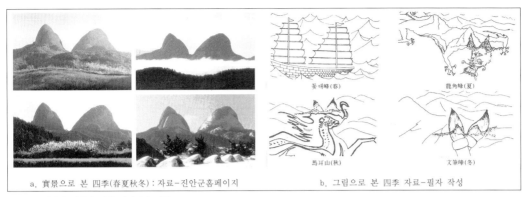

a. 實景으로 본 四季(春夏秋冬) : 자료-진안군홈페이지   b. 그림으로 본 四季 자료-필자 작성

그림 11. 사계절 변동에 따른 마이산의 지명(toponomy)

용출산(신증동국여지승람), 조선시대(태조)에는 속금산[6]이라 지칭했는바 야사에 의하면(진안군, 1978) 태조 이성계가 여말 마이산을 지나다 읊었다는 다음과 같은 음영시가 전해지고 있다.

　　　　天馬東來勢已窮

　　　　霜蹄未涉躑途中

　　　　涓人買骨遺其耳

　　　　化作雙峰屹半空

　천마가 동쪽으로 오다 힘이 벌써 다했으니/준마의 말발굽 건너지 못하고 도중에 쓰러졌네/궁궐사람이 뼈는 사가고 두 귀만 남겨두니/쌍봉을 이뤄 공중에 솟았구나.

　후일 태종이 이곳에 들러 부왕의 시를 보고 마이산이라 명명했으나 실상 태조 자신은 속금산이라 지칭했다.

　태조 이성계가 일찍이 큰 뜻을 품고 있을 때 금으로 된 자(金尺)를 건네주며 "이 금척으로 삼한강토를 헤아려 보라" 하는 신인의 꿈을 꾸었다고 한다.[7] 금척이 조선왕조의 가장 중요한 가치가 된 것은 이태

---

6) 황인덕(2002)은 속금산은 '솟음'의 상상에 대한 산이름의 생성으로 파악하고 솟은산→솟음산→솟금산→속금산으로 변해온 토속어 변형에 주목하고 속금산을 특정 목적에 의해 인위적인 명칭으로 규정한 바 있다. 또한 황인덕(1997)은 속금산전설은 전설로의 성립, 유형의 분화, 전파와 전승 등 전설로서의 존재를 뒷받침하는 모든 면에서 일정 사물과의 독자적 유기적 관련성을 잘 보여주고 있음을 역설한 바 있다.

7) <태조실록><용비어천가>에 수록된 내용은 '태조가 잠저(潛邸)에 있을 때 꿈에 신인이 하늘에서 내려와서 금척을 주면서 말하기를 "공은 자질이 문무를 겸하고 백성이 모두 원하니 이것을 가지고 나라를 바로잡을 사람은 공이 아니고 누구이겠는

그림 12. 은수사 경내의 금척 수수도(金尺收受圖)

조가 등극하기 전 꿈속에서 신인으로부터 금척을 받았다(夢金尺)는 설화에서 비롯되며 이것은 곧 조선왕조 창업의 정당성을 하늘로부터 인증 받았음을 의미한다. <그림 12>는 마이산 은수사에 소장되어 있는 '금척수수도(金尺收受圖)'로 배경의 두 암봉을 미루어보아 이태조가 금척을 받은 장소가 바로 마이산임을 나타내고 있다. 후일 고려 우왕 6년 전라도 운봉에 깊숙이 침입한 왜구, 아지발도(阿只拔都)의 무리를 무찌르고 귀로에 오른 이태조는 마이산을 들르게 되고 산의 풍광이 꿈속에 신인으로부터 금척을 받았던 바로 그곳임을 깨닫게 되며 이와 같은 연유로 마이산은 조선조 창업과 더불어 영산으로 대접받게 된다. 조선조 창업의 경사를 노래한 몽금척요(夢金尺謠)에 산의 둘레는/바위로만 우뚝 솟아/마치 돛대처럼/절경을 이루네(山之四面/金后屹立/忽然如檣/杜景奇絶)라고 마이산의 풍광을 표현하고 있다. 산의 풍모가 꿈속에서 받은 금척을 묶어 놓은 듯 하다 해서 속금산이라고 명명했다지만 그것은 견강부회가 표면적인 이유이고 그 본뜻은 다른데 에 있었다(최규영, 1993).

당시는 국가대사에서부터 사소한 일에 이르기까지 풍수지리사상과 음양오행사상의 법도에 따라 행하던 시대였다. 이태조는 '이'씨라 '목(木)'성에 해당된다. 오행설에 의하면 "금극목(金克木)"이니 '木'의 상극은 당연히 '금(金)'이 된다(그림 19 참조). 그래서 이태조 역시 등극 후에 금강산의 산명을 '金'자가 들어있다는 이유로 산의 명칭을 바꾸려 했을 정도로 '金'을 꺼려했다. 그러나 온 세상의 '金'기운을 모두 어찌할 수 없는 노릇이라 고심하던 이태조는 마이산의 형태가 자연의 조화치고는 너무나도 교묘하게 음양상생(陰陽相生)의 형태로 되어 있는 점을 간파하고 이 점을 이용 속금산이라는 이름을 창조한다.

"음양의 명산이며/속금산의 이름으로 이 세상의 '金'기운을 묶어 둬 다오"란 염원에서 이었다.

한편 마이산 석탑군을 금척의 조형물로 추론한 최홍(2005)의 견해는 암마이봉과 숫마이봉 사이 즉 천황문은 풍수지리적 관점에서 산의 기가 빠져 나가는 허한 형세라 한다. 따라서 비보의 목적으로 한 대책이 필요했다. 대종교의 기본성전인 천부경(天符經)[8]과 동양적 사고관의 기저인 음양오행의 조화를 통한

가"라고 하였다' 전해지며 증보문헌비고에도 구체적으로 적시되고 있다(최홍, 2005 : 292).
8) 한배검(檀君)의 홍익인간의 이념으로 천하 만민을 교화하는데 '조화의 원리', 즉 우주 창조의 이치를 81자로 풀이한 진경으로, 1에서 10까지의 수리로 천, 지, 인, 삼극(三極)의 生, 長, 老, 病, 歿의 무한한 반복의 경위를 설파한 것이다.

'태극도설'의 1 － 2 － 5의 구조를 '다섯 개의 원추형 석탑' 즉 천지탑과 사람 '人' 자 형상의 3개의 원추형 석탑을 금척의 상징물이자 부족한 형세를 만회하고자 한 비보 조형물이라는 견해를 제시하였다. 또한 이와 같은 비책은 무학대사로부터 암시 받았음을 설파한 바 있다.

그 뒤 이태조는 마이산을 매우 중시하고 정안군(뒤에 태종)을 보내어 마이산에서 제를 올리게 하는 등 깊은 관심을 쏟았다. 태종 역시 마이산을 중시하여 태종 13년 남행하여 진안읍 성묘산에서 마이산을 향해 국태민안을 기원하는 제를 올렸다 하는 점을 보더라도 마이산이 갖는 조선조 건국과 연유된 상징적 의미와 그 역사성을 미루어 짐작할 수 있다.

조선개국을 전후 이태조의 음영시 '속금산'과 '몽금척요'로부터 시작되는 마이산과 조탑군의 상징경관적 의미는 천마의 귀 모양에 비유되어 천상득의의 이상을 형상화하거나 전설과 석탑에 얽힌 조선 건국의 신화적 이미지를 경건한 종교적 신비세계로 형상화한 천상적 이미지(image)로서 문학적 소재가 되고 있음을 엿볼 수 있다.

2) 夫婦峰의 상징미학성

마이산은 굳이 전설이 아니더라도 그 형상이 의도적으로 조형한 것처럼 음양사상에 부합되는 부부봉으로 희귀하게도 쌍봉인 부부 음양산이다. 노산 이은상은 밀레의 그림 '만종'에서 보이는 정다운 부부처럼 다정하게 서 있는 산이라 하여 '부부봉(夫婦峰)'이라 명명하고 시로 예찬한 바 있다(전라북도, 1983).

부봉(婦峰 암마이봉) 중턱에 올라 부봉(夫峰 숫마이봉)을 바라보면 마치 남근을 조각해 놓은 것 같아서 만상조화의 묘(妙)에 새삼 감탄하지 않을 수 없으며 더욱이 부봉(夫峰) 아래에는 동굴이 있어 사시사철 맑은 석간수가 흘러나오니 이름하여 화암굴이라 한다(그림 13 참조). 이 석간 옥수를 마시고 정성을 다하여 지성을 드리면 옥동자를 얻는다 하니 마이쌍봉을 통해 표현된 자연의 에로틱(erotic)한 연출이 아닐 수 없다.

충청도의 계룡산은 전적으로 양산(陽山)이고, 전주의 모악산은 전적으로 음산(陰山)인데 비하여 진안의 마이산은 음양산(陰陽山)이 상합한 완전한 '부부봉'으로서의 상징미학(formal aesthetics)적 특성을 내재하고 있음을 알 수 있다. 또한 암마이봉과 숫마이봉 사이에는 V자형 좁은 계곡이 있는데, 이를 일러

---

9) 중국 송나라의 성리학은 음양오행설에 많은 영향을 받았는데 대표적 성리학 저서 <태극도설>에서 주돈이는 "태극이 움직여 양을 낳고, 움직임이 극도에 이르면 고요하게 되는데, 고요하여 음을 낳는다. 양이 변하고 음이 합치되어 수, 화, 목, 금, 토를 낳는다.

a. 암마이봉에서 본 숫마이봉
화암굴

b. 숫마이봉 화암굴에서 본
암마이봉

그림 13. 대상과 시점으로서의 화암굴

그림 14. 月浪八景의 제1경인 마이귀운(馬耳歸雲)

天皇門이라고 한다. 이 문은 불교적으로 보면 해탈문 또는 일주문이라고 할 수 있고 유교적으로는 一月門 그리고 풍수지리적으로는 過峽으로 동해와 서해를 잇는 중요한 위치라 할 수 있다(진현종, 2000).

5. 마이산 주변 형국의 기호론적 해석

1) 풍수지리적 해석

<그림 15>에서 마이산을 중심으로 보면 정북방향의 부귀산이 진산이 되고 조산은 운장산이 되며 좌측 성수산을 내청룡으로 보면 우측 만덕산은 내백호가 된다. 또 남측의 내동산은 안산이라 할 수 있다. 이를 좀 더 광역화해 보면 외청룡은 덕유산, 외백호는 모악산이며 태조산은 팔공산이라 하겠다. 이로 보면 부귀산(△806)이 내동산(△882)보다 낮고, 운장산(△1,126)이 팔공산(△1,151)보다 낮아 북방 현무(수)는 남방 주작(화)보다 약하고 서방 백호(금)는 동방 청룡(수)에 비하면 두드러지게 미약하다. 또한 내청룡인 성수산(△1,059)은 내백호인 만덕산

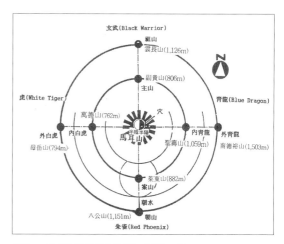

그림 15. 마이산 일대 풍수지리의 개념적 도식

(△762)에 비하면 훨씬 높고 또 웅장한 덕유연봉에 이어져 평지에 돌출한 모악산을 압도하고도 남음이 있다.

이와 같은 입지적 특성으로 보면 마이산 위치는 주작이 승하고 청룡이 왕성한 땅임을 알 수 있다. 이를 오행으로 보면 화(남방)기운이 승하고 목(동방)기운이 왕성한 땅으로 해석된다.

2) 입지와 산수태극도

풍수지리에 의하면 산태극, 수태극이니 하여 마이산을 중심으로 금강과 섬진강이 휘감아 흐르는 모양을 수태극으로 보았고 마이산 주변 산맥의 형상을 또 다른 태극 모양으로 보아 산태극이라 했다. 태극은 바로 음양을 형상화한 것(최규영, 1994 ; 이규목, 1988)이므로 마이산을 음양의 중심으로 본 것이다. 태극이란 성리학에서 우주 창조의 첫 단계를 보여준다. 원 자체로 상징되는 무극이 양극으로 이제 막 나누어지려는 태극으로 바뀐다는 것은 혼돈과 무질서에서 창조와 질서로 가는 첫걸음이다(오주석, 2006).

산태극이란 마이산, 덕유산의 맥이 무주―영동―동대전―회덕을 거쳐 공주로 이어지고, 이것이 다시 남쪽으로 방향을 바꾸어 공주군 계룡면과 반포면의 경계를 따라 이어져 결국 역C자형을 이룬다는, 즉 태극 혹은 용세가 머리를 돌려 근원을 돌아보는 고조의 형세라는 것이다. 수류 역시 금강의 줄기가 장수―진안―무주―영동―동대전―부강―공주―부여―강경을 거쳐 장항과 군산 사이로 빠지는 동

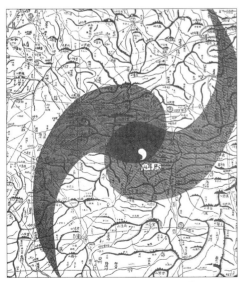

그림 16. 대동여지도로 본 마이산 주변의 산수태극도

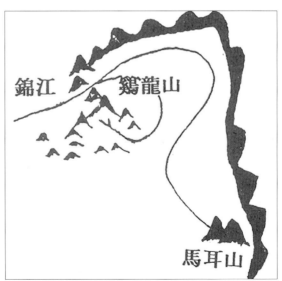

그림 17. 계룡산 - 마이산의 산수태극도(자료 ; 최규영, 1990, p.133)

시에 용추골 용동리의 명당수가 청룡인 뒤를 돌아 크게 우회하여 금강에 합류하는 거대한 태극의 모습을 보이고 있기 때문에 수태극이 된다(최규영, 1984)(그림 16).

이렇듯 마이산은 소백·노령 양 산맥을 이어주는 구실을 하고 있는 바 그 산태극을 형성하는 산맥군을 살펴보면 소백산맥의 웅봉인 지리산에서 시작하여 전술한 바와 같이 음산으로 받아들여지고 있는 전주의 모악산을 거쳐 노령의 주봉 운장산을 돌아 부귀산에서 마이산을 중심으로, 다시 소백의 팔공산, 운장산, 덕유산, 적상산을 돌아 우리나라의 대표적인 양산으로 전해지고 있는 충청도의 계룡산에 이어지는 산태극의 산맥군을 형성한다.

이를 다시 정리하면 마이산에서 발원한 금강은 동으로 흐르다가 점점 완만하게 북으로 구부러지다 다시 호를 그리며 서해로 빠지며 역시 마이산에서 발원한 섬진강은 서로 흐르다가 점점 호상을 그리며 구부러지다, 남해로 들어가는 바 이를 조감하면 마이산을 중심으로 완전한 태극 모양이 된다(그림 17).

마이산의 입지를 우연한 자연지리적 현상이라 생각하면 간단하겠지만, 특이하게도 우리나라의 대표적인 양산과 음산이 마이산을 중심으로 태극을 형성하고 있느냐 하는 점은 부부봉, 음양산으로서의 상징적 의미를 가일층 강화하는데 시사하는 바가 매우 크다고 생각된다.

태극은 음양을 상징하는 기호인 바 산수태극도를 그려놓고 보면 마이산은 자체가 음양산으로 그 입지 또한 태극의 중심에 있음을 보았을 때 음양의 양극사상(polarity)과 태극의 중심사상(centrality)이 조화된 '실체'로서의 모습을 마이산을 통해 읽게 된다.

6. 천지탑 조영의 의미론적 해석

1) 음양오행과 천지탑

자연이 만든 걸작이 마이산이라면 인간의 걸작인 마이산 탑사의 탑군은 자연석을 차곡차곡 쌓아 마치 송곳처럼 정교하며 태산처럼 위엄 있게 조화의 극치를 이루며 주탑 천지탑을 정점으로 줄줄이 배열되어 있다.

마이산이 음양의 산이라 함은 이미 언급한 바 있지만, 이곳의 탑 역시 음양사상을 기저로 축조되어 있음을 알 수 있다. 이름은 천지탑이라 했지만 그 모양은 바로 '부부'의 탑임을 알 수 있다. '천지'는 음양사상에서는 음양 대상으로 '부부'와 다름이 없는 것이다.

이 탑은 음양오행의 조화에 맞춰 팔진도법에 의하여 배열 축조한 것이라 하지만 지금으로서는 조탑자가 어떤 의도에서 탑의 배열을 고려했는지는 확인하기 어렵다. 다만 천지탑의 배치를 보면 마이쌍봉이 동서로 나란히 서서 남북을 마주보는 형상임에 반하여, 천지탑은 남북으로 나란히 서서 동측을 향하고 있다는 점이다. 일반적으로 쌍탑의 경우, 동서로 배치하여 남측을 바라보는 위치임이 상례이며 더욱이 마이산 두 봉우리가 동서로 나란히 서 있음에도 굳이 남북으로 배치한 점 등에는 어떤 의도가 있었거나 또는 특수한 학설에 입각하여 축조되었으리라 추측을 불러일으키게 된다. 이 의문은 천지탑 바로 앞에 축조되어 있는 오행탑을 보면 자연히 풀리게 된다. 이러한 논거로 볼 때 천지탑은 역시 음양사상을 배경으로 이루어진 탑이 분명하다.

또한 천지탑 북동쪽 500m지점에는 '마두봉의 낙조'가 장관인 은수사[10]라는 작은 사찰이 자리하고 있다. 이 사찰은 조선 초기에는 상원사라 했고 중기에는 정명암이라 불렸다. 이 곳 주지스님에 의하면 정명암이라는 암자명은 '음양오행'을 다른 이름으로 부른 것이라 한다. 즉 '正'은 오획으로 오행, '명'은 일월이므로 '천지'·'일월'·'부부'처럼 '음양'을 다른 문자로 표시한 것이라 볼 때 천지탑과 은수사 조성에는 음양오행적 사고가 내재되어있음을 엿볼 수 있다.

음양설에 따르면 북은 음, 남은 양을 상징하는 한편 오행설에 의하면 중앙에 '토'가 자리 잡고 서편으로 '금'이어 북으로 '수', 동으로 '목'에 이어 남쪽으로 '화'에 이른 것이 바로 오행상생의 수리인바 바로 천지탑과 오행탑은 음양오행의 이치를 탑으로 조형해 놓은 것이다(그림 18).

나머지 크고 작은 80여 기의 탑들도 지형과 위치에 따라 제각기 모양을 달리하여 정교하게 축조되어 그 조화미는 실로 신비로운 바가 있다. 음양의 산에 음양탑(천지탑)이 쌓여져 있음은 결코 예사롭게 보아 넘길

a. 천지탑 b. 오행탑

그림 18. 마이산 탑사의 탑

10) 조선 초기에는 상원사라 했다가 한동안 빈터만 남아있다 그 뒤 누군가 암자를 지어 정명암(正明庵)이라 했다. '正'은 5획으로 오행, '明'은 일월이므로 정명암이란 이름은 음양오행의 순환을 나타낸 것이라고 한다. 그러다가 정명암도 퇴락하여 없어졌다가 1920년 이주부라는 사람에 의해 재건되면서 '은수사'라 개칭되었다. 한글학회의 <지명총람>에 의하면 태조 이성계가 이곳의 물을 마시고 물이 은같이 맑다고 하여 지어진 것이라 한다. 실제 이곳 은수사에 두 개의 샘이 있는데 하나는 섬진강의 시작이 되고 다른 하나는 금강의 발원이 된다.

일이 아닌 것이다.

2) 마이산과 천지탑 좌향의 의미론

조탑자는 왜 하필 이 위치에 음양오행탑을 축조한 것일까라는 의문에 봉착하게 된다.

그것은 아무래도 이미 이태조의 조선 건국과 관련된 마이산의 별칭에서도 언급한 바와 같이 속금의 사상과 관련이 있는 것으로 보인다. 이 탑은 서측이 부봉(婦峰)으로 음양으로는 '음'이며 오행으로는 '금'에 해당에 가로 막혀, 금으로 금을 묶은 속금의 형국이다.

따라서 조탑자는 풍수지리상, 속금을 상징으로 탑을 축조한 것으로 생각될 수 있다.

마이산의 위치는 오행에 있어 금이 쇠하고 목이 흥하는 입지임을 앞서 설명한 바와 같으며 오행설의 이치를 보면 목생화, 화생토, 토생금, 금생수, 수생목이 원리로써 오행상생이 금극목, 목극토, 토극수, 수극화, 화극금은 역리로써 상극이다(그림 19). 그런데 마이산은 오행에서 '금'기운이 몹시 피곤한 형상이다.

이처럼 불기운이 승하면 오행상극의 법칙으로 보아 화극금이므로 금기운이 쇠약하다고 한다. 더욱이 금이 목의 상극이기는 하나(금극목) 앞서 마이산 입지의 풍수리지적 해석(그림 19 참조)에서도 보았듯이 마이산의 위치에서는 동방(목)의 왕성한 기운이 서방(금)의 기를 압도하므로 금기운이 맥을 못 쓰는 위치이다. 이러한 쇠금 흥목의 자리에 음양오행탑이 들어선 것을 단순한 우연으로 보기는 어렵다. 천지탑이 쌓여 있는 좌향을 봐도 예사롭지 않은 의도된 뜻이 숨겨진 위치라는 점을 알 수 있다. <그림 9>와 같이 천지탑 중앙에서 좌우를 보면 좌측에 나도산이 있고 우측에 암마이봉이 있어 이 좌향으로 나경의 24방위를 보면 좌측 나도산이 사(巳)방으로 오행으로는 금에 속하며 좌측 암마이봉은 해(亥)방으로 오행으로는 목에 속한다. 전방은 신(申)방으로 오행으로는 수에 속하나 그림에서 보듯이 목행의 암마이봉 자락에

가려 있다. 후면은 숫마이봉으로 인(寅)방에 오행으로는 화에 속한다. 이를 보면 앞서 설명한대로 좌향으로 볼 때, 오행에서의 목이 성하고 금이 쇠한 형국이라 했던 천지탑의 입지형국도 금이 몹시 고립무원 되어 피곤한 자리라는 점을 예사로 보아 넘길 수 없다.

천지탑 좌측의 금행인 나도산은 우측 목행인 암마이봉에 대항할 수 없을 만큼 정도의 크기로

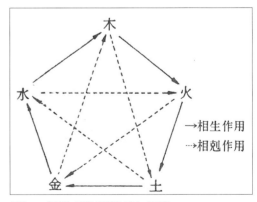

그림 19. 음양의 상생상극원리(자료 : 이몽일, 1991 : p.15)

왜소하다. 여기에 천지탑 후방의 숫마이봉의 강한 화기에 금행이 시달림을 받는 형국이지만 전방은 목행의 암마이봉의 산자락으로 막혀 있기 때문에 금행이 빠져 나갈 틈을 주지 않는다. 이처럼 금행은 이 자리에서 고립무원 하여 쇠약해지고 묶여진 「속금(束金)」형국으로 해석된다(그림 20 참조).

더구나 <그림 21>에 의한 오성산형으로 보면 암마이봉은 목성에 해당하며 숫마이봉과 나도산은 화성에 속한다. 이처럼 목과 화가 성한 곳에서는 상대적으로 금이 인할 것임이 확실해 보인다.

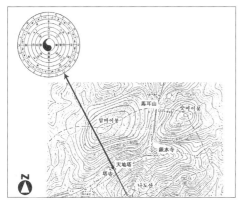

그림 20. 천지탑의 좌향과 음양오행(최규영, 1990, p.104)   그림 21.마이산과 五星山形(자료: 이몽일, 1991: p.23)

그런데 이렇듯 금이 곤한 마이산에, 그것도 아필 가장 금이 억눌릴 수밖에 없는 곳이라고 여겨지는 장소에 탑을 쌓은 의미는 더욱 비중을 갖게 되며 결국 천지탑은 오행 중 금을 견제하기 위한 속금, 억금의 목적으로 조영되었다는 해석에 다다르게 된다.

이러한 정황으로 보면 천지탑은 오행에서의 금이 쇠약해지고 속금, 억금하므로 해서 이익을 보게 될 것이라고 믿는 사람이나 집단에 의해 쌓여졌을 것이라도 보는 것이 타당하다.

姓에도 목성이니 금성이니 해서 오행으로 구별되곤 한다. 그러므로 당연히 목성은 오행에서의 금을 꺼려했다(금극목-상극). 따라서 목성을 가진 사람이라면 이렇게 속금을 원했을 성 싶다. 흥미롭게도 마이산 탑군의 조영자로 알려진 이갑용 처사가 속금을 목적으로 천지탑을 쌓았다고 보기에는 조영시대적 측면이나 조영목적상 논리적 모순을 엿보게 된다. 이와 같은 측면에서 마이산 천지탑을 비롯한 탑군은

첫째, 음양오행탑이고

둘째, 속금 또는 억금을 목적으로 조성되었으며

셋째, 개인적 차원의 조탑이 아닌 국가적 차원에서 보다 전시대의 문화 경관으로서의 가치성이 내재되어 있음직하다고 판단된다.

지금까지 『진안문화』 제2호(1993)에 실린 마이산 집중조명 "천지탑은 누가 쌓았는가? 라는 최규영 진안시보 발행인의 논단을 일부 인용하여 기존 이갑용 처사의 석탑군 축조설에 대한 반론의 견해를 살펴보았다.

3) 왕권의 표상 일월오봉도와 마이산

새로 도안된 만원권에도 나타나는 일월오봉병이라고도 불리는 <그림 22>는 관념적이고 추상적이지만 우주의 조화를 보여준다. 오주석(2008)은 음양오행이 동양철학의 기본이며 사유의 틀임을 전제하고 하늘의 해와 달은 우주를 이루고 지속시키는 두 힘을 상징하는 음양의 기호이며 다섯 봉우리는 오행을 의미하며 그 좌우의 흰 폭포 두줄기는 햇빛과 달빛과 함께 생명의 원천임을 역설한 바 있다. 그 아래 경건하고 침착한 마음으로 왕이 정좌하면, 우주의 조화를 완성시키는 장엄한 참여예술(perfomance)로 天地人 三才가 됨을 제시한 바 있다. 이에 반해 최홍(2005)은 많은 논란에도 불구하고 일월오봉도가 조선왕조의 왕권을 상징하는 금척의 상징도라 주장은 매우 흥미롭다.

일월오봉도에 대한 기록이 담긴 가장 오래된 문헌은 1688년의 '영정모사도감의궤(影幀模寫圖鑑儀軌)'이다. '…전내(殿內)에 (어진을) 봉안할 곳에 오봉산병풍(五峰山屛風) 등의 사물을 당연히 배설해야 하는

그림 22. 일월오봉도

데…'라는 내용이 있다. 어진을 봉안할 때 일월오봉도를 설치하는 게 관례였음을 알 수 있다. 따라서 일부 보도처럼 1688년을 일월오봉도가 처음 사용된 해로 보는 데는 문제가 있다. 조선왕조의 묘사(廟祠)가 있는 전북 전주 경기전(慶基殿)[11]의 태조 이성계 어진 뒤에도 일월오봉도가 펼쳐져 있다. 또 전라북도 진안의 노인들은 일월오봉도

---

11) 경기전은 태종 10년(1410년)에 계림(경주), 평양 등과 함께 어용전(御容殿)이라는 이름으로 건립되어 태조의 어진을 모신 곳이다. 임진왜란 때 불탔다가 광해군 때 중건했으며, 현재 보존돼 있는 태조의 어진은 세종 때 그려진 것을 고종 때 고쳐 그린 것이다. 일월오봉도의 구도는 민화 형태의 그림들이 흔히 그렇듯 단순하며 좌우대칭을 이룬다. 짙은 청자색 하늘에 해와 달이 함께 떠 있고, 그 아래 바위들이 첩첩이 쌓인 5개의 산봉우리가 있으며, 봉우리 밑에는 물결 모양의 문양이 이어져 있고, 그 양쪽 언덕 위에는 소나무가 있다.

를 진안의 마이산을 형상화한 그림으로 깊게 믿고 있다. 앞서 오주석의 견해처럼 일월오봉도에서 중요한 위상을 점하는 것은 5개의 산봉우리로 봉우리들은 화면의 3분의 2를 차지한다. 이 산들을 유심히 보면 전통 회화에서 보던 산과는 많은 차이점이 있다. 우리가 익히 봐온 산

그림 23. 마이산 은수사 경내에 일월오봉도 유사 그림

들은 능선이 섬세한 필치로 윤곽만 묘사되어 있다.[12]

　일월오봉도는 언뜻 보면 음양오행을 나타내는 그림이 아닌가 생각되기도 하지만 하늘에 떠 있는 선명한 해와 달, 그리고 5개의 봉우리가 그러한 느낌을 불러일으키기에 충분하다. 더구나 조선은 성리학의 나라로 음양오행설이 사상과 사회 전반에 막대한 영향력을 행사했음을 백분 인정하지만 음양오행설만으로는 그림의 다른 부분, 즉 물결무늬나 소나무 등을 풀이하지 못할 뿐 아니라 포괄적인 개념 앞에서 왜 조선의 임금들이 이 그림을 그처럼 소중하게 여겼는지에 대한 답이 되기에도 부족하다. 전술한 바와 같이 그림 속의 5개 봉우리는 산이 아니라는 것을 밝힌 바 있듯이 비록 산봉우리 형태를 취하고는 있지만 실질적인 산봉우리 기본 요건도 갖추고 있지 않다. 이 봉우리들은 과연 무엇을 나타내는 것일까. 마이산 은수사 경내에도 <그림 23>과 같은 일월오봉도 유사 그림이 있으나 언제부터 전래되어 온 것인지는 확인이 되지 않고 있다.

　이에 대한 해답이 '진안의 마이산'과 연결한 최홍(2005)의 가상적 의문은 다음과 같다

　첫째, 일월오봉도의 물결 모양은 월랑(月浪) 즉 진안의 땅, 대지의 표상이 아닐까?

　둘째, 좌우로 배치된 물줄기는 금강과 섬진강의 발원지를 상징하는 표상은 아닐까?

　셋째, 중앙 5개의 봉우리는 바로 마이산의 5기 원추형 석탑의 지표는 아닐까?

---

12) 최홍(2005)의 의문과 설명은 다음과 같다. …그나마도 봉우리 부분만 묘사되고 아랫부분은 안개나 구름에 가려 보이지 않는다. 산은 대부분 대지와 멀리 떨어진 곳에서 추상적이고 상징적으로 표현됐다. 민화의 산들도 마찬가지다. 그런데 이 그림의 산들은 마치 바로 앞에 있는 것처럼 위에서부터 아래까지 전체 모습이 드러나 있을 뿐 아니라 구체적으로 첩첩이 쌓인 바위들까지 묘사되어 있다. 그뿐만이 아니다. 산의 형태를 띠면서도 나무 한 그루, 풀 한 포기 찾아볼 수 없다. 물론 우리 전통 회화에서 바위가 등장하는 산이 없는 것은 아니다. 그러나 바위는 산의 봉우리 부근에서 마치 산의 위용을 드러내는 듯 하다 관(冠)의 형태로 그려져 있는 게 보통이다. 이 그림처럼 전체가 바윗돌로만 묘사된 산은 어느 그림에서도 찾아볼 수 없다. 이 봉우리들이 산이 아니라는 증거는 그림의 양쪽 가장자리에서 대칭을 이루는 소나무로도 알 수 있다. 이 소나무들은 전체적인 면에서 균형을 이루지 못한다. 해, 달, 산봉우리, 대지 등을 소재로 한 그림에 걸맞게 소나무를 그리려면 아주 작고 가냘프게, 그야말로 눈에 띄기 힘들 정도로 작게 그려야 할 것이다. 그런데 격에 맞지 않게 커다랗게 그려진 데다 양쪽에서 봉우리 하나씩을 가리고 있다. 이 그림은 왕실의 최고 상징물인 만큼 당대 최고의 화가가 그렸을 텐데 왜 이처럼 이치에 맞지 않게 그려졌을까.

넷째, 좌우로 배치된 하얀 해와 붉은 달은 마이쌍봉의 상징은 아닐까?

지금까지의 고찰과 추론은 많은 허점과 모순을 안고 있을 수 도 있다. 지금까지 논의한 사실에 대한 보다 구체적인 사료나 증거가 확보되기 이전에는 결코 '참'이 될 수는 없다.

그러나 본 연구 자체가 그것을 증명하고자 시도한 것도 아니며 지금까지 살펴본 것이 결코 완전한 허구가 아니기에 문화경관을 보는 우리의 상상력과 호기심을 더욱 충만하게 할 것임에는 분명하다.

본 연구의 초점은 천지탑을 비롯한 조탑군의 진정한 의미와 조성주체의 구명이 아니다. 단지 선험적 관념을 탈피하여 존재의 주관적·총체적 인식을 통한 경관의미의 상징성 해석으로 문화경관 가치에 대한 풍요로움의 가능성을 보여주고자 함이다.

경관지각은 물리적 환경과 더불어 그것이 지니는 의미와 함께 지각되어야 하는 바, 상징적 경관의미가 의사소통의 큰 기능을 함으로서 그 지역 내의 인간은 환경을 이해하면서 실질적인 정보를 찾고 호기심을 가지며 보이는 것 이외에 가려진 것에 의해 유도되어지기도 한다는 점에 주목할 때 마이산 천지탑의 조형시기와 조형자 및 조형의도의 거시적 측면의 이해는 마이산의 관광자원적 가치 및 신비성을 보다 강화시키는 데 도움이 되리라 판단된다.

7. 결론

지금까지 마이산과 그 주변의 경관상을 동양사상의 기저인 '인간·자연 — 일원론'에 입각한 기호론적 해석을 통해 마이산 상징경관상의 의미론적 해석을 시도한 결과, 계절변동에 따라 형식미학적 별칭을 갖는 마이산은 그 자체가 음양사상에 부합되는 부부 음양산이며 지리경관적 특성상 산수태극도가 형성되는 중심에 마이산이 입지하고 있음을 보게 된다.

태극은 우주만상의 근원이며 음양을 상징하는 기호인 바 인간생명의 원천으로서 영구불변의 진리로 간주된다. 따라서 태극을 인간과 그 모향인 땅과의 감정적인 유대감을 표현하는 가장 기본적인 기호로 볼 때, 마이산에서 보이는 'geopiety'에 관한 자연경관의 중심적 테마(theme)는 '하늘(천부 ; sky father)'과 '땅(地貌 ; earth mother)'에의 경배 대상이 되는 한편 태극의 중심사상(centrality)과 음양의 양극사상(polarity)이 조화된 모습으로 나타난 '실체'이기도 하다.

이와 더불어 천지탑을 중심으로 숫마이봉, 암마이봉, 나도산의 좌향과 오성산형적 해석을 통해 음양오행적 사고에 의해 축조된 것으로 의미 파악된 천지탑은 특정 집단에 의해 속금·억금 또는 금척의 상징을 목적으로 조성되었다는 해석에 이르게 된다.

　마이산 경관상의 내적 의미특성을 부각시킴으로써 자연·문화경관의 의미를 더욱 조소함은 물론 잠재 관광주체의 지적 호기심을 자극하고 마이산 관광체험의 동기 부여 및 내재된 의미경관의 색다른 모습을 발견하는데 큰 도움을 주리라 사료된다.

■ 참고문헌

강홍빈(1993), 도시환경의 기호학; 그 가능성과 함께, 세계의 문학, 제8권, 제1호

길봉섭·김창환(1999), 진안 마이산 일대의 식물상과 식생, 원광대학교논문집, vol.32. No. 2 : pp.49-74

김대경(1983), 전북 진안의 마이산 역암층에 발달한 Tafoni 지형에 관한 기후지형학적 연구, 전주교대논
　　　문집, 제19집, pp.159-184

김세천 외 다수(1996), 마이산 도립공원 조경계획, 진안군, pp.26-41

김세천·오동현·박봉주(1996), 마이산 도립공원의 관광휴양개발 및 환경보전관리를 위한 기초연구, 전북대
　　　농대 논문집, 제27집, 전북대부설 농업개발연구소, pp.59-88

김한곤(1994), 한국의 불가사의, 도서출판 새날, pp.17-20

김한배(1981), 문화경관적 상징성의 체계로 본 한국전통마을의 경관구조, 서울대 환경대학원 석사학위 논문

김세천·노재현·허준·박재철(1996), 마이산 도립공원 조망경관 특성에 관한 연구, 한국조경학회지,
　　　Vol.24, No.2, pp.74-85

노재현(2004), 조작론적 경관파악과 팔경의 의미체험에 관한 연구. 한중팔경구곡과 산수문화, 이회,
　　　pp.73-93

노재현·신상섭(2007), 조망경관의 맥락으로 본 망해사와 진봉산의 장소성, 한국조경학회지, 35(3),
　　　pp.71-81

박천식(1989), 진안의 중요사적 연구, 진안지방 문화재 지표조사 보고서, 전북대학교 전라문화연구소, 전
　　　라문화연구총서, 제1집, pp.207-221

배상선·심우경(1990), 조경식물의 상징성에 관한 기초연구, 한국정원학회지, 제8권 제1호, pp.1-34

성인수(1983), 동양의 입체오행사상을 통하여 본 세계관과 건축공간배치에 관한 개설, 대한건축학회지,
　　　Vol.27, No.113

성효현(1982), 마이산 일대에 나타나는 미지형의 기후지형학적 연구, 녹우회보, 제24호, 이화여대 사회생
　　　활과, pp.63-86

안익(1994), 마이산기, 진안문화원, p.99

유홍준(1993), 나의문화유산답사기, 창작과 비평사, p.6

위원학(1993), 택리지연구, 신양사, pp.7-32

이강훈(1989), 한국건축에 있어서의 음양공간의 질서, 서울대 박사학위논문

이규목(1982), 도시경관의 구성이론에 관한 지각적 고찰, 국토계획, Vol.17, No.1

이규목(1986), 도시상징성의 역사적 변천에 관한 연구, 서울대대학원 박사학위논문

이규목(1988), 도시와 상징, 일지사, pp.29-74

이몽일(1991), 현대한국 풍수사상, 명보문화사, pp.12-76

임승빈(1991), 경관분석론, 서울대학교출판부, p.108

오주석(2006), 옛 그림 읽기의 즐거움, 솔출판사, pp.101-145

오주석(2008), 오주석의 讀畵隨筆 그림속에 노닐다, 솔출판사, pp.42-45

전라북도(1983), 내고장 전북의 뿌리, pp.894-897

전라북도(1991), 전라북도지, 제3권, pp.1030-1032

전일환(1998), 「이산구곡가」의 가치구명., 한국시가연구, 제4집, pp.421-445

조광래(1994), 바라볼수록 신기루 되어 다가오는 진안의 자랑, 전라북도 마이산, 굴렁쇠, 가을호, p.6

진안군 교육청(1978), 진안지, pp.413-419

진안군(1982), 진안의 맥, 내고장 전통가꾸기, pp.836-855

진안군(1991), 진안군사, pp.836-846

진안군(1995), 통계연보

진현종(2000), 한국의 불가사의 마이산탑사, 은행나무, p.36

최규영(1993), 진안문화, 제2호, 마이산 집중조명, 천지탑은 누가 쌓았는가, pp.94-111

최영선(1995), 천만년 세월 솟구친 거대한 '천연콘크리트', 자연사기행, 한겨레신문사, pp.146-151

최창조(1984), 한국의 풍수사상, 민음사, p.243

최창조(1990), 좋은 땅이란 어디를 말함인가, 서해문집, p.133

최창조(1999), 마이산의 풍수적 위치와 비보탑에 관한 고찰, 진안군청

최 홍(2005), 마이산 석탑군의 비밀, 밀물, pp.163-176

황인덕(1997), '솟금산'전설의 유형성과 전승 양상, 어문연구, 제29집, pp.527-540

황인덕(2002), '솟금산' 산이름의 형성과 변화, 우리말글, 제20집, pp.355-374

홍광표(1992), 한국사찰경관에 내재된 상징적 의미에 관한 연구, 문화역사지리 제4호, pp.243-262

古谷勝則 等(1994), 自然風景地における眺望景観の認識特性に關する研究, 造園雜誌, 57(5), pp.283-288

沈悦・態,谷洋一・下村彰男(1995), 中國西湖の景観構成とその形成に關する研究, 造園雜誌 研究發表論文集,
　　　13, Vol.58, No.5, pp.157-160

Eco, Umberto(1980), A componental analysis of the architectural sign/column, In G.

Broadbent, R., Bunt, C., Jencks(Eds.) Signs, Symbols, and Architecture, New York ; John Wiley, pp.213-232

Georges, Nataf(1981), 김정란 역, Symboles Signes et Marques, Berg International, Paris, 5

Krampen, Martin(1974), Survey on curren work in semiology of architecture, a paper presented in Semiotics Conference in Milan, Italy

Meinig, D.W. edit.(1979), The Interpretation of Ordinary Landscape, N.Y., Oxford Univ. Press

Rapoport(1982), The Meaning of the Built Environment, Beverly Hills, Sage

Simonds, J. O.(1961), Landscape Architecture, McGraw-Hill Book Company, pp.115-119

Tadahiko Higuchi(1989), The Visual and spatial structure of Landscapes, The MIT press, pp.11-23

Tuan. Yi-Fu(1974), Topophilia, New Jersey Prentice Hall Inc.

Tuan. YI-Fu(1977), Space and Place, Univ. of Minnesota Press

07 우리나라 명승 지정의 현황 및 개선방향
– 한, 중, 일, 북한과의 비교

1. 서론

명승의 사전적 의미는 경치가 좋기로 이름난 경승지를 말하는데, 이러한 명승은 지질·생물학적 생성물들로 이룩된 자연유산으로서 빼어난 자연미·역사성·특이성 등을 지니고 있다고 할 수 있다.

명승은 미학적 가치뿐만 아니라 일반적으로 인간의 살아가는 모습과 문화 활동까지 포함하는 자연유산으로서, 우리 민족 고유의 공동체적 정체성을 확인시켜 주는 문화유산적 가치를 동시에 지니고 있다.

현재 우리나라는 산업이 발달하면서, 여러 가지 형태의 개발로 인하여 아름다운 자연과 명승지 등이 파괴됨으로써, 자연유산이 소실되었거나 회복 불능에 이르고 있는 곳이 많다.

우리나라는 많은 귀중한 명승지를 문화재로 지정하고 관리해야 함에도 불구하고, 현재까지 지정된 명승지는 51개소에 불과하다. 이는 북한 320개소, 일본 331개소(특별명승 29건), 중국 687개소(국가 명승지 187, 지방 명승지 500건 포함)에 크게 못 미치는 수준이다.

명승을 지정하고 보호하는 것은 전통문화의 근본을 지키고 선조의 예지가 결집된 민족의 얼을 보호하는 것과 같은 것이다. 자연유산과 민족문화의 표상으로 창출된 명승은 경관적 가치 외에도 그 시대의 사상과 배경이 묻어 있기 때문이다.

그러므로 민족의 문화 창조와 발전을 위해서 명승을 지정하고 보호하여 후손에게 길이 전승하는 일은 민족의 긍지를 되새기고 전통을 계승·선양한다는 의미에서, 또한 국민의 문화인식 제고와 창조적 발

우리나라 명승 지정의 현황 및 개선방향   187

전을 위해서 우리에게 중요한 과제로서, 이제 명승자원에 대한 보다 적극적인 보존 관리 대책이 필요한 때이다.

이에 본 연구는 명승의 이론적 내용을 고찰하고, 국내 명승의 현황을 분석함은 물론, 이미 지정보존이 일반화 되어있는 일본, 중국, 북한의 제도 및 지정현황 등과 비교함으로서, 향후 우리나라 명승제도 및 정책들이 개선될 수 있도록 기초적 준거를 제시하는 것이 목적이다.

2. 연구의 범위 및 방법

1) 연구의 범위

가. 시간적 범위
- 우리나라에서 명승이 문화재로서 처음 지정된 1970년부터 2009년 1월까지

나. 연구대상지

(1) 국내사례

〈표 1〉 연구대상지 목록

연번	연구 대상지
1	강원 강릉시 명주 청학동의 소금강(溟州 靑鶴洞의 小金剛)
2	경남 거제시 거제 해금강(巨濟海金剛)
3	전남 완도군 완도 정도리의 구계등(莞島 正道里의 九階燈)
4	경북 울진군 불영사 계곡 일원(佛影寺溪谷一圓)
5	전남 여수시 상백도 하백도 일원(上白島下白島一圓)
6	인천 옹진군 백령도 두무진(白翎島 두무진)
7	전남 진도군 진도의 바닷길(진도의 바닷길)
8	경기 고양시 삼각산(三角山)
9	경북 청송군 청송 주왕산 주왕계곡 일원(靑松 周王山 周王溪谷 一圓)
10	전북 진안군 진안 마이산(鎭安馬耳山)
11	전북 부안군 부안 채석범주 일원(扶安彩石帆舟一圓)
12	강원 영월군 영월 어라연 일원(寧越魚羅淵一圓)
13	경남 남해군 남해 가천마을 다랑이논(南海加川 마을다랑이논)
14	경북 예천군 예천 회룡포(醴泉 回龍浦)
15	부산 영도구 부산 태종대(釜山 太宗臺)

<table><tr><th colspan="2">〈표 1〉계속</th></tr>
<tr><th>연번</th><th>연구 대상지</th></tr>
<tr><td>16</td><td>소매물도등대섬(小每勿島燈臺섬)</td></tr>
<tr><td>17</td><td>예천 선몽대 일원(醴泉 仙夢臺 一圓)</td></tr>
<tr><td>18</td><td>제천 의림지와 제림</td></tr>
<tr><td>19</td><td>공주 고마나루</td></tr>
<tr><td>20</td><td>영광 법성진 숲쟁이(靈光 法聖鎭 숲쟁이)</td></tr>
<tr><td>21</td><td>봉화 청량산</td></tr>
<tr><td>22</td><td>부산 오륙도(釜山 五六島)</td></tr>
<tr><td>23</td><td>순천 초연정 원림(順天 超然亭 園林)</td></tr>
<tr><td>24</td><td>안동 백운정 및 개호송 숲 일원(安東 白雲亭 및 開湖松 숲 一圓)</td></tr>
<tr><td>25</td><td>양양 낙산사 의상대와 홍련암(襄陽 洛山寺 義湘臺와 紅蓮庵)</td></tr>
<tr><td>26</td><td>삼척 죽서루와 오십천(三陟 竹西樓와 五十川)</td></tr>
<tr><td>27</td><td>구룡령 옛길(九龍嶺 옛길)</td></tr>
<tr><td>28</td><td>죽령 옛길(竹嶺 옛길)</td></tr>
<tr><td>29</td><td>문경 토끼비리</td></tr>
<tr><td>30</td><td>문경새재</td></tr>
<tr><td>31</td><td>광한루원(廣寒樓苑)</td></tr>
<tr><td>32</td><td>보길도 윤선도 원림(甫吉道 尹善道 園林)</td></tr>
<tr><td>33</td><td>성락원(城樂園)</td></tr>
<tr><td>34</td><td>서울 부암동 백석동천(서울付岩洞白石洞天)</td></tr>
<tr><td>35</td><td>동해무릉계곡(東海 武陵溪谷)</td></tr>
<tr><td>36</td><td>장성 백양사 백학봉(長城 白羊寺 白鶴峰)</td></tr>
<tr><td>37</td><td>남해 금산</td></tr>
<tr><td>38</td><td>담양 소쇄원</td></tr>
<tr><td>39</td><td>순천만(順天灣)</td></tr>
<tr><td>40</td><td>충주 탄금대(忠州 彈琴臺)</td></tr>
<tr><td>41</td><td>제주 서귀포 정방폭포(濟州 西歸浦 正房瀑布)</td></tr>
<tr><td>42</td><td>단양 도담삼봉(丹陽 島潭三峰)</td></tr>
<tr><td>43</td><td>단양 석문(丹陽 石門)</td></tr>
<tr><td>44</td><td>단양 구담봉(丹陽 龜潭峰)</td></tr>
<tr><td>45</td><td>단양 사인암(丹陽 舍人巖)</td></tr>
<tr><td>46</td><td>제천 옥순봉(堤川 玉荀峰)</td></tr>
<tr><td>47</td><td>충주 계립령로하늘재</td></tr>
<tr><td>48</td><td>영월 청령포(寧越 淸泠浦)</td></tr>
<tr><td>49</td><td>예천 초간정원림(醴泉 草澗亭 園林)</td></tr>
<tr><td>50</td><td>구미 채미정(龜尾 採薇亭)</td></tr>
<tr><td>51</td><td>거창 수승대(居昌 搜勝臺)</td></tr>
</table>

주 : 해제된 기지정명승지, 송광사, 선암사일원과 대홍사일원은 사적 및 명승으로 변경됨에 따라 제외

그림 1. 백령도 두무진

그림 2. 예천 회룡포

그림 3. 부안 채석범주 일원

그림 4. 선몽대 일원

그림 5. 어라연

(2) 국외사례 : 일본, 중국, 그리고 북한의 사례분석

① 일본사례

〈표 2〉 일본특별명승목록

모오에쭈지떼이엔	멘류지떼이엔	산단교
마쭈시마	다이덕지호오죠떼이엔	구리바야시꼬오엔
고이시가와고오라꾸엔	다이센인쇼인떼이엔	니지노마쭈시마
로꾸기엔	류안지호오죠떼이엔	온센다게
규하마리미야떼이엔	혼간지다이쇼인떼이엔	시끼메이엔
구로베교야후사루또비 및 오꾸가네야마	니죠시로니노말떼이엔	시쭈핫
켄로꾸엔	긴지인떼이엔	또와다고 및 오꾸이리세단류
이찌죠다니아사꾸라시떼이엔	죠루리지떼이엔	후지산
오다께노노보리센교	고이산	시가엔지(긴각지)떼이엔
가미다가지	헤이죠교사교산죠니 보오미야아또떼이엔	지쇼지(긴각지)떼이엔
아마노하시다떼	오까야마고오라꾸엔	고다이지산호인떼이엔
세이호오지떼이엔	겐도	
다가라호오인떼이엔	센죠게이	혼간지다이쇼인떼이엔
도오가이안쇼인떼이엔	오꾸쯔게이	단지마오히우라
레이운인떼이엔	구유우비간 및 떼이엔	도오마지나가노보떼이엔
다이조인떼이엔	미호노기다우라	지고오인떼이엔

게이 인떼이엔	멘가와게이	산덕야마	고꼬겐고오엔
엔야마고오엔	묘곡지떼이엔	류규노시오후기	류가다게
반구쭈다니	레이산	고고세가와교곡(고오센보교곡)	슈사가이간
나루몬	죠닥가오가(쯔쯔지)	고사이교	고이시가이간
기소가와	사도가이후가이간	도진보	미쯔나미가와(사구라)
나소노시로박다니	사도고기가이간	구마노노오니가시로쯔기 시시이와	데이간엔
야마데라	와가세소도오몬	다가진자 오꾸쇼인떼이엔	다시로노나나쯔가메
아이즈마쯔다이라시떼이엔	덴류교	구슈렌지떼이엔	삼보고꼬
스가가와노보단엔	오니이와	단교게이	이즈세이난가이간
겐죠지떼이엔	아지노나나다기	인시지부아가가베	고시가게이
엔각지떼이엔	뉴간 및 뉴간교	센곡야마 및 고고마도잔	간논인떼이엔
만덕지떼이엔	엔만인떼이엔	로구로지산	오자기시떼이엔
사이쇼구지쇼인떼이엔	고오죠인떼이엔	묘미우라	덴도야마
이또시떼이엔	젠호오인떼이엔	다쯔센도(가따지마)	가스미가이간
시바따시떼이엔	죠신지떼이엔	후끼와리 및 후끼와리박	인시후세가이간
사루바시	다이도지간야마겐 및 란떼이떼이엔	무라사기야데라떼이엔	인시곡가가이간
사사오끼야마	세이간지떼이엔	기요미데라떼이엔	인시시로
류규게이	고미야진자쟈무쇼떼이엔	린사이데라떼이엔	인시노리다노하나
나미도메하마	시로이시지마	다이센인떼이엔	호오곤고인세이죠다끼쯔게고이야마
니죠시로니노말떼이엔	오우가미야마	류안지떼이엔	제센지떼이엔
히기산 및 야지다다게	게이린지떼이엔	구로베교곡부 사루도비 및 오구쇼산	나지오오다기
다가다마쯔바라	다가시마	미노멘야마	규료덴나이떼이엔
로구기엔	하찌만야마	모오에즈지떼이엔	쇼메이다기
슈구게이엔	이와야	후신안(오모데센게)떼이엔	엔센지떼이엔
고마도메손산	후루이와야	교안(우라센게)떼이엔	후구다지떼이엔
부쯔우다(부쯔가우라)	오스즈야마박후군	죠안떼이엔	라이규지떼이엔
긴보산	이시즈가사	미나미세기교	에노기우쩌가와쯔쯔미(사구라)
세이쯔교	구하마리미야떼이엔	슈고인떼이엔	구엔덕인떼이엔
세이이교곡	겐규락락엔	데기교엔	헤이안진구진엔
소오가오까	비온안떼이엔	구다이죠인떼이엔	이스이엔
구도구시마죠오모데고덴떼이엔	난젠지호오죠떼이엔	곤라이지떼이엔	호곡지떼이엔
시지마가하라	세이후우소메이엔	센간엔후하나구라고한야떼이엔	사가이시떼이엔
지도리노사구라	무죠안떼이엔	니혼다이라	구엔유지떼이엔
슈호오오다기	조오도산	와다베시떼이엔	시끼메이엔
소소기가이간	후지산	죠루리지떼이엔	시로후구지떼이엔
미따기노사구라	모리미엔	고오겐지떼이엔	우메다시떼이엔
오오미쯔시마	나고야시로니노말떼이엔	뗀샥엔	레이도오인떼이엔
산고시마	헤이슈진자떼이엔	나가호지떼이엔	야샤(데마이노쯔기)
긴지인떼이엔	락쥬엔	이시다죠고도시떼이엔	락산엔

<표 3> 계속

죠쥬인떼이엔	난슈지떼이엔	헤이죠교사교산죠 니보미야아또데이엔	후가다시떼이엔
죠도지떼이엔	슈린지떼이엔	시로노고시이세기	죠덕지떼이엔
무가이지마 하나조노	이시가기시떼이엔	고오곡지떼이엔	하구마이노센마이다
고지마시떼이엔	와가야마죠사이노말떼이엔 (모미지게이떼이엔)	구넨안(구다떼시벳떼이)떼이엔	죠지구니시떼이엔
마쯔도엔	혼호지떼이엔	소고지떼이엔	또기구니시떼이엔
후지에시교락엔	이고덴나이떼이엔	모오리시떼이엔	오오가도시떼이엔
단락엔	다마가와데라떼이엔	가와히라왕 및 호모도다데	호오가지떼이엔
기요후지시쇼인떼이엔	아즈마시간아도떼이엔	엔레기지사가모도리보떼이엔	보오쭈
구시바리규떼이엔	사이메이지혼보떼이엔	소겐인떼이엔 · 호세기인떼이엔	규이와후네시떼이엔

자료 : 일본 문화청

그림 6. 기면산폭포

그림 7. 니노마루정원

그림 8. 천교립

그림 9. 서방사 정원

② 중국사례

〈표 4〉 중국 국가급 풍경명승지

북경 팔당령-십삼릉	무한 동호	하북선 육수	천갱지봉
진황도 북대하	감숙성 공동산	호남성 악록	광무산—낙수하
산서 형산	청해서 청해호	광동성 백운산	천태산
흑룡강 경박호	북경시 석화동	중경시 부용강	도윤투봉산-검강
강소 태호	하북성 공산 백운동	사천 공해-나계산	구용동
항주 서호	요녕성 청산구	신강 위구르 자치구 고목탑격 사막	보자흑
절강 안탕산	길림성 선경태	신강 위구르 자치구 박스등호	합양흡천
안휘 황산	절강성 강랑산	산산	강소성 방산—장서 동천
안휘 천주산	절강성 완강-오설	백장—비운호	강서성 고령—요리
강서 노산	안휘성 소호	십팔중계	강서성 운거산—자림호
산동 태산	복건성 고산	매령—등왕각	하남성 신농산
허남 계공산	강서성 선녀호	임려산	호남성 덕항
하남 숭산	산동성 박산	도화원	용문산
하북 승덕 피서산장 외팔묘	하남성 석인산	호광암	구동천
산서 오대산	감숙성 명사산—월아천	백용호	어평동향
요녕 안서 천산	하북성 서백파—천계	호남성 양산	아노
흑룡산 오대연지	내몽고 백치구 찰란둔	광동선 혜주 서호	새리묵호
남경 종산	요녕성 의무려산	사천성 석해 동향	안휘성 화정호
부춘강-신안강	길림성 방천	섬서성 황제릉	강서성 무공산
절강 보타산	절강성 선거	방안	하남성 청천하
안휘 구화산	안휘성 채석	태극동	호남성 자작계 제전—매산 용궁
복건 무이산	안쉬성 화산 미굴-절강	청운산	귀주성 자운각 철하천동
강서 정강	복건성 옥화동	구봉	
청도 노산	강서성 삼백산	맹동하	
낙양 용문	산동성 청주	나부산	

그림 10. 황산

그림 11. 장가계

③ 북한사례

〈표 5〉 북한명승목록

연번	지역		명승지	세부현황	비고
	시, 도	군, 구역			
1	평양시	평양시	평양팔경	을밀대의 봄 구경, 부벽루의 달구경, 영명사의 중을 찾다. 보통문에서 길손을 보낸다. 거문 앞의 뱃놀이, 련당에서 비 내리는 소리를 듣다, 대성산의 저녁풍경, 마탄의 봄물	8
2			평양형승	평양지역 아홉 가지 경치 좋은 지형지물, 만경대, 을밀대, 추남허, 봉황대, 릉라도, 청류벽, 춘양대, 추양대, 동양대	9
3	평양시	강동군	강동팔경	대박산채미(대박산 고비 꺾는 경치), 대산사모종(대산사 저녁 종소리), 수정천조어(수청천에서 고기 낚기), 상인암방웅(상인 암에서 매사냥), 봉악제설(봉미산 눈 걷힌 풍경), 룡교만박(룡교리에서 저녁뱃놀이), 진사봉완월(진사봉에서 달 놀이), 모운대관등(모운대에서 등불놀이)	8
4	평양시	강동군	삼등리 36동천	골과 내로 둘러싸인 36개 좋은 경치, 관한동, 월기동, 지주동, 령추동, 옥녀동, 취운동, 부래동, 생학동, 괘련동, 유원동, 무저동, 완사동, 사계동, 내소동, 금부동, 요대동, 집령동, 옥경동, 화개동, 분설동, 적성동, 석종동, 옥란동, 회파동, 영은동, 방진동, 제불동, 촉촉동, 천안동, 금대동, 모란동, 쌍사동, 소구동, 낙안동, 해람동, 장주동	36
5			삼등팔경	가산모종(가산사의 저녁종소리), 응암수조(매바위의 낚시 드리운 풍경), 학루추월(황학루에서 추석달구경), 고산점안(고산에서 날아가는 기러기 세기), 광정비설(광한정에서 눈날리는 풍경), 묵촌춘경(묵촌의 봄갈이 풍경), 앵무범주(앵무주에서의 꽃배놀이), 봉잠청람(봉두산마루의 비바람치다 개인 풍경)	8
6	남포시	와우도 구역	와우도	소가 누워있는 것 같다는데서 지명유래, 모래밭과 소나무 숲 대동강과 서해바다가 어울리어 풍치가 아름다움.	1
7	남포시	항구구역	우산장	오석산줄기의 국사봉 기슭의 아름다운 호수와 소나무 숲의 절경	1
8	개성시	개성시	박연폭포		1
9			박연휴양소	박연폭포의 일대의 휴양소	1
10	평남	평성시	자산팔경	자주산성, 죽림벌, 남산꽃밭공원, 종묘사당, 북송등공원, 우가연, 월음사, 팔당나무	8
11	평북	녕변군	약산동대	관서팔경의 하나, 제일봉, 동대, 학변루를 비롯한 명소로 이루어짐	1
12	황해남도	해주시	해주 구팔경	수양산고사리캐기, 신광사 눈맞기, 광석천 비단빨기, 지성의 폭포구경, 부용당에서 밤비구경, 남포에서 조수물구경, 영해에서 가을달구경, 동정에서 손님바래우기	8
13	황해남도	해주시	해주 신팔경	광석천 비단빨기, 잣나무숲에서 대덕산구경, 남상에서 바다구경, 동정에서 낚시질구경, 부용당에서 연꽃구경, 영해에서 보름달 구경, 남가에서 돛배구경, 읍천에서 손님바래우기	8
14		룡연군	구미포	봉대산(25m)의 기암절벽, 바위틈과 절벽위에 소나무, 바다기슭에 넓게 전개되는 흰모래사장, 해당화, 흰파도가 그림같은 빼어난 경관을 지닌 포구	1
15			몽금포	흰 모래불, 붉은 해당호, 푸른소나무들이 하나를 이룬 해안경치, 저녁의 바다경치, 뒤의 기암절벽들이 빼어난 서해안의 대표적 명승지	1
16	황해남도	벽성군	석담구곡	돌못과 아홉개의 골짜기, 관암, 화암, 취병, 송애, 은병, 조협, 풍암, 금탄, 문산, 석담느타나무(천기)가 있다	9
17		신천군	화산팔경	명수세심(명수에서 마음씻기), 화산심춘(화산에서의 봄을 찾기), 천봉방안(천봉에서의 기러기말기), 석연관어(석당못의 고기구경), 봉령재운(봉황산의 구름개이기), 룡문락조(룡문산의 저녁노을), 우포추숙(우산포의 가을 무르익기), 로야하우(어려리벌의 여름비)	8

연번	지역 시, 도	지역 군, 구역	명승지	세부현황	비고
18	황해 남도	연안군	연안팔경	화악서운(화악봉우리에 구름이 비낀 경치), 비봉적취(비봉산의 록음우거진 경치), 초연제설(초연히 눈덮인 경치), 주한춘초(이른봄 풀 돋는 경치), 금포귀범(금포에 들어오는 돛배보는 경치), 교성과우(높은 성머리에 비내리는 경치), 십리하화(10리 들판에 꽃피는 경치), 극목추엽(눈부신 가을단풍)	8
19		은률군	은률팔경	사황로열(사황봉마루의 보름달 솟는 경치), 구월단풍(구월산 가을경치), 룡연비폭(물갈기를 날리며 떨어지는 룡연폭포), 정곡만종(은은한 정곡사의 종소리듣기), 조산황도(조산벌 벼풍년), 장림춘색(봄빛어린 한천기슭의 수풀구경), 무연락조(무연사의 저녁노을), 웅도귀범(웅도에 돌아오는 배들이 흰돛구경)	8
20	황해 남도	장연군	장연팔경	마암송객(마등바위에서 손님바래우기), 무산제월(무산에서의 달맞이놀이), 두견상촌(두견산의 봄맞이), 화굴처락(화굴의 돌고드름), 죽강관이(죽강의 기이한 경치), 불타기운(불타산에 비낀 구름), 금사락조(금빛모래사장에 비낀 저녁노을), 아랑규범(아랑포의 돛배구경)	8
21		재령군	장수산	해발745m, 황해금강으로 불림, 천기 장수산열두굽이, 장수산습곡이 있다.	1
22	황해 북도	사리원시	경암산 공원	경암산 문화휴식터(놀이터, 약수터, 인공폭포, 동물원)	1
23			정방산 유원지	정방산의 기암절벽들과 수목풍경 그리고 정방산성, 성불사를 비롯한 역사유적 등이 혼연일체	1
24	강원도	금강산	내금강	구성구역, 만폭구역, 망군대구역, 명경대구역, 백운대구역, 비로봉구역, 태상구역,	7
25			외금강	구룡연구역, 만물상구역, 발연소구역, 백정봉구역, 선창구역, 선하구역, 송림구역, 수정봉구역, 온정구역, 은선대구역, 천불동구역	11
26			해금강	동정호구역, 삼일포구역, 해만물상구역,	3
27		원산시	송도원	장덕산으로부터 문암, 바다로부터 솔밭을 지나 송천벌에 이르는 넓은 지역	1
28	함경 남도	흥남시	마전 유원지	해수욕장, 휴양소, 야영소, 체육시설 정비	1
29		리원군	기암 유원지	해안가 기암절벽과 빼어난 경관을 지닌 해수욕장	1
30			송단	해안을 따라 모래불이 전개 소나무숲이 우거져 경치가 아름다움	1
31	함경 남도	북청군	삼산구포 십이대	삼산(거산, 숭산, 마산), 구포(당포, 월포, 건자포, 평포, 보포, 구리포, 호만포, 신포, 송포), 십이대(류대, 남안대, 상동대, 하동대, 종고대, 별안대, 경안대, 라하대, 덕우대, 어사대, 도화대, 월근대)	24
32	함경 북도	경성군	룡현리 해수욕장		1
33	함경 북도	어랑군	팔경대	천척석벽, 십리장천, 사상명구, 담수유어, 장백하설, 어랑야화, 벽소추련, 강릉석앙	8
계	33개 권역		총202개소		

자료 : 한국평화문제연구소, 2004, 「조선향토대백과」

2) 연구의 방법

본 연구의 방법은 문헌분석과 현지 조사 분석을 중심으로 이루어졌다.

(1) 문헌 조사 분석

문헌조사 분석은 다음과 같이 이루어졌다.

첫째, 선행연구와 문화재보호법을 통하여 우리나라 명승의 개념 및 가치, 지정정책, 유형 및 특징 등에 대한 이론을 조사·분석하였다.

둘째, 해외 사례로 북한, 중국, 일본의 관련법과 문헌자료를 중심으로 국외 지정 현황 및 지정기준을 조사·분석하였다.

(2) 현지 조사 분석

국내분석으로는, 기 지정된 51개의 국내의 명승 대상지를 중심으로 위치별, 유형별, 특징별로 대상지를 분석하였다.

첫째, 위치별 분석에서는 지역별 분포가 어떻게 되어 있는 지를 분석하였다.

둘째, 유형별 분석에서는 문화재청에서 분류한 자연현상으로서의 명승과 문화현상으로서의 명승으로 나누어 분류하였다.

셋째, 특징별 분석에서는 각 장소별 대표적 특징을 중심으로 산악경관, 화산경관, 계곡·폭포경관, 하천경관, 호수경관, 도서경관, 해안경관, 수계경관, 고원·평원경관, 암벽경관, 식생경관, 생태경관, 온천경관, 냉·광천지경관 기타 등으로 분류하여 특징을 분석하였다.

국외분석으로는 우리문화재법에서 명시하고 있는 장소별 특징에 따라, 우선적으로 명승명칭을 중심으로 분류하여 분석하였다.

(3) 종합고찰

문헌조사 분석과 현지조사 분석을 토대로 우리나라 현재 명승 지정의 현황과 국외명승지정의 현황에 대해 분석하고 비교하였으며, 이를 토대로 앞으로 우리나라의 명승 지정의 제도적, 정책적 개선 방향을 제시하고자 하였다.

3. 명승의 이론적 고찰

1) 개념

〈표 6〉 명승의 개념

나라	한국	북한	중국	일본
명승 개념	- 경치가 좋기로 이름난 경승지 - 자연적 경관뿐 아니라 문화예술도 대상	- 아름다운 경치로 이름이 났거나 회귀하고 독특하며, 학술교양적 의의로 국가가 특별히 지정하고 보호하는 지역이나 자연물	- 감상, 문화 혹은 과학적 가치, 자연 경관, 인문 경관 등이 비교적 집중적이며,, 환경이 우아하고, 아름다우며 사람들이 관광 혹은 과학, 문화 활동을 진행할 수 있는 구역 (2006.12.1이후) - 사람들에게 관광 관람, 휴식이나 과학문화 활동을 하도록 제공되는 지역 (1985~2006.11.30)	- 뛰어난 국토의 아름다움으로서 귀중한 것 - 자연적인 것에 관하여 풍치경관이 뛰어난 것 - 명소적 혹은 학술적 가치가 높은 것 - 인문적으로서는 예술적 혹은 학술적 가치가 높은 것

2) 명승의 관련 규정

〈표 7〉 명승의 관련규정

구분	한국	북한	중국	일본
관련규정 (법)	문화재보호법 문화재보호법 시행령 시행규칙	북한 명승지·천연기념물보호법	풍경 명승지 조례 (2006.12.1. 시행) 명승지관리 잠정조례 (1985~2006.11.30.) 국가중점명승지심사방법	문화재보호법 특별사적명승천연기념물과 사적명승천연기념물 지정기준

3) 지정기준

〈표 8〉 명승의 지정기준

구분	한국	북한	중국	일본
관련규정 (지정기준)	1. 자연경관이 뛰어난 산악·구릉·고원·평원·화산·하천·해안·하안·도서 등 2. 동·식물의 서식지로서 경관이 뛰어난 곳 가. 아름다운 식물의 저명한 군락지 나. 심미적 가치가 뛰어난 동물의 저명한 서식지	- 산, 바닷가, 호수, 폭포, 계곡 같은 것	- 그 경물의 관상, 문화, 과학가치와 환경가치, 규모 크기, 관람조건 등에 따라 국가중점 명승지(면적 : 10㎢이상), 성급 명승지, 시·현급 명승지의 세 가지 급 지정 시 포함되어야 할 것	1. 공원, 정원 2. 교량, 축대제방 3. 화수, 화초, 단풍, 농림목 등의 집단 서식 장소

구분	한국	북한	중국	일본
관련규정 (지정기준)	3. 저명한 경관의 전망 지점 　가. 일출·낙조 및 해안·산악·하천 등의 경관 조망 지점 　나. 정자·누(樓) 등의 조형물 또는 자연물로 이룩된 조망지로서 마을·도시·전통유적 등을 조망할 수 있는 저명한 장소 4. 역사문화경관적 가치가 뛰어난 명산·협곡·해협·곶·급류·심연·폭포·호소·사구, 하천의 발원지, 동천·대(臺), 바위, 동굴 등 5. 저명한 건물 또는 정원(庭苑) 및 중요한 전설지 등으로서 종교·교육·생활·위락 등과 관련된 경승지 　가. 정원·원림·연못, 저수지, 경작지, 제방, 포구, 옛 길 등 　나. 역사·문학·구전 등으로 전해지는 저명한 전설지 6. 「세계 문화 및 자연유산의 보호에 관한 협약」 제2조의 규정에 의한 자연유산에 해당하는 곳 중에서 관상상 또는 자연의 미관상 현저한 가치를 갖는 것		1. 풍경 자원 평가 2. 생태 자원 보호 조치 3. 중대한 건설 항목 배치 4. 강도의 개발 이용 5. 풍경 명승지의 기능 6. 구성과 공간 배치 7. 개발금지와 개발 제한의 범위 8. 풍경 명승지의 유람객 용량 9. 유관 전문 항목 기획	4. 조수, 물고기, 곤충 등 서식하는 장소 5. 암석, 동혈 6. 협곡, 폭포, 계류, 심연 7. 호소, 습지, 부도, 용천 8. 사구, 사막, 해변, 도서 9. 화산, 온천 10. 산악, 구릉, 고원, 평원, 하천 11. 전망지점

4) 명승의 유형 및 세부적 특징과 지정기준

　　명승의 유형을 크게 2가지로 나누면 자연현상으로서의 명승과 문화경관으로서 명승으로 나눌 수 있다. 자연현상으로서 명승을 세부적 특성으로 분류하면 산악경관, 화산경관, 계곡·폭포경관, 하천경관, 호수경관, 도서경관, 해안과, 수계경관, 고원·평원경관, 암벽경관, 식생경관, 온천경관, 냉·광천지 경관으로 14개로 분류된다.

<표 9> 명승의 유형 및 세부적 특징과 지정기준

명승의 유형	세부적 특징	지정기준
자연현상으로서 명승	산악경관	- 심성암이나 성층암으로 구성된 것 - 산지가 연봉·군봉·단봉 등의 형태 - 융기준평원, 습곡산지, 지묵, 지구, 카르스트 지형과 같은 지형적 특징을 갖는 곳.
	화산경관	- 원추화산, 종사화산, 순상화산, 대상화산, 탑상화산 등의 형태 - 용암지형, 용암대지, 용암침식산지, 칼데라호, 애추양상 등과 같은 지형적 특징을 갖는 곳.
	계곡·폭포 경관	- 신성암, 성층암, 분출암 등으로 구성된 것. - V자형곡, U자 형곡, 협곡 등의 계곡 특징과 차별 침식에 의한 폭포의 형태 - 용소, 암벽, 암봉, 암주, 암문, 계류 등
	하천경관	-
	호수경관	- 단층호, 해적호, 하적호 등과 같은 지질학적 형성 특징에 빼어난 호소 경관과 주변 생태 경관이 어우러진 곳
	도서경관	-
	해안경관	-
	수계경관	-
	고원·평원 경관	
	암벽경관	-
	식생경관	-
	생태경관	-
	온천경관	-
	냉·광천지 경관	
문화경관으로서 명승	-	- 저명한 건물이 있는 경승지 또는 원지와 자연과 문화적 요소들이 결합되어 뛰어난 조망 경관을 형성하고 있는 곳

출처 : 문화재청, 2003

4. 명승의 현황 및 분석

1) 국내 사례

(1) 지정 현황

〈표 10〉 명승의 지정현황

연번	종목	명칭	지정면적	지정일	분류
1	명승 제 1호	명주 청학동의 소금강(溟州 靑鶴洞의 小金剛)	23,971,684㎡	1970. 11. 23.	계곡
2	명승 제 2호	거제 해금강(巨濟海金剛)	임야 6,584㎢, 해면 0.536㎢	1971. 02. 23.	해안
3	명승 제 3호	완도 정도리의 구계등(莞島 正道里의 九階燈)	114,317㎡	1972. 07. 24.	해안
4	명승 제 6호	불영사 계곡 일원(佛影寺溪谷一圓)	35,180,561㎡	1979. 12. 11.	계·폭
5	명승 제 7호	상백도 하백도 일원(上白島下白島一圓)	622,416㎡	1979. 12. 11.	도서
6	명승 제 8호	백령도 두무진(白翎島두무진)	4,500,000㎡	1998. 12. 30.	도서
7	명승 제 9호	진도의 바닷길(진도의 바닷길)	3.89㎢	2000. 03. 14.	해안
8	명승 제10호	삼각산(三角山)	273,000㎡	2003. 10. 31.	산악
9	명승 제11호	청송 주왕산 주왕계곡 일원(靑松 周王山 周王溪谷 一圓)	9,177,544㎡	2003. 10. 31.	계곡
10	명승 제12호	진안 마이산(鎭安馬耳山)	160,159㎡	2003. 10. 31.	산악
11	명승 제13호	부안 채석강 적벽강 일원(扶安彩石帆舟一圓)	127,372㎡	2004. 11. 17.	해안
12	명승 제14호	영월 어라연 일원(寧越魚羅淵一圓)	1,700,229㎡	2004. 12. 07.	계곡
13	명승 제15호	남해 가천마을 다랑이논(南海加川 마을다랑이논)	-	2005. 01. 03.	문화
14	명승 제16호	예천 회룡포(醴泉 回龍浦)	-	2005. 08. 23.	하천
15	명승 제17호	부산 태종대(釜山 太宗臺)	2,088,780㎡	2005. 11. 01.	해안
16	명승 제18호	소매물도등대섬(小每勿島燈臺섬)	141,460㎡	2006. 08. 24.	도서
17	명승 제19호	예천 선몽대 일원(醴泉 仙夢臺 一圓)』	255,253㎡	2006. 11. 16.	문화
18	명승 제20호	제천 의림지	130,000㎡	2006. 12. 04.	문화
19	명승 제21호	공주 고마나루	875,763㎡	2006. 12. 04.	수계
20	명승 제22호	영광 법성진 숲쟁이(靈光 法聖鎭 숲쟁이)	27.397㎡(32필지)	2007. 2. 1	문화
21	명승 제23호	봉화 청량산	-	2007. 3. 13	산악
22	명승 제24호	부산 오륙도(釜山 五六島)	28,189㎡	2007.10. 1	도서
23	명승 제25호	순천 초연정 원림(順天 超然亭 園林)	66,441㎡	2007.12. 7	식생
24	명승 제26호	안동 백운정 및 개호송 숲 일원安東 白雲亭 및 開湖松 숲 一圓)	238,822㎡	2007.12. 7	식생
25	명승 제27호	양양 낙산사 의상대와 홍련암(襄陽 洛山寺 義湘臺와 紅蓮庵)	74,593㎡	2007.12. 7	문화

연번	종목	명칭	지정면적	지정일	분류
26	명승 제28호	삼척 죽서루와 오십천(三陟 竹西樓와 五十川)	37,321㎡	2007.12. 7	수계
27	명승 제29호	구룡령 옛길(九龍嶺 옛길)	23,600㎡	2007.12.17	문화
28	명승 제30호	죽령 옛길(竹嶺 옛길)	151,115㎡	2007.12.17	문화
29	명승 제31호	문경 토끼비리	43,067㎡	2007.12.17	문화
30	명승 제32호	문경새재	3,768,307㎡	2007.12.17	문화
31	명승 제33호	광한루원(廣寒樓苑)	69,795㎡	2008. 1. 8	문화
32	명승 제34호	보길도 윤선도 원림(甫吉道 尹善道 園林)	480,728㎡	2008. 1. 8	문화
33	명승 제35호	성락원(城樂園)	14,407㎡	2008. 1. 8	문화
34	명승 제36호	서울 부암동 백석동천(서울付岩洞白石洞天)	50,861㎡	2008. 1. 8	문화
35	명승 제37호	동해무릉계곡(東海 武陵溪谷)	1,534,669㎡	2008. 2. 5	계곡
36	명승 제38호	장성 백양사 백학봉(長城 白羊寺 白鶴峰)	584,364㎡	2008. 2. 5	계·폭
37	명승 제39호	남해 금산	-	2008. 5. 2	산악
38	명승 제40호	담양 소쇄원	108,531㎡	2008. 5. 2	문화
39	명승 제41호	순천만(順天灣)	3,015,859㎡	2008.06.16	해안
40	명승 제42호	충주 탄금대(忠州 彈琴臺)	일곽	2008.07.09	해안
41	명승 제43호	제주 서귀포 정방폭포(濟州 西歸浦 正房瀑布)	10,529㎡	2008.08.08	폭포
42	명승 제44호	단양 도담삼봉(丹陽 島潭三峰)	178,232㎡	2008.09.09	수계
43	명승 제45호	단양 석문(丹陽 石門)	4,982㎡	2008.09.09	수계
44	명승 제46호	단양 구담봉(丹陽 龜潭峰)	159,667㎡	2008.09.09	산악
45	명승 제47호	단양 사인암(丹陽 舍人巖)	5,950㎡	2008.09.09	수계
46	명승 제48호	제천 옥순봉(堤川 玉荀峰)	178,232㎡	2008.09.09	산악
47	명승 제49호	충주 계립령로하늘재	397,478㎡	2008.12.26	문화
48	명승 제50호	영월 청령포(寧越 淸泠浦)	204,241㎡	2008.12.26	문화
49	명승 제51호	예천 초간정원림(醴泉 草澗亭 園林)	12,979㎡	2008.12.26	문화
50	명승 제52호	구미 채미정(龜尾 採薇亭)	56,603㎡	2008.12.26	문화
51	명승 제53호	거창 수승대(居昌 搜勝臺)	7,396㎡	2008.12.26	문화

주 : 당초 4호인 송광사, 선암사일원과 5호인 대흥사일원은 1998년 사적 및 명승으로 변경됨에 따라 해제되었음으로 명승
　　에서 제외하였음.

(2) 위치별 현황

〈표 11〉 명승의 위치별 현황

구분	서울	부산	대구	인천	광주	대전	울산	경기	강원	충북	충남	전북	전남	경북	경남	제주	합계
소계	2	2	0	1	0	0	0	1	7	10	1	3	9	9	5	1	51

(3) 유형별 분류

〈표 12〉 명승의 유형별 분류

분류	소계
자연경관	32
문화경관	19
기타	-
합계	51

(4) 특징별 분류

〈표 13〉 명승의 특징별 분류

명승의 유형	세부적 특징	개소
자연현상으로서 명승	산악경관	7
	화산경관	0
	계곡·폭포경관	7
	하천경관	1
	호수경관	0
	도서경관	4
	해안경관	7
	수계경관	5
	고원·평원경관	0
	암벽경관	0
	식생경관	2
	생태경관	0
	온천경관	0
	냉·광천지경관	0
문화경관으로서 명승	-	18
기타		0
합계		51

2) 국외 사례

(1) 북한

① 유형별 특징

〈표 14〉 북한 명승의 유형별 특징

분류	소계
자연경관	87
문화경관	115
합계	202

② 특징별 특징

〈표 15〉 북한명승의 특징별 특징

명승의 유형	세부적 특징	개소
자연현상으로서 명승	산악경관	26
	화산경관	0
	계곡·폭포경관	10
	하천경관	0
	호수경관	1
	도서경관	0
	해안경관	14
	수계경관	0
	고원·평원경관	0
	암벽경관	0
	식생경관	0
	생태경관	0
	온천경관	0
	냉·광천지경관	0
문화경관으로서 명승	-	115
기타		37
계		202

주: 자료에 의하면, 북한은 명승이 총 320개소로 되어있으나, 현재 가지고 있는 목록 202개소를 가지고 분석하였음.

(2) 중국

① 유형별 특징

〈표 16〉 중국 명승의 유형별 특징

분류	소계
자연경관	187
문화경관	0
합계	187

② 특징별 특징

〈표 17〉 중국 명승의 특징별 특징

명승의 유형	세부적 특징	개소
자연현상으로서 명승	산악경관	104
	화산경관	0
	계곡·폭포경관	5
	하천경관	21
	호수경관	21
	도서경관	0
	해안경관	5
	수계경관	0
	고원·평원경관	0
	암벽경관	0
	식생경관	0
	생태경관	0
	온천경관	0
	냉·광천지경관	0
문화경관으로서 명승	-	0
기타		31
합계		187

주 : 성급 및 시·현급 풍경 명승지 500개소를 포함하면 총 687개소이나, 현재 자료로 가지고 있는 국가급 명승 187개소를 중심으로 분석.

(3) 일본

① 유형별 특징

〈표 18〉 일본 명승의 유형별 특징

분류	소계
자연경관	188
문화경관	143
합계	331

② 특징별 특징

〈표 19〉 일본 명승의 특징별 특징

명승의 유형	세부적 특징	개소
자연현상으로서 명승	산악경관	15
	화산경관	0
	계곡·폭포경관	43
	하천경관	1
	호수경관	2
	도서경관	8
	해안경관	1
	수계경관	0
	고원·평원경관	2
	암벽경관	11
	식생경관	0
	생태경관	0
	온천경관	0
	냉·광천지경관	0
문화경관으로서 명승	-	143
기타		105
합계		331

5. 결과 및 고찰

1) 명승 지정 규정 분석 결과

(1) 개념

한국, 북한, 중국, 일본 모두 자연 현상으로서의 명승과 문화현상으로서의 명승의 개념을 동일하게 포함하고 있다.

(2) 기준

한국, 북한, 중국은 지정기준이 면적 개념이고 일본은 면적 개념과 점적 개념을 혼용하여 적용하고 있다. 특이한 것은, 중국은 명승지를 규모별로 3등급으로 구분하여 지정관리하고 있다는 점이고, 일본은 명승과 지정가치가 좀 더 크다면 특별명승으로 지정하여 관리하고 있다는 점이 다르다.

2) 명승 지정 현황 분석 결과

(1) 위치별

우리나라의 명승지정은 충북 10곳(20%)으로 제일 많고, 전남 9개소(18%), 경북 9개소(18%), 강원이 7개소(14%), 경남이 5개소, 전북이 3개소이고, 서울, 부산이 2개소, 인천, 경기, 충남, 제주가 1개소씩이다.

대부분 지방의 자연경승지 위주로 지정되어 있어, 대전, 광주, 대구, 울산, 제주 등 대 도시들은 지정된 것이 전무한 실정이다.

(2) 유형별

한국, 중국은 자연현상으로서의 명승이 중심이고, 북한과 일본은 자연현상 및 문화현상으로서의 명승이 혼재하고 있다.

일본은 면적인 대상물외에도, 다리, 정원등 점적인 소규모단위에도 명소로서의 특성만 있으면 명승으로 지정하고 있으며, 북한은 큰 단위로서 명승을 지정해놓고, 그 안에 작은 단위들, 특이한 명소 및 자연현상까지도 별도의 명승으로 세부 지정하여 관리하고 있다.

(3) 특징별

〈표 20〉 명승의 특징별 특징

명승의 유형	세부적 특징	한국	북한	중국	일본
자연현상으로서 명승	산악경관	7	26	104	15
	화산경관	0	0	0	0
	계곡·폭포경관	7	10	5	43
	하천경관	1	0	21	1
	호수경관	0	1	21	2
	도서경관	4	0	0	8
	해안경관	7	14	5	1
	수계경관	5	0	0	0
	고원·평원경관	0	0	0	2
	암벽경관	0	0	0	11
	식생경관	2	0	0	0
	생태경관	0	0	0	0
	온천경관	0	0	0	0
	냉·광천지경관	0	0	0	0
문화경관으로서 명승	-	18	115	0	143
기타		0	37	31	105
합계		51	202	187	331

한국은 산악경관과 해안경관 위주의 명승이 지정되어 있으며, 북한은 문화경관으로서의 명승과 산악경관, 해안 경관 등 자연경관으로서의 명승이 지정되어 있다. 또한, 중국은 산악 경관과 하천, 호수 경관 위주의 자연경관과 문화경관과 복합경관 성격의 유형으로 지정하고 있으며, 일본은 정원, 다리 등 문화경관 위주의 명승이 지정하여 관리되고 있다.

(4) 법규 및 제도정책

1. 현재 우리나라는 명승을 관장하고 있는 기구가 문화재청 사적명승국내에 있긴 하지만, 이를 관장할만한 과가 없고, 천연기념물과내에 한시적기구인 명승계에서 관장 하고 있다.

2. 일본에서 명승으로 관리하고 있는 정원들은 우리나라에서는 몇몇 경우에만 사적으로 관리하고 있다. 현재 사적으로 분류하여 관리하고 있는 7개의 정원들부터 재검토하여 명승으로 지정분류, 관리할 필요가 있다. (사적으로 관리되고 있는 7개 정원 : 궁남지, 함춘원지, 혜음원지, 포석정, 계림, 서출지, 용

강동원지) 또한 현재 한국의 대표적 별서정원으로 남아있는 전남 강진 다산초당, 화순 임대정, 경북 영양의 서석지, 청도 거연정, 예천 초간정, 경남 양산 소한정, 대전 남간정사, 서울 석파정 등은 일본의 경우처럼 바로 명승으로 지정하여도 손색이 없다고 사료된다.

3. 문화재법상 원지의 개념이 불분명함으로 재정립할 필요가 있다.

4. 중국과 북한은 명승의 지정 및 관리주체가 국가이기 때문에, 많은 지정이 가능하며, 관리도 일사불란하게 이루어질 수 있다는 점이 사유재산을 인정하는 우리나라와는 차이점이 있다고 할 수 있다.

5. 중국, 일본의 경우, 지정된 명승의 관리자나 경영자에게 세제적 지원을 해주고, 관람비를 징수하여 관리할 수 있도록 해주고 있는 점은, 우리도 도입해야 할 제도라 생각된다.

6. 결론

본 연구에서는 명승의 개념, 이론적 내용을 고찰하고, 현재 지정된 국내의 명승의 현황을 위치별, 유형별, 특징별로 분석하였으며, 이를 일본, 중국, 북한의 제도 및 정책, 지정현황과 비교분석하였으며, 이를 바탕으로 향후 우리나라 명승 지정의 제도적, 정책적 개선방향에 대해 제시하고자 하였으며, 여기에서 도출된 주요결과는 다음과 같다.

첫째, 북한·중국·일본 등과 비교해 볼 때, 우리나라는 명승의 대한 개념이 뚜렷하지 않으며, 지정개수에서도 현저한 차이가 난다. 이를 위해서 명승의 뜻이나 이미지에 대한 보다 폭넓은 개념과 용어의 정립을 해야 할 때라고 사료되어 진다.

둘째, 북한·중국·일본 등과 비교해 볼 때, 각 나라의 명승 특징을 살펴보면 한국은 자연현상으로서의 경승지에 치중해 있고, 지정건수가 적은 것이 특징이며, 북한은 명산, 팔경 등 규모가 큰 명승지는 이를 세분하여 다수로 지정하는 것이 특징이다.

중국은 명승지를 규모에 따라 세 개로 구분하고, 이중 국가급 대규모지역은 10㎢이상을 대상으로 하고 있는 것이 특징이며, 그보다 작은 규모는 성급, 시현급으로 관리하고 있다.

또한 일본은 명승지정 건수의 55.8%가 정원인 것이 특징이다.

또한, 유형별·특징별로 분류를 하였을 때 분류 기준에 다소 적합하지 않은 명승지들이 있었다고 사료

명승의 유형	세부적 특징	지정기준
자연경관으로서 명승	산악·구릉 경관	- 심성암이나 성층암으로 구성된 것 - 산지가 연봉·군봉·단봉 등의 형태 - 융기준평원, 습곡산지, 지목, 지구, 카르스트 지형과 같은 지형적 특징을 갖는 곳.
	화산경관	- 원추화산, 종사화산, 순상화산, 대상화산, 탑상화산 등의 형태 - 용암지형, 용암대지, 용암침식산지, 칼데라호, 애추양상 등과 같은 지형적 특징을 갖는 곳.
	협곡·계곡·폭포 경관	- 신성암, 성층암, 분출암 등으로 구성된 것. - V자형곡, U자 형곡, 협곡 등의 계곡 특징과 차별 침식에 의한 폭포의 형태 - 용소, 암벽, 암봉, 암주, 암문, 계류 등
	하천경관	
	호소·습지·용천 경관	- 단층호, 해적호, 하적호 등과 같은 지질학적 형성 특징에 빼어난 호소 경관과 주변 생태 경관이 어우러진 곳
	도서·해안경관	- 섬,해변가 경관-
	고원·평원경관	- 고산지대의 평원,일반 평야지대 경관-
	수계경관	- 수려한 경관을 지니고 있는 강, 하천의 수계 경관-
	암벽경관	- 바위,암벽층이 뛰어난 경치를 조성하고 있는 곳-
	식생, 생태경관	- 식생및 습지,하천등 생태적으로 우수한 지역-
	온천경관	- 수질적으로나, 경관적으로 특이한 온천지역-
	냉·광천지경관	- 지질구조 및 지형 발달의 특징에 의하여 예술적·경관적 가치가 있는 곳
문화경관으로서 명승	공원, 정원, 원지	- 저명한 건물이 있는 경승지
	조망지점	- 전설 등의 이야기가 있는 문화적 조망지역
	팔경·구곡	- 문화적 요소들이 결합되어 뛰어난 조망경관을 형성하고 있는 곳
	이름난 중요시설	- 다리·교량·축대·제방 등 자체만으로도 미적 가치를 가지는 곳
복합경관으로서명승		- 자연경관으로서의 가치를 가지며, 문화경관으로서의 성격을 띄는 경승지.

된다. 따라서 이를 검토과정을 거쳐, 재분류 할 여지가 있다고 사료 되어 진다.

셋째, 일본에 비하여 지정기준이 명확하지 않으므로 지정기준을 세분해야 하며, 또한 우리나라도 일본의 지정기준처럼 면적 개념과 점적 개념을 같이 도입해야 된다고 판단되어 진다.

넷째, 유형별 명승을 비교해 보았을 때, 북한, 일본과는 달리 문화적 현상으로서 명승이 별로 지정되어 있지 않다. 앞으로는 문화적 현상으로서의 명승지정이 많이 확대해야 할 때라고 사료되어 진다.

다섯째, 현재 우리나라에, 지정되어 있는 명승의 분포도를 보면 지방 위주로 지정되어 있다는 것을 알수 있다. 수도권 지역과 대도시 주변에도 보존 가치가 있는 경승지들이 많이 있으나, 이것들은 아직 간과되고 있다. 지방, 대도시 등 가능한 명승 대상지들은 모두 지정 관리해야 한다.

예를 들면 한강 8경, 진경산수화에 나타난 경승지등을 들 수 있다.대도시주변의 이들은 무분별한 개발을 하면서 일부 그 가치가 떨어졌을 수도 있고, 거주지역과 밀접하게 관련되어 있어서, 문화재지정 시수반되는 민원 때문에 지정하는데 어려움이 있었다고 볼 수 있다. 그러나 이는 명승에 대한 국민들의 인식부족과 문화재지정에 대한 사유재산 피해의식, 신뢰감을 주지 못하고 있는 정부에 대한 무조건적인반감 등이 그 이유인 것으로 사료된다.

여섯째, 문화재법상 원지에 대한 용어 및 개념정립이 한자까지 넣어서 재정립되어야 한다. 적어도 이점에 대해서는 일본의 문화재법상 나타난 적용기준을 원용하면 가능할 것으로 사료된다.

일곱째, 문화재청 내 명승 관련 업무는 명승과로 확대 개편해야 하고, 시도에도 명승계 정도는 두고관리되어야 한다. 또한 천연기념물과(동식물, 화석, 지질, 천연보호구역)와 명승과, 또는 천연기념물1과(동물계, 식물계), 천연기념물2과(화석, 지질계, 천연보호구역계), 그리고 명승과를 통합 관리하는 자연유산국을신설해야 할 것이다.

여덟째, 명승의 지정 확대 및 전문성을 기하기 위하여 문화재심의위원회 내에 명승분과위원회를 별도로 설치 운영해야 한다.

아홉째, 지정명승지에 대해서는 가능하면, 정부가 예산을 배정 구입할 수 있도록 하고, 그렇지 못할경우에는 세제적 혜택을 많이 부여해야 하며, 중국이나, 일본처럼 입장료를 관리자, 경영자가 징수하여관리할 수 있도록 권한을 부여하는 정책 등을 시행해야 한다.

마지막으로, 중요한 문화유산으로서 예술적, 경관적 가치가 큰 명승이 그 가치를 인정받고 보호 받기위해서는 관련기관의 지속적인 학술조사 연구 뒷받침이 병행되어야 하고, 명승 관련 사유재산에 대한근본적인 제도적 지원책 등이 강구되어야 하며, 범국민적인 홍보와 관심을 불러일으킬 수 있는 정부차원의 과감한 정책 등이 필요한 때라고 생각된다.

▓ 참고문헌

김지혜·이재근(2006), 우리나라 명승 지정의 현황 및 개선방향 연구, 한국전통조경학회지 국제판 4호, pp. 65-75

김창규(2004), 문화재보호법개론, 동방문화사

나명하(2006), 남북한 천연기념물 관리정책의 비교분석, 한경대석사학위논문

문화재청(1999), 자연문화재지도

문화재청(2003), 명승지정 학술 조사 연구, pp.9-11

문화재청(2004), 아하 문화재 알고 보니 쉬워요, pp.8-14

문화재청(2004), 명승지정 학술 조사 연구, pp.9-15.

문화재청(2004), 아하! 문화재 알고 보니 쉬워요, p.14

문화재청(2006), 문화재관계법령집, p.464

문화재청, 문화재 지식 정보 센터

문화재청(2005), 명승지정 학술 조사 연구, pp.11-15

박동석(2005), 문화재보호법, 민속원

박인균(2001), 한국 문화재보호정책의 개선방안에 관한 연구, 연세대학교 행정대학원 석사 학위 논문

신승진(2003), 명승지정을 위한 평가지표 설정에 관한 연구-영월동강 어라연 지역을 중심으로, 상명대학교 대학원 석사학위 논문, pp.1-3

오세탁(2005), 문화재보호법원론, 주류성

이진희(2005), 명승 대상지 평가인자 적용에 관한 연구-동해무릉계곡, 함양 화림계곡을 중심으로, 상명대학교 대학원 석사학위 논문, pp.1-8

한국평화문제연구소(2004), 조선향토대백과

08 | 국가지정문화재 주변 현상변경기준 마련을 위한 계획적 함의 도출 및 적용

최종희_배재대학교 생명환경디자인학부 교수

1. 서론

국가지정문화재 주변 현상변경허가 규정1)에서 쟁점이 되고있는 "문화재보존 영향검토구역"은 현재 문화재 성격, 입지기준, 지역적 특성을 고려하지 않은 채 일률적으로 500m 이내로 규정되고 있어, 지역민의 재산권 침해에 대한 국민제안, 기업건의 등 민원 및 제도·운용2)상의 문제가 제기되고 있다. 이러한 실태 및 제도·운용상의 한계 극복을 하기 위한 선행연구로는 서울시(1981)를 시작으로 박정희(1985), 윤장섭 외(1986), 오민근(1999), 최만봉 외(1992), 최형석(1999), 조우현(2001), 최호운(2001), 도동철(2003) 등이 있으나, 이러한 연구는 현상변경허가관련 신청행위에 대한 기준평가 및 운용체계방안(지구지정, 행위제한 근거 및 운용)을 구명하기 위한 토대를 마련하는데 미흡한 실정이다. 이에 본고는 국가지정 문화재 주변 영향검토구역의 왜소화 방지, 보존대상 문화재 보호구역의 스카이라인 형태보존, 주변지역으로부터의 보존대상 문화재 내지 문화재 보호구역의 조망확보 등을 주 내용적 범위로 하는 문화재 보호법 제

---

1) 1999년 문화재로부터 100m 이내 지역 건축행위시 상급기관의 사전승인제도(건축법시행령 제8조)를 폐지후, 2000년 1월 문화재 주변지역 행위규제 근거였던 문화재보호법 제20조 제4호 규정 "문화재보존에 영향을 미칠 우려가 있는 행위"에 대한 대상과 범위의 모호성 지적으로 인해 "규제개혁위원회"의 권고에 따라 문화재보호법 중 개정법률을 공포하였으며, 2000년 9월 이후 문화재로부터 500m이내 지역에서 문화재 경관을 저해하는 건물 및 시설물 건립 행위규제에 대한 문화재보호법 시행규칙 중 개정령(영향검토제도)을 공포시행하고 있다.
2) 문화재청 현상변경허가 담당부서의 업무폭증 및 지자제 법정계획(예 : 도시관리계획, 경관관리기본계획, 공원녹지기본계획 등)의 수립시, 해당 문화재로 인한 편익을 반영하지 못하고 있는 실정이다.

20조 제 4호 및 제 74조 제 2항·3항에 의한 현상변경허가 여부를 판단하는 '문화재 보존에 영향을 미치는 행위판단'에 대한 구체적인 허가기준을 마련하기 위한 기초 연구로 영향검토구역에서의 현상변경의 절차, 이슈 및 관련제도 및 운영, 기준안 마련을 위한 계획적 준거 등을 구명함에 목적을 두었다.

2. 이론적 고찰

1) 문화재 영향검토구역 적용현황

(1) 문화재 영향검토구역

    문화재 영향검토구역은 건설공사로부터 문화재를 보호하기 위하여 시·도지사가 문화재청과 협의하여 조례로 정하는 지역의 범위로, 주변환경 및 기타 문화재 보호에 필요한 사항 등을 고려하여 당해 문화재의 외곽경계로부터 500m 이내로 정한 구역으로 정의될 수 있으며, 또는 해당 문화재의 왜소화 방지, 스카이라인 형태보존, 조망권 확보, 배경보전 측면에서 기능적, 경관적 가치를 확보하기 위한 완충장치로서, 한편으로는 성문화된 일정한 지침이나 법적 규제기준이 정해지지 않았지만, 해당 문화재위원회 심의에 의해 일정한 규모범위 내에서 건축이 허가되는 지역으로 인식되기도 한다.

(2) 현행 시도별 적용범위

    현재 국가지정문화재 외곽경계로부터 500m이내, 도지정문화재로부터 300m 이내로 규정된 문화재 영향검토 지역범위가 도시지역중 주거·상업·공업지역에 한해 국가와 도 지정문화재 모두 200m로 완화되었으며, 10층 이상의 건물을 신축할 경우 현행 규정을 그대로 적용되고 있는 바, 자세한 내용은 다음과 같다(표 1 참조).

〈표 1〉 시·도별 문화재 영향검토구역 범위

시·도별	국가지정문화재	시·도지정문화재
서울특별시	전지역 : 100m	전지역 : 50m
부산광역시	주거·상업·공업지역 : 200m 그 외 지역 : 500m	좌동
대구광역시	상동	좌동
인천광역시	상동	좌동

〈표 1〉 계속

시·도별	국가지정문화재	시·도지정문화재
광주광역시	상동	좌동
대전광역시	주거·상업·공업지역 : 200m(10개층 높이 규모 이상의 건축물·시설물 : 500m) 그 외 지역 : 500m	주거·상업·공업지역 : 200m(10개층 높이 규모 이상의 건축물·시설물 : 300m) 그 외 지역 300m
울산광역시	상동	상동
경기도	주거·상업·공업지역 : 200m(10개층 높이 규모 이상의 건축물·시설물 : 500m) 그 외 지역 : 500m(세계유산 포함)	주거·상업·공업지역 : 200m(10개층 높이 규모 이상의 건축물·시설물 : 300m) 그 외 지역 : 300m
강원도	전지역 : 500m	전지역 : 500m
충청북도	상동	전지역 : 300m
충청남도	상동	상동
전라북도	상동	전지역 : 500m
전라남도	주거·상업·공업지역 : 200m (단, 숙박·위락·일반음식점·휴게음식점·단란주점·노래연습장·5층 이상 건축물, 건축연면적 1천㎡ 이상 : 500m) 그 외 지역 : 500m	주거·상업·공업지역 : 200m (단, 숙박·위락·일반음식점·휴게음식점·단란주점·노래연습장·5층 이상 건축물, 건축연면적 1천㎡ 이상 : 300m) 그 외 지역 : 300m
경상북도	주거·상업·공업지역 : 200m 그 외 지역 : 500m * 현상변경 처리 기준 내 공사는 영향검토 생략	주거·상업·공업지역 : 200m 그 외 지역 : 300m
경상남도	주거·상업·공업지역 : 200m (단, 숙박·위락·일반음식점·휴게음식점· 단란주점·노래연습장, 5층 이상 건축물, 건축연면적 1천㎡ 이상 : 500m) 그 외 지역 : 500m	주거·상업·공업지역 : 200m(단, 숙박·위락·일반음식점·휴게음식점·단란주점·노래연습장, 5층 이상 건축물, 건축연면적 1천㎡ 이상 : 300m) 그 외 지역 : 300m
제주도	전지역 : 500m	전지역 : 300m

2) 현상변경 처리절차

(1) 현상변경 정의

문화재 원래의 모양이나 현재의 상태를 바꾸는 모든 행위로서 문화재의 생김새, 환경, 경관, 대지 등 문화재를 둘러싸고 있는 주변 환경에 직접 또는 간접적으로 영향을 주는 조건이나 현 상태에서 영향을 주는 일체의 행위를 말한다.

(2) 현상변경 행위의 허가 및 구분

◇ 문화재 현상변경 등의 행위(문화재보호법 시행규칙 제18조의 2)

① 국가지정문화재를 수리·정비·복구·보존처리 또는 철거하는 행위

② 국가지정문화재를 포획·채취·사용하거나 표본·박제하는 행위

③ 국가지정문화재 또는 보호구역의 안에서 행하여지는 다음 각목의 행위

　　가. 건축물 또는 도로·관로·전선·공작물·지하구조물 등 각종 시설물을 신축·증축·개축·이축 또는 용도 변경하는 행위

　　나. 수목을 심거나 제거하는 행위

　　다. 토지 및 수면의 매립·간척·굴착·천공·절토·성토 등 지형 또는 지질의 변경을 가져오는 행위

　　라. 수로, 수질 및 수량에 변경을 가져오는 행위

　　마. 소음·진동 등을 유발하거나 대기오염물질·화학물질·먼지 또는 열 등을 방출하는 행위

　　바. 오수·분뇨·폐수 등을 살포·배출·투기하는 행위

　　사. 동물의 사육·번식 등의 행위

　　아. 토석·골재 및 광물과 그 부산물 또는 가공물의 채취·반입·반출·제거행위

　　자. 광고물 등의 설치·부착 및 각종 물건의 야적행위

◇ 문화재 보존에 영향을 미칠 우려가 있는 행위(문화재보호법 시행규칙 제18조의2 제2항)

① 국가지정문화재로 지정된 지역에 있는 수로의 수질 및 수량에 영향을 줄 수 있는 수계의 상류에서 행하여지는 건축공사 또는 제방축조공사 등의 행위

② 국가지정문화재의 외곽경계로부터 500m 이내의 지역('다'목의 경우에는 법 제74조 제2항 영 제43조의 2의 규정에 따라 건설공사로부터 문화재를 보호하기 위하여 시·도지사가 문화재청장과 협의하여 조례로 정하는 지역)에서 행하여지는 다음 각목의 행위

　　가. 당해 국가지정문화재의 보존에 영향을 줄 수 있는 지하 50m 이상의 굴착행위

　　나. 당해 국가지정문화재의 보존에 영향을 줄 수 있는 소음·진동 등을 유발하거나 대기오염물질·화학물질·먼지 또는 열 등을 방출하는 행위

　　다. 당해 국가지정문화재의 일조량에 영향을 미치거나 경관을 저해할 우려가 있는 건축물 또는 시설물을 설치·증설하는 행위

　　라. 당해 국가지전문화재의 보존에 영향을 미칠 수 있는 토지와 임야의 형질을 변경하는 행위

③ 국가지정문화재와 연결된 유적지를 훼손함으로써 국가지정문화재의 보존에 영향을 미칠 우려가 있는 행위

④ 천연기념물이 서식·번식하는 지역에서 천연기념물의 둥지나 알에 표시를 하거나, 그 둥지나 알을 채취하거나 손상시키는 행위

⑤ 기타 국가지정문화재 외곽경계의 외부지역에서 행하여지는 행위로서 문화재청장 또는 해당 지방자치단체의 장이 국가지정문화재의 역사적·예술적·학술적·경관적 가치와 그 주변 환경에 영향을 미칠 우려가 있다고 인정하여 고시하는 행위

(3) 처리절차

◇ "문화재현상변경 등 허가신청서" 작성제출

국가지정문화재(보호물, 보호구역 포함)의 현상을 변경하거나, 그 보존에 영향을 미칠 우려가 있는 행위를 하고자 할 때에는, 신청인이 허가신청서류를 작성하여 해당 시·군·구 문화재담당과에 제출하여야 한다(그림 1 참조).

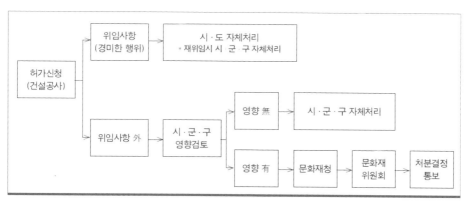

그림 1. 현상변경처리 절차도

◇ 문화재 보존영향 여부 검토

① 신청인이 "국가지정문화재 현상변경 등 허가신청서"를 제출하면, 시장, 군수, 구청장은 국가지정문화재 현상변경 등의 신청행위가 문화재보호법 규정 34조 제 3호에 의한 당해 국가지정문화재(보호물, 보호구역과 천연기념물 중 죽은 것을 포함한다)에 대한 현상변경(천연기념물중 표본, 박제하는 행위를 포함한다)을 하거나, 그 보존에 영향을 미칠 우려가 있는 행위로서 문화관광부령이 정하는 행위에 해당하는지를 검토하여야 한다.

② 건설공사시 문화재 보호는 문화재보호법 제 90조 및 시행령 제52조와 동법 시행규칙 제79조에 따라 사전에 관계전문가 3인이상에게 "문화재보존 영향여부 검토의견서" 6개항목에 따른 검토

의견을 청취하여야 한다.

③ 관계전문가의 검토의견이 문화재 현상변경 등의 행위에 해당되지 않거나 보존에 미치는 영향이 없다고 판단될 경우는 시장, 군수, 구청장이 문화재청장의 현상변경 허가없이 위임된 권한으로 관련사항에 대한 인, 허가 행정행위를 할 수 있다.

④ 관계전문가의 검토항목 중 한 항목이라도 문화재보존에 영향을 미친다는 의견을 제출할 경우에는 시장, 군수, 구청장은 "국가지정문화재 현상변경 등 허가 사전검토의견서"를 첨부하여 관할 시, 도지사를 경유하여 문화재청장에게 관련서류 일체를 송부하여야 한다.

⑤ 문화재청에서는 2008년 8월 국가지정문화재(보호물, 보호구역 포함)주변지역 500m 범위에 있는 현상변경 허가업무 중 일상적이고 반복적인 행위 등 경미한 현상변경에 대해 시, 도지사의 위임사항으로 전환하였다(표 2 참조).

〈표 2〉 국가지정문화재 주변 경미한 현상변경 행위(허가행위)(2008년 8월 1일 관보고시)

지역별	거리별	위임대상
도시지역 중 주거·상업·공업지역	50m 이내	· 기존 건축물·조형물 보수 행위
	50m 초과 100m이내	· 지상 1층 이내의 건축행위 - 건축면적 : 85 이내 - 건축물 최고 높이 5m, 경사지붕 7.5m · 높이 5m 이내 조경시설물·조형물 설치 행위
	100m초과 200m이내	· 지상 3층 이내의 건축행위 - 건축면적 255 이내 - 건축물 최고 높이 11m, 경사지붕 15m · 높이 11m 이내 조경시설물·조형물 설치 행위
	200m초과 500m이내	· 지상 5층 이내의 건축행위 - 건축면적 425 이내 - 건축물 최고 높이 17m · 높이 17m 이내 조경시설물·조형물 설치 행위
	100m초과 500m이내	· 상하수도 및 가스의 관로, 소방시설 설치 행위 · 오·폐수 처리 관로시설 매설 행위 · 기존 도로, 철도, 항만, 교량의 개·보수 행위
관리·녹지·자연환경 보전지역	200m초과 500m이내	· 지상 1층 이내의 농가주택 건축행위 - 건축면적 85 - 건축물 최고 높이 5m, 경사지붕 7.5m
적용범위 및 용어해설		· 건물 최고 높이 : 옥탑, 계단탑, 승강기탑, 망루, 장식탑 기타 이와 유사한 것 포함 · 경사지붕의 경사비율 : 3:10 이상 · 조경시설물 : 인조목인조암 등을 설치하거나 야외의자, 파고라, 울타리 등의 시설물 · 조형물 : 조각작품, 기념탑, 기념비 등 경관 및 환경을 조성하는 시설물

3) 현상변경관련 제도 및 운영

(1) 지구지정의 근거조항

◇ 현행 도시계획법의 체계에서 운영

현행 도시계획법속에서 역사경관보전과 관련된 지구를 신설하여 시행하는 방법으로 역사경관보호지구(기존의 문화재보호구역/왜소화 방지목적), 역사경관특성보전지구(역사경관보호지구주변 지역/왜소화 방지와 역사경관 스카이라인 형태 보전목적), 역사경관군특성보전지구(기존의 제4종 미관지구/왜소화 방지), 역사경관조망보전지구(기존의 고도지구나 시각회랑 형태/조망확보목적), 역사경관배경보전지구(배경보전목적)를 각각 별도의 지구로 지정한다. 이들 지구의 신설은 도시계획법에서 지정한 법조항(제18조 1항) 이외의 지구를 지정할 수 있다는 법조항(제18조 2항)을 근거로 하여 동법 시행령(제16조)에 추가로 명시한다.

◇ 도시계획법 개정안의 체계에서 운영

도시계획법 개정안에 의하여 용도지구를 신설하려면 근거조항(지구명칭, 지정목적, 지정절차)이 조례에 포함되어야 하고, 조례는 역사경관조례 또는 경관조례로 하여 제정한다. 이 때 신설되는 용도지구에서의 행위제한 근거를 도시계획법(제19조 1항)에 의하여 규정하며, 지자체의 조례에 의하여 신설하는 지구의 명칭은 현행 도시계획법에 의하여 신설하는 지구와 같다. 또한 역사경관지구를 규정하고, 지구를 세분하는 경우 행위제한의 형식(조례에서의 행위제한을 하는 형식과 조례에 의한 지침을 수립하는 형식)에 따라 조례에서 행위제한을 규정하는 경우에만 지구세분의 규정을 둔다.

(2) 행위제한 근거조항

◇ 현행 도시계획법의 체계에서 운영

역사경관보전 관련 용도지구 내에서의 행위제한에 관한 근거는 기존의 용도지구와 같이 건축법으로 위임되고(도시계획법 제19조 1항), 구체적인 행위제한 내용은 건축법시행령과 건축조례에서 규정한다.

◇ 도시계획법 개정안의 체계에서 운영

도시계획법의 개정안의 경우 시도의 조례에 의하여 신설되는 용도지구 안에서의 행위제한내용은 역사경관조례나 경관조례내에 포함한다. 이때 조례에서는 기본적인 사항뿐만 아니라 행위제한 내용을 포함할 수도 있고, 조례에서 기본적인 사항만을 언급하고 세부적인 행위제한내용은 건축법으로 위임하여 건축조례로 규정할 수 있다.

(3) 행위제한내용의 운영형식

◇ 지구별 지침의 작성

행위제한의 내용을 운영함에 있어서 조례에 지구내 지침의 작성에 대한 방법, 내용, 운영절차 등 필요한 내용을 규정하고, 각각의 지구별로 지침을 작성하여 지구별 특성을 반영하도록 한다.

◇ 지구 내 동일한 규제내용 적용

기존의 용도지구에서와 같이 역사경관보전 관련 용도지구에서의 행위제한내용을 조례에서 정하고, 지구별로 동일한 규제내용을 적용한다.

(4) 역사경관보전계획의 수립

현행 도시계획법에 의하여 운영하는 경우는 도시계획의 분야계획으로 경관계획을 수립하고, 그 속에 역사경관계획을 포함하며, 도시계획법 개정안에 의하여 운영할 경우는 조례에서 역사경관계획 혹은 경관계획을 수립하도록 한다. 이에 현행 도시계획법에 의한 경우 경관 관련 계획의 수립을 위하여 통합된 운영체계를 갖추기 위해서는 지구지정 근거, 행위제한 근거, 행위제한 운영 등의 도시계획법 및 내용의 개정이 뒷받침되어야 한다.

4) 문화재특성별 조정기준

(1) 점적 문화재

· 점적 문화재는 대개 단일 문화재로 이루어지며, 면적문화재와는 달리 일정한 영역을 점유하지 않으며, 소규모 독립적인 문화재인 비각, 정려각, 성문 및 마애불 및 석탑, 부도, 석등, 고분, 고인돌 등이며, 또한 문화재를 둘러싼 외부영역이 형성되어 있지 않거나 좁아서 대개 관찰자(보행자)가 문화재 외부에서 일정한 거리를 두고 감상, 관찰하는 시지각적 특성을 보인다. 이에 외부에서 문화재를 조망 감상할 수 있는 조망형 경관의 질이 무엇보다 중요하며 이와 함께 문화재 앞에서 외부로 조망하는 경관을 확보해야 한다.

· 또한 점적 문화재는 사람이 문화재 내부로 들어갈 수 없으며, 외부에서 그 문화재를 관찰하는 것이 주된 이용형태가 되며, 관찰자는 주변을 유동하는 보행자가 되며 관찰자의 시선 중앙에 놓이게 된다. 따라서 문화재의 배경에 건축하는 건축물의 높이와 형태 등은 경관의 질에 큰 영향을 미치게 된다. 이에 점적 문화재 중에서 건축문화재는 건축형식과 구조 등이 주변의 건축물(시설물)과 이질적이어서 문화재와 주위 건축물관의 조화로운 관계 설정이 필요하다. 특히 도심에 위치하는 점적 문화재의 경우 주위의 상업적인 중고층 건물에 의해 에워싸여 문화재의 고유한 특성과 형태를 보존하는데 어려움이 있다.

(2) 면적 문화재

· 면적 문화재는 점적(点的)인 문화재와는 달리 일정한 넓은 영역에 걸쳐 문화재들이 군집을 이루어 배치되며, 특유의 장소성을 가지고 있다. 주로 전통건축물이 군집을 이루고 있는 궁궐, 사찰 및 여러 기의 고분이나 고인들이 군집을 이루고 있는 고분군, 고인돌군 등에서 볼 수 있다. 이러한 면적 문화재는 내부영역을 점유, 이동하는 행태적 특성을 보인다. 따라서 관찰자가 문화재 내부에서 외부를 바라보는 조망과 내부공간을 이동하면서 중심이 되는 문화재와 그 주변의 군집을 이루는 부속 문화재를 바라보는 조망 및 문화재 외부에서의 조망을 모두 고려해야한다. 문화재 내부영역에서 외부를 바라볼 때 문화재 주변의 건축물은 단순한 배경으로서 인식된다.

· 면적 문화재에서 경관의 주 대상이 되는 공간은 주로 내부공간이 아닌 외부공간이기 때문에 내정과 진입부, 그리고 건축물 사이를 이동하면서 중심이 되는 건축물을 조망할 수 있는 공간 한정이 요구된다. 따라서 주변 건축물의 높이는 이동 시점 상에서 문화재 내부의 중심건축물에 대한 조망이 가능하고 문화재 외부의 주변 건축물이 배경으로서 역사적 경관을 훼손하지 않는 것을 기준으로 설정해야 한다. 특히 건축문화재의 경우 건축형식과 구조 등이 문화재 주변 건축물과 이질적이어서 문화재와 건축물간의 조화로운 관계 설정이 필요하다. 특히 도심에 입지한 면적 문화재의 경우 그 가치 측면에서 중요도가 높고, 지역 중심성이 강하여 개발과 보존의 혼합 양상이 강하게 나타난다.

· 면적 문화재 내부영역에서 외부를 바라보는 경우 중심 문화재 앞에서 그 주변을 바라보기 때문에, 중심 문화재 정면에서 외부를 조망하는 지점을 선택하는 것이 중요하며, 문화재 내부 이동시점 상에서 중심 문화재와 그 주변 문화재를 조망하는 경우는 조망가능 영역에서 중심 문화재의 1차 윤곽선이 보호되는 조망선을 기준으로 주변 건축물의 건축가능 높이를 한정하는 것이 유용하다.

(3) 선적 문화재

선적 문화재는 산성과 읍성처럼 선형(線形)으로 형성되는 문화재이다. 대개 외부는 관찰자에게 선형으로 인식되나 내부는 일정한 영역을 차지하고 있어 면적문화재의 특성도 동시에 가지고 있다. 무엇보다 외부에서 조망시 선형으로 형성된 문화재의 윤곽이 뚜렷하게 지각될 수 있어야 하며, 내부에서 외부로 바라볼 때 조망하는 시야를 차폐해서는 안 된다. 선적 문화재 중에서 주로 도심에 입지하는 읍성은 이미 주변이 개발된 경우가 많아서 검토구역의 경관보존·관리에 많은 어려움이 있다. 그러나 산성 등은 대개 도심에서 일정한 거리를 둔 농촌이나 미개발지역에 위치하므로 기존의 자연경관을 유지하는 것만으로도 큰 효과를 볼 수 있다. 이들 선형의 문화재는 주로 산지나 구릉지에 위치하므로 내려다보는 부각보다는 외부에서의 조망을 차폐하지 않도록 절대고도와 앙각으로 건축물의 높이가 일정한 고도를 초과하지 않도록 하여야 한다.

5) 소결

(1) 기존의 개별 점적 지정문화재의 경우 원형보존에 치중해 왔으나 앞으로는 면적관리를 통해 문화재 보존·관리 효과를 확산시킬 필요가 있으며, 역사경관의 보존을 지역경제 활성화 차원에서도 적극적으로 추진할 가치가 있다. 따라서 개별 문화재의 한계를 벗어나 광범위한 관리개념으로서의 역사문화환경에 대한 개념을 재정립할 필요가 있다. 이에 문화재를 중심으로 형성되는 역사경관을 효율적으로 보존·관리하기 위해서는 「국토계획 및 이용에 관한 법률」과 연계하여 문화재 보호구역 및 검토구역 일원을 용도지구로 지정 관리하는 도시계획적 경관 관리방법을 도입하는 것을 고려하여야 한다.

(2) 문화재 및 주변환경특성을 고려한 조닝(Zoning)은 현행 문화재 검토구역의 건축물 높이 제한방식은 기준이 되는 시점(視點)과 대상(對象)의 설정에 있어 문제를 가지고 있으며, 제도 운용에 있어서도 합리성과 효과성이 미약하다. 따라서 문화재 검토지역을 제1구역, 제2구역, 제3구역 등의 세부구역으로 구분하고, 조닝별 허용건축기준을 수립 시행하는 것이 바람직하다. 즉 특정 문화재별로 구역(Zone)을 세분하고, 각 구역의 내부를 다시 가구와 땅가름 및 지형여건을 단위로 세분하여 건축허용기준을 수립 적용한다. 이를 통해 해당문화재의 보존·관리의 효율성과 일관성을 기하고 문화재 주변의 역사성이나 공공성을 지속적으로 유지 관리하는 것이 바람직하다.

(3) 조닝에 의한 건축규제는 획일적 규제가 되기 쉬운 단점이 있으나 대도시가 아닌 인구밀도가 낮고, 3층 이하 소규모 건축물이 대다수를 차지하는 지방 중소도시에서는 앙각의 적용보다 효과적이다. 기존의 앙각에 근거한 건축높이제한보다는 이용자의 문화재 경관 이용행태적 특성과 조망점과 조망경로를 고려한 문화재 검토구역내 토지이용 및 경관가시성 확보 방안을 마련하여야 한다.

3. 현상변경허가기준 마련을 위한 계획적 준거

1) 도시계획 수법에서 사용되는 '계획중심의 규제방식'과 '용도지역제'의 준용

대상문화재의 종류를 '점적 문화재'와 '면적 문화재'로 유형을 구분하고 원래의 자리에서 이동되었거나, 문화재 일원 역사문화환경의 원형이 현저히 훼손된 점적 문화재와 면적 문화재가 모두 일괄적으로 지정된 현상변경 상의 구역으로부터 500m를 문화재 영향검토지역으로 설정한 현행의 문화재보호법은 불합리한 면이 있는바, 이에 점적 문화재는 현행의 법규보다 문화재 영향검토지역의 범위가 축소되어야 한다. 또한 문화재의 유형분류와 계획적 수법과의 관련성에 있어 점적 문화재는 영향검토지역의 범위를 현재 문화재가 위치한 주변토지의 용도에 따라 탄력적으로 범위를 조정한다. 한편 면적 문화재는 용도지역제의 수법을 응용하여 지정된 문화재 및 영향검토지역을 지구로 지정하여 면적으로 관리하며, 이때 토지이용 용도의 지정은 현행의 '국토의 계획 및 이용에 관한 법'의 용도와 세부지구를 준용하며, 특히, 도시계획법, 고도보존법, 경관법 등에서의 지구지정과 연계하여 새롭게 용도지구를 세분하여 지정한다면, 관계법령간의 토지이용용도를 계획의 정도와 일치시켜 사유재산권의 침해라는 문제를 해결할 수 도 있으며, 중복적인 지정에 따른 비효율성도 개선시킬 수 있다.

2) 문화재 유형별, 도시계획수법에 따른 행위설정

(1) 점적 문화재의 행위설정 기준

토지용도의 경우 문화재의 영속성과 주변 환경과의 이질성을 배제하기 위하여 절대적인 거리 내에는 현상변경 행위를 전면 금지하며(대략 30~50m), 현재 건물 등이 이 범위 내에 들어와 있는 경우는 추후 계속적인 매입을 통하여 절대적 보존거리를 확보한다. 또한 높이설정에서는 건조물이나 노거수 등의 수직적인 높이가 있는 문화재의 경우는 보호구역내에서 절대적인 높이규제의 고도를 제한한다. 한편 경관과의 조화 및 가시성 확보에서는 조망축(시각회랑)의 보존, 주변 건축물과의 기준 마련한다[3].

(2) 면적 문화재의 행위설정 기준

토지용도의 경우 지정문화재를 포함한 문화재보호구역과 현상변경심의구역을 확대 지정하여 '문화재보호지구'로 지정하고 건폐율, 용적율, 건물의 외관이나 형태 등 행위제한의 법적 기준을 마련한다. 한편 지정된 문화재가 속한 현행의 용도(도시지역, 농림지역, 관리지역)에 따라 행위제한 기준은 달라지며, 높이설정 및 경관과의 조화에서는 문화재보호지구(가칭)'로 지정된 지역에 있어서의 높이규제, 조망축 보호,

---

3) 점적 문화재의 경우도 현행의 현상변경 심의구역을 50m, 100m, 500m 등으로 구분하고 절대적 보호구역, 완충적 보호구역, 유보적 보호구역 등의 개념으로 구분하고 각각의 구역마다 행위제한 기준을 일반적인 지침으로 제시한다.

주변 환경과의 조화 등은 현행의 '지구단위개발' 방식의 수법을 통하여 지자체별로 조례나 지침을 수립한다.

4. 현상변경기준안 마련을 위한 물리적 지표기준[4]

1) 관련법규

관련법규에 있어서는 첫째 국토의 계획 및 이용에 관한 법률, 군사보호법 등 관련법규와의 관계를 종합적으로 검토하며, 둘째 문화재가 소재하고 있는 위치와 허용기준 대상지역의 용도지역·지구를 종합적으로 검토 반영한다. 셋째 타 법령에 의거 문화재 주변 경관관리 등을 충족시킬 수 있는 경우에는 그 법령을 활용한다.

2) 문화재 보존관리

문화재 보존관리에 있어서는 첫째 문화재 지정구역 및 보호구역을 확인하고, 허용기준안을 작성할 문화재 주변 대상범위(필요시 측량 확인)를 명확히 설정하며, 둘째 유적 범위가 확인되지 않은 유적에 대하여는 문헌자료 등을 통하여 경역을 최대한 확인하고, 그 영역을 범위로 한다. 셋째 매장문화재 포함지역 여부를 확인(GIS 등 확인)하고 필요한 경우에는 보존계획에 반영한다. 넷째 문화재 보존관리계획에 주변 세부정비계획이 수립되어 있을 경우는 동 계획을 반영하고, 수립되지 않은 경우는 허용기준을 문화재 정비계획에 반영하도록 하며, 토지 및 지장물 매입 등의 계획을 반영한다. 다섯째 문화재의 특성을 고려하여 주변 건축물 등에 대한 규모, 형태, 색상, 재질, 용도 등을 제한한다.

3) 입지환경

입지환경에 있어서는 첫째 대상 문화재 주변에 주거지 등 밀집된 시설이 없는 경우(산지형, 농지형)에

---

[4] 현상변경 허가기준안은 지정된 대상문화재를 보호하고, 주변 환경으로부터의 조화를 꾀하고자 하는 것이 목적이라고 판단되는바, 개별문화재별로 현상변경허가기준안 작성을 원칙으로 하며, 그 내용으로는 대상 문화재의 연혁, 제원, 특징, 역사적 관계, 현재의 상황, 정비계획, 활용계획 등을 고려하여 "문화재의 특성에 맞는 토지이용", "역사문화 환경과의 조화", "시각적, 경관적 가시성 확보를 위한 높이설정" 등을 포함한다.

는 대상 문화재의 왜소화 방지, 주요 조망점에서의 스카이라인 확보, 외부로부터의 대상문화재의 조망권 확보, 배경보존측면에서 현상 유지하는 방향으로 기준 마련하며, 대상문화재 및 주변 경관보존 관리에 직접적인 영향을 미치는 경우에는 시설물 신설 지양한다. 둘째 대상 문화재 주변전체에 주거지 등 밀집된 시설이 있는 경우(도심형, 대도시형, 중소도시형, 개발촉진지역)에는 대상 문화재의 왜소화방지, 주요 조망점에서의 스카이라인 확보, 외부로부터의 대상문화재의 조망권 확보측면에서 기준을 마련하며, 대상문화재에 직접적인 영향을 미칠 수 있는 시설물 설치는 지양한다. 또한 경관적 측면에서 건물높이는 앙각 또는 거리별 기준을 적용하고, 건축법에 의한 건폐율 등을 고려하여 시설규모 검토하며, 시설물 규모가 결정된 경우 녹지조성, 차폐식재 등 조경은 문화재 경관을 고려하여 배치 검토한다. 한편 도시계획법(지역, 지구지정)등의 타법의 행위제한 사항을 검토, 처리기준에 반영한다. 셋째 대상 문화재 주변전체에 부분적으로 밀집된 시설이 있는 경우(소도시형 인구의 밀집도가 낮고 도시화가 어느 정도 진행된 도시사례)에는 대상 문화재의 왜소화방지, 주요 조망점에서의 스카이라인 확보, 외부로부터의 대상문화재의 조망권 확보측면에서, 미래 주변지형이 복구될 수 있다는 것을 전제로 기준마련하며, 대상문화재에 직접적인 영향이 미약한 경우 건축법에 의한 건폐율, 용적률 등을 고려하여 시설규모를 결정하고, 기존의 도심 내에서 시설물 설치한다. 또한 시설물 설치 시에는 문화재의 주변경관을 고려하여 지붕형태, 색상 등을 설정하고, 대지를 합필하여 건축을 신축할 경우 합필하기 이전 각 필지에 대한 기준을 적용한다.

4) 경관과의 조화 및 가시성 확보

경관과의 조화에 있어서는 첫째 원경관의 유지 및 주변경관 보존할 경우 문화재 주변의 역사문화환경을 보존·관리하기 위해 가급적 원지형 유지 및 주변경관 보존하며, 주요 경관조망지점에서 대상문화재의 조망, 대상문화재에서 주변 주요 경관요소를 조망할 때, 경관을 직접적으로 저해하는 시설물 설치 지양한다. 또한 공지, 농경지, 임야에는 건축물(시설물) 신축, 증축은 문화재주변의 경관 보존·관리상 제한하며, 시설물 설치 시에는 문화재의 주변경관을 고려하여 지붕형태, 색상 등을 설정한다. 한편 경관보존에 영향을 미치는 굴착행위, 수계변경행위, 지하수 변경행위는 지양 및 문화재 주변경관형성에 주요한 식생, 수목, 지형, 수로 등을 훼손해서는 안 되며, 부속시설은 수리 및 정비한다. 또한 대상문화재 주변 경관 보존 관련하여 지맥, 수맥, 조망권 확보가 절대적인 곳은 500m와 관계없이 기준제시하며, 특히 풍수지리와 관련된 경우 조망권 확보와 함께 진입로를 포함한 주변의 지형·물길 등의 자연환경변화 고려한다. 천연기념물의 경우 강물의 상류지역, 환경오염원 배제 등에 대한 별도검토 및 방안을 제시한다.

둘째, 주요 조망점, 조망각도, 이격거리를 고려한 경관심의구역을 설정할 경우 대상문화재의 왜소화 방지, 주요 조망점에서의 스카이라인 확보, 외부로 부터의 대상문화재의 조망권 확보측면에서 관련 문화재 전문가 집단의 의견일치 지점 및 이용자 들이 널리 이용하는 주요 지점 등을 일차적으로 선정된 조망구간 및 조망지점에서의 조망특성을 컴퓨터 시뮬레이션으로 검토하며, 주요 조망구간 및 조망지점의 높이 위치기준 및 각 조망지점에서 조망대상을 잇는 조망통제면을 작성하고, 이를 위한 적정조망을 위한 건물 등의 최고높이를 설정(지형을 따를 경우 G.L의 기준 설정 포함)한다. 또한 건축물 외관 및 지붕형태기준에 있어 건축물의 높이제한선(문화재 앙각규제, 도로사선제한, 일조권 사선제한 등)에 따라 만들어지는 기형적인 건축형태를 지양할 수 있는 방안을 모색한다

5) 토지이용의 적합성

토지이용에 있어서는 첫째, 점적 문화재의 경우 영향검토지역의 범위를 현재 문화재가 위치한 주변토지의 용도에 따라 탄력적으로 범위를 조정(예를 들면, 도시지역과 농림지역에서의 차별적 경계 적용)하며, 둘째, 면적 문화재의 경우 용도지역제의 수법을 응용하여 지정된 문화재 및 영향검토지역을 지구로 지정하여 면적으로 관리한다. 이때 토지이용 용도의 지정은 현행의 '국토의 계획 및 이용에 관한 법'의 용도와 세부지구를 준용하며, 특히 도시계획법, 고도보존법, 경관법 등에서의 지구지정과 연계하여 새롭게 용도지구를 세분하여 지정한다.

6) 지형변화

지형변화에 있어서는 첫째 문화재 주변의 역사문화환경을 보존·관리하기 위해 가급적 원지형 유지 및 주변경관 보존하며, 둘째 공지, 농경지, 임야에서의 건축물(시설물) 신축, 증축은 문화재주변의 경관보존 관리상 제한하며, 셋째 주변지형이 완전히 변화하여 나머지 유구가 남아 있지 않을 경우 단일문화재로 검토한다. 넷째 기존 건축물(시설물)의 개·보수는 기존 규모 범위 내에서 허용한다.

7) 기타(사안별 별도 심의)

국가지정문화재(동산문화재 제외)로부터 반경 500m 이내인 도시지역 중 녹지지역에 건축하는 행위 및 도시지역 이외의 지역에 건축하는 행위로서 건축법 제 2조 제 1항의 규정[5] 에 의거 지정된 행위 및

주거단지, 공단조성, 도로개설 등 행위는 거리에 관계없이 현상변경 허가절차를 이행한다.

5. 결론

본 고는 국가지정문화재 주변 영향검토구역의 체계적인 경관보전관리에 있어 문화재 보존에 영향을 미치는 행위판단에 대한 구체적인 허가기준 마련하기 위한 것으로 영향검토구역에서의 현상변경의 절차, 잇슈 및 관련제도 및 운영, 기준안 마련을 위한 계획적 준거를 구명한 바, 집약된 결론은 다음과 같다.

첫째, 국가지정문화재의 문화재 유형(점적, 면적문화재)에 따른 차별적 접근에 있어 가치와 특성은 각각 형성되는 장소성에 따라 매우 다양하게 나타나고 있는 바 국가지정문화재보존지역 내에서 국가지정문화재요소 및 주변환경의 양호성에 따라 등급화하고, 보존할 경관대상인 주요 경관자원에 따라 각각의 유형별로 적절한 관리 및 운용지침 수립 및 주요 경관자원이 형성되어 자원 그 자체를 보존하여야하는 보존지역과 더불어 해당 경관자원을 조망할 수 있는 조망점이나 조망축(조망회랑 포함)을 보존할 목적으로의 관리지역을 지정함에 있어 차별적인 접근이 중요하다.

둘째, 개발행위(현상변경행위)에 대한 사전관리에 있어 건설교통부 및 지방자치단체의 경관관련 제도는 국가지정문화재를 보존하기 위한 최소한의 개발행위를 규제하고 허용된 개발행위에 따라 건축되어지는 각종 건축물 및 구조물에 대해서 건폐율, 용적율 등의 건축물의 규모와 층고, 외벽의 색채 등 건축물의 외형적 측면에 주안점을 두고 있는 바, 실질적인 국가지정문화재를 보존함에 있어서 보존가치가 있는 국가지정문화재 일원에 대한 "국토의 계획 및 이용에 관한 법률"상 도시관리계획, 즉 "역사경관지구"의 용도지역지구지정으로 경관법과 통합운용 및 지구단위계획상 "역사문화환경지구"로 상세계획 수립이 필요하다.

셋째, 지역상황과 연계한 경관관리에 있어 국가지정문화재가 현세대와 미래세대를 함께 배려하면서 이용하여야 할 공공재의 일부로서 이해할 수 있기 때문에 이를 관리함에 있어서 토지의 소유자이거나 각종 개발사업의 추진으로 혜택(예 : 상속세, 재산세 및 양도세 경감 등 세제상의 혜택 및 용적률 거래제, 개발권 양도제 등의 규제에 따른 손실보전수단)을 얻을 수 있는 지역주민의 경제적 손실 내지는 상대적 박탈감은 비단 국가지정문화재의 보존측면 뿐만 아니라, 포괄적인 환경을 보존하는 측면에서 각종 지역, 지구

---

5) 건축물 숙박시설, 위락시설, 공장, 제 2종 근린생활시설 중 단란주점, 노래연습장, 안마시술소 등, 규모가 5층 이상인 건축물, 연면적 합계가 1,000㎡ 이상의 건축물, 자동차 관련시설 중 폐차장, 검사장, 운전학원/정비학원 등

의 지정 시 나타나는 현상으로 개발계획에 따른 혐오시설의 입지선정과 마찬가지로 계획을 추진하는 데 가장 큰 어려움으로 작용하고 있는 바, 지방자치 단체의 국가지정문화재보존조례를 운영함에 있어 주민 생활을 지원을 위한 규제일변도의 관리보다는 공공시설의 설치지원 및 주민의 소득증대방안을 수립할 수 있도록 그 기틀을 마련되어야 한다.

넷째, 주민참여를 유도하기 위한 관리주체계획 수립에 있어 국가지정문화재관리지역의 지정 및 각 지역 내의 규제행위의 결정, 개발사업에 따른 경관의 시각적 영향을 고려한 내용, 주민지원사항 등에 관하여 사전적으로 의견을 절충하고 합일화할 수 있도록 지역주민, 해당지역 경관관련 전문가, 지방자치단체, 문화재청 등을 구성원으로 하는 경관심의위원회를 설치·운용하여야 한다.

■ 참고문헌

권용걸(2002), 도시내의 역사경관보존에 관한 연구-역사적 건축물 밀집지역 사례를 중심으로, 홍익대 대학원 석사학위논문

남궁승태(2000), 역사적 문화환경에 관한 법제의 현황과 과제, 아세아·태평양공법학회. 아시아·태평양공법연구 8, pp.107-132

도동철(2003), 문화재 주변 건축물의 높이규제 방안에 관한 연구, 연세대 대학원석사학위논문

박정희(1985), 지구상세계획 기법에 의한 역사경관 보존 계획-전주시 풍남동·교동 일대를 중심으로. 서울대환경대학원 석사학위논문

백승석·김용기(2002), 문화재 보호구역 주변 현상변경 실태에 관한 연구-경기도를 중심으로, 한국전통조경학회지20(1), pp.43-50

서울시(1981), 서울시 도심고도제한 기준에 관한 연구

서울시(2000), 문화재주변 건축행위 처리지침

서울시(2001), 문화재 보호구역내 현상변경허가 및 문화재 주변 심의신청서 업무지침

오민근(1999), 도시역사경관 보전제도에 관한 연구-경주시와 경도시의 관련 기준안비교를 중심으로, 서울대 대학원 석사학위논문

윤장섭 외(1986), 도시내 문화재주변 지역의 건축제한기준에 관한 연구(Ⅰ), 대학건축학회 논문집 86(4), pp.89-96

윤장섭 외(1986), 도시내 문화재주변 지역의 건축제한기준에 관한 연구(Ⅱ), 대학건축학회 논문집 86(5), pp.3-9

윤진영(2004), 도시 역사문화환경의 보존 및 관리 방안에 관한 연구-정조의 헌릉원 원행길을 중심으로. 성균관대 대학원.

이상해(1993), 건축역사문화환경의 보전과 복원의 과제, 문화재관리국, 문화재 26, pp.344-371.

임철호(1997), 문화재 보호 구역내에 위치할 현대 건축물에 관한 연구 및 제안-종로구 원서동 9-4, 5, 9, 10번지 대지, 건국대 건축대학원 석사학위논문

조우현(2001), 문화재주변의 경관지구 설정에 관한 연구, 서울대 대학원 석사학위논문

최만봉·신상섭·김세천·오동현(1992), 전주시 역사경관의 보존관리를 위한 기초연구, 한국전통조경학회지 10(2), pp.33-52

최형석(1999), 역사경관보전을 위한 건축물 높이규제에 관한 연구, 서울대 환경대학원 박사학위논문

최형석(2000), 수원시 역사경관보전을 위한 방안−건축물 높이규제를 중심으로 사회과학논집 12, pp.181-195

최호운(2001), 문화재 주변 경관 고도규제에 관한 연구−수원 화성을 중심으로, 수원대 산업경영대학원 석사학위논문

09 | 고개의 경관적 특성

조승래_부산발전연구원

1. 들어가며

> 드리운 길 구불구불 용이 오르는 듯
> 드높은 절정엔 두 그루 소나무가 표 난다
> 홀연히 만난 천지 밝은 세계라
> 봉래산 일만 봉을 처음 보겠네(최완수, 1999,『겸재를 따라가는 금강산여행』에서 인용)

    사천 이병연이 겸재 정선의 '단발령망금강산(斷髮嶺望金剛山)'(그림 1)에 붙인 제화시이다. 이 시를 자세히 살펴보면, 시의 도입부에서 고갯길의 모양새를 마치 용이 이리저리 꿈틀거리면서 오르는 광경으로 묘사하고 있다. 그리고 "홀연히 만난 천지"라고 하는 부분은 구불구불 끝없이 이어진 험한 고갯길을 헤치고 정상에 다다랐을 때 체험하는 극적인 조망의 즐거움을 잘 표현하고 있다. 이를 통해 보면, 고개라고 하는 장소

그림 1. 정선의 '단발령망금강산'(자료 : 최완수, 1999, 『겸재를 따라가는 금강산여행』)

의 경관 발생적 의미를 잘 이해할 수 있을 것이다.

산이 국토의 대부분을 차지하는 우리에게 고개는 예부터 이곳과 저곳을 이어주는 친숙한 길로 인식되어 왔다. 하지만 최근 들어 국토를 종횡으로 관통하는 고속도로의 터널과, 철도 등의 개발행위에 의하여 고개의 고유지형과 고갯마루에서 국토의 산하를 조망하는 경관체험은 서서히 상실하고 있는 실정이다.

고개는 들뢰즈와 가타리가 쓴 '천 개의 산마루'라고 할 때 그 산마루처럼 경관이 발생하기 쉬운 보편적인 특이점 중 하나이다(이정우, 1999). 경관이 발생하는 특이점은 공간 속을 유영하는 인간의 정신만큼이나 다양할 수가 있다. 하지만 언덕을 오르다가 언덕 마루에 섰을 때 느닷없이 펼쳐지는 경관이 누구에게나 공통적으로 체험되는 인상적인 경관 체험이듯이 보편적인 특이점의 존재는 쉽게 양해할 수 있을 것이다.

본 연구는 이와 같이 고개가 경관이 발생하기 쉬운 특이점이라는 것에 착안하여 고개의 경관적 특성을 면밀하게 기술하고 그 의미를 밝히는 것을 목적으로 하였다.

연구의 대상지는 국토단위로서 백두대간에 소재한 고개, 지방단위로서 경상도에 소재한 고개, 그리고 도시단위로서 부산시에 소재한 고개로 구분하여 선정하였다. 백두대간에 소재한 고개는 대간령과 벽소령 등 현재 등산로로만 이용되고 있는 고개를 제외한 25개소를 대상으로 하였으며(그림 2), 경상도에 소재한 고개는 『신증동국여지승람』 경상도편에 수록된 고개 108개소 중 현재 소재지 파악이 가능한 고개 30개소를 대상지로 하였다(그림 3). 그리고 부산시에 소재한 고개는 『부산지명총람』에 수록된 52개소의 고개 중 강서구에 소재한 고개를 제외한 44개소를 대상으로 하였다(그림 4).

전체적인 연구내용

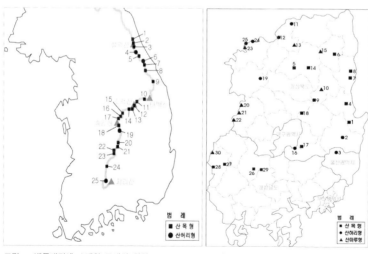

그림 2. 백두대간에 소재한 고개의 위치도
(1.진부령; 2.미시령; 3.한계령; 4.조침령; 5.구룡령; 6.대관령; 7.삽당령; 8.백봉령; 9.싸리재; 10.도래기재; 11.고치령; 12.죽령; 13.저수령; 14.벌재; 15.계립령; 16.조령; 17.이화령; 18.눌티; 19.화령재; 20.추풍령; 21.괘방령; 22.우두령; 23.부항령; 24.육십령; 25.여원재)

그림 3. 경상도에 소재한 고개의 위치도
(1.사라현; 2.추령; 3.치술령; 4.별내현; 5.석현; 6.오현; 7.남면현; 8. 송현; 9.도현; 10.삼자현; 11.마령현; 12.죽령; 13.신라현; 14.추현; 15.장갈현; 16.팔조령 17.성현; 18.갑현; 19.송현; 20.괘방현; 21.우마현; 22.부항현; 23.이화현; 24.계립령; 25.조령; 26.아현; 27.도현; 28.팔량현; 29.대현; 30.육십현)

은 다음과 같다. 먼저, 『신증동국여지승람』 경상도편에 나타나는 고개를 대상으로 고개호칭의 변별요인에 대하여 분석하였다. 그리고 백두대간과 경상도 지방에 소재한 고개를 대상으로 고개가 위치한 지형부위에 따른 유형적 특성에 대하여 검토하였다. 다음으로는 고개에서 조망되는 경관의 특징에 따라 조망대상을 유형적으로 고찰하였다. 여기서는 백두대간과 경상도 지방에 소재하는 고개보다는 조망경관의 유형이 다양하게 나타나는 부산시에 소재한 고개를 대상으로 한정하였다. 또, 고개에서 보는 경관대상의 시각특성에 대하여 백두대간과 경상도 지방, 그리고 부산시에 소재한 고개로 구분하여 분석하였다. 마지막으로 고개 지명의 명명수법에 대하여 살펴보았다.

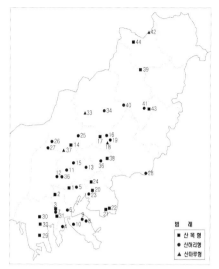

그림 4. 부산시에 소재한 고개의 위치도
(1. 감고개; 2. 구덕고개; 3. 대티고개; 4. 샛디고개; 5. 아리랑고개; 6. 영선고개; 7. 까치고개; 8. 복징어고개; 9. 아리랑고개; 10. 영선고개; 11. 개곤이고개; 12. 날가지고개; 13. 마비현고개; 14. 불태령; 15. 제기넘기고개; 16. 못웃고개; 17. 인생문고개; 18. 안락고개; 19. 한실고개; 20. 대연고개; 21. 망너머고개; 22. 뻘끼이고개; 23. 우암장고개; 24. 장고개; 25. 만덕고개; 26. 말등고개; 27. 야시고개; 28. 달맞이고개; 29. 다대고개; 30. 배고개; 31. 반달고개; 32. 장림고개; 33. 산성고개; 34. 야시고개; 35. 냉정고개; 36. 당고개; 37. 어부랑고개; 38. 톳고개; 39. 곰내재; 40. 개좌고개; 41. 갈치재; 42. 널밭재; 43. 쌍다리재; 44. 진티재)

2. 고개 호칭의 변별 특성

지명을 명명하는 행위는 눈앞에 펼쳐져 있는 경관을 등가적이며 연속적인 것으로 두지 않고 의미 있는 것과 그렇지 않은 것으로 불연속적으로 분절하는 것이다(강영조, 1995). 실제로 환경을 구분하고 이름을 붙이는 것은 그 환경에 생기를 불어주는 것이다. 그것으로 인해 사람이 가지고 있는 경험의 깊이와 감흥은 더해가는 것이다(Lynch, 1960). 하지만 현시점에서 돌이켜보면 우리나라가 예로부터 고개에 대한 다양한 호칭을 사용해왔음에도 불구하고 그러한 호칭들을 변별하는 특성을 제대로 파악하지 못하고 있는 실정이다.

고개를 나타내는 호칭을 사전에서 검토해보면 한자어로는 령(嶺), 현(峴), 점(岾), 치(峙), 항(項) 등이 있으며 한글로는 고개, 재, 목, 티 등이 있다.

먼저 한자어로 사용되는 고개 호칭들의 사전적인 의미를 살펴보면, '령(嶺)'은 '1) 고개, 재 2) 산길 3) 산봉우리'로, '현(峴)'은 '재, 고개'로 풀이하고 있으며, '점(岾)'은 '고개'로, '치(峙)'는 '산이 우뚝 솟을 치'로, '항(項)'은 '1) 목뒤, 목덜미 2) 크다 3) 조목, 항목'으로 해설하고 있다(장삼식, 1979). 그리고 한글로 통용되는 고개의 호칭을 사전에서 찾아보면, '재'는 '령(嶺), 넘어 다니도록 길이 나있는 높은 산의 고개'로, '고개'는 '산이나 언덕을 넘어 다니게 된 비탈진 곳'으로, '티'는 '고개를 넘는 가파른 비탈길'로 나타내고 있으며, '목'은 '통로의 다른 곳으로는 빠져 나갈 수 없는 중요하고 깊은 곳'으로 해설하고 있다(이희성, 1994). 또 김하돈(1999)은 '령(嶺)'과 '재', '고개'는 같은 의미로, '현(峴)'은 비교적 낮은 안부로, '치(峙)'는 상대적으로 고도가 높은 곳의 안부로 볼 수 있다고 하였다. 그리고 신정일(2006)은 '고개'란 지형상 산줄기가 낮아져 안부를 이루는 부분이며, '령(嶺)'은 산등성이가 조금 나지막하고 평평한 곳으로 이런 곳에다 길을 내어 령의 이쪽저쪽이 통하게 되는 것으로 설명하고 있다. 그 외 고려시대 문인 김극기는 대관령을 '긴 뱀처럼 구불구불 무릇 몇 겹인지'로 표현하고 있으며(민족문화추진회, 1969), 사천 이병연도 겸재의 '단발령망금강산'에 붙인 제화시에서 단발령을 '드리운 길 구불구불 용이 오르는 듯'으로 묘사하고 있다. 즉 이들은 고개호칭 '령(嶺)'으로 명명된 대관령과 단발령의 공통된 경관적 이미지를 고갯길의 선형에서 발견한 것으로 볼 수 있다.

위의 내용을 종합해보면 고개의 호칭이 여러 갈래로 세분되어 있으나, '티'와 '목'을 제외한 나머지 고개의 호칭에 대해서는 뚜렷한 변별 기준을 찾기 어려운 실정이다. 특히 한자어로 사용되는 호칭 중에서 '령(嶺)'과 '현(峴)'의 경우에는 더욱 그러하다. '령(嶺)'과 '현(峴)'의 의미를 사전에서 '고개'와 '재'로 동일한 해설을 하고 있음을 볼 수 있고, 사전 외의 설명에서는 '령(嶺)'과 '고개'는 같은 뜻으로, '현(峴)'은 상대적으로 낮은 위치에 자리 잡고 있는 고개로 구분하는 경우를 볼 수 있다. 그리고 '령(嶺)'의 경관적 이미지를 고갯길의 선형 형상으로 표현한 경우도 있다.

이러한 점에 주목하여 고개의 호칭을 변별할 수 있는 특성을 살펴보았다.

이를 위한 고개는 조선시대 지명을 수집하는 자료로서는 가장 신뢰할 수 있는 『신증동국여지승람』을 이용하였다. 그 중 경상도편에는 108개소의 고개가 수록되어 있었으며, 고개 호칭은 현(峴), 령(嶺), 점(岾), 항(項)의 4종류가 나타났다.

수록된 고개의 정확한 소재지 파악을 위하여 『조선후기 지방지도』와 『대동여지도』, 그리고 『한국지명총람』등을 참고로 하여 현지조사를 실시하였다. 그 결과 현재 소재지 파악이 가능한 고개는 30개소로 나타났다.

30개소의 고개 중에서 한자어 호칭 '령(嶺)'은 7개소, 『신증동국여지승람』에서는 '현(峴)'으로 명명되었으나 이후 『조선후기 지방지도』와 『대동여지도』, 『한국지명총람』등에서 '령(嶺)'으로 혼용되어 나타나는 경우가 8개소, '현(峴)'은 15개소로 나타났다(표 1).

문헌에서 수집된 4가지 고개 호칭 중에서 '령(嶺)'과 '현(峴)'을 대상으로 한정하였다. 나머지 고개호칭

'점(岾)'은 정약용이 당시의 일상용어의 바른 사용법을 위해 저술한 『아언각비(雅言覺非)』에서 우리나라에서 만든 국자(國字)로 '령(嶺)'과 같은 뜻으로 사용된다고 이미 밝혔기 때문이며(김종권 역, 1976), '항(項)'은 고갯마루가 입지한 지형부위의 유형적 특성으로 분류할 수 있기 때문이다(강영조 외, 2005).

고개의 호칭 '령(嶺)'과 '현(峴)'의 차이점을 분석하기 위하여 다음과 같이 연구를 진행하였다. 먼저 '현(峴)'이 '령(嶺)'보다 비교적 낮은 안부에 위치한다는 주장을 검증하기 위한 방법으로 표고별로 고갯마루의 분포도를 고찰하였다. 그리고 고갯마루(시점)에서 보는 부각과 시거리 등의 시각특성과 호칭 변별의 관계를 파악하였다. 마지막으로 고갯길의 굽이와 고개호칭의 관계에 대하여 살펴보았다.

1) 고갯마루의 표고에 의한 현과 령의 차이 분석

고개호칭 '현(峴)'과 '령(嶺)'의 변별 특성을 파악하기 위한 방법으로 고갯마루가 위치한 표고를 지형도를 이용하여 '현(峴)', '현(峴)·령(嶺) 혼용', 그리고 '령(嶺)'으로 구분하여 고찰하였다. 고갯마루의 표고는 지형도상의 해발고도에 의한 표고와 고갯마루와 주변지형의 차이를 고려한 상대적 표고로 구분하여 검토하였다.

먼저, 고갯마루의 표고에 의한 '현

〈표 1〉 경상도 지방에 소재한 고개명

번호	신증동국여지승람	조선후기지방지도	대동여지도	현재통용되는 고개명	구분
1	舍羅峴	-	-	사라재	■
2	楸嶺	-	-	추령	●
3	鴟述嶺	-	-	치술령	●
4	別乃峴	-	-	별태재	■
5	石峴	-	-	돌고개	■
6	烏峴	-	-	웃재	■
7	南面峴	-	-	자부터고개	■
8	松峴	-	-	망재	■
9	刀峴	-	-	갈재	■
10	三者峴	삼자령	-	삼자현재	▲
11	馬兒嶺			마구령	●
12	竹嶺			죽령	●
13	新羅峴	신라령	-	신라재	▲
14	楸峴	-	-	가랏재	■
15	長葛峴	-	장갈령	장갈령	▲
16	八助嶺	-	-	팔조령	●
17	省峴	-	-	남성현	■
18	甲峴	-	-	갑령재	■
19	松峴	-	-	솔티	■
20	卦方峴	-	괘방령	괘방령	▲
21	牛馬峴	-	우두치	우두령	▲
22	釜項峴	부항령	부항	부항령	▲
23	伊火峴	-	-	이화령	▲
24	雞立嶺	-	-	하늘재	●
25	鳥嶺	-	-	조령	●
26	阿峴	-	-	아등재	■
27	挑峴	-	-	법시랑재	■
28	八良峴	-	팔량치	팔량재	■
29	大峴	-	-	한티	■
30	六十峴	육십령	육십치	육십령	▲

(범례 - ■ : 현; ● : 령; ▲ : 현, 령 혼용)

'현(峴)'과 '령(嶺)'의 차이를 살펴보면, 전체 고개 30개소 중 표고 300m이하에서는 고개호칭 '현(峴)'만 5개소로 나타났다. 그러나 표고 300～700m 사이 구간에서는 고개호칭 '현(峴)'이 3개소, '현(峴)·령(嶺) 혼용'이 6개소, '령(嶺)'이 3개소로 총 11개소의 고개가 서로 혼재되어 분포하고 있는 것으로 드러났다(그림 5).

그리고 고갯마루의 상대적 표고에 의한 '현(峴)'과 '령(嶺)'의 차이를 분석한 결과를 보면, 상대적 표고 100m이하에서는 고개호칭 '현(峴)'만 8개소가 나타났으며, 상대적 표고 500m이상에서는 고개호칭 '현(峴)'이 존재하지 않았다. 그러나 상대적 표고 100～500m사이에서는 고개호칭에 관계없이 서로 혼재되어 분포하는 것으로 파악되었다(그림 6).

이상의 결과를 보면, 고개호칭 '현(峴)'은 고개호칭 '령(嶺)'에 비하여 비교적 낮은 표고에 분포하고 있음을 알 수 있다. 그러나 고개가 입지한 표고나 상대적 표고에 관계없이 서로 혼재되어 분포하는 것도 다수 나타났다. 따라서 고갯마루가 입지한 표고차이는 고개호칭 '현(峴)'과 '령(嶺)'을 변별할 수 있는 명확한 기준이 될 수 없는 것으로 판단된다.

2) 고갯마루에서 보는 시각특성에 의한 현과 령의 차이 분석

고갯마루에서 내려다보는 시각특성과 고개호칭 '현(峴)'과 '령(嶺)'의 관계에 대하여 살펴보았다. 이를 위해 핸드레벨을 이용하여 고갯마루에서 내려다보는 부각을 측정하고, 축척 1/25,000의 지형도에서 고갯마루의 표고를 확인하였다. 그리고 부각과 표고를 이용해서 시거리를 도출하였다.

고개와 같이 시점이 높은 곳에 위치하는 경우에는 경관대상에 대한 부각이 경관의 인상을 결정 지운다고 한다. 부각 -10～ -8°가 시축에 해당하며 거기에 주경관이 있을 때 인상적인 경관체험을 한다고

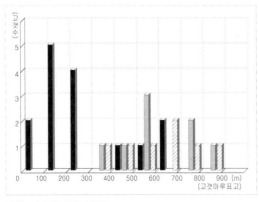

그림 5. 표고별 고개 분포도
(범례 - ■:현; ▨:현, 령 혼용; ▧:령)

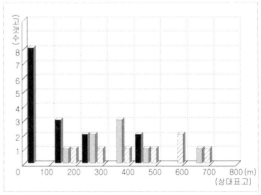

그림 6. 상대표고별 고개 분포도
(범례 - ■:현; ▨:현, 령 혼용; ▧:령)

한다. 그리고 부각 −3〜−2°를 부감의 상한에 해당한다고 하면서 '내려다보다'라고 하는 행동의 한계라고 한다(篠原修, 1982). 30개소의 고개 중 부각측정이 곤란한 조령을 제외한 나머지 고개 29개소를 대상으로 '현(峴)', '현(峴)·령(嶺)혼용', '령(嶺)'으로 구분하여 시각특성을 분석하였다(표 2).

먼저 고개에서 조망되는 부각의 범위를 살펴보면, 부각 −3〜−2°사이, 즉 부감의 상한에 해당하는 영역에는 고개호칭 '현(峴)'이 5개소로 가장 많이 나타났으며, '현(峴)·령(嶺)혼용'이 1개소로 나타났다. 여기에 해당하는 고개는 상대적으로 낮은 표고라 할 수 있는 300m이하에 입지한 경우이다. 그러나 부감의 중심영역과 일반 상한치 사이의 영역 −7〜−4° 범위에는 '현(峴)'이 6개소, '현(峴)·령(嶺)혼용'이 3개소, '령(嶺)'이 3개소가 분포하고 있었으며, 부각의 중심영역 −10〜−8°사이에서는 '현(峴)'이 4개소, '현(峴)·령(嶺)혼용'이 3개소, '령(嶺)'이 1개소로 나타났다. 그 외, 부각이 −10°를 벗어나는 범위에는 '현(峴)'은 나타나지 않았고, '령(嶺)'이 2개소, '현(峴)·령(嶺)혼용'이 1개소로 나타났다.

다음으로 표고와 부각을 이용하여 고개에서 보는 시거리를 분석하였다.

경관의 표정을 파악할 수 있는 최대거리를 3km로 본다면(篠原修, 1982), 이 범위에는 고개호칭 '현(峴)'이 9개소로 가장 많이 나타났으며, '령(嶺)'과 '현(峴)·령(嶺)혼용'은 각각 2개소씩 나타났다. 그러나

〈표 2〉 고개의 시각특성

번호	고개명	유형	부각(°)	시거리(km)	표고(m)	비고
1	舍羅峴	산허리형	-4 ~ -1	2.6 ~ 10.3	180	■
2	楸嶺	산허리형	-5 ~ -1	3.5 ~ 17.8	310	●
3	瑪迷嶺	산마루형	-10 ~ -2	4.3 ~ 21.9	765	●
4	別乃峴	산 목 형	-3 ~ -1	1.3 ~ 4.0	70	■
5	石峴	산허리형	-3 ~ -1	2.9 ~ 8.6	150	■
6	鳥峴	산허리형	-10 ~ -2	3.9 ~ 19.5	680	●
7	南面峴	산허리형	-2 ~ -1	3.4 ~ 6.9	120	■
8	松峴	산허리형	-2 ~ -1	1.7 ~ 3.4	60	■
9	刀峴	산허리형	-7 ~ -2	5.1 ~ 18.6	650	■
10	三者峴	산허리형	-10 ~ -2	2.9 ~ 14.9	520	▲
11	馬兒嶺	산허리형	-15 ~ -2	3.0 ~ 23.2	810	●
12	竹嶺	산 목 형	-6 ~ -2	6.6 ~ 19.7	689	●
13	新羅峴	산 목 형	-5 ~ -2	5.1 ~ 12.9	450	▲
14	楸峴	산 목 형	-4 ~ -1	3.1 ~ 12.6	220	■
15	長葛峴	산 목 형	-6 ~ -2	5.4 ~ 16.3	570	▲
16	八助嶺	산허리형	-14 ~ -2	1.6 ~ 11.7	410	●
17	省峴	산허리형	-9 ~ -2	1.6 ~ 7.2	250	■
18	甲峴	산허리형	-8 ~ -1	1.8 ~ 7.2	250	■
19	松峴	산 목 형	-3 ~ -1	2.1 ~ 6.3	110	■
20	卦方峴	산 목 형	-3 ~ -1	5.7 ~ 17.2	300	▲
21	牛馬峴	산 목 형	-5 ~ -2	8.2 ~ 20.6	720	▲
22	釜項峴	산허리형	-10 ~ -2	4.5 ~ 22.9	800	▲
23	伊火峴	산 목 형	-14 ~ -2	2.2 ~ 15.7	548	▲
24	雞立嶺	산 목 형	-4 ~ -1	7.4 ~ 29.8	520	●
25	鳥嶺	산 목 형	-	-	640	●
26	阿峴	산허리형	-4 ~ -1	4.3 ~ 8.6	150	■
27	挑峴	산 목 형	-5 ~ -1	2.3 ~ 11.5	200	■
28	八良峴	산 목 형	-4 ~ -1	7.3 ~ 29.3	513	■
29	大峴	산허리형	-10 ~ -2	2.7 ~ 11.5	400	■
30	六十峴	산 목 형	-8 ~ -2	4.9 ~ 20.0	700	▲

(범례 - ■ : 현; ● : 령; ▲ : 현, 령 혼용)

시거리 3km를 벗어나는 즉, 원경역에 조망대상이 분포하고 있는 경우에는 ‘현(峴)’이 6개소, ‘현(峴)·령(嶺)혼용’이 6개소, ‘령(嶺)’이 4개소로 서로 혼재된 분포를 보였다.

종합하면, 부각의 범위가 수평경에 가까운 영역인 -3～-2°사이에서는 고개호칭 ‘현(峴)’이 많이 분포하고 있었으나, 그 밖의 부각범위에서는 고개호칭에 관계없이 서로 혼재된 분포를 보였다. 그리고 고갯마루에서 보는 시거리의 경우에는 경관의 표정을 알 수 있는 3km이내의 조망범위에는 고개호칭 ‘현(峴)’이 상대적으로 많이 분포하고 있었으나, 원경역에서는 호칭에 따른 조망범위의 차이를 파악할 수 없었다.

따라서 고갯마루에서 보는 시각특성은 고개호칭 ‘현(峴)’과 ‘령(嶺)’의 구분에 영향을 주는 요소로 보기 어려운 것으로 판단된다.

3) 고갯길의 굽이 수에 의한 현과 령의 차이 분석

고갯길의 선형에서 발생하는 굽이와 고개호칭의 관계를 고찰하였다.

『택리지』 복거총론 산수편을 보면 죽령과 팔량현은 모두 큰 고개로 소개하고 있다(이익성 역, 1993). 그러나 두 고개의 지형도를 비교해보면 고갯길의 선형에서 큰 차이점을 발견할 수 있다. 고개호칭 ‘령(嶺)’의 죽령은 많은 굽이로 이루어져 있음을 파악할 수 있으나, 이에 비하여 고개호칭 ‘현(峴)’의 팔량현은 『택리지』에 큰 고개로 소개되어 있음에도 불구하고 고개의 굽이가 죽령에 비하여 현저히 적게 분포하고 있음을 알 수 있다. 그리고 고개호칭이 ‘현(峴)과 령(嶺)’으로 혼용되어 불리는 신라현(령)의 지형도를 보면, 고개의 굽이 정도가 죽령보다는 적으나, 팔량현에 비해서는 현저히 많이 형성된 것을 알 수 있다(그림 7).

이점에 주목하여 고개의 굽이가 고개호칭을 변별할 수 있는 중요한 인식의 근거로 보고 고개호칭별로 고개의 굽이 수를 분석하였다(표 3). 분석의 범위는 1/25,000의 지형도상에서 고갯마루를 기준으로 반경 1km이내에 발견되는 고개의 굽이 수를 대상으로 하였다. 조사범위를 반경 1km로 한정한 이유를 들면 죽령이나 팔량현과 같이 크고 긴 고개도 있으나 송현과 같이 상대적으로 고갯길의 선형이 짧은 경우가 있기 때문에 조사의 범위를 통일하기 위해서이다.

먼저 고개호칭 ‘현(峴)’으로 명명되어진 고개 15개소 중에서 가장 많은 굽이가 발견된 고개는 오현과 추현으로 각각 12곳이 나타났으며, 다음으로는 도현이 11개로 파악되었다. 그리고 나머지 고개의 굽이 수는 10개 미만이며, 별내현과 팔량현, 대현은 굽이 수가 5개로 가장 적은 분포로 나타났다. 이들 15개소의 고개의 평균 굽이 수는 7.5개로 나타났다(그림 8). 고개호칭 ‘현(峴)’과 ‘령(嶺)’이 혼용되는 8개의 굽

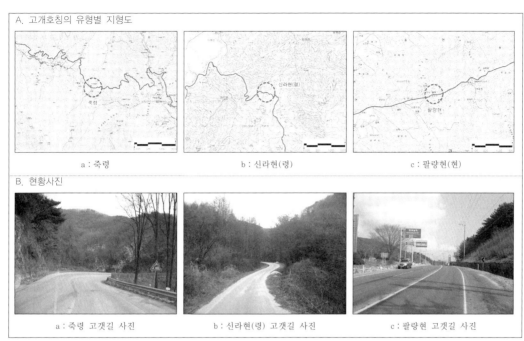

A. 고개호칭의 유형별 지형도

a : 죽령   b : 신라현(령)   c : 팔량현(현)

B. 현황사진

a : 죽령 고갯길 사진   b : 신라현(령) 고갯길 사진   c : 팔량현 고갯길 사진

그림 7. 고개호칭의 유형별 지형도와 현황사진

이를 비교한 결과를 보면 삼자현(령)과 신라현(령)이 굽이 수 19개로 가장 많이 나타났으며, 패방현(령)이 굽이 수 14개로 가장 적게 나타났다. 이들의 굽이 수는 주로 10～20개 사이에 분포하고 있으며, 평균은 16.8개로 나타났다(그림 9). 마지막으로 고개호칭 '령(嶺)'을 사용하는 고개 7개소에서 나타난 굽이 수를 보면, 팔조령이 34개로 가장 많이 나타났으며, 계립령의 굽이 수가 가장 적은 20개로 나

〈표 3〉 고개의 굽이 수

현			현, 령 혼용			령		
번호	고개명	굽이 수	번호	고개명	굽이 수	번호	고개명	굽이 수
1	舍羅峴	7	10	三者峴	19	2	楸嶺	28
4	別乃峴	5	13	新羅峴	19	3	瑪述嶺	29
5	石峴	5	15	長葛峴	15	11	馬兒嶺	24
6	鳥峴	12	20	卦方峴	14	12	竹嶺	21
7	南面峴	6	21	牛馬峴	18	16	八助嶺	34
8	松峴	6	22	釜項峴	17	24	雞立嶺	20
9	刀峴	11	23	伊火峴	18	25	鳥嶺	29
14	楸峴	12	30	六十峴	14			
17	省峴	9						
18	甲峴	8						
19	松峴	6						
26	阿峴	9						
27	挑峴	6						
29	八良峴	5						
29	大峴	5						
계		112			134			185
평균		7.5			16.8			26.4

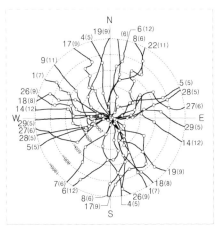

그림 8. 고개호칭 '현'의 고갯길과 굽이 수

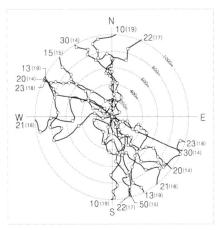

그림 9. 고개호칭 '현·령 혼용'의 고갯길과 굽이 수

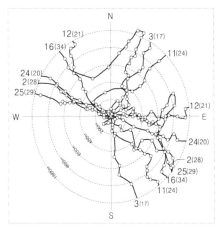

그림 10. 고개호칭 '령'의 고갯길과 굽이 수

타났다. 이들 고개의 굽이는 모두 20개 이상 분포하고 있으며, 평균 굽이 수는 26.4개로 나타났다(그림 10).

이상의 결과로 보면 고개호칭 '현(峴)'과, '현(峴)·령(嶺) 혼용', 그리고 '령(嶺)'에 따라서 고개의 굽이 수가 현저히 차이나는 것을 알 수 있다. 따라서 고개호칭 '현(峴)'과 '령(嶺)'을 변별할 수 있는 요인으로는 고갯길에서 체험하는 굽이 정도가 가장 큰 영향을 미치는 것으로 판단된다.

3. 고개의 지형부위로 본 유형적 특성

백두대간에 소재한 고개 25개소와 경상도 지방에 소재한 고개 30개소를 대상으로 고개의 지형부위에 따른 유형적 특성을 지형도와 현지조사를 통해 살펴보았다. 여기서 죽령, 조령 등을 포함한 8개소의 고개는 백두대간의 고개 중에서도 경상도 지방에 위치하고 있으므로 전체적으로는 47개소의 고개가 대상지이다. 그 결과 고개의 지형부위에 따른 유형은 '산목형', '산허리형', '산마루형'으로 구분이 가능하였다.

1) 산목형

목은 지형 형상에 따라 크게는 산목형과 물목형으로 분류된다(강영조, 1993). 본 연구에서 수집한 고개 중 그 고개의 지형부위가 주위에 비하여 현저히 낮아서 마치 짐승이나 사물의 목처럼 잘록하게 생긴 곳을 산목형이라고 하였다.

산목형의 고개는 산이 두 마을 또는 도시를 분단하는 경계가 된 곳에서 주로 보이는 것으로 두 지역을 가장 가깝게 이어주는 경계부위에 입지한 경우이다.

조선후기 지방지도에 수록된 부항현을 살펴보면 산목형 고개의 지형 형상을 잘 이해할 수 있을 것이다(그림 11). 실제로 경상북도 영주시 풍기읍과 충청북도 단양군 대강면을 이어주는 죽령의 지형부위를 보면 고개가 두솔봉과 제 2연화봉 사이에 위치하여 목의 형태를 취하고 있음을 알 수 있다(그림 12).

산목형의 고개에서 체험되는 조망행동은 산등성이에 의해 폐쇄되었던 시계가 산목에 올라서는 순간 일순에 열리면서 멀리 원망하게 된다. 이 때 시선은 주로 진행방향의 전·후로 향하게 된다.

산목형의 고개에 해당하는 곳은 전체 47개소 중 29개소로 가장 많이 나타났다. 이는 산의 목(項)부분이 서로 다른 두 지역을 이어주는 통로로서 고갯길 형성에는 최적의 장소로 이용되었음을 알 수 있다.

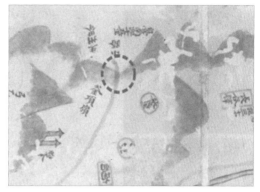

그림 11. 부항현(자료 : 조선후기 지방지도 경상도편)

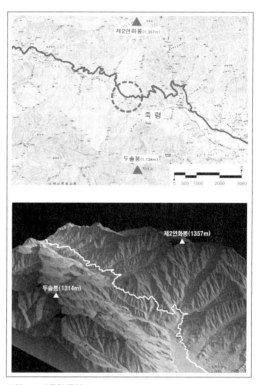

그림 12. 산목형(죽령)

2) 산허리형

고개가 산허리에 위치한 형태로 겸재 정선의 '단발령망금강산(斷髮嶺望金剛山)'의 단발령이 여기에 해당된다. 경상북도 경주시 황룡동에 소재한 추령을 살펴보면 고개가 토함산의 산허리에 위치하고 있음을 알 수 있다(그림 13).

산허리형 고개에서의 시선은 진행방향의 좌·우 중 주로 한 방향으로 향하게 된다.

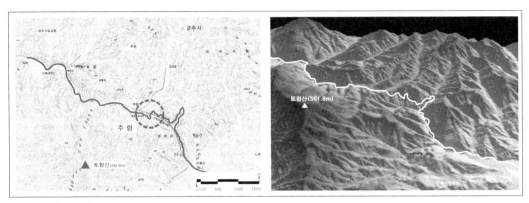

그림 13. 산허리형(추령)

3) 산마루형

고개가 산봉우리에 위치한 형태이다. 경상북도 경주시 외동읍과 울산광역시 울주군 두동면을 넘나드는 치술령이 여기에 해당된다(그림 14).

산마루형에 해당되는 고개에서의 시선은 산목형이나 산허리형 고개와 달리 특정 방향으로 강요받지 않고 주위를 자유로이 이동하면서 둘러볼 수 있다.

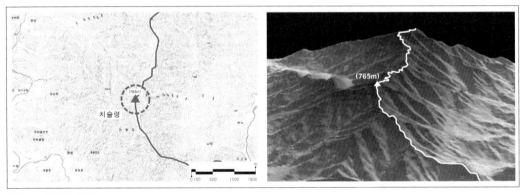

그림 14. 산마루형(치술령)

4. 고개에서 조망되는 경관유형

고개에서 체험하는 조망대상의 형태적 특징에 따라 경관의 유형을 살펴보았다. 이를 위한 대상지 고개는 부산에 소재한 고개 44개소로 한정하였다. 앞서 소개한 백두대간이나 경상도 지방에 비하여 부산시는 시가지, 산, 바다, 강, 섬 등 다양한 경관요소를 지니고 있으므로 고개에서 보는 조망경관의 유형이 보다 다양할 것으로 판단하였기 때문이다.

고개에서 조망되는 경관이 주로 산봉우리나 산자락인 경우를 산자락형으로 하였다. 마찬가지로 바다와 섬 그리고 수평선을 조망할 수 있는 고개는 해산(海山)형, 산이 시가지를 감싸듯이 펼쳐지는 도시경관이 조망되는 고개는 배산도시형, 시가지와 산, 바다가 한꺼번에 조망되는 곳을 산수도시형이라 명명하였다.

부산시에 소재한 고개 44개소 중 고개 주위가 시가지화에 의하여 시계가 차단되었거나 폐쇄되어 있는 경우를 제외하면 29개소의 고개가 조망행동이 가능한 것으로 나타났다.

고개에서 체험되는 경관유형은 배산도시형이 총 15개소였다. 상세하게는 산목형에서 3개소, 산허리형에서 10개소, 산마루형 2개소로 전체 29개소의 고개에서 15개소에 해당되어 가장 많이 나타났다. 다음으로는 고개에서 산수와 도시가 한 눈에 보이는 산수도시형의 경관은 산목형에서 3개소, 산허리형에서 3개소에서 관찰되어 총 6개소였다. 마지막으로 시가지를 제외한 산과 바다가 독립적

〈표 4〉 고개의 조망유형과 조망대상

유형	조망대상	블록 다이어그램	지형개요	해당고개
산목형	산자락형		고개가 봉우리와 봉우리 사이에 위치하며 조망대상은 주로 산정이나 산자락에 해당된다.	2, 20
	해산형		고개가 봉우리와 봉우리 사이에 위치하며 조망대상은 바다, 섬 등이 해당된다.	1, 21, 22
	배산도시형		고개가 봉우리와 봉우리 사이에 위치하며 산이 시가지의 배경으로 조망된다.	17, 24, 38
	산수도시형		고개가 봉우리와 봉우리 사이에 위치하며 산, 시가지, 바다, 섬 등이 조망대상이다.	3, 30, 31
산허리형	산자락형		고개가 산허리에 위치하며 조망 대상은 주로 산정이나 산자락에 해당된다.	15, 40
	해산형		고개가 산허리에 위치하며 조망대상은 바다, 섬 등이 해당된다.	9
	배산도시형		고개가 산허리에 위치하며 산이 시가지의 배경으로 주로 조망된다.	6, 11, 13, 16, 19, 25, 26, 27, 34, 36
	산수도시형		고개가 산허리에 위치하며 산, 시가지, 바다, 섬 등이 조망대상이다.	8, 23, 28
산마루형	배산도시형		고개가 봉우리 정상에 위치하며 산, 시가지 조망이 가능하다.	18, 42

으로 조망되는 장소는 상대적으로 적게 분포하고 있었다(표 4).

이상의 결과를 종합하면 바다와 산지가 대표적인 경관요소인 부산이라는 시가지의 특성상, 고개에서 보이는 경관 유형은 산과 바다와 도시의 풍경이 한눈에 들어오는 산수도시형이 가장 많을 것이라는 예상과는 다른 결과였다. 이는 부산이라는 도시가 해안에서 내륙으로 확장하면서 고개에서 보는 경관대상이 다양해진 결과로 생각된다.

5. 고개의 시각 특성

백두대간, 경상도 지방, 그리고 부산시에 소재한 고개 중 부가측정이 가능한 고개를 대상으로 시각특성을 분석하였다.

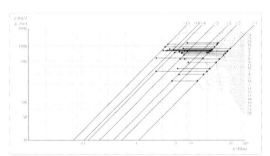

그림 15. 백두대간에 소재한 고개에서 보는 경관에 대한 부각의 범위(1.진부령; 2.미시령; 3.한계령; 4.조침령; 5.구룡령; 6.대관령; 7.삽당령; 8.백봉령; 9.싸리재; 10.도래기재; 11.고치령; 12.죽령; 13.저수령; 14.벌재; 15.계립령; 16.조령; 17.이화령; 18.눌티; 19.화령재; 20.추풍령; 21.괘방령; 22.우두령; 23.부항령; 24.육십령; 25.여원재)

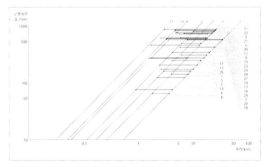

그림 16. 경상도 지방에 소재한 고개에서 보는 경관에 대한 부각의 범위(1.사라현; 2.추령; 3.치술령; 4.별내현; 5.석현; 6.오현; 7.남면현; 8.송현; 9.도현; 10.삼자현; 11.마아령; 12.죽령; 13.신라현; 14.추현; 15.장갈현; 16.팔조령 17.성현; 18.갑현; 19.송현; 20.괘방령; 21.우마현; 22.부항현; 23.이화현; 24.계립령; 25.조령; 26.아현; 27.도현; 28.팔량현; 29.대현; 30.육십현)

먼저, 백두대간의 고개에서 나타난 시각특성을 보면 미시령, 한계령, 구룡령 등 7개소의 고개는 부각 -15 ~ -12°사이에 위치하고 있으며, 부각의 시축에 해당하는 -10 ~ -8°사이에는 2개소가 나타났으며 싸리재, 도래기재, 저수령 등도 비교적 부각의 시축에 근접하는 -7°의 영역에 분포하고 있었다. 전체 고개 중 3개소가 부감의 상한에 해당되는 -3 ~ -1°사이에 나타났다. 그리고 백두대간의 고개에서 조망되는 시거리를 보면 2개소를 제외한 나머지 고개들의 조망역은 모두 원경역에 분포하고 있었다(그림 15).

다음으로 경상도 지방의 고개에서 나타난 시각특성을 보면 부각 -10 ~ -8°사이, 즉 최적의 부감경을 체험할 수 있는 고개가 치술령, 오현, 삼자현 등 모두 8개소가 분포하고 있었다. 부감경의 상한에 해당하는 -3 ~ -2°의 영역에는 모두 6개소가 나타났다. 그리고 이들 영역 사이에 조망범위를 가진 고개가 12개소로 가장 많은 분포를 보였다. 고개에서 보여지는 조망역을 경관의 표정파악이 가능한 거리인 3km로 분할하여 구분하면(篠原修, 1982), 이 거리역 내에 조망역을 가진 고개는 전체 조망 가능한 고개 29개소 중 13개소로 나타났다. 그 외의 고개 16개소에서 바라보는 조망대상은 원경역에 분포하는 것으로 나타났다(그림 16).

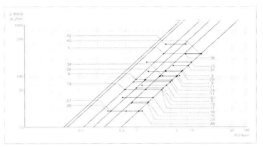

그림 17. 부산시에 소재한 고개에서 보는 경관에 대한 부각의 범위 (1. 감고개; 2. 구덕고개; 3. 대티고개; 4. 샛디고개; 5. 아리랑고개; 6. 영선고개; 7. 까치고개; 8. 복징어고개; 9. 아리랑고개; 10. 영선고개; 11. 개곤이고개; 12. 날가지고개; 13. 마비현고개; 14. 불태령; 15. 제기념기고개; 16. 못웃고개; 17. 인생문고개; 18. 안락고개; 19. 한실고개; 20. 대연고개; 21. 망너머고개; 22. 뻘끼이고개; 23. 우암장고개; 24. 장고개; 25. 만덕고개; 26. 말등고개; 27. 야시고개; 28. 달맞이고개; 29. 다대고개; 30. 배고개; 31. 반달고개; 32. 장림고개; 33. 산성고개; 34. 야시고개; 35. 냉정고개; 36. 당고개; 37. 어부랑고개; 38. 톳고개; 39. 곰내재; 40. 개좌고개; 41. 갈치재; 42. 널밭재; 43. 쌍다리재; 44. 진티재)

마지막으로 부산시에 소재한 고개에서 조망되는 부각의 특징을 살펴보면, 대다수 고개에서 조망되는 부각은 주로 -5° ~ -1° 사이에 나타났다. 그 중에서도 고개에서 조망되는 부각이 -3° ~ -1° 사이에 분포하는 곳이 16개로 가장 많이 나타났다. 고개에서 내려다보는 시선과 경관대상이 이루는 부각의 범위가 -3° ~ -1° 사이에 있는 것이 부각을 측정한 고개 26개소 중 16개소에 이르고 있다. 그리고 고개에서 보는 조망 시거리는 전체 26개소 중 21개소가 경관의 표정을 알 수 있는 범위 내에 분포하는 것으로 나타났다(그림 17).

이상의 결과를 종합하면, 백두대간에 소재한 고개와 경상도 지방에 소재한 고개 중에서는 비교적 부감경 조망이 유리한 장소적 특성을 가지고 있는 고개가 다수 분포하고 있는 것으로 나타났다. 그러나 부산시에 소재한 대부분의 고개는 부감경 체험이 곤란한 것으로 나타났다. 이는 개발행위에 의하여 고개의 고유지형을 상실한 결과로 추측할 수 있다. 따라서 향후 고개를 공간적 대상으로 하는 경관계획을 할 때에는ㅡ 특히 최적의 부감경을 체험할 수 있는 고개의 경우ㅡ 멀리 내려다볼 수 있는 조망을 확보할 수 있는 방안을 고려해야 할 것이다.

6. 고개의 지명분석

공간에 이름을 붙임으로써 공간은 인간을 위한 것으로 주장된다. 지역과 장소에 이름을 붙이는 것은 사실 실존 공간을 구축하는 기본 활동 가운데 하나이다(Relph, 2001).

본 연구에서 수집한 전체 고개를 대상으로 고개 지명의 유래를 분석하였다. 이를 위한 자료로는 『신증동국여지승람』, 『한국지명총람』, 『부산지명총람』을 이용하였다. 이 외에도 건설부 국립지리원(1987)에서 발행한 『지명유래집』, 경상북도 교육위원회(1984)가 발행한 『경상북도 지명유래총람』, 강길부(1985)의 『향토와 지명』, 배우리(1994)의 『우리 땅이름의 뿌리를 찾아서』 등의 자료도 참고로 하였다.

고개의 지명유래의 예를 보면, 먼저 가맛골이 있었다고 해서 붙여진 부항리에 소재한 고개라는 의미로 명명되어진 부항령과 같이 '～에 있는 고개'가 있다. 이것은 저명한 장소 안에 있는 고개라는 의미로 명명의 수법은 '포함'이다. 그리고 '큰 구렁이가 지나간 자국을 따라 길을 냈다'고 붙여진 구룡령과 같이 전설에 유래한 경우가 있다. 또 그 고개에서 눈에 띠는 경물, 예를 들면 소나무나 까치가 있다고 해서 송현, 까치고개 또는 '새띠'라고 불리는 억새와 띠풀이 무성하다고 붙여진 새띠고개처럼 탁월한 경물에 유래한 명명이 있다. 그리고 말등처럼 생긴고개라는 의미의 말등고개와 같이 지형형상에 근거한 경우가 있다. 이외에도 '～의 사이'에 위치하고 있다고 해서 붙여진 싸리재, 또는 삼자현이나 대현과 같이 숫자

〈표 5〉 고개명 유래의 특성별 분류

요소		백두대간의 고개명	경상도의 고개명	부산시의 고개명	합계
저명 장소		진부령, 한계령, (부항령)	추령, (부항령)	구덕고개, 대티고개, 영선고개, 영선고개(영도구), 개곤이고개, 날가지고개, 만덕고개, 다대고개, 장림고개, 산성고개, 냉정고개, 톳고개, 곰내재, 쌍다리재	17
전설 (전승)		구룡령, 고치령, (죽령), (계림령), (조령), (쾌방령), 추풍령, (육십령), 여원재	(죽령), (계림령), (조령), (쾌방령), (육십령), 신라현, 치술령	아리랑고개, 복징어고개, 아리랑고개(영도구), 마비현, 인생문고개, 안락고개, 우암장고개, 야시고개, 야시고개(금정구), 당고개, 어부랑고개, 개좌고개	23
경관적 요소	경물	-	석현, 송현, 장갈현, 추현, 송현, 도현	감고개, 까치고개, 망너머고개, 달맞이고개, 널밭재, 샛디고개	12
	지형	(우두령)	(우두령)	대연고개(지갯골고개), 뻘끼이고개, 말등고개, 반달고개, 갈치재, 장고개	7
보조어		싸리재, 삽당령, 대관령	남면현, 삼자현, 팔조령, 팔량현, 대현	-	8
미상		조침령, 백복령, 도래기재, 벌재, (이화령), 눌티, 화령, 미시령, 저수령	오현, 마아령, (이화령), 사라재, 별내현, 도현, 성현, 아현, 갑현	불태령, 제기넘기고개, 못웃고개, 한실고개, 배고개, 진티재	23
합계		25(8)	30(8)	44	91

( ) : 백두대간과 경상도지방에 중복되는 고개

나 규모에 근거한 명명이 있다.

이를 종합하면, 고개 지명의 명명수법은 저명장소와의 지리적 근접, 전설, 경관적 특징, 그리고 위치, 숫자, 규모 등을 나타내는 보조어에 의한 방법 등으로 구분이 가능하였다(표 5).

7. 마치며

지금까지 고개가 지닌 경관적 특성을 분석하기 위해 5가지 항목으로 구분하여 살펴보았다. 그 중 고개의 지형호칭과 고개의 지형부위는 고개의 공간적 형태에 관하여, 고개에서 보는 조망유형과 시각특성은 고개의 물리적 특성에 관하여, 그리고 고개 지명의 명명수법은 고개 지명에 담긴 공간적 의미에 관하여 살펴보기 위함이었다.

이러한 연구 결과는 고개를 공간적 대상으로 하는 경관계획에 있어서 적절히 활용될 수 있을 것이다.

고갯길은 지형의 특성상 고갯마루를 기준으로 하여 오르거나, 회전하거나, 내려가거나 하는 등의 다양한 움직임에 의한 연속적 경관체험을 할 수 있는 장소이다. 본 연구의 결과로 본다면, 특히 고개호칭 '령'을 가진 고갯길은 연속적 경관체험을 위한 최적의 장소로 볼 수 있을 것이다. 이와 같은 고갯길을 대상으로 하는 경관계획은 시점장의 경계부위, 즉 고갯길의 연변부를 적절히 조작함으로서 다양한 경관체험을 연출할 수 있을 것이다. 다음으로 고갯마루의 경관계획에 있어서는 우선 최적의 조망점 선정이 선행되어야 할 것이다. 조망점 선정의 기준으로는 조망되는 주요 경관대상이 부각의 시축 영역에 펼쳐져 보이는 지점을 들 수 있다. 선정된 장소에는 전망대나 안내판을 설치하거나, 적절한 경물의 배치에 의한 시선의 방향과 시각크기를 조작함으로서 인상 깊은 경관체험을 유도할 수 있을 것이다. 그리고 고개에 지명을 부여하는 행위는 경관에 대한 시각상의 우세성에 의한 체험과 더불어 그 장소에 대한 특유의 경관적 의미를 생성하여 보다 함축성 있는 경관체험을 유도할 수 있는 조작수법으로 활용 가능할 것이다.

앞서 언급하였듯이 최근 들어 개발행위에 의한 결과로 고개의 고유지형과 고갯마루에서 국토의 산하를 조망하는 경관체험은 서서히 상실하고 있는 실정이다. 본 연구는 이러한 점에 주목하여 고개라는 장소가 지닌 경관적 가치를 조명하기 위한 목적으로 시도하였다. 본 연구 성과가 향후 고개를 공간적 대상으로 하는 지형설계 등의 경관계획에서 기초자료로서 유용하게 이용되기를 기대한다. 그리고 경관자원으로서의 고개의 가치를 발굴하는 후속연구가 계속 진행되길 기대한다.

■ 참고문헌

강길부(1985), 향토와 지명, 서울 : 정음사

강영조(1993), 지명 명명공간의 형태와 상모적지각의 지형보전적 고찰, 한국조경학회지 21(2): pp.68-79

강영조(1995), 낚시전문가에 의한 해안지형경관의 분류와 그 형태에 관한 연구, 한국조경학회지 23(3): pp.69-79

강영조·조승래·김희정(2005), 고개의 조망특성에 관한 연구, 한국조경학회지 33(4) : pp.22-32

건설부 국립지리원(1987), 지명유래집, 서울 : 건설부 국립지리원

경상북도 교육연구원(1984), 경상북도 지명유래총람, 경북 : 경상북도 교육위원회

김하돈(1999), 고개를 찾아서, 서울 : 실천문학사

민족문화추진회(1969), 국역신증동국여지승람 I -Ⅶ, 서울 : 민족문화추진회

배우리(1994), 우리 땅이름의 뿌리를 찾아서 1·2, 서울 : 토담

부산광역시(1995), 부산지명총람, 부산 : 부산광역시

서울대학교 규장각(2005), 조선후기 지방지도 경상도편. 서울 : 서울대학교 규장각

신정일(2006), 다시 쓰는 택리지 5, 서울 : 휴머니스트

이익성 역, 이중환 저(1993), 택리지, 서울 : 을유문화사

이정우(1999), 시뮬라크르의 시대, 서울 : 거름

이희성(1994), 국어대사전, 서울 : 민중서림

장삼식(1996), 한한대사전, 서울 : 교육출판공사

김종권 역, 정약용 저(1979), 아언각비, 서울 : 일지사

조선일보사(2004), 대동여지도, 서울 : 월간 산 6월호 별책부록

최완수(1999), 겸재를 따라가는 금강산 여행, 서울 : 대원사

한글학회(1978-1979), 한국지명총람 경북편, 서울 : 한글학회

한글학회(1979-1980), 한국지명총람 경남편, 서울 : 한글학회

篠原修(1982), 土木景觀の計画, 東京 : 技報堂

Lynch. K., 한영호·정진우 역(2003), 도시환경디자인. 서울 : 광문각

Relph. E., 김덕현·김현주·심승희 역, 장소와 장소상실. 서울 : 논형

10 | 서울 서촌(西村)의 지역성에 기반한 역사문화탐방로 제안[1]

– 인왕산록과 백운동천 수계(白雲洞川 水系) 유역을 중심으로

김한배_서울시립대학교 조경학과 교수

1. 들어가며

　1990년대 이후 한국에서는 역사탐방로의 조성이 보행환경을 개선하는 동시에 도시의 역사성과 지역성을 강화하는 효과적인 수단으로 주목받기 시작하였다. 이에 따라 서울성곽 내부 원도심을 대상으로 기본계획이 수립되었고(서울시, 1994) 그 중 '덕수궁길'과 '돈화문길' 등 일부 구간이 시범적으로 조성되어 좋은 반응을 얻어 왔다. 최근 발표된 광화문 앞 보행광로 조성사업계획 등으로 미루어볼 때 앞으로도 역사환경의 보전, 복원을 보행환경의 개선과 결합하는 방식의 사업은 전국적으로 계속 확산될 전망이다. 본 연구는 이러한 배경에서 기존의 역사탐방로계획의 발전적 방향을 제시하기 위한 목적으로 이루어졌다.

　서울과 같이 풍수원리에 의해 입지되고 조성된 도시는 물줄기를 따라 옛길과 마을들이 형성되면서 지역별로 차별화된 문화가 성립되어갔다. 이 물줄기들 중 특히 상류의 계류들은 산자락의 경승지와 결합됨으로써 여가생활과 지역문화의 모태가 되는 등 지형경관과 역사문화의 양대 측면에서 지역환경의 뼈대를 이루어 왔다. 이 글에서는 인왕산의 동측 산록과 그로부터 발원하여 현 청계천의 원류가 되는 백운동

1) 본 연구는 2006년 8월 일본 나가사키의 한중일 조경심포지엄에서 발표된 본인의 예비 논문(Kim, 2006)과 이후 이 내용을 참고하여 작성된 송지선의 석사논문(2007)을 바탕으로 연구내용을 발전시킨 것이다. 이후 한국조경학회지(35권 3호: pp.22-36)에 발표했던 글을 본 책자의 취지에 맞추어 부분적으로 개고하였다.

서울 서촌의 지역성에 기반한 역사문화탐방로 제안　249

천 주변의, 조선조 당시 '서촌(西村)'으로 불려 왔던 구도심의 서북부 지역을 중심으로 하여 역사와 생태, 경관과 생활문화가 함께 하는 역사탐방로의 조성가능성을 탐색해 보려고 한다.

　이 제안은 크게 아래와 같은 두 가지 측면에서 기존의 역사탐방로연구와의 차이점을 갖고 있다. 첫째, 새로운 대상영역의 발굴이다. 기존의 역사탐방로계획이 주로 서울성곽 내부 전체를 대상으로 하고 있기는 하였으나 정작 탐방로계획의 주대상지는 주로 북촌에서 남촌에 이르는 도성의 중심부였었고 도성의 서측과 동측의 지역은 상대적으로 소외되었었다. 본 연구는 이 점에서 그간 역사환경 정책에서 제외되어 있었던 도성 서북부 인왕산 밑의 지역으로 경복궁과 사직단을 포함하는 소위 서촌(西村)지역을 연구의 공간적 범위로 다루려 한다.

　둘째, 방법적으로 기존의 역사탐방로계획의 관점을 확장시키고자 한다. 기존의 역사탐방로계획들(앞책)이 주로 대상지역의 개별 역사자원들을 조사·분석하여 주제별로 분류하고 이들을 보행중심가로로 연결시켜 주는 것을 골자로 하고 있었다면 여기서의 접근방법은 역사자원의 고려 이외에 도시가로환경설계의 기본적 자원이라 할 수 있는 물과 녹지 등의 환경자원과 조망 등 경관자원을 함께 다루는 종합적 접근을 취하려는 것이다. 앞으로의 역사탐방로 계획에서 이러한 접근은 역사탐방로의 새로운 모형이 될 수 있을 것으로 기대한다.

　근년 들어 서울 주거경관의 정체성을 대변하는 지역으로 경복궁과 창덕궁 사이 구릉지에 위치한 북촌이 부상되어 왔다. 최근 서울시와 전문가 조직의 공동노력으로 북촌은 인사동을 연장하는 역사문화지구로 정비되면서 많은 시민들의 사랑을 받아오고 있다. 조선조 이래 서울의 주거지를 대표하는 양대 지역으로 북악산 밑의 북촌과 남산 밑의 남촌이 운위되어 오고 있었으나 서울성곽 안팎에는 그 밖에도 독특한 지역문화를 갖는 여러 지역들이 분포하고 있었다. 그 중 두드러진 지역이 조선조에 '우대(윗지역)'라고도 불렸던 경복궁 서편의 이른바 서촌이다. 이는 인왕산 동측과 백악(현 북악산)의 서측사면에 둘러싸여 백운동천(白雲洞川)이라는 계류를 중심으로 독특한 경관과 문화를 형성하였던 지역이다. 이 지역을 기존의 북촌지역과 차별성을 갖게 하기 위하여 이 글에서는 조선조 당시의 서촌이라는 이름을 복원하여 부르기로 한다.

　서울의 역사와 풍물에 관하여 해박한 지식을 가진 언론인 조풍연씨에 의하면 "우대는 서울 성내의 서북쪽 지역, 곧 인왕산 가까운 동네이고 아래대는 성내의 동대문과 광희문계를 이르는 말이다. 우대에는 권력자인 양반들이 살고 아래대에는 예전에 군총(軍摠) 계급의 사람들이 살았다. …그 우대라는 것을 동네로 알아보면 사직동, 체부동, 통의동, 통인동, 필운동, 옥인동, 창성동, 효자동, 신교동, 궁정동, 누각동, 매동, 적선동, 내자동 등이다. 경복궁의 동쪽인 안국동, 송현동, 계동, 가회동, 재동, 화동 등이 우대에 편입되어 그렇게 부르게 된 것은 최근세의 일인 듯하다. …어쨌든 우대는 서울 중에서도 서울이라고 할 만한 지대이다. …서울 속담에 '옥동같이 춥다'라는 것이 있다. 옥동은 옥인동의 준말인데, 옥동에서는 인왕산에서 바람이 춥게 불어닥친다는 뜻이지만 실상은 옥동에는 무서운 양반들이 살기 때문에 '떨린다'는 뜻이 들어 있다(조풍연, 1989)."

이 서촌지역은 특히 조선시대 영·정조 시대 이후 진경산수의 원조인 겸재 정선의 주 활동무대로서 그의 산수화의 주 대상이 이 인왕산과 백운동천 주변이었다. 또한 조선조 후기에 중인 위주의 새로운 문화운동으로 일어난 위항문학(委巷文學)에서도 가장 이름난 시단(詩壇)인 옥계시사(玉溪詩社, 또는 송석원시사)가 경영되었던 곳이기도 하다. 또한 이러한 문화적 전통은 근대 초기에 이르기까지도 이 지역을 문학과 미술의 중심지로 지속시키게 되었었다. 특히 이 지역 남측의 사직단과 경희궁 인근은 일제와 해방시기를 전후하여 백범 김구의 경교장 등 자주적 독립운동의 거점역할을 하였던 곳이기도 하다.

구체적인 대상지의 공간적 범위는 현재 종로구 서북측 일원의 지역으로 그 남서측 경계는 조선조 당시 서궐(西闕)로 불렸던 경희궁과 서대문(돈의문) 터로 한다. 동측경계는 경복궁으로 하고 북측경계는 서울성곽 안쪽 옛 청풍계(淸風溪) 자리였던 것으로 추정되는 현 청운초등학교와 경기상고 북측지점까지로 한다(최완수, 1993 : 269). 특히 이 지역의 남측 경계부는 기존 서울역사탐방로의 첫 번째 사업이었던 '덕수궁길'과 이어지는 지점으로서 향후 서울 전체 역사탐방로의 연속성 확보의 면으로 보아도 가치를 둘 수 있는 지역이다. 또한 현재는 복개되었으나 이 지역의 중심부를 흘렀던 백운동천은 경복궁 동측의 중학천과 함께 청계천의 첫 번째 북측 원류에 해당하는 계류로서 서울의 원형 경관적 요소로서 매우 중요한 자원이다.

현행 도시계획으로 보아서 이 지역은 대부분 '제1종 일반주거지역'인 동시에 '자연경관지구' 및 '최고고도지구'로 묶여 있어 원칙적으로 4층 이하의 주거 및 근린상가 건축물로 개발행위를 한정하고 있다. 그러나 경희궁과 사직단 등 국가급 문화재가 인접한 대상지 곳곳에는 현재도 주택재개발사업과 도심재개발사업이 추진되고 있어 향후 역사환경 및 조망경관 훼손에 대비한 계

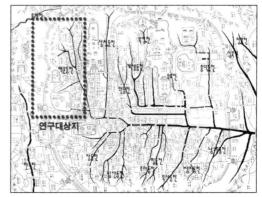

그림 1. 대상지의 공간적 범위(Royal Asiatic Society, 1902 고지도 위에 물길 강조한 것)

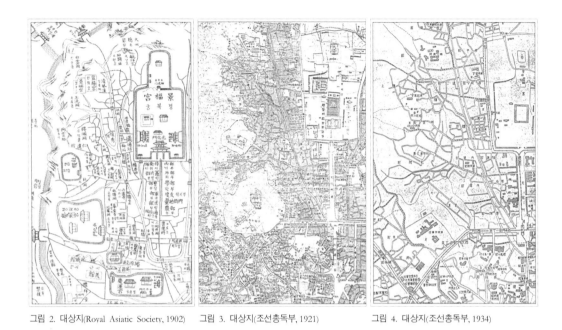

그림 2. 대상지(Royal Asiatic Society, 1902)   그림 3. 대상지(조선총독부, 1921)   그림 4. 대상지(조선총독부, 1934)

획적 관리가 특별히 요구되는 지역이다. 본 제안의 2차적 목적은 이와 같은 경관훼손에 대비하여 본 대상지의 역사경관자원의 보전적 관리를 강화하려는데 있다.

앞서 말한 바와 같이 서울은 풍수에 의해 입지되고 조성된 도시로, 도시의 역사경관에는 인위적 건조물만이 아니라 풍수지리에 의해 선택되었던 산과 천, 그리고 그를 바라보는 조망점 등도 탐방자원으로서의 가치를 갖게 된다. 따라서 그의 보전과 복원, 활용이 당연히 계획의 주된 내용으로 다루어져야 할 것이다. 또한 본 대상지의 산수의 경관은 조선조 서울에서도 이름난 승경으로 당시 시문학과 회화의 활동 근거지인 동시에 그 대상이 되어 왔으므로 이들을 역사탐방자원으로 포함시킬 필요가 있다. 이러한 독특한 지역성을 특히 환경계획을 통해 부각시키는 방안을 찾아보려 한다. 이들 유, 무형의 탐방자원들은 눈에 보이는 물리적 환경으로서의 가시성뿐 아니라 그 이면의 의미성, 활동성까지 포함하면서 대상지의 지역성을 차별화시키게 될 것으로 기대한다. 본 연구의 접근방법과 그에 따라 확장된 탐방자원의 유형을 표로 정리하자면 다음 <표 1>과 같다. 즉, 탐방자원에는 자연경관과 역사경관 등 물리적 환경은 물론 역사적 인물들의 활동과 그 문화적 특징들을 포함하며, 이들 자원을 활용하는 역사탐방로 기본구상에는 역사문화가로적 접근, 조망가로적 접근, 친수녹도적 접근 등을 포함하는 다차원적 접근을 제안하려 한다.

〈표 1〉 탐방자원의 범위와 접근방법

자원의 분류			접근방식	장소적 성격	분석자료
기존 역사탐방로의 접근방식과 자원	역사적 건조물	궁궐, 사묘, 성곽, 개인주택 등	기존 역사탐방로적 접근	의미성+가시성	지자체 발간 역사자료, 고지도, 고문헌 등
	역사적 가로	큰길, 뒷길 등			
본 연구의 접근방식과 자원의 확장	역사적 자연경관 및 조망	조망대상 및 조망점	산경(山景)	조망가로적 접근+친수녹도적 접근	가시성+활동성	고지도, 고문헌, 옛그림 등
		가로경관	계경(溪景)			
	역사·문화적 활동	정치·사회적 활동	인물, 사상	역사문화가로적 접근	의미성+활동성	정치·사회사, 문학사, 미술사 등
		문화예술적 활동	문학, 미술사조 및 작품			

2. 서촌지역의 탐방자원과 지역성 해석

1) 역사·문화 경관자원

이 지역의 주요한 건축역사자원으로는 당시 서궐로 불렸던 경희궁(慶熙宮, 북궐인 경복궁, 동궐인 창덕궁과 비교해서), 칠궁(七宮) 등의 궁궐과 정도초에 주례(周禮)의 좌묘우사(左廟右社)의 원칙에 따라 조성된 사직단(社稷壇)이 있다. 또한 일제 때 철거된 돈의문(서대문)은 그 복원이 최근 문화재청의 사업으로 채택되어 조만간 이곳에 다시 그 모습을 드러낼 것으로 기대되고 있다. 이 중 사직단은 종묘와 함께 조선 개국 초부터 양대 국가기간성지(國家基幹聖地)의 하나로 조성되었던 곳이다.

이 지역에는 광해군대에 인왕산왕기설과 관련되어 조성되었던 '경희궁(慶熙宮)' 이하 많은 이궁, 별궁들이 있었다. 그러나 이들 중 칠궁이라 불렸던 육상궁(毓祥宮)과 최근 부분 복원된 경희궁을 제외하고는 대부분 일제시대 이후 철거되어 현재까지 타용도로 사용되어오고 있다. 또한 이 지역을 둘러싼 인왕산의 정상 능선부에는 조선건국초에 조성되었던 '한양성곽(漢陽城郭)'이 가장 원형에 가깝게 보존, 복원되어 있다.

근대문화유적으로는 대상지 남측 경계인 강북삼성병원 내에 위치하고 있는 백범 김구선생의 해방 이후 집무실이었던 '경교장(京橋莊)'이 있다. 그리고 그 인근에 근대초기의 대표적 문화예술인들의 거처였던 '홍난파 가옥'이 있으며, 사직공원 너머 구 백운동천 주변에는 '이상(李箱)가옥', '박노수 가옥' 등이 비교적 원형에 가깝게 남아있다. 여타의 문화유적들을 단지 터로만 확인할 수 있을 뿐이다. 대표적 유적들에 대한 자세한 내용은 아래의 유적별 위치도 <그림 5>와 함께 목록·개요·현재의 사진을 정리하였다 (표 2, 그림 6 참조).

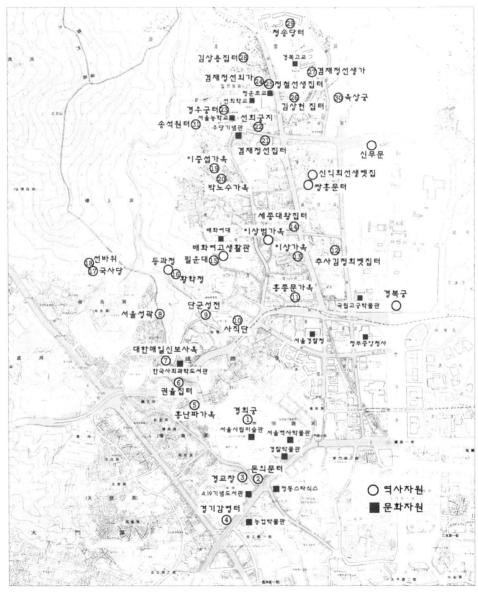

그림 5. 서촌의 역사문화 자원(현재)(출처 : 송지선, 2007의 보완)

〈표 2〉 서촌 역사 탐방로의 역사문화유적 현황(종로구청, 2003; 김미선 외, 2004; 영진문화사, 2004 참조, 필자 작성)

도면상번호	문화재명	문화재 분류	현주소	현상태
1	경희궁	사적	사직동 2-1	유적있음
2	돈의문	-	신문로2가 108	표석있음
3	경교장(김구 주석 서거한 곳)	서울특별시 유형문화재	평동 108-1	유적있음
4	경기감영 터	-	평동 164(적십자간호대학)	표석있음
5	홍난파 가옥	등록문화재	홍파동 2-16	유적있음
6	권율 집터(생가)		행촌동 1-113	표석있음
7	대한매일신보사옥	-	행촌동 1-18	표석있음
8	서울성곽	사적	사직동 산1 일대	유적있음
9	단군성전	-	사직동 48(사직공원)	유적있음
10	서울 사직단	사적	사직동 48(사직공원)	유적있음
11	홍종문가	서울특별시 민속자료	체부동 158	유적있음
12	추사 김정희 옛집	-	통의동 7	멸실유적
13	이상 가옥	등록문화재	통인동 154-10	유적있음
14	세종대왕 집터(생가)	-	통인동 156	멸실유적
15	필운대(이항복 집터)	서울특별시 문화재자료	필운동 산1-2(배화여고)	유적있음
16	황학정	서울특별시 유형문화재	사직동 산1-1	유적있음
17	인왕산 국사당	서울특별시 중요민속자료	무악동 산2-12	유적있음
18	선바위	서울특별시 민속자료	무악동 산3-4	유적있음
19	이중섭 가옥	등록문화재	누상동 166-10	유적있음
20	박노수 가옥	서울특별시 문화재자료	옥인동 168-2	유적있음
21	겸재 정선 집터(살던 곳)	-	옥인동 20 일대	멸실유적
22	선희궁지	서울특별시 유형문화재	신교동 1-1(서울농학교)	유적있음
23	경우궁터	-	신교동 1-4(서울맹학교)	멸실유적
24	겸재 정선 외가	-	청운동 123(청운초등교)	멸실유적
25	송강 정철선생 집터	-	청운동 123(청운초등교)	표석있음
26	김상헌 집터	-	청운동 94-2	표석있음
27	겸재 정선 생가(태어난 곳)	-	청운동 89(경복고교)	멸실유적
28	김상용 집터	-	청운동 52-8	표석있음
29	청송당 터	-	청운동 89	표석있음
30	육상궁	사적 149호	궁정동 1	유적있음
31	송석원터		옥인동 47번지 일대	멸실유적

그림 6. 서촌의 역사문화유적 사진

2) 자연지세와 자연경관

전체지역을 지배하는 자연경관자원으로는 먼저 서울의 풍수사신 중 현무와 백호에 해당하는 빼어난 산세의 북악산과 인왕산이 있다. 이 두 산의 사이에서 발원하여 청계천의 상류를 이루었던 장안의 경승지 백운동천이 있었으나 지금은 복개되어 도로(자하문길)로 쓰이고 있다.

대한제국시대의 지리지 『한경지략(漢京識略)』(유본예, 1890; 권태익 역, 1981: 202-209)을 보면 당시 서울의 명승을 총 17개소로 소개하고 있는데 그 중 인왕산 밑(4군데)이 가장 많았다(북악산 3, 남산 3, 낙산 2, 한강 2, 기타 3곳 등). 대표적 자연경관자원인 인왕산과 백운동천에 대해 상술하면 다음과 같다.

(1) 인왕산(仁旺山)

한양천도 당시 불교계를 상징하는 인물로서 무학대사가 인왕산을 주산으로 삼을 것을 주장하였고 이에 대항하여 신진 유교계를 상징하는 정도전은 백악(북악)을 주산으로 주장하였다가 논란 끝에 백악을 주산으로 결정하였다는 설화가 있다. 그만큼 인왕산은 왕도(王都)다운 품격을 갖춘 산이었다.[2] 또한 광해군 때에는 인왕산 아래 왕기(王氣)가 돈다는 말에 따라 그 일대의 민가를 모두 철거하고 경덕[慶德(熙)]·인경(仁慶)·자수(慈壽) 등 다수의 궁궐을 짓는 공사까지 일으킨 바도 있다.

인왕산 상봉은 대부분 암벽이고 험준하지만 그 동쪽 경사면은 산수 자연이 아름다운 승지로 유명하다. 현 사직공원에서 북쪽으로 등성이를 넘어가면 필운동의 필운대가 있고 필운대 언덕에서 다시 북쪽으로 내려가면 산록의 골짜기가 깊숙한데 과거에는 여기에 인왕동·옥류동·수성동 등의 산마을이 형성되어 있었고 그 앞으로 청풍계(清風溪), 송석원(松石園) 등 명소가 이어져 있었다(서울시사편찬위원회, 2000).

그림 7. 인왕산과 서울성곽

(2) 백운동천(白雲洞川)

백운동천은 인왕산 골짜기에서 흘러내리는 물줄기로 청계천의 상류지천에 해당된다. 즉, 조선시대 청계천 최상류부의 지명이 백운동이었으며 이 물줄기가

---

2) 이러한 무학과 정도전의 주산논쟁의 설화는 실은 '天子南面'의 주례적 도형성과 지형경관을 우선시하는 풍수적 도형성간의 우위경쟁이라 할 수 있다. 결과적으로 서울의 도시경관은 도시 입지의 큰 틀은 풍수의 원칙을 따랐으나 도시내 주요 정치 시설배치의 원칙은 중국 전래의 천자남면의 주례적 원칙을 따른 절충형의 것으로 귀착된 것이라 할 수 있다(김한배, 1998 : 111-113).

백운동을 감싸고 돌아 흘러 내려오기 때문에 백운동천이라 기록하고 있다. 이 물길은 오늘날의 통인동에 이르러 옥류동(현 옥인동) 방향에서 흘러내려오는 물과 만나서 청계천 본류를 형성하게 된다. ……지금의 청운초등학교 뒷골목 안쪽의 깊은 골짜기인 백운동 계곡은 조선시대 도성 안의 5대 경승의 하나로 많은 인파가 모여들어 더위를 식혔던 곳으로 유명하다. 상류로부터 시작하여 삼청동천과 합류되기 이전까지 백운동천 위에 놓여진 다리는 자수궁교(慈壽宮橋)와 금청교(禁淸橋)를 포함하여 모두 11개에 이른다(서울시사편찬위원회, 2000: 227-231).

그림 8. 일제시대 서촌 일대와 백운동천   그림 9. 백운동천 위의 자수궁교   그림 10. 백운동천의 지천(옥류동 쪽)

(3) 겸재(謙齋)[3])의 진경산수(眞景山水)로 본 대상지 경관

진경산수의 대가 겸재 정선은 서촌의 옥인동과 청운동 일대에 살면서 이곳의 경승지들을 대상으로 그의 진경산수화를 많이 그려내었다(최완수, 1993: 298). 특히 그의 대표작인 '인왕제색도(仁王霽色圖)'는 그의 집 근처에서 보이는 비 개인 인왕산의 전경을 박진감 넘치게 그려 낸 걸작으로 인정받고 있다. 그가 서촌지역을 중심으로 그곳에서 바라보이는 서울의 승경들을 그린 여러 산수화들을 현 시점에서 조망점과 조망방향을 추정해 본다면 <그림 11, 12, 13>과 같다.

여기서 조망점 ①과 ④는 각기 백운동천과 옥류동천의 발원지인데 현재는 각기 주택지로 개발되어 원상을 추측하기 힘들다. 조망점 ②, ③, ⑤는 겸재의 거처(인곡정사)로 추정되는 옥인동 20번지 일대에서 각각 남산(②)과 자기집(③) 그리고 인왕산(⑤)을 바라보았을 것으로 추정되는 조망점들이다. 그러나 현재 이 주변의 지역들은 5층내외의 다세대 주택들로 들어차 있어 원래의 조망지점에서 과거와 같은 조망이 어렵다. 이보다는 같은 조망축선상에 위치한 인근의 조망지점인 Ⓐ 지점에서 바라본 인왕산의 조

---

3) 정선(鄭敾, 1676-1759)
　　정선은 본관 광주(光州). 자 원백(元伯). 호 겸재(謙齋)·난곡(蘭谷)으로 숙종 2년(1676년) 1월 3일 아버지 時翊(1638-1689)과 어머니 밀양 박씨(1644-1735)의 사이 2남 1녀 중 장남으로 서울에서 태어난 것으로 추정된다. 겸재는 창의적인 필체로 실경 위주의 인상깊은 경치를 화폭에 옮겨 진경산수화를 완성하였다. 주요작품들은 그의 거처가 있던 인왕산 근처와 서울 근교, 금강산 등을 대상으로 이루어졌다.

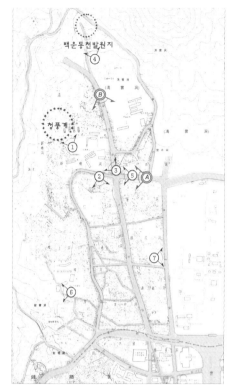

그림 11. 겸재 진경산수화의 추정 시점

그림 12. 정선의 시점에 따른 진경산수화들(①-⑦)

a : 인왕제색도

b : 경복고 입구에서 바라본 인왕산 전경(Ⓐ시점)

c : 장안연우

d : 경기상고 입구에서 바라본 남산 전경(Ⓑ시점)

그림 13. 겸재 정선의 시점에 따른 현재의 조망경관

망이 '인왕제색도'의 경관과 거의 일치하고 있다. 마찬가지로 ⑧ 지점에서 바라본 남산의 조망은 '장안연우(長安煙雨)'에서의 남산의 조망과 거의 일치하는 것을 확인할 수 있다.

3) 인물과 문화특성

조선조 당시에는 백운동천 주변을 중심으로 형성되었던 특유의 서촌문화가 있었다. 이곳은 조선조 후기에 당시 서인으로 분류되던 율곡학파 사림들과 중인들의 중심 거주지였다. 이들 서인들은 이곳을 중심으로 일종의 시단인 '백악사단(白岳詞壇)'을 만들어 활동하였고 특히 서인계열이었던 겸재 정선과 송강 정철, 추사 김정희의 거처가 이곳에 있어서 진경산수를 비롯한 문화예술의 중심지 역할을 하기도 하였다.

이와 비교하여 경희궁 인근은 개화기와 일제시대로 이어지는 근대태동기에 독립운동과 신문화의 거점 역할을 하던 곳이다. 독립운동의 한 거점이었던 대한매일신보 사옥터와 해방 후 민족주의 계열의 활동거점이었던 김구의 경교장(京橋莊)이 이곳에 있다. 이와 더불어 근대음악과 미술의 거목이었던 홍난파, 이상, 이중섭, 박노수 등의 거처도 서촌 지역에 현존하거나 터만 남아있다. 이들과 관련된 지역의 문화를 주제별로 분류하여 정리하면 다음과 같다.

(1) 율곡학파와 서인(西人)의 근거지

율곡학파의 중심인물이었던 율곡 이이(栗谷 李珥, 1536-1584)와 그의 평생지기였던 송강 정철(松江 鄭澈, 1536-1593), 그리고 우계 성혼(牛溪 成渾, 1535-1598), 백록 신응시(白鹿 辛應時, 1532-1585) 등이 모두 북악산과 인왕산 사이인 지금의 궁정동, 효자동, 청운동, 신교동, 옥인동 일대의 순화방에서 살아 왔다(이곳의 별칭인 서촌을 이유로 그들을 서인이라 칭함). 그들은 정철의 가사문학과 창강 조속(滄江 趙涑, 1595-1668)의 초기 진경산수화에 이은 겸재 정선의 본격 진경산수화 등 조선고유색을 표현해내려는 전통을 키워왔다(최완수, 1993, 진경산수화, 범우사).

(2) 진경문화(眞景文化)의 발상지

인왕산 옥류동(玉流洞)은 조선초기부터 빼어난 풍광으로 문인들이 즐겨 노닐던 곳이다. 장동 김씨인 선원 김상용(仙源 金尙容, 1561-1637)의 후손들은 인왕산의 또 다른 개울 청풍계(淸風溪)를 소유하였고 그 아우 김상헌(金尙憲)의 후손들은 옥류동을 차지하였다. 청풍계는 인왕산 동쪽 기슭의 북쪽 종로구 청운동 54번지 일대의 골짜기를 일컫는 이름이다. 선원과 그 아우 청음 김상헌(淸陰 金尙憲, 1570-1652) 형제가 율곡의 학통을 이어 이곳 인왕산과 북악산 아래에 뿌리를 내린 결과 그들의 증손자 세대에 이르러서는 삼연 김창흡(三淵 金昌翕, 1653-1722) 등 진경문화의 선두주자들을 배출하게 되고 그들의 문하에서 진경문화의 주역인 겸재 정선(謙齋 鄭敾, 1676-1759 : 진경산수화 완성)과 사천 이병연(槎川 李秉淵 : 진경시 완성) 등을 배출하게 되었다. 겸재는 장동 김씨의 외손으로 현 청운동에서 태어나 인왕산 기슭인 현 옥인동에서 세상을 마칠 때까지 이 주변의 경승지와 이곳에서 보이는 서울의 풍경을 진경산수의 기법으로 표현하였다. 유명한 '인왕제색도(仁旺霽色圖)'는 옥인동의 '인곡유거(仁谷幽居 : 겸재 말년의 거처)'에서 그린 말년의 명작이다(최완수, 앞책).

(3) 위항문학(委巷文學)[4]의 근거지

후일 옥류동은 삼청동(三淸洞)과 함께 중인 위주의 문사들인 위항인(委巷人)들의 시회처로도 크게 각광을 받았다. 위항시인의 주류를 이루는 경아전(京衙前)들이 집중적으로 인왕산 자락 '우대'에 살았기 때문이다. 최윤창이 같은 위항시인 김시모의 만사에서 "동촌과 서촌에 시단이 있어, 30년 달빛 아래서 술에 취해 재주를 다투었다"라 하였으니 18세기를 전후하여 동촌 외에 서촌, 곧 인왕산 자락에서도 위항인들의 시회가 왕성하였음을 알 수 있다(이종묵, 2006 : 463-467). 영정조를 중심으로 한 위항문학은 당시 유행했던 실학과 더불어 근대적 의미의 시민사회로의 진입을 시사하는 사회변화의 한 예로 당시 이곳에 기술직의 신분으로서 개화기 중국문물에 접촉이 쉬웠던 중인들이 서촌에 많이 살았다는 것과 무관하지 않으리라 생각된다.

조선후기 위항인들의 예술활동의 영역은 대단히 넓다. 특히 진경시대와 맞물려 그들이 개입한 예술활동은 음악, 회화, 글씨, 국문학(시조, 판소리 등), 한문학 등의 광범위한 영역에 걸치고 있다. 특히 위항문학운동의 실제적 지도자 역할을 했던 천수경(千壽慶)은 현재의 옥인동 근처인 옥계(玉溪)로 이사와 소나무와 바윗돌 아래 초가집을 짓고 '송석원(松石園)'이라고 이름붙인 뒤부터 위항문학의 대표적 모임인 '옥계시사(玉溪詩社)'는 송석원을 중심으로 발전하였다. 1817년에 추사 김정희가 '송석원' 세 글자를 써주었고 봄, 가을에는 수백명이 모여 시를 지으며 놀았는데 이를 백전이라 하였다(그림 14). 이로써 인왕산 언저리는 시사(詩社)의 본거지가 되었으며 19세기 전반에 이르러 서원시사(西園詩社), 비연시사(斐然詩社), 직하시사(稷下詩社) 등의 시사가 이 지역에서 일어났다(허경진, 1997). 이러한 내력을 가진 송석원 터에는 후일 구한말 대표적 친일관료였던 윤덕영(尹德榮, 1873~?)의 거대한 의양식(疑洋式) 공택이 신축되었다가

---

4) 조선후기 서울을 중심으로 중인 이하 계층이 주도한 한문학 활동으로 '여항문학(閭巷文學)'이라고도 한다. 양반사대부가 아닌 중인 이하 하급계층을 위항인이라고 지칭한데 따른다. 18세기에 본격화되었는데 신분상승운동으로까지 확산되었다. 대표적 인물인 천수경은 그의 집 송석원을 중심으로 옥계시사를 결성하여 활발하게 활동하였다. 후일 개화세력으로도 연결된다(허경진 1997, 이종묵 2006을 참조 요약).

1970년 초에 화재로 사라지게 되는 등 비운의 역사를 맞게 되었다.

그림 14. 김홍도의 송석원시사야연도

(4) 독립 및 건국운동의 기념지

상해임시정부주석을 마치고 1945년 해방된 조국에 돌아온 백범 김구(白凡 金九, 1876-1949)선생은 경희궁 옆의 경교장(京橋莊)에서 집무하면서 모스크바 3국 외상회의에서 결정된 미국과 소련의 신탁통치를 반대하고, 민족 스스로의 통일독립국가 건설을 주장하며 반탁운동을 전개하였다. 이후 선생은 민족통일을 위한 노력을 전개하다가, 1949년 6월 26일 바로 이곳에서 통일운동을 저해하려던 세력(안두희)에 의해 암살당하였다.

(5) 근대문예의 거점지

본 지역은 조선후기의 자주적인 문예전통을 이어받아 우리나라 근대음악, 미술, 문학 도입기의 핵심적 선구자들이 태어나거나 살았다는 지역특성을 갖는다. 근대음악의 홍난파, 근대미술의 이중섭, 이상범들이 이 지역에서 살았고 현대 한국화의 중진 박노수는 현재도 살고 있다. 또한 근대문학의 기념비적 인물 이상(李箱) 김해경이 짧은 일생의 대부분을 보낸 곳 또한 이곳이다. 이들의 선구자적 활동은 특히 조선조로부터 유명했던 이 지역의 수려한 풍광과 문예전통, 그리고 근대적 도심과의 근접성에 힘입은 바 크다고 보인다. 각 문예가들의 활동개요는 <주 5>5)에 정리하였다.

---

5) 대상지에서 살았던 저명 근대문예인

작가	주요 활동
홍난파(1898~1941) : 근대음악가	일본에 유학하여 1918년 우에노[上野] 음악학교와 1925년 도쿄고등음악학원에서 공부한 우리나라의 대표적인 근대음악가이다. 1925년 일제시 한민족의 한을 노래한 〈봉선화〉의 작곡자이다. 1929년 〈조선동요 100곡집〉 상권을 연악회를 통해 간행했다.
이중섭(1916~1956) : 근대 서양화가	한국 근대미술을 대표하는 서양화가의 한 사람이다. 호는 대향(大鄕). 종전후 서울 누상동에 거주하면서 국방부·대한미술협회(대한미협) 공동주최의 대한미협전에 출품했다. 1955년에는 미도파 화랑과 대구의 미국공보원에서 개인전을 가졌다.
이상범(1897~1972) : 근대 한국화가	호는 청전(靑田)이다. 독자적 세계를 개척, 향토색 짙은 작품들을 그려냈다. 1929년-1972년(졸년)까지 43년 동안 누하동에서 줄곧 거주하면서 작품활동 및 제자양성에 힘썼다.
박노수(1927~) : 근대 한국화가	호는 남정(藍丁). 서울대학교 미술대학 교수를 지냈으며 1983년부터 예술원 회원으로 있다. 현재에 이르기까지 옥인동에 거주하면서 동양적 자연관에 입각하여 관념적인 이상향을 추구하는 작품경향을 보여 왔다.
이 상(1910~1937) : 근대문학가	1910년 종로구 사직동에서 태어났다. 이후 백부의 집인 통인동 154번지 일대에 거주하면서 당시 한국문단에 최초로 '오감도' 등 본격적인 모더니즘 시를 소개하였다.

3. 역사탐방로 조성의 기본방향

1) 계획의 주방향

(1) 대상지의 지역성과 가로구간별 주제

앞서 서술되었던 문화특성을 토대로 전체 지역의 일관된 문화특성을 말한다면 '자주적 문화의 거점지역'으로 볼 수 있다. 정도초기의 주산논쟁에서 시작하여 조선후기의 조선성리학과 진경문화는 물론이고 말기의 위항문학과 실학 등 주체적 근대운동, 그리고 일제시대와 건국초기의 근대적 문예활동과 자주적 정치운동 등에서 발견할 수 있는 일관된 주제의 성격은 자주적 문화로 볼 수 있다.

대상지의 전체 지역은 중앙에 위치하는 사직단을 중심으로 하여 남측 구역과 북측 구역으로 공간적으로 분리되어 있다. 이중 경희궁 측의 제1구간은 서울성곽이 입지한 능선 지형의 지역이며, 백운동천을 중심으로 하는 제2구간은 옛 계류 주변의 지역으로 지형적으로도 대조적인 성격을 보인다. 본 연구에서는 이와 같이 양분되는 전체 지역을 관류하는 주보행통로를 찾아낸 다음 구간별 주제의 부각을 통해 탐방객들의 흥미를 유발시키려 한다. 계획의 단계로 보아서는 먼저 명칭부여(naming)를 통한 구간별 주제의 표현과 그에 맞는 경관적 연출의 방향설정이 필요할 것이다. 전술한 바와 같이 대상지 전체의 포괄적 주제인 자주적 문화는 이러한 양대 구간으로 나누어지면서 구체적으로 구분될 수 있을 것이다. 본 연구에서는 현존하는 역사유적과 그에 관련된 인물 및 역사적 사실들을 바탕으로 구간별 주제를 설정하였다. 이런 각도에서 대상지의 남쪽 부분인 '경희궁-사직단' 구간의 대주제로는 '백범 김구와 자주정신'을 설정하기로 하였다. 이 주제는 일제말기에서 국토분단에 이르는 시기에 벌어졌던 독립운동, 반탁통일운동 및 근대문예운동 일부를 포함한다. 대상지 북쪽 부분인 백운동천 주변구간의 주제로는 '겸재 정선과 진경산수'로 설정하기로 하였다. 이 주제에는 율곡학파의 자주적 문화지향과 그 영향하에 발생, 전개되어온 진경문화, 위항문학 그리고 근대문예운동 등 혁신적 문화예술활동을 포함한다. 각 구간별 길의 명칭과 탐방루트, 주제표현의 구체적인 방향은 아래의 <표 3>과 같다.

<表 3> 탐방로 구간별 주제와 루트

구간별 주제·명칭		탐방루트(복원포함)	주제표현
· 전체구간 - 주제 　: 서촌의 경관문화 - 명칭 　: '서촌역사탐방로'	· 1구간 - 주제 　: 백범 김구와 자주정신 - 명칭 : '백범길' - 세부구간 　: '서울성곽 세로'	서울역사박물관→경희궁→돈의문 (복원)→경교장→홍난파집→대한매 일신보사(터)→서울성곽→단군성전	- 경교장 주변부 역사공원화 - 민족자주의 관점에서 역사문화 　유산 표현
	· 2구간 - 주제 　: 겸재 정선과 진경산수 - 명칭 : '진경산수길' - 세부구간 　: '추사 세로', '송석원 세로' 　'근대회화 세로', '이상 세로'	사직단→홍종문집→백운동천(복원) →추사집(터)→세종대왕탄생지(터) →겸재집(복원)→청풍계(복원)→송 석원(복원)→이중섭집→박노수집→ 이상범집→이상집	- 백운동천 복원 - 겸재집 및 청풍계, 송석원의 복 　원과 공원화 - 진경산수 대상경관 조망 강조

(2) 역사문화가로 + 조망가로 + 친수녹도 만들기

본 연구의 출발이 청계천 원류의 탐색과 복원에 있었던 것과 같이, 서촌탐방로의 대표적 환경자원은 지금은 복개되어 있는 백운동천이다. 즉, 백운동천의 복원을 전제로 하여 친수녹도의 가로환경을 조성하고, 이 환경을 겸재 진경산수의 조망자원과 결합시키는 것을 물리적 계획의 주된 방향으로 삼았다.

백운동천 존재의 객관적 근거는 무엇보다도 근대초기에 제작된 지도와 일부 현장사진들이다. 따라서 본 계획구상에서는 고지도와 근대지도를 비교·분석하여 하천 복개구간 및 옛길 등을 찾아내어 수경의 원형을 복원하는 것에서 시작하였다. 복원의 주 방향은 생태복원과 경관복원, 문화복원을 결합하는 것이었다. 특히 겸재가 진경산수의 경관을 관찰하고 그렸던 주조망점들을 찾아내어 겸재작품 속의 경관과 현재경관을 비교관찰할 수 있는 '진경산수 조망소광장'들을 그의 활동영역 곳곳에 조성하기로 하였다(표 4 참조).

① 역사·문화복원 : 대상지와 관련된 역사적 인물들 중에는 백범 김구와 같은 역사적 지도자도 있으나 그보다는 문화예술, 특히 미술과 관련된 인물이 많으므로 그들의 예술세계를 기념하고 연구하는 기념문화공간들을 마련하고, 그들의 그림이나 시를 경관의 구성요소로 활용하는 문화적 경관계획을 추진하는 것이 대상지 특화를 구현할 수 있을 것으로 본다.

② 경관복원 : 특히 그 상류부인 옥인동과 청운동 부근은 조선조의 서울 장안에서 가장 이름난 승경

지에 속하는 곳이었으므로 이들 경관자원을 강조할 수 있는 조망점 조성(viewing point, photo island)과 조망가로(scenic walk)의 경관계획이 필요하다. 특히 이 조망점들의 선정은 겸재의 진경산수의 주시점들을 중심으로 한다.

③ 수생태복원 : 본 대상지 내 자하문로는 원래 청계천의 원류를 복개한 것으로 이의 복원을 통해 청계천 복원의 생태적 수준을 더욱 높일 수 있을 것이다. 특히 백운동천 발원지인 청풍계의 경관적 복원과 유지수를 확보하기 위한 저류지의 조성 등이 필요한데 다행히 상류지역으로 공립학교들이 여럿 있어 그들 운동장의 지하공간 등을 활용할 여지가 있다.

〈표 4〉 서촌역사탐방로 종합적 접근방법과 계획과제

구분		내 용	수반되는 계획과제
접근방법	목표		
·역사·문화가로적 접근	- 정치지도자, 문화예술인 거처의 보전, 복원, 강조	겸재집, 추사집 복원 + 근대미술, 문학인들의 거처 표석 및 환경정비	- 관련 기념관 및 문화시설 증설
·조망가로적 접근	- 조망경관의 보전, 복원, 강조	겸재 진경산수의 조망점 현지확인 + 조망점의 포켓공원화	- 조망권역 보전을 위한 경관지구 지정 및 지구단위계획 수립, 운영
·친수녹도적 접근	- 수경의 복원, - 수생태체계의 복원, - 보행환경의 개선	백운동천의 복원 + 보행친수녹도의 조성 + 청풍계 복원 및 공원화	- 차도축소의 교통공학적 검토 - 유지수 확보를 위한 저류조 조성 - 백운동천 수리 검토와 청계천 연결 - 재개발과 연계한 청풍계 공원 조성

2) 탐방로의 기본경로와 조성방안

역사탐방로 전구간의 종합적, 체계적 실현을 위해서는 먼저, 부지특정적(site specific), 수복형의 지구단위계획 수립이 필요하다. 나아가 경관사업에 의한 공공친수녹도 및 보행공간 조성, 조망축 보호와 이에 따르는 건축물 높이 및 형태유도 등이 필요하다. 구체적인 조경과 건축계획의 내용은 후속연구로 돌리고 여기서는 기본방향만 제시한다(그림 15 참조).

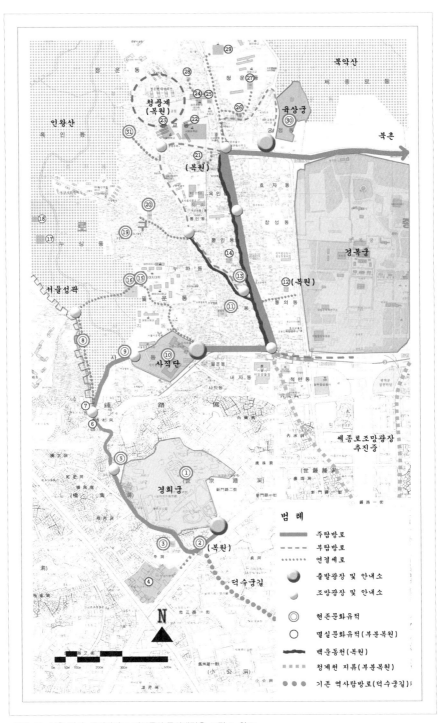

그림 15. 서촌 역사·문화탐방로 기본구상(문화재명은 그림 5 참조)

(1) 출발점과 안내시스템

- 전체 출발점 : 경희궁 옆의 서울역사박물관 구내에 서울시 전체의 '서울역사탐방로'의 종합안내소를
  설치한다.
- 1구간(경희궁길 구간)의 출발점 및 안내소 : 백범기념관(경교장 내)에 조성한다.
- 2구간(자하문길 구간)의 출발점 및 안내소 : 자하문로 입구 부근에 별도 조성한다.

(2) 교통처리

- 탐방의 기본 교통수단은 보행과 자전거이다. 1구간은 경사가 심해 도보 위주로 하고 2구간은 도보
  와 자전거를 병행하게 한다.
- 탐방로는 기본적으로 보차 공존도로의 형태로 하고 보도 부분은 보행친화적으로 정비한다. 특히 2
  구간의 백운동천 복개구간은 기존차도의 차선을 약 2개 차선 정도 줄여서 지천복원과 함께 보도를
  확장한다.
- 세로(細路)구간은 일방통행으로 조정하여 보도 여유폭을 넓히도록 하며, 가능하다면 주차는 담장허
  물기와 병행하여 대지내 주차로 유도하고, 조업주차는 시간제로 유도하여 탐방로를 보행중심으로
  재조성한다(서울시 그린파킹사업 사례 참조).

(3) 유적복원 및 환경정비

- 돈의문 복원 : 돈의문 복원은 문화재청의 예정사업이므로 그에 따르되 주변에 보행광장을 설치하여
  기존의 덕수궁길 역사탐방로와 제안된 서촌 역사탐방로를 연결시킨다.
- 경교장 주변 공원화 : 경교장 주변부를 역사공원화하여 장소성을 강화한다.
- 청풍계 복원 및 공원화 : 청풍계 주변은 현재 주택재개발구역으로 지정되어 있어 재개발 시행시 기
  부체납 형식으로 이 일대에 근린공원을 조성하게 하여 청풍계 원형을 복원
  하고 백운동천 수경의 클라이막스가 되게 한다.
- 송석원 복원 및 위항문학관 조성 : 송석원의 문학사적 가치를 드높이기 위해 정원복원과 위항문학관
  조성을 추진한다.

(4) 경관 및 문화시설 조성

① 경관조성
- 1구간의 경사지 포장은 요철을 줄 수 있는 박석포장을 장려하며 경계부에 가드레일을 설치한다.

- 2구간의 자하문로 부분은 교통량이 많지 않으므로 약 2개 차선을 줄이고 백운동천의 원형을 복원한다.
- 대상지 인근의 경관들은 진경산수화의 주 대상들로 겸재 집터를 중심으로 해당 조망지점에 조망포켓 겸 포토아일랜드를 조성한다. 여기에 해당 산수화를 석물이나 동판에 복제 설치하여 원경관과 진경산수의 경관을 비교 관찰 할 수 있도록 한다.
- 입구부나 가각부, 교차지점 등에 소공원을 설치하여 안내시설과 수경휴게공간을 조성한다.

② 문화시설 조성

최근의 참여형 관광추세와 대상지가 가지는 역사문화적 의의로 보아 향후 방문객들은 단순한 장소탐방에 머무르지 않고 역사문화에 대한 보다 깊이 있는 탐구와 체험을 위한 시설공간을 원하게 될 것이다. 즉, 서촌 자체의 지역성을 충분히 전달하면서도 여가활동과 겸해 문화적 분위기를 즐길 수 있는 명소가 되기 위해서는 다음에 예시하는 범주의 공공과 민간의 문화시설 조성을 추진, 장려한다.

- 기념문화시설 건립추진 : 백범기념관, 사직박물관, 진경문화기념관, 위항문학관, 이상문학기념관, 근대회화관 등
- 문화친화적인 어메니티 시설용도 장려 : 화랑, 고미술점, 문화적 분위기의 토속 찻집이나 음식점

3) 관리운영

- 각 탐방유적지가 사유지일 경우 휴일에 한정하여 탐방객에 개방을 유도한다. 평일에는 투시형 담장으로 개조하여 내부를 볼 수 있도록 하거나 현장사진을 밖에 부착하여 참조자료를 제공 한다.
- 주민참여 활성화의 일환으로 인근 주민들의 교육을 통해 자생적 안내자원봉사자 조직을 육성한다.
- 각 안내소에서는 관련소책자와 기념품을 판매하게 하고 거주자에 판매권한을 부여 한다.
- 시각적 안내시스템은 사인보드와 차별화된 바닥포장을 기본으로 하고(보스톤의 프리덤트레일 참조), 구두 안내시스템은 훈련된 안내자가 전담하도록 한다.

4. 결론 및 향후과제

1) 결론

서울이 대표적인 풍수의 도시였다는 사실은 과거의 지도에서 보이는 수많은 산과 능선 그리고 계류들을 통해 알 수 있다. 우리는 이러한 계류들은 경관자원일 뿐 아니라 특정의 문화의 공동체를 키워내는 생활문화자원이기도 했었다는 사실을 다시 인식하여야 한다. 지금은 땅 밑에서 숨죽이고 있는 구도성 내의 계류들을 점진적으로 복원시키는 것과 함께 주변지역의 독특한 생활상과 지역성을 찾아내어 역사탐방로의 주제로 부각시켜 나간다면, 서울의 장소적 정체성을 강화할 수 있을 것이다.

본 연구의 제안이 실현된다면 기존의 정동(덕수궁) 역사탐방로와 연속될 수 있을 것이고 향후 사업을 계속 발전시킨다면 남쪽으로는 청계천, 동쪽으로는 북촌 및 중학천 길과도 이어지게 할 수 있을 것이다. 나아가 최근 개방되기 시작한 도성 북문과 북악산의 성곽산책로와도 이어지게 한다면 도성전체를 관류하는 '서울문화·역사탐방로'로 완성될 수도 있을 것이다.

2) 향후과제

본 연구는 정책제안형 연구이고 특히 서울 서촌 지역의 지역성을 표현할 수 있는 기초적 환경조성방향을 제시하고자 하는 것이었으므로 이를 실현시키는데 필요한 후속단계의 상세한 기술적 검토는 내용에 포함시키지 못했다. 앞으로 이를 사업화하는 시행단계에서는 당연히 서촌 고유의 경관조성을 위한 보다 상세한 경관계획과 지구단위계획을 비롯한 세부설계안의 수립이 뒤따라야 할 것이다. 이밖에도 지천복원에 따르는 교통처리의 문제와 유지수 확보문제, 친수녹도를 조성하는데 필요한 수생태학적 문제의 검토와 기준 마련 등의 기술적 연구가 후속되어야 할 것이다.

또한 주거지역이 대부분인 대상지의 여건을 볼 때, 주민들이 주체적으로 자긍심을 갖고 사업에 참여할 수 있도록 적절한 주민참여 방식에 대한 연구와 지원행정도 따라가야 하리라고 보인다. 마지막으로 도심재생이라는 미명하에 자행되고 있는 사직단 등 중요 문화재 주변의 대규모 고층 고밀도 개발은 차제에 국가차원에서 지역의 경관적, 문화적 특징을 보전할 수 있는 방향으로 재검토되어야만 한다고 본다.

■ 참고문헌

김갑수(2006), 복개하천의 복원타당성 조사, Urban Review 4/1, 한국도시설계학회

김미선 외(2004), 서울시 종로구 소멸문화유적의 인식제고 방안, 한국전통조경학회지(22/1), pp.61-69

김성환(2006), 도시내 하천의 바람직한 계획방향, Urban Review 4/1, 한국도시설계학회

김한배(1998), 우리도시의 얼굴찾기, 서울, 태림문화사

박문호 외(1996), 역사적 변천을 통해서 본 서울시 지천의 현대적 활용방안, 서울학연구 제 7호, 서울시
　　　립대부설 서울학연구소

서울시(1994), 역사문화탐방로조성계획, 시정개발연구원

서울시(1998), 조망가로조성사업계획, 서울시립대 도시과학연구원

서울시(1999, 2003, 2004), 도심부관리기본계획, 시정개발연구원

서울시(2002), 제 2차 서울특별시 보행환경기본계획, 시정개발연구원

서울시립대 도시과학연구원·에코플랜연구실(2006), 도쿄 에고가와구 환경친화적인 도시 및 공원녹지조성
　　　워크숍(자료집)

서울시사편찬위원회(2000), 서울600년사

서울시정개발연구원(2004), 성북천 복원사업의 효과평가연구 정책토론회(자료집)

송지선(2007), 청계천 상류지천유역의 역사탐방로 계획연구, 서울시립대 석사학위논문

영진문화사(2004), 서울지번도

유본예(1890, 권태익 역, 1981), 한경지략(漢京識略), 탐구당

이종묵(2006), 조선의 문화공간, 휴머니스트

정명진(1994), 서울시 도심부 역사탐방로 계획, 서울대석사학위논문

조선총독부(1904, 1921, 1934), 서울 측량지도

조풍연(1989), 서울잡학사전, 정동출판사

종로구청(2003), 종로의 문화재

최완수(1993), 겸재 정선 진경산수화, 범우사

허경진(1997), 조선위항문학사, 태학사

HanBai Kim(2006), Revitalization of the Cultural Environment through the Restoration of the
　　　Historic Stream System: A Proposal, The 9th International Landscape Architectural

Symposium of Japan Proceeding, China and Korea, JILA, CHILA and KILA
Royal Asiatic Society(1902), 서울고지도

11

전통조경 재료 및 시공론

신상섭_우석대학교 조경도시디자인학과 교수

1. 서론

한국은 예로부터 산고수려(山高秀麗)하여 고려(高麗, COREA)라 했으며, 맑고 고요한 나라라 하여 조선(朝鮮)이라 불려왔다. 특히, 4계절이 뚜렷하고 수·목·석(水·木·石)이 아름답게 어우러진 자연풍광을 간직하고 있음으로 해서 선조들은 인공을 가하지 않은 자연 상태의 생토(生土)에 의미를 부여했고, 적지를 찾아 자연의 질서 속에 순응하며 토지수용력 범위 내에서 지속 가능한 삶터를 일궈 나가는 지혜를 견지하였다.

자연과의 조화, 융합원칙에 근거하여 산지와 평지사이의 물길이 어우러진 남쪽 경사면 양지바른 지형조건을 편안하게 정주할 수 있는 최적지로 삼았다. 즉, 낙토민안(樂土民安)할 수 있다고 여겨지는 배후지, 정주지, 농경지가 어우러진 환경 조건을 찾아 유형, 무형의 문화적 경관짜임을 통하여 경제적, 사회적, 환경적 지속성을 극대화 하고자 하였다. 특히 정주지 조성에는 환경적 건전성과 지속성 측면에서 풍토환경조건에 기반하여 식물, 돌, 물, 흙 등 천연재료를 활용한 친환경적인 조경기법이 응용되었다.

조경설계 및 시공기법과 관련한 중국 저술서 원야(園冶, 계성에 의해 1631년 저술)에는 인지차경(因地借景)과 정이합의(精而合宜) 즉, '주변 지형과 경물을 잘 이용하여 융화되게 원림을 조성하되 정교하면서도 합당'해야 함을 선언적으로 제시하고 있다. 또한, 수유인작 완자천개(雖由人作 宛自天開) 즉, '융화된 풍경

은 비록 사람이 만든 것이라도 하늘이 만들어낸 것처럼 자연스러워야 하며, 지세자유고저(地勢自有高低), 섭문성취(涉門成趣), 득경수형(得景隨形) 즉, 지

그림 1. 정주공간 조성에 있어서 선조들은 자연과의 조화, 융합원칙에 근거하여 친환경적인 경관짜임을 환경설계원칙으로 받아들였다.(충남 아산 외암마을 전경)

세의 본래 높낮이에 따르되 문을 들어설 때 아취를 느낄 수 있어야 하며 지형조건에 따라 경물을 배치해야 함을 기술하고 있다.

　이러한 동양의 전통조경 기법은 자연환경조건에 대한 절제와 생태환경 질서를 중시하는 건전한 토지관임은 물론 설계 및 시공원리이자 경관짜임임을 시사한다. 특히, 자연환경질서에 순응해야 하는 환경설계원칙의 제시는 물론 조경재료의 선택과 적용에 있어서 친환경적이며 정교한 설계 및 시공적 접근이 요구됨을 인식하게 된다.

2. 전통조경 재료

　나라마다 풍토환경에 부합되는 독특한 조경양식이 있고 역사와 문화적 영향을 받아 일정한 유형으로 정립되는 과정을 밟아 나아가게 되는데, 한국적 조경양식 또한 동일한 양상을 발견하게 된다. 자연경관인 원경(原景)을 기반으로 한국적 풍토환경에 부합되는 자연풍경식 경관짜임이 조경기법의 기본 원리가 되는바, 전통공간에 도입된 조경 재료로는 자연 소재를 그대로 활용하거나 최소한의 가공을 통하여 식물, 석재, 목재, 점토와 흙, 철재, 물 등을 도입하였다.

1) 식물

　전통공간에 도입된 조경식물 소재는 상록수와 낙엽수, 침엽수와 활엽수, 교목류와 관목류 등으로 분류되는 수목류, 하부식생 재료로 활용되는 지피류와 초화류, 덩굴성 재료인 만경류 등으로 구분된다. 이들 식물소재는 전통공간에 다양한 식재기법과 형태로 기능성, 심미성, 생태성, 상징성 등을 고려하여 활용하였다.

2) 석재

석재는 외관이 장중하고 치밀하며 다양한 색조와 광택이 있을 뿐만 아니라 자연스럽고 변질되지 않
는 영원성을 표현함은 물론 불연성이며 압축강도와 내구성,
내수성, 내화학성, 내마모성 등이 크기 때문에 구조재, 마감
재, 장식용재, 경관용 등으로 널리 활용되었다.

전통공간에 실용성, 심미성, 상징성 등을 반영하여 자연
상태의 돌을 그대로 활용하거나 가공하여 활용하였는데, 대
표적인 석재시설로는 박석(薄石), 석구(石溝), 석누조(石漏槽),
집수구, 지당(池塘), 폭포, 계간(溪澗), 간수(澗水), 곡수거(曲水
渠), 석지(石池), 석연지(石蓮池), 돌확(石槽), 천(泉)과 정(井),

그림 2. 장대석을 쌓아 정교하게 화계를 구축한 낙
선재 후원(초화류, 석계, 연가, 괴석, 한정당, 상량정
등)

석축(石築), 화계(花階), 석계(石階), 석교(石橋), 담장, 석가산
(石假山), 축석(築石), 괴석(怪石)과 석분(石盆), 대석(臺石), 석
탑(石榻), 하마석(下馬石), 석등과 같은 조명시설, 당간지주(幢
竿支柱), 깃대돌(旗竿石), 하마비(下馬碑), 각종 비석(碑石), 오
솔길을 의미하는 석경(石徑), 석강(石矼, 징검다리), 물을 대기
위해 돌로 만든 홈통인 석명(石㯳), 출입목적을 위한 석문(石
門) 등을 들 수 있다.

그림 3. 논산 윤증선생 고택 사랑뜰의 축석과 석계

3) 목재

목재는 고대에서 근세에 이르기까지 조경분야와 밀접한 관계를 유지해온 주요 재료로서 구조재는 물론
마감재에 이르기 까지 다종다양하게 이용되었다. 특히, 목재
는 주변에서 쉽게 구득할 수 있는 친환경적인 자연재로서의
의미 뿐 아니라 가공성이 뛰어나고 외관이 아름다우며 온도
에 대한 신축성이 작으며 압축강도 및 인장강도가 큰 장점을
갖고 있어 전통공간 조경소재로 애용되었다.

목재를 활용한 조경시설로는 경관을 취하기 위한 누정,

그림 4. 아산 맹사성 고택 화계(고려 말)

물을 높은 곳에서 낮은 곳으로 끌어들이기 위해 부죽(剖竹)과 고목(楉木)으로 활용된 비구(飛溝), 마을 어귀에 토속신앙요소로 놓인 장승과 솟대, 뜰의 영역 강화와 차폐요소로 활용된 취병(翠屛)과 판장(板墻), 담장과 연계하여 투시형 벽체요소로 활용된 살창, 휴게시설로 활용된 평상, 우물 상단부에 놓여진 귀틀, 연못 속에 연을 심기위한 정형 목조물, 물레방아, 휴식과 주변 경물을 감상하기 위해 조영된 누정(樓亭), 실용적인 목적의 벌통, 널뛰기 등 민속놀이시설 등을 들 수 있다.

4) 점토

점토는 암석의 풍화 또는 분해에 의해 생긴 미세한 규산염을 주성분으로 한 혼합물인데 물을 가하여 반죽하면 점성이 생기고, 잔모래 등을 혼합하여 각종 제품으로 성형하여 건조시키면 굳어지는 성질을 갖는다. 전통공간에서 이러한 성질을 활용한 점토소재가 다양하게 활용되었다.

그림 5. 강릉 선교장의 활래정 정자와 연꽃이 심어진 방지방도 (方池方島)형 연못(사각형 섬에 소나무 세그루 식재)

점토를 직접 활용하거나 가공하여 전통공간에 적용한 조경시설로는 포장 및 벽체에 도입된 전돌(方塼, 半塼, 半半塼), 기와를 활용하여 물길로 처리한 수로, 연못과 같은 수경요소에 활용된 차수재료, 강회와 황토 등을 결합하여 가지런히 쌓아올린 담장(전담과 꽃담), 굴뚝, 관상 및 내한성 식물을 심어 즐길 수 있도록 한 화분 등을 들 수 있다.

5) 철재

오늘날 철강재 등을 광범위하게 조경소재로 활용되고 있지만 전통시대 외부공간 조경소재로는 상당히 제한적으로 도입되었다. 즉, 철재를 활용한 시설로 철당간(鐵幢竿)과 철비(鐵碑), 궁궐의 뜰에 도입된 드므와 향로, 천문 기상 관측을 위한 과학기기 등을 들 수 있다.

6) 기타

식물과 목재 등을 결합한 취병(翠屛), 수경요소로 활용된 물, 상징적 의미를 담고있는 가산(假山 : 목가산, 석가산, 옥가산 등)과 조산(造山), 토사, 마사토, 강회 등이 조경시설 소재로 다양하게 활용되었다.

3. 전통조경 식물 및 시설

전통공간에 도입된 식물 및 시설은 조경식물, 원로시설, 포장시설, 배수시설, 수경시설, 구조시설, 조경석, 조명시설, 점경물 및 기타시설 등으로 유형화 할 수 있다.

1) 조경식물

전통 조경식물은 도입장소에 따라서 정수(庭樹), 원수(園樹), 정림(庭林), 정태(庭苔) 등의 명칭이 붙었는데, 성상에 따라 상록수와 낙엽수, 침엽수와 활엽수, 교목, 관목, 잔디, 지피 및 초화류, 수생식물, 만경류, 과목(果木), 소채류(蔬菜類) 등으로 구분할 수 있다.

2) 원로시설

목적공간과 공간을 이어주는 동선체계 구성과 관련하여 도입된 시설로는 원로(園路), 석경(石徑, 좁은 돌길), 경사로를 의미하는 답도(踏道), 징검돌(飛石) 등을 들 수 있다.

3) 포장시설

마당과 원로 등 외부공간의 포장시설로는 박석(薄石), 전돌 (轉石), 전벽돌, 마사토, 징검돌, 강회 및 흙다짐 포장 등을 들 수 있다.

4) 배수시설

배수기능을 위한 시설로는 배수로(排水路), 누조(漏槽), 누혈 (漏穴), 집수정과 같은 집수시설(集水施設) 등을 들 수 있다.

그림 6. 창덕궁 금원의 옥류천 소요암 곡수거와 폭포

5) 수경시설

물을 이용하여 실용적 측면은 물론 아름다운 수경관을 연출할 수 있도록 도입된 수경시설로는 연못(池塘), 폭포(瀑布), 계간(溪澗), 간수(澗水), 곡수거(曲水渠), 석지(石池), 석연지(石蓮池), 석조(石槽), 샘(泉)과 우물(井), 관세대, 소(沼), 석와(石渦), 수통(水筒), 수대(水碓, 물레방아) 등을 들 수 있다.

6) 구조시설

지반 구조의 안정성 확보는 물론 규모가 큰 조영체 시설을 의미하는 구조시설로는 누(樓), 대(臺), 각(閣), 사(榭), 정(亭), 석축(石築), 화계(花階), 화오(花塢), 석계(石階), 굴뚝, 담장, 가산(假山 : 석가산, 목가산, 옥가산, 토가산 등), 다리(橋) 등을 들 수 있다.

그림 7. 창덕궁 내명당수(금천)에 도입된 석교(石橋)와 석수로

7) 조경석(괴석)

동물의 형상을 닮아 상징성을 부여하거나, 특이한 형상미를 즐길 수 있는 자연석(산석, 강석, 해석)을 뜰에 도입하여 즐기는 조경석으로는 석함에 심어 감상할 수 있도록 한 경석(景石 : 괴석, 龜形石, 庭湖石), 흙에 기이한 형태의 돌을 심어 감상할 수 있도록 한 수석(樹石 : 陰陽石) 등을 들 수 있다.

8) 조명시설

야간 조명을 위해 실용적으로 도입된 조명시설로는 능원, 사찰, 서원 등에 애용된 석등(石燈), 장명등, 정료대, 관솔대 등을 들 수 있다.

9) 점경물

전통공간에 도입된 점경물로는 괴석(怪石), 대석(臺石), 돌 의자를 지칭하는 석탑(石榻), 취병(翠屏)과 판장(板墻), 하마석(下馬石), 석인(石人), 석수

그림 8. 양동마을 서백당에 정교하게 도입된 해시계

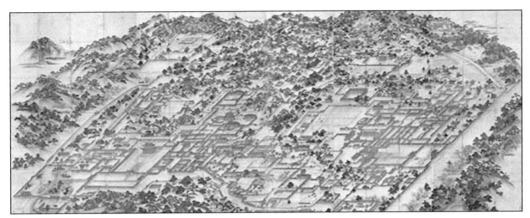

그림 9. 창덕궁과 창경궁을 조감도식으로 그린 동궐도(제작 : 1826년-1831년 사이 추정, 가로 576cm, 세로 275cm 크기, 국보 제 249호)

(石獸), 석탑(石塔), 석장승, 삼존석(三尊石), 좌선석(坐禪石), 평상(平床), 난간(欄干), 석상(石床), 해시계, 그늘 시렁 등을 들 수 있다.

10) 기타

과학기기(풍기대, 관천대, 측우기, 혼천의, 일영대, 앙부일구 등), 뱃놀이를 즐기기 위한 배, 장독대, 놀이 및 운동시설(씨름장, 격구장, 투호, 그네, 널뛰기 놀이시설 등) 등을 들 수 있다.

4. 전통조경 시공

1) 조경식재공사

전통공간에 도입된 조경식물 재료와 재식기법에는 생태적 기반위에 미적, 기능적, 상징성 및 사상적 측면 등이 복합적으로 작용되었다. 소나무와 대나무, 측백나무, 동백 등을 제외하고 계절미를 취할 수 있는 낙엽활엽수가 많이 애용되었는데 꽃이 피는 화목(花木)류와 과실수가 주종을 이루었고, 꽃 색깔의 경우 품격 있는 흰색이나 우주만물의 중앙을 상징하는 황색이 애용되었다. 즉, 매화와 황매화, 모란, 복숭아나무와 자두나무, 살구나무, 배나무, 석류, 포도, 배롱나무, 철쭉, 국화, 연, 뽕나무, 버드나무, 느티나무, 회화나무, 벽오동 등이 애용되었으며, 조선 중기 이후 이용후생의 영향으로 과실수와 약용수의 비중이 많아지는 경향을 보여준다.

풍수지리사상이나 신선사상, 음양사상, 유교적 규범(소나무, 매화, 국화, 대나무, 난초, 연꽃 등), 안빈낙도의 생활철학(국화, 버드나무, 복숭아나무 등), 은둔사상과 태평성대 회구사상(오동나무, 대나무 등) 등에 의해 좋아하는 것과 싫어하는 것을 가렸으며, 고아, 부귀, 지조와 의리, 운치, 품격 등을 부여하고 손님과 벗으로 의인화하는 등 정신세계와 함축적인 윤리관을 강조하는 방식으로 식물소재가 활용되었다.

식재방식은 땅에 구덩이를 파고 나무를 심는 경우가 일반적인 방식인데, 분재, 취병, 절화 등 그릇이나 장치를 곁들이기도 하였으며, 화오(花塢 : 梅塢, 桃塢, 竹塢 등)와 화계를 일구어 화목과 초화류(매화, 앵두, 모란, 작약, 난초, 철쭉, 국화 등)를 많이 심었다. 후원의 경사진 땅에 단을 만들고 축석한 화계는 옹벽과 화단을 겸한 지혜로운 구조물인데, 이곳은 괴석, 석연지, 초화류, 장독대, 굴뚝 등이 어우러진 심미적 공간이 된다. 좁은 뜰이나 추위에 약한 식물(치자나무, 서향화, 동백, 석류 등), 분재형 소나무 등을 가꿀 때 화분이 이용되었는데, 양화소록에는 "화분을 놓을 때 꽃나무의 키가 큰 것을 뒷줄에 키가 작은 것을 앞줄에 놓으며, 기왓장이나 벽돌 위에 놓으면 아름답다"고 기술하고 있다.

수목을 다듬어 경계를 표시하며 시각적 차폐나 동물의 침입을 막고 공간의 깊이를 더하기 위한 기법으로 취병(翠屛), 원장(園墻)과 원리(園籬)가 이용되었다. 취병은 화목류와 대나무, 향나무, 주목, 측백, 사철나무 등의 가지를 틀어 올려 담이나 병풍처럼 꾸민 것을 지칭하며, 원장과 원리는 대추나무, 탱자나무, 무궁화, 대나무, 국화 등을 7척정도 높이로 가지런히 다듬은 울타리(槿籬, 竹籬, 菊籬, 棘籬 등)를 지칭한다. '임원경제지' 관병(棺屛)법에는 "대나무처럼 푸른 것을 좁게 심어서 가지를 종횡으로 엮어 위로 올리면서 층을 만드는데 옆으로 뻗거나 위로 솟은 가지는 잘라서 가지런히 다듬는다"고 기술하고 있다. 또한 '산림경제'에는 울타리 터를 구획하여 심경(深耕, 2자 간격으로 3자 높이의 두둑)한 후 가을에 멧대추(酸棗)를 밀파하여 이듬해 3자쯤 자란 좋은 모를 1자 거리로 식재하되 가로와 세로를 반듯하게 열식하여 이듬해 곁가지를 자르고 간격을 유지하며, 또 이듬해 봄 줄을 띄어 7자 높이로 끝가지를 잘라낸다. 탱자(枳 또는 枸橘), 버드나무(柳), 느릅나무(楡) 등도 이와 같이 한다 라고 기술하고 있다.

수목을 심는 방식에 따라 한 그루만 심는 단식(單植), 고식(孤植), 점식(點植), 두 그루를 마주 보게 심는 대식(對植), 세 그루를 일렬로 심는 삼점식(三點植)과 삼각형 형태로 심는 품자식(品字植), 다섯 그루를 심는 오점식(五點植 또는 五行植), 임의로 흩어 심는 산식(散植), 세 그루이상 줄지어 심는 열식(列植), 여러 그루를 자연스럽게 모아 심는 군식(群植), 상록수와 낙엽수를 섞어 심는 혼식(混植), 몇몇 수종을 여기저기 뒤섞어 심는 잡난식(雜亂植) 등으로 구분된다.

소나무, 매화, 향나무, 벽오동처럼 독특한 생김새와 운치있는 수목은 한 그루만 심는 경우가 많았다. 즉, 품격과 아취가 빼어나 한그루를 뜰에 심어 애용한 매화, 학자와 장수, 절개 등 상징적 의미를 강조하기 위해 도입된 소나무와 회화나무, 학문의 상징인 은행나무, 제례공간에 애용된 향나무, 미래희원 사상을 반영한 벽오동 등을 들 수 있다. 특히, 매화의 경우 저녁 창문에 비치는 그림자를 즐기거나 가지에 걸린 달을 운치있게 감상할 수 있어 매창(梅窓)이라 불렸다.

그림 10. 하수민의 하일주연도(19C), 그림 11. 정선이 그린 자신의 살림집 인왕산 인곡사랑뜰에 모정과 운치있는 소나무, 파 유거(仁谷幽居), 버드나무, 벽오동, 오죽?, 덩굴식물, 초, 기이한 형태의 괴석이 놓여있다. 생울타리 군식)

같은 수종이나 모양이 비슷한 수목을 대칭되게 쌍으로 식재하는 대식 기법은 질서와 규칙, 엄숙과 균형감, 음과 양의 이치를 형상화 하게 되는데, 일반적으로 향교, 서원, 재실, 사찰 등에 많이 활용되었다. 이러한 대식법은 꽃이 화려한 관목류 보다는 상록 침엽수 같은 교목류가 애용되었다. 대표적으로 성균관 앞마당, 소수서원과 영광향교에 심어진 은행나무를 들 수 있으며, 홍문관과 주합루(동궐도), 운조루 사당 등에서 마주심기의 사례를 찾을 수 있다.

우리 선조들은 천지인의 삼재(三才) 셋을 완성과 안정을 상징하는 길수로 여겼는데, 홍만선의 '산림경제'에 "오동나무 세 그루를 서북쪽에 심으면 길하다"는 내용과 '주례'에는 세그루의 회화나무로 삼공(三公)을 표했다는 기록이 있으며, 셋은 다수의 출발점이 되는 수로 전통배식에서 세 그루를 일정형태로 배식하는 사례를 볼 수 있다. 즉, 창덕궁 돈화문 안쪽 담장가와 양동마을 심수정 뜰에 심어진 회화나무 세그루, 조선 정조 때 펴낸 '온궁사실(1796)'에서 확인할 수 있는 온양별궁 영괴대의 품자형 세그루 배식, 태조 이성계의 함흥 본궁 소나무 세그루 등에서 삼점식재 방식의 사례를 찾아볼 수 있다.

3~5그루 이상을 줄 맞춰 심는 방식인 열식은 단조롭게 느낄 수 도 있지만 일반적으로 방향성을 느끼게 할 뿐 아니라 질서 정연한 규칙성을 느끼게 한다. 열식은 무궁화, 탱자나무, 사

그림 12. 정선(1676-1759)의 독서여가, 화분에 작약과 난이 심어졌고, 뒤뜰에 운치있는 곡간형 노향이 자리한다.

그림 13. 이정보가 그린 성균관 태학계첩(18C), 은행나무를 명륜당 전면과 입구에 대칭으로 심어 대식기법 사례를 보여준다.

철나무 등으로 경계를 표시하거나 시각적 차폐와 동물의 침입을 막기 위해, 그리고 소나무와 잣나무 등을 묘역주변에 기능식재로 활용한 사례 등에서 찾을 수 있다. 즉, '삼국지' 위서에 고구려 사람들이 무덤가에 소나무와 잣나무를 줄지어 심었다(烈種松柏)는 기록, '중종실록'에 기록된 함경도 경성, 북궐(경복궁) 광화문 앞, 수원 화성의 유천변, 청계천변 등의 버드나무, 조선 후기 김조순의 별서 옥호정에 도입된 열식 사례 등을 기록과 그림으로 발견할 수 있다.

같은 종류나 서로 다른 종류의 수목을 모아심기한 군식 기법은 전통조경공간에서 가장 많이 애용된 배식유형이라 할 수 있는데, 여러 그루를 심어 인위적이지 않으며 자연스럽게 보이게 하는 묘미가 있다. 소나무와 잣나무, 대나무 등을 후원에, 화목류와 초본류를 화계와 화오에, 버드나무와 배롱나무 등을 연못가에, 느티나무와 팽나무, 서어나무, 소나무 등을 식재한 마을숲 등에서 군식의 사례를 찾을 수 있다.

특정한 형식이나 간격 등을 고려하지 않고 자연스럽게 흩어 심는 산식(散植)과 직접 씨뿌리기에 의한 파종의 방식도 활용되었다. 일반적으로 소나무, 젓나무, 잣나무 등의 수종이 흩어 심기에 이용되었고, 열매 채취가 비교적 용이한 상수리나무 등이 파종의 방식으로 이용되었는데, 생태적, 환경적 측면을 고려해 도입된 대규모 식재기법이라 하겠다.

식물을 도입할 때는 장소와 방위 등을 고려하여 권장하는 의(宜)와 꺼리는 기(忌)로 길흉을 연계시켰는데, 풍수지리, 음양오행, 유가사상, 민간신앙 그리고 생태적 특성과 입지환경 등이 복합적으로 고려되었다. 임진왜란 때 영의정을 지낸 류성룡(1542-1607)은 고향마을 하회의 원지정사 앞뜰에서 다음과 같은 시를 읊었다.

처마 앞에 두어 그루 옥매화 있고 담장 밑에 네그루 복숭아꽃 만발이네
서쪽 터에 구기자 심고 북쪽 뜰에 배 뿌리를 옮겼네
산당화와 해당화는 형제들 같이 똑같이 아름답도다
작약의 짧은 가지들은 아들과 손자들 같이 서로 매달렸네
장미꽃은 참으로 눈부시고 노란 국화는 울타리 옆에서 빛나고 있네
산뽕나무는 아름답지 못하지만 숱한 열매는 먹음직스럽네 <중략>

안평대군(1418~1488)의 사저 비해당(匪懈堂) 뜰에는 아름답고 기이한 모양의 기화요초를 많이 심었고 사슴과 금계(金鷄), 학이 노닐도록 했다. 대문 앞에는 버드나무를 심고 바깥뜰에는 대밭을 두었으며, 서재 앞뜰에는 꽃밭을 일구어 작약, 모란, 동백 등을 가꾸었고 누각 옆에 배나무를 심었다. 파초를 심어 즐겼고 그늘시렁에는 넝쿨장미를 올렸으며 담장 가에 살구나무와 단풍나무를 심었다. 화오와 대밭 사이에 괴석을 두었고 섬돌 앞에 동산을 만들었으며, 방지(方池)에는 군자를 상징하는 연꽃을 가꾸었다.

그림 14. 김홍도가 그린 북일영도(北一營圖, 18C), 연못가에 군식된 버드나무, 활터와 소나무 그늘아래 활쏘는 사람들, 열식된 궁궐호위부대 북일영 건물 주위 소나무가 보인다.

기능적인 측면에서 건물과 시설 등의 차폐를 위한 차폐(遮蔽)식재(버드나무, 松檜, 오리나무 등), 토양유실과 제방안정을 도모하기위한 방수(防水)식재(냇가에 말뚝을 박고 버드나무와 느릅나무, 느티나무, 소나무, 팽나무 등), 방풍(防風) 및 방화(防火)식재, 산사태 방지를 위한 방재(防災)식재, 수구막이 비보를 위한 풍수(風水)식재, 그늘을 드리우는 녹음(綠陰)식재 등이 이용되었다.

정약용(1762-1836)의 '목민심서'에 의하면 6척을 1步, 360보를 1里, 30리를 1息으로 10리(소후)와 30리(대후) 마다 느릅나무와 버드나무 식재를 제시하고 있는바, 이정표와 가로수 역할은 물론 휴게 및 녹음수 기능을 유추할 수 있다.

기념식재로 활용된 사례는 조선 태조 때 함흥 본궁의 소나무 3그루, 소나무와 배나무(함경도 석왕사), 효종 때 장릉의 젓나무, 숙종의 계비 인원왕후의 밤나무 동산, 정조 때 회양목(용주사), 선조의 아버지 덕흥대원군 때 회양목 등을 들 수 있다. 기타 바람의 세기를 판단하기 위한 풍기죽(風旗竹), 말과 당나귀를 매어두기 위한 계마수조(繫馬樹柬) 형태로 대나무와 대추나무, 은행나무, 위성류 등이 기능적으로 활용되었다.

세종실록의 기록에 의하면 1438년 강화도에 귤나무 월동을 위해 가을에 온실을 지어 해동이 되면 제거했다는 내용이 발견되고, 1459년 전순의가 지은 "산가요록(山家要錄)" '동절양채(冬節養菜)'에 동절기 채소를 기르기 위한 온실이 다음

그림 15. 정약용의 다산도(茶山圖, 1812년), 사각형 연못, 버드나무, 운치있는 소나무, 괴석, 파초, 배롱나무 등

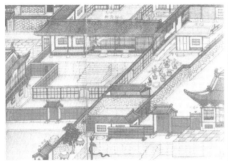

그림 16. 관물헌 동쪽 건물(온실로 추정) 전면에 놓인 화분과 괴석(동궐도)

그림 17. 정선이 그린 星州 관아 객사(百花軒) 南池의 쌍도정도(雙島亭圖, 다리, 소나무, 버드나무, 느티나무, 단풍나무, 괴석, 음양을 상징하는 2개 섬)

과 같이 언급되고 있다.

남쪽을 제외한 삼면을 흙벽돌(진흙+볏짚)로 벽을 쌓고, 구들바닥 위에 배양토를 깔았으며, 경사진 남쪽은 창살에 기름먹인 한지를 붙여 자연광을 취했다. 온돌은 아침저녁 두 시간씩 때었는데 아궁이에 가마솥을 얹고 물을 끓여 수증기가 온실 안으로 흐르게 해서 실내 온습도를 높였다.

동궐도에 의하면 관물헌 동쪽 건물의 경우 전순의가 언급한 온실 형태와 유사함을 엿볼 수 있고, 건물 전면부에 놓여진 수많은 화분과 화목류, 괴석 등을 유추해 볼 때 온실로 파악할 수 있는데, 이 건물과 산가요록 관련 기록이 고증이 가능하다면 국제원예학회가 세계 최초로 공인한 1619년 독일 하이델베르그 온실보다 181년 빠른 사례라 하겠다.

2) 수경시설공사

인체의 오감을 자극하는 조경 요소로 애용된 수경시설은 상징성을 부여함은 물론 실용성과 감상효과 등을 위해 연못과 수로, 폭포, 돌확, 석련지 등으로 다양하게 도입되었다.

연못은 못과 용수지를 통칭하는 수경시설로 서유구(1764~1845)의 '임원경제지'에 의하면 '고기를 기르면서 감상할 수 있고, 논밭에 물을 공급할 수 있으며 사람의 마음을 깨끗하게 할 수 있다'고 하였으니 실용성과 관상 가치는 물론 수양을 위한 장치임을 알 수 있다. 한편 '남쪽을 넓게 하여 지당(池塘)을 만들되 작은 연못에는 연을 심고 큰 지당에는 고기를 기르며, 물이 맑으면 물고기를 키우고 탁하면 연꽃을 키우라'하였다. 연못 형태는 계담(溪潭)과 석담(石潭), 방지(方池), 곡지(曲池)와 곡소(曲沼), 타원형과 부정형 등 다양한데 작은 섬을 둔 방지원도(方池圓島)형이 많이 조성되었다. 둥근 섬은 하늘을, 네모난 못은 땅을 상징하여 음양의 결합에 의해 만물이 생성하듯 우주의 섭리 속에서 가문 번영을 희구하는 뜻을 담고 있으며, 섬은 신령한 삼신산을 상징하기도 하였다. 연못 호안은 자연석으로 가지런히 쌓아올리는 수법이 활용되었고, 바닥은 점토층과 자갈층을 결합하여 차수기능을 할 수 있게 하였다. 물고기를 기르거나 연, 순채 등을 심었고 못가에는 버드나무, 배롱나무 등을 심었다.

폭포는 낙차를 이용하거나 단상으로 떨어지는 것, 조용히 물이 흘러 넘쳐들게 한 것 등이 있는데, 물이 힘 있게 떨어지는 것을 비천(飛泉), 조용히 흘러 넘쳐 떨어뜨리는 것을 괘

그림 18. 정선의 그림 삼승정(춘재 이중희의 정자로 현재 서울 사직동 주변, 모정, 연을 심은 사각형 연못, 수로, 석단 등)

천(掛泉)이라 했다. 연못과 폭포 등에 물을 끌어들이는 방법으로는 물이 지하로 스며들게 한 자일(自溢)법, 물레방아로 떨어뜨려 입수시키는 법, 대나무나 석재로 홈통을 만들어 연못, 석연지, 돌확에 연결시켜 비폭(飛瀑)으로 활용하는 법, 토수구(吐水口)를 높여 물이 폭포처럼 떨어지도록 한 기법 등이 있다.

수로의 도입은 살창을 통하여 집안에서 자연 계류수인 간수(澗水)를 감상하고 즐기는 법, 뜰 안으로 물을 끌어 들여 흐르게 하거나 모아 두어 즐기는 법이 있다. 간수는 돌로 된 계곡을 흐른다 하여 석간(石澗)이라 하였는데 주변 경물에 따라 송간(松澗), 죽간(竹澗) 등으로 불린다. 간수가 뜰 안으로 흘러 들어올 수 있도록 담장아래를 비워 만든 수로가 있고, 물을 끌어 들이기 위해서 대나무와 나무, 석재로 만든 홈통인 비구(飛溝)가 있으며 음양석을 놓아 곡선형 수로인 곡수거를 만들기도 하였다.

(1) 유수(流水)

흐르는 물의 역동감을 즐기는 수경시설 요소로는 폭포수, 계간과 간수, 수로, 비구, 수대 등을 들 수 있다.

높은 곳에서 낮은 곳으로 떨어지는 물을 즐기기 위한 폭포(瀑布)수의 도입은 인공적인 방법(소쇄원의 瀉暴 등)과 자연적인 방법(안압지 입수구, 창덕궁 옥류천 소요암 등)이 있는데, 힘 있게 떨어지게 하는 비폭(飛瀑 : 안압지, 창덕궁 옥류천), 조용히 흘러내리게 한 괘천(掛泉) 등의 유형이 이다.

계곡을 따라 자연암반 위를 흘러가는 계류나 작은 개울을 의미하는 계간(溪澗), 간수(澗水) 등이 있다. 물이 흘러가는 성격에 따라 석간수(石間水, 자연 암반수), 주변경물에 따라 죽간(竹澗), 송간(松澗) 등의 명칭이 붙는다. 하서 김인후가 쓴 소쇄원48영중 제42영인 친간자미(襯澗紫薇)는 물이 흐르는 개울가에 핀 배롱나무를 노래하고 있다.

표면에 흘러들어오는 빗물 등을 처리하기 위한 명거(明渠)시설인 수로(水路)는 사용 재료에 따라 돌수

그림 19. 함안 무기연당도(舞沂蓮塘圖, 1728년) : 장방형 연못,
봉래도, 석가산, 하환정(何換亭)과 풍욕루(風浴樓), 수로, 노송
(老松) 등을 두었다.

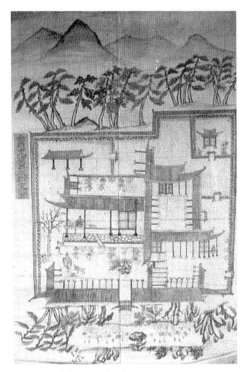

그림 20. 구례 운조루 오미동가도
(바깥뜰 방지원도형 연못, 사랑뜰의 학, 위성류에 매어 놓은
당나귀, 화분에 심어진 초화류, 괴석, 조산된 뒷동산 송림)

로와 토수로, 떼수로 등으로 구분되는데, 일반적으
로 관아나 공공시설 공간에는 돌수로, 일반 민가에
는 토수로와 떼수로가 활용되었다.

　물을 끌어들여 즐기거나 기능적으로 활용하기 위
해 대나무나 통나무를 반으로 쪼개어 만든 것을 비
구(飛溝 : 桴木, 刳竹, 剖竹 등)라 한다. 일반적으로 식
생활 음용수로 활용하거나 담장과 계류 등을 통해
들어온 물을 연못에 대기 위해 대나무나 나무를 쪼
개어 사용한다. '산가청사(山家淸事)'의 부죽인천법
(剖竹引泉法), '동문선'의 고죽인한천(刳竹引寒泉), '동
국이상국집'의 고목작비구(桴木作飛溝), 소쇄원 48영
에 등장하는 '고목통류(桴木通流)' 등에서 관련기록
을 볼 수 있고, 대흥사 일지암, 다산초당 등 곳곳에
서 비구의 적용 사례를 발견할 수 있다.

　한편 물레방아를 일컫는 수대(水碓)가 담양 소쇄
원의 적용 사례와 같이 뜰의 경관요소로 도입되기도
하였다.

(2) 지수(止水)

　고여 있는 지수의 형태로 애용된 수경시설로는
호소, 지당, 석지, 석연지, 석조, 샘과 우물 등을 들
수 있다.

　큰 방죽과 큰 연못을 의미하는 호소(湖沼), 인공적
으로 둑을 쌓아 물을 가둔 지당(池塘) 등이 애용된 수
경시설이다. 지당은 도입된 식물요소에 따라 하지(荷
池), 연지(蓮池), 분지(盆池), 연당(蓮塘), 하당(荷塘), 류
당(柳塘), 임당(林塘), 건지(乾池) 등의 명칭이 붙고, 기
능에 따라 구지(溝池), 해자(垓字), 영지(影池), 지천(池

泉), 연지(蓮池) 등으로, 조성방식에 따라 천지(穿池), 축제(築堤), 착지(鑿池) 등으로 형태에 따라 방지(方池), 원지(圓池), 타원지(楕圓池), 곡지(曲池), 반월지(半月池), 쌍지(雙池), 무도형(無島形)과 유도형(有島形) 등으로 구분된다. 이외에도 곡소(曲沼), 방당(方塘), 방소(方沼), 압소(鴨沼) 등의 명칭으로 명명되기도 한다.

그림 21. 함안 무기연당(하환정, 풍욕루, 섬에 도입된 석가산, 막돌로 축석한 연못, 노송 등)

이러한 크고 작은 연못의 도입은 신선사상, 음양론(성리학적 우주관), 불교관, 풍수지리사상 등 다양한 사상적 배경이 작용되는데, 입수와 출수, 호안처리(土岸, 木幹岸, 石岸), 방수처리기법 등이 다양하고, 방수를 위해 점토층과 자갈층을 결합하여 판축기법으로 시공하며 여회(礪灰) 등으로 차수하는 방법이 일반적이다.

고려 때 조성된 문수원 남지의 경우 호안석축 바깥쪽에 또 다른 석축을 쌓아 2중의 호안석축기법이 적용되고 있는데, 돌 사이에는 점토를 다져넣어 주위의 토압과 지하수의 이동을 조절할 수 있도록 한 차수공법이 도입되고 있다. 한편 바닥처리의 경우 15~20cm 크기의 자갈층을 깔고 진흙과 목탄을 결합한 중간층을 두었으며 물과 접하는 부문은 세사층으로 마감하고 있는바 최소한의 통기성과 통수가 유지되도록 하여 수질오염 등을 방지하기 위한 기법임을 감지할 수 있다.

홍만선의 산림경제에 의하면 "연못의 조성은 먼저 크기를 헤아려 구덩이를 파고 돌을 쌓거나 떡갈나무 말뚝을 심어 가장자리를 처리하며 바닥을 돌로 견고하게 다진다. 그 다음 구운 벽돌에서 나온 흙과 차진 진흙을 이겨서 벽과 밑바닥을 두껍게 바르고 땔감을 쌓아 구우면 물이

그림 22. 조선 후기 김조순의 별서 옥호정을 그린 옥호정도
(느티나무 정심수, 연, 작약, 석류, 파초, 포도, 버드나무, 잔디마당 등의 식물요소와 취병, 그늘시렁, 돌확, 괴석, 죽정과 모정, 연못, 석계, 화계, 화분, 평상, 석상, 혜생천, 단풍대, 인공 조산, 벌통 등)

그림 22. 좁은 뜰에 놓여진 석지(원형, 돌확)와 석연지(사각형)　　그림 24. 막돌을 이어 돌짜임한 강진 규로마을 샘터(원형)와 빨래터(사각형)

새지 않는다. 물이 내려오는 수로 또한 기와를 굽는 흙으로 단단하게 발라두면 물이 새지 않을 것이다"라고 기술되어 있기도 하다.

연못에 물을 입수시키고 출수시키는 시설인 수구는 목재나 석재로 만든 홈통(비구), 동물의 머리 형상을 닮은 석조물, 자연석을 쌓아 만든 입수구, 폭포 등을 들 수 있는데 보조적인 시설로 토사와 이물질을 걸러주는 석조(石槽)와 물받이돌(水受石), 물길을 가르는 분수석(分水石) 등이 있다. 일반적으로 입수구의 꾸밈새는 눈에 잘 띄는 곳에 자리하나 출수구는 눈에 잘 띄지 않는 곳에 자리하여 자연스럽게 출수되도록 처리하는데, 물의 흐름은 동쪽에서 서쪽으로 또는 북쪽에서 남쪽으로 흘러 나가도록하는 순류(順流)의 방향성이 고려되고 있다.

좁은 뜰에서 수경을 즐기거나 실용적으로 활용하기 위해 석물에 물을 담아 둔 것으로 석지(石池), 석연지(石蓮池), 석조(石槽) 등이 있다. 석지와 석연지는 경관적 효과를 위해 도입되는 경우가 많으며, 석조는 음용수(飮用水)와 생활용수를 취하기 위해 도입되었다. 석지(돌확)가 많이 애용되었고 연을 심었을 경우 석연지라는 명칭이 붙는다.

샘과 우물을 의미하는 천(泉)과 정(井)은 지하수가 솟아오른 것을 '천', 두레박으로 물을 퍼올리는 것을 '정'이라 한다. 안동 도산서원의 경우 우물을 열정(烈井), 샘을 몽천(夢泉)이라 명명하고 있다. 물이 솟는 장소와 방식에 따라 석천(石泉), 암천(巖泉), 지천(池泉), 간천(澗泉), 정천(井泉), 분천(噴泉)이란 명칭이 붙기도 한다.

샘과 우물과 관련하여 상단부에 정(井)자형 귀틀(목재 또는 석재)이 놓이는 경우가 많으며, 우물벽은 막돌로 가지런히 쌓아 자갈로 바닥처리를 하고, 주변에 도입한 식물로는 향나무를 선호한 반면 꽃나무와 복숭아나무 등은 꽃가루, 곤충 등의 영향이 커 금기하였다. 형태로는 원형, 타원형, 사각형, 팔각형 등 다양하다.

3) 석재공사

산악을 본뜬 축경형의 조산(造山)을 일컫는 가산은 연못을 만들 때 파낸 흙을 활용하거나 지기를 보강하기 위해 조성한 인공 산으로 석가산, 목가산(木假山), 옥가산(玉假山) 등이 있다. 특히 석물을 활용한 석가산은 크고 작은 돌을 쌓아 산의 형태를 축소, 재현한 경물로 기세를 느끼게 하며 재질이 단단한 화강암을 쌓아올리는 수법이 애용되었다. 석가산 기법

그림 25. 통일신라 문무왕 때(674년) 조영된 경주 안압지(동사강목 : '궁내에 연못을 파고 돌을 쌓아 무신12봉을 상징했다', http://cafe. aum.et/storymom)

은 신선사상, 노장사상 및 도교사상 등과 연계되는데, 강희맹의 <가산찬>, 채수의 <석가산폭포기>, 서거정의 <가산기>, 오도일의 <조씨석가산기>, 홍만선의 <산림경제>, 정약용의 <다산화사이십수>, 김조순의 <풍고집> 등 옛 문헌에서 적용 사례를 확인할 수 있다.

홍만선의 산림경제에 의하면 석가산을 만들 경우 "괴석을 연못가에 첩첩이 쌓아 산을 만들되 바위와 골짜기가 그윽하고 깊숙하게 만들고, 단풍나무, 소나무, 오죽, 진달래, 철쭉, 패랭이꽃, 범부채 같은 꽃과 나무를 많이 심는다. 연못가에는 어뀌꽃을 심는다. 석가산 뒤편에는 큰 항아리를 두어 물을 저장하고 대나무를 구부려 물을 끌어다가 못 가까이에서 폭포를 이루게 한다"라고 기술되어 있기도 하다.

괴석은 개체미가 뛰어나고 기이하게 생긴 1m 미만의 자연석을 화계와 화오, 연못주변, 후원 등에 직접 식석(植石)하거나 석함(괴석대)에 올려놓는 형태로 애용하였다. 강희안의 <양화소록>에는 색상이 푸르고 깎아 세운 듯한 봉우리와 벼랑, 골짜기에 은은히 구름을 감춘 듯한 모양으로 이끼가 잘 자라는 산에서 출토된 경석을 언급하였으며, '산림경제'와 '다산4경첩' '단원도' 등에서 사례를 찾을 수 있다. 괴석을 심기 위해 돌로 다듬어 만든 석분은 석함(石凾), 괴석대로도 불린다. 일반적으로 4각, 6각, 8각, 원형으로 만들어 표면에 치장을 하고 상징성이 강한 무늬나 글자를 도입하였는데, 신선사상을 배경으로 하는 불로장생을 희원하는가 하면 물을 상징하는 잔모래를 채우기도 하여 선경의 이상세계를 표현했다.

돌을 다듬어 연못 형태를 축소 재현한 석지는 석연지(石蓮池 또는 洗心石)로도 불리는데, 물을 담아 연과 부엽식물을 심고 몇 마리의 고기도 넣어 키우며 하늘의 투영미를 감상하던 점경물을 일컫는다. 민가에 주로 도입된 돌확은 석지와 비슷한 용도의 점경물인데 크기가 작고 원형으로 만들어 돌절구, 방화, 생활용수 등 실용성을 겸하였다.

그림 26. 안압지 입수구 : 거북 모양 2단 석조는 물이 낙차를 두고 떨어지는데 불순물을 걸러주며 물의 유속과 량을 조절한다.
(http://cafe.aum.et torymom)

그림 27. 논산 윤증 고택 사랑채 앞뜰에 도입된 석가산과 반월형 석지

석상(石床)은 평평한 돌 위에 걸터앉아 경물을 바라보면서 휴식을 취하거나 차를 마시고 바둑이나 장기를 즐길 수 있게 한 것이며, 석탑(石榻)은 석상과 비슷한 용도를 가지나 규모가 작고 높이가 높은 돌 의자를 지칭한다. 석상은 크고 넓적한 돌을 일정한 두께로 다듬어 네 귀에 받침대를 괴어놓아 앉아 쉬기에 편하도록 하였고, 돌 의자인 석탑은 적당한 크기의 돌을 가공하거나 자연그대로 치석하여 애용했다.

야간 조명을 위한 석등(石燈), 말이나 가마를 타고 내리던 하마석(下馬石), 마당이나 계류, 연못에 동선 연결을 위해 놓인 디딤돌(飛石)과 돌다리(石橋), 시구와 장소 명칭을 새기거나, 해시계 역할을 하던 석주(石柱) 등이 시설 요소로 도입되었다.

울타리와 담장(외담과 맞담 형태로 축조)은 수목과 목재, 대나무, 싸리 그리고 흙과 막돌 등을 소재로 생울, 바자울, 죽책, 목책, 토담, 와담, 토석담, 전담, 돌각담 등이 활용되었다. 포장 재료로는 박석, 전돌, 마사토, 강회 등을 들 수 있다. 화강암이 오랫동안 풍화되어 변화된 자연토양을 활용한 마사토포장이 많이 애용되었고, 자연석을 평편하고 얇게 쪼개어 활용한 박석포장, 검정색으로 구워 만든 벽돌을 활용한 전돌 포장(方塼), 석회석을 가열한 강회를 이용한 강회다짐포장 등이 활용되었다.

4) 포장공사

(1) 박석, 판석포장

화강석이나 자연석을 넓고 얇게 쪼개어 포장재료로 사용한 박석포장과 판석포장을 들

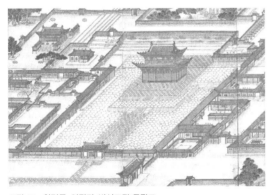

그림 28. 창덕궁 인정전 박석포장(동궐도)

수 있다. 박석포장의 경우 궁정의 어도, 왕릉 참도, 종묘 정전 마당 등에 비교적 커다란 크기인 1m내외, 두께 20~40㎝ 크기의 돌이 사용되었다. 일반적으로 자연스러우며 투박하게 표면을 가공하는데, 박석 사이사이에 잔디를 심어 빛의 반사를 적게 하고 요철을 두어 미끄러지지 않도록 포장한다.

(2) 전돌포장

점토를 이용하여 검은색으로 구워 만든 네모반듯한 벽돌(塼)로 시공한 전돌포장은 건물 안과 기단 위에 적용되었고 외부공간에는 제한적으로 사용되었다. 일반적으로 잘 다진 기반, 모래 또는 강회다짐 위에 세로·가로 정렬, 세로 어긋나게 깔기, 가로 곧은 줄눈깔기 또는 빗깔기 형태로 포장한다.

전돌 포장과 관련하여 서유구의 임원경제지에는 다음과 같이 기술되고 있다.

"푸른색이 나는 진흙, 비옥한 논에서 나는 푸른색 진흙을 上品으로 친다. 물로 적시면서 소를 몰아 되직하게 충분히 밟는다. 개기(錬土)가 끝나면 틀에 흙을 채워 넣고 틀 밖으로 빠져나온 것은 鐵線弓으로 도려내어 깨끗이 정리한다. 빚어진 전돌은 두꺼비가마에 고래를 켜듯이 모로세워 재는데 고르게 구워지도록 넣고 구워낸다. 나무를 때면 청흑색이 되고, 석탄을 때면 백색이 된다. 작업이 끝나면 불 땐 시간만큼 식힌 뒤에 가마에서 꺼낸다. 땅을 판 움 속에 넣고 보름을 지낸 후 공사장에 사용한다. 설익거나 지나치게 익어서 휘거나 일그러지지 않고 푸른기가 도는 벽돌이 上品이다."

(3) 마사토 흙다짐포장

화강암이 풍화되어 흙으로 변화된 자연토를 의미하는 마사토포장은 표면배수가 양호하고 자연 질감을 가지고 있는 포장기법을 외부공간에 많이 애용했다. 그러나 우천 시 표면 유실 발생 가능성이 높고, 해빙기와 비온 후 질퍽하다는 단점을 갖고 있다.

(4) 강회다짐포장

석회석을 가열한 강회(생석회)를 다짐하여 포장하는 기법으로 건식소화법과 습식소화법이 있는데, 포장재 보다는 건물과 담장의 모르타르재로 이용되는 경우가 많다.

5) 배수시설공사

(1) 배수로(排水路)

수리, 치수 또는 물을 제거하거나 물을 처리하는 물길을 의미하는 배수로는 일반적으로 입수구와 배수구 사이의 연결 수로 역할을 한다. 배수로를 지표면에 노출시키는 명거(明渠)와 지하에 매수하여 처리하는 암거(暗渠)로 구분되며, 재료에 따라 돌수로, 기와수로, 흙을 파내고 도랑을 낸 토사수로, 떼수로 등으로 분류된다.

(2) 집수구(集水構)

일정한 공간과 시설 유역의 물을 모아 배수로에 연결하는 집수구는 사용 재료에 따라 돌집수구와 목재집수구로 구분되며, 형태에 따라 사각형인 방형과 원형으로 분류된다.

(3) 누조(漏槽), 누혈(漏穴)

수로 등 배수시설과 연결되어 담장이나 석축 안의 물을 밖으로 배출하는 시설로 누조와 누혈이 있다. 누조는 누혈에 맞게 물도랑을 파고 끝에 귀때(spout)를 만든 것을 말하는데, 돌로 만들었을 때 석누조(石漏槽), 전돌로 만들었을 때 벽누조(甓漏槽)라는 명칭이 붙는다. 한편 누혈은 살림집 담장, 성곽 여담 등에 구멍을 뚫어 빗물이 바깥으로 흘러가게 만든 시설을 말하는데, 유사한 용어로 담장 밑의 수로 구멍을 의미하는 원규(垣竅) 등이 있다.

6) 구조물공사

(1) 누(樓)

2층 이상 높게 올린 마루집과 다락집을 의미하는 '누'를 짓는 방법은 2층 또는 여러 층을 올리거나 층고도 낮추어 시공하며 한적한 곳에 주변 자연경관과 잘 어울리도록 입지시켜 조영한다. 누와 정자 등은 하중이 많은 대형 구조물이므로 기초 하부의 고른 지내력이 유지되도록 하며, 기단공사는 바탕면 및 석재 댐면의 물 축이기, 규준틀에 의한 수직과 수평의 위치 설정 등에 유의해야 한다. 도리와 서까래, 기둥과 보 등 목재의 치목과 이음, 맞춤, 깍아내기 등은 목재 부재가 치밀하고 긴밀하게 연결되어야 한

그림 29. 아름다운 자연경관을 취할 수 있도록 자리잡은 하회 병산서원의 만대루

다. 지붕물매잡기, 암키와와 수키와가 바닥 알매흙(진흙)에 밀착되도록 지붕공사, 이물질 제거후의 단청 공사 등이 고려되어야 한다. 이러한 일연의 기초 및 기단공사, 목공사, 지붕공사, 단청공사 등의 과정은 정자와 같은 여타 구조물에도 동일하게 적용되는 시공 고려사항이 된다.

현존하는 대표적 사례로는 궁궐(경회루, 주합루), 관아에 딸린 남원 광한루와 밀양 영남루, 진주 촉석루 등, 사찰(봉정사 만세루, 부석사 안양루, 해인사 구광루, 화엄사 보제루 등), 서원(병산서원 만대루, 옥산서원 무변 루, 무성서원 현가루 등), 민가(구례 운조루, 하회 연좌루 등)에서 다양하게 발견할 수 있다.

(2) 대(臺)

높은 곳에서 사방을 바라보기 위하여 단을 쌓은 시설공간 또는 조영물인 '대'는 용도면에서 천문기상 관찰(첨성대, 관천대), 적을 감시하고 군사를 지휘(화성의 동장대·서장대, 남한산성의 수어장대), 통신시설(봉수대), 아름다운 경관을 조망하거나 유람하기 위한 구조(강릉 경포대와 양양의 의상대) 등 다양하게 분류할 수 있다. 사례로는 산에 기대어 조망을 주목적으로 하는 조망대, 물가에 지어 물가를 감상하거나 낚시를 즐기기 위한 조어대(釣魚臺), 해와 달을 감상할 수 있도록 한 관일대 (觀日臺)와 월대(月臺) 등을 들 수 있다. 일반적으로 흙을 돋우어 윗면을 평편하게 다듬은 평대(平臺)가 원형이지만 그 위에 지은 건물을 일컫기도 한다.

그림 30. 겸재 정선의 그림 소악루(현 서울시 강서구 자양동 성산기슭)

(3) 각(閣)

누와 혼용되기도 하는 구조체를 말하는 '각'은 아래층은 비워 두거나 창고 같은 실용 공간으로, 윗층은 경관조망과 휴식용으로 활용된다. 구조적으로 누(樓)가 당(堂)을 겹으로 쌓은 것이라 한다면 각(閣)은 정(亭)을 겹으로 쌓은 것처럼 날렵한 형태를 말한다. 사례로는 창덕궁 후원 주합루 옆에 자리한 서향각, 북쪽에 자리한 의두각(독서방) 등을 들 수 있고, 비(碑)를 보호하기 위한 비각이 능원, 사찰, 마을 등에 작은 건물 형태로 도입되었다.

한편 소쇄원 광풍각의 경우처럼 계곡에 막돌로 축대를 쌓아 단을 두고 그 위에 건물(堂)을 올렸는데, 축대가 상당히 높기 때문에 의미를 부여하여 각이라는 명칭을 부여한 것으로 판단된다.

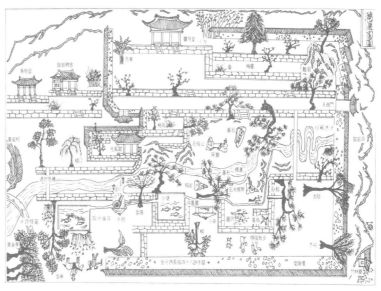

그림 31. 담양 소쇄원의 모습을 판각한 소쇄원도(광풍각, 제월당, 대봉대, 연못, 석가산, 탑암, 화오와 화계, 괴석, 가지런히 쌓아올린 석단과 석계, 물레방아, 조담, 오곡 등의 요소와 한그루씩 심은 식물 요소 등)

(4) 사(榭)

숲이나 물가에 지어 서로 돋보이게 하는 효과를 노리는 조영물인 '사'는 주로 물가에 세워져 주변의 아름다운 수변 경관과 잘 어우러짐은 물론 더욱더 아름답게 하는 보완 기능을 갖는다. 물가에 돌출하여 수면위에 세워지는 까닭에 구조가 경쾌하고 교묘하며 개방적인 입면구조를 갖는다. 일반적으로 수면위에 있는 부분은 물속에 세운 돌기둥과 보가 받치게 되어 구조적으로도 안정감을 유지할 수 있게 되며, 차경기법을 두드러지게 활용한 요소가 된다. 창덕궁 후원의 펌우사가 대표적이다.

(5) 정(亭)

뜰이나 자연 경승지 속에 잠시 머물러 쉬면서 아름다운 경관을 완상하며 즐길 수 있는 미적 조영물을 의미하는 '정자'는 주변의 아름다운 자연과 문화경관 요소 등을 바라보며 즐기기 위한 가장 친근한 경물이라 할 수 있는데, 자연 속에 동화하고자 하는 선인들의 가치관에 가장 잘 부합되는 요소가 된다. 크기가 동일하지 않고 평면형식(삼각, 사각, 육각, 팔각, 원형, 십자형, ㄱ자형, T형, 부채꼴 등)도 다양하다.

정자에는 다양한 난간이 아름답게 꾸며지는데, 아자(亞字)난간과 창살무늬 격자형, 닭다리 모양의 계자(鷄子)난간 등이 많이 도입된다. 천장은 서까래 사이로 앙토(仰土)한 모양이 그대로 노출되는 연등천장구조와 서까래와 평행되는 경사로 판장을 설치한 빗천장구조로 구분된다. 지붕은 사모, 육모, 팔모, 원형 등 모임지붕 형태가 대부분인데, 기와를 올리거나 억새와 띠, 짚 등을 엮어 만든 모정으로 구분 할 수 있다.

(6) 석축

돌의 종류와 쌓는 방식에 따라 찰쌓기와 메쌓기, 내쌓기와 퇴물림쌓기, 바른층쌓기, 허튼층쌓기, 층지어쌓기, 허튼쌓기, 막쌓기, 막돌쌓기, 마름돌(切石)쌓기, 다듬돌쌓기 등으로 구분 된다.

찰쌓기는 쌓는 돌의 뒷채움을 콘크리트로 처리하고 줄눈이나 틈새를 모르타르로 마감하는 방식이며, 메쌓기는 콘크리트 대신 괴임돌과 양질의 토사, 골재 등으로 뒷채움하는 방식이다. 내쌓기는 석재 일부를 점차 바깥쪽으로 내밀면서 쌓는 방식이며, 퇴물림쌓기는 석재를 점차 안쪽으로 후퇴시키면서 쌓는 것을 의미한다. 바른층쌓기는 한 켜의 높이가 동일하고 수평줄눈이 일직선으로 연속되게 쌓는 방식이며, 허튼층쌓기는 수평줄눈을 기준하여 쌓되 크기와 높이가 다른 돌을 써서 막힌 줄눈 형태로 쌓는 방식이다. 층지어쌓기는 돌을 2, 3켜 정도로 쌓은 다음 수평줄눈이 일직선으로 통하게 쌓는 방식을 말하며, 허튼쌓기와 막쌓기는 크고 작은 돌을 세로가로 줄눈에 관계없이 자연스럽게 쌓는 방식을 말한다. 또한 돌의 종류와 쌓

그림 32. 김홍도의 그림 장인들(장척을 든 도목수, 대패질하는 목수, 목통을 든 장인, 기와를 엮는 蓋匠, 탕개톱, 곡자, 자귀, 모탕 등)

는 방법에 따라 마름돌 바른층쌓기, 막돌 허튼층쌓기 등으로 구분하기도 한다.

(7) 화계

화계는 일정한 경사를 가진 지형조건 하에서 평편하게 건물의 터를 고르는 과정에서 형성된 독특한 조경요소로 옹벽과 화단을 겸한 매우 합리적인 구조체라 하겠다. 화목류를 심으려고 뜰 한쪽 또는 뒷뜰에 조금 높이 돌로 쌓은 계단상 화단을 의미하는데, 석계에 화단을 꾸미거나 꽃과 나무를 심어도 화계란 명칭이 붙는다. 일반적으로 궁궐, 관아 등에서는 잘 다듬은 장대석을, 민가에서는 크고 작은 막돌을 가지런히 쌓아 계단상으로 여러 층의 평지를 꾸민 구조물이 된다.

화계는 건물과 앞마당 또는 건물과 뒤뜰 사이에 만들어지는 경우가 대부분인데, 공간과 공간을 연결하는 완충공간에서 지형의 높낮이를 극복하고 토양의 유실을 방지하며, 물리적인 공간을 식물요소로 완

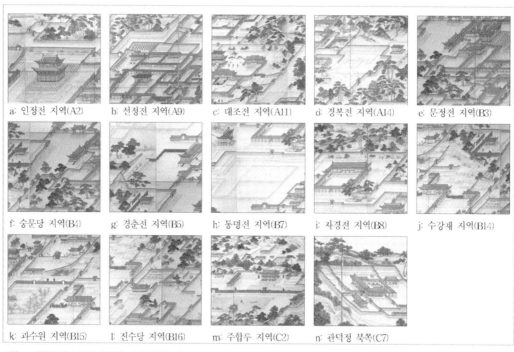

a: 인정전 지역(A2)	b: 선정전 지역(A9)	c: 대조전 지역(A11)	d: 경복전 지역(A14)	e: 문정전 지역(B3)
f: 숭문당 지역(B4)	g: 경춘전 지역(B5)	h: 통명전 지역(B7)	i: 자경전 지역(B8)	j: 수강재 지역(B14)
k: 과수원 지역(B15)	l: 진수당 지역(B16)	m: 주합루 지역(C2)	n: 관덕정 북쪽(C7)	

그림 33. 동궐도에 나타난 화계의 사례(김현준 자료)

화하며 관상 가치를 모색하는 매우 지혜로운 생태경관요소라 하겠다.

(8) 화오

낮은 둔덕의 꽃밭을 일컫는 화오는 1단으로 가지런히 돌을 놓은 화단을 의미한다. 도입되는 식물에 따라 화오(花塢), 매오(梅塢), 도오(桃塢), 죽오(竹塢), 상오(桑塢), 송오(松塢) 등의 명칭이 붙는다.

(9) 석계, 석단, 난간

건물과 외부공간에서 높낮이 처리를 위해 만든 단 또는 계단, 난간 등이 있다. 특히, 사찰이나 왕릉의 곡장(曲墻)처럼 구조적 안정을 위한 석단, 높낮이가 다른 동선연결을 위한 계단인 석계, 추락방지 등 기능을 위한 난간 등이 대표적 사례가 된다.

(10) 굴뚝

굴뚝은 관련된 건물과의 연계성에 의해 일체형, 독립형, 복합형으로 구분되는데, 사용 재료에 따라 흙+막돌, 검은벽돌+기와+연가, 붉은벽돌+기와+연가, 흙+기와편+돌+기와지붕, 오지관, 옹기관 등 다양하게 축조된다.

서민주택의 경우 흙이나 막돌, 기와편, 통나무나
널, 옹기 등을 많이 이용하였고, 상류주택, 관아, 궁
궐 등에는 전돌로 쌓아 지붕에 기와를 올려 연가를
설치하는 방식이 많이 애용되었다. 특히 경복궁 자
경전의 굴뚝은 십장생 화담굴뚝으로 유명한데, 붉은
벽돌과 검은벽돌, 조형전(造形塼)과 회(灰), 기와 등으
로 아름다운 조형미를 보여준다.

(11) 담장

담장은 쌓는 재료와 방식에 따라 나무담장(생울,
바자울, 대, 갈대, 수수깡으로 엮은 울, 竹柵, 木柵, 翠屛,
板墻), 토담, 와담, 토석담, 돌담(石墻), 벽돌담(甓墻,
塼墻), 돌각담, 복합담, 화문장(花紋墻), 영롱담 등으로
구분된다. 담장의 미장을 위한 마감재로는 삼화토(석
비레, 모래, 강회를 1 : 1 : 1로 배합)가 애용되었다.

그림 34. 경복궁 자경전 화담연가(煙家) 십장생굴뚝 : 장대석
기단 위에 전돌로 굴뚝을 쌓았다. 벽면 상부에 소로와 창방
서까래 모양을 따로 두었고 기와를 얹어 건물 모양으로 만들
었다. 지붕면 위에 10개의 굴뚝을 얹어 연기가 빠져나가도록
했다. 굴뚝은 너비 381cm, 높이 236cm, 깊이 65cm이고, 아랫
부분 좌우에 불가사리 서수를 두었고, 그 위로 장방형 공간을
구획하여 해·산·구름·바위·소나무·거북·사슴·학·바다·포도·연꽃·
대나무·백로·불로초 등 십장생을, 윗부분 가운데에 용(나티),
좌우에 학을 새겨 놓았다.

산촌이나 농촌에서 구하기 쉬운 흙, 막돌, 생목, 대나무, 싸리를 이용하는 경우가 많고, 사대부집이나
궁궐, 관아 등에서는 전돌, 사고석, 마름돌과 다듬돌 등이 많이 활용되었다.

화장담 등에 도입된 장식 문양으로는 문자문(文字紋 : 壽福康寧, 萬壽, 囍), 동물론(動物紋 : 사슴, 학, 거북
등), 십장생문(十長生紋), 식물문(植物紋), 기하문(幾何紋) 등이 있다.

한편, 담장기능과 경관을 취할 수 있도록 도입된 살창, 햇볕을 취하기 위한 交窓(성락원, 독락당, 윤보선
가 등)이 있고, 기와로 무늬를 넣어 동그랗게 구멍 낸 가림 벽(향장 : 響墻), 영롱담(벽돌, 기와 등으로 구멍이
뚫어지게 쌓는 담) 등이 독특한 형태라 하겠다.

담장을 쌓아올리는 구조와 방식에 따라 외담과 맞담, 온담과 반담 등으로 구분하기도 하는데, 축대 등
의 표면을 싸 바른 외담(돌각담, 토담), 담장 안팎을 협축(夾築)기법으로 동시에 쌓아올리는 맞담(돌각담,
토담, 토석담, 사고석담, 전돌담, 面灰담장, 花墻 등), 담장을 위까지 쌓는 온담 방식, 담장을 중간 높이까지
쌓고 위는 벽으로 처리하는 반담 형태 등으로 구분된다.

(12) 가산(假山)과 조산(造山), 축석(築石)

가산은 평지에 인공적으로 만든 작은 산을 말하는데, 흙으로 쌓은 土山, 돌과 바위, 옥(玉), 나무로 쌓

아 만든 석가산(石假山), 옥가산(玉假山), 목가산(木假山) 등으로 분류된다. 신증동국여지승람 한성부 산천조에서 가산(假山)은 '축토위산 이축지기(築土爲山, 以畜地氣)'로 설명하고 있다. 전통공간에서 연못을 조성하고 파낸 돌과 흙을 이용하여 가산과 조산을 만든 사례로는 백제 무왕 때 '지중축도서 의방장선산(池中築島嶼 擬方丈仙山)' 즉 못 가운데 섬을 쌓아 방장선산을 상징했다는 궁남지 관련 기록(634년), 통일신라 문무왕 때 '천지조산(穿池造山), 천지적석위산(穿池積石爲山)' 즉 연못을 파고 돌을 쌓아 조산과 가산을 만들어다는 안압지 관련 기록(674년) 등의 사례에서 찾을 수 있다.

일반적으로 조산은 풍수적 지기의 허함을 보하기 위하여 비보(裨補) 목적으로 쌓은 산을 의미하며, 축석은 돌을 구조적으로 쌓은 시설을 의미한다.

(13) 수석(樹石)

감상가치가 있는 경석을 수목처럼 땅에 심은 것을 의미하는 수석은 종류에 따라 구상석(具象石), 신앙석(信仰石), 상징석(象徵石), 실경석(實景石), 반경석(盤景石), 축경석(縮景石) 등으로 분류된다. 돌짜임 등 시공처리는 오행석(한국 : 立石-木, 平石-水, 山形石-土, 靈象石-金, 懸崖石-火)을 기본으로 주석(主石), 종석(從石), 첨석(添石) 등으로 위계를 둔다.

돌 짜임은 2개 돌 짜임(주종, 음양), 3개 돌 짜임(기본 수석군), 5, 7개 등 홀수 돌 짜임(樹石景)을 원칙으로 천지인(天地人)을 상징하는 삼재미(三才美), 부등변삼각의 균제미와 심경미(深景美), 5석 수석(五石 樹石, 3:2, 3:1:1, 2:2:1) 기법 등이 대표적 사례가 된다.

수석과 같은 경관석의 시공기법을 요약하면 첫째, 시공 전에 경관석의 형질을 점검한 후 시공순서를 정하여 작업에 필요한 기구와 재료를 준비한다. 둘째 돌의 개성을 고려하며 주종관계를 살릴 수 있도록 돌 짜임을 하되, 돌 짜임의 기본형을 활용하면서 지형조건에 자연스럽게 부합되도록 한다. 셋째, 같은 공간에서는 동질의 돌을 사용하여야 하며, 돌과 돌 사이의 흐름이 조화되게 연결되도록 한다. 넷째, 돌의 기세를 잘 살려야 하고 안정감이 부여되도록 시공하되 돌의 형상이 빈약하거나 변색, 파손된 것 등을 가려야 한다.

특히, 돌에는 종(縱), 횡(橫), 심(深) 등의 입체감 외에 고유의 기세가 나타나므로 경관석을 심을 지표면 흐름과 땅에 묻히는 돌의 밑 부분이 자연스럽게 이어져 자연 속에 솟아있는 바위처럼 심어야 한다. 이때 돌의 뿌리에 해당하는 밑 부분이 땅속에 묻히도록 심게 되는데, 땅속 기반을 잘 다져가면서 잔돌을 깔고 적정한 크기의 받침돌을 고여 가면서 좌향을 고려한 경관석이 안정하게 고정되도록 주의를 기울여야 한다.

(14) 다리

다리는 개천과 같은 물길을 건너기 위해 도입되는데, 영역성 및 속세와의 경계 등 상징성을 부여하며 전통공간에서 동선체계상 과정적 공간으로서 공간변화의 중요한 결절점 요소가 된다. 사용재료에 따라 흙다리(土橋), 나무다리(木橋), 돌다리(石橋)로 구분되며, 형태에 따라 통나무다리, 보다리(板橋), 구름다리(虹霓橋), 징검다리, 누다리(樓橋), 매단다리(吊橋), 배다리(舟橋) 등으로 구분된다.

(15) 장독대

살림집 뒤뜰 양명한 공간에 조성하는 장독대는 주변에서 쉽게 구할 수 있는 잡석, 큰 돌로 나지막한 축대를 네모반듯하고 평평하게 조성하여 우물가, 양지바른 곳, 통풍이 좋은 곳 등에 마련하는데, 낮은 돌각 담장으로 경계를 두기도 한다.

7) 점경물 공사

(1) 괴석(怪石), 괴석분(怪石盆) 또는 석함(石函)

괴석은 기이하게 생겨 관상가치가 있고 개체미가 뛰어나 중요한 위치에 두고 감상하는 경석을 의미하는데, 괴석을 심기 위해 돌로 다듬어 만든 석분을 석함(石函) 또는 괴석대라 한다. 일반적으로 4각, 6각, 8각, 원형으로 만들어 표면에 상징성이 강한 무늬나 글자를 도입하는데, 신선사상을 배경으로 하는 불로장생을 희원하는가 하면 물을 상징하는 잔모래를 채우기도 하여 선경의 이상세계를 표현했다.

(2) 대석(臺石)

대석은 화초분이나 괴석분, 천문기구(앙부일영, 앙부일구, 측우기, 간의) 등을 받치는 석물을 의미하는데, 방형, 다각형, 원형, 특수형 등 다양하게 만들어 놓여진다.

(3) 석상(石床), 석탑(石榻)

석상은 평평한 돌 위에 걸터앉아 경물을 바라보면서 휴식을 취하거나 차를 마시고 바둑이나 장기를 즐길 수 있게

그림 35. 창덕궁 후원의 淸心亭, 氷玉池 석구

한 것이며, 석탑은 석상과 비슷한 용도를 가지나 규모가 다소 작고 높이가 있는 돌 의자를 지칭한다. 석상은 크고 넓적한 돌을 일정한 두께로 다듬어 네 귀에 받침대를 괴어놓아 앉아 쉬기에 편하도록 하였고, 돌의자인 석탑은 적당한 크기의 돌을 가공하거나 자연그대로 치석하여 애용했다. 한편 제례용도로 능원, 묘역 등에 상석(床石)으로 놓여진다.

낙선재 상량정 앞뜰의 네모반듯한 석상은 걸터앉아 주변 경관을 감상하기에 적합하도록 놓여져 있으며, 다산초당의 석탑은 차를 끓여 마시면서 즐길 수 있는 돌 의자 역할을 겸하고 있다.

(4) 석등(石燈), 장명등(長明燈), 정료대(庭燎臺), 석수(石獸) 등

돌로 만들어진 장명등은 사자(死者)의 명복을 빌기 위해 무덤 앞에 설치하는 시설인데, 능원에서 상석과 관련하여 놓여진다. 궁궐의 연조공간 후원 등에 야간조명을 위해 놓여지는 석등의 사례를 볼 수 있고, 사찰과 부도 앞에 놓여지는 석등은 신라말부터 도입된 것으로 알려지고 있다. 한편, 정료대는 서원, 향교, 사묘(祠廟) 등 제례의식 공간에 주로 설치된다.

석수는 호랑이, 사자, 용, 해태 등 돌로 짐승을 조각하여 능원, 궁궐, 관아, 사원 등의 수호신으로 치석한 사례를 곳곳에서 볼 수 있고, 궁궐 월대 주위와 난간의 석주 위, 능묘의 12지신상 등의 도입사례를 볼 수 있다.

(5) 취병(翠屛)

취병은 이동식과 고정식으로 구분할 수 있는데, 외부공간을 구분하여 시각적 차폐를 모색하거나 위요된 공간을 조성할 목적으로 대나무나 덩굴성 식물 등을 목재로 만든 격자형 창살 울타리에 올려 다듬은 것을 의미한다. 취병의 도입은 옥호정도와 동궐도 등에서 그 적용 사례를 찾아볼 수 있는데, 동궐도의 경우 주로 연

그림 36. 남원 광한루 : 봉래, 방장, 영주 삼신선도를 둔 연못, 돌자라, 오작교, 왕버들 등

그림 37. 창덕궁 후원 옥류천변 농산정의 곡선형 취병(동궐도)

그림 38. 모정, 연못, 괴석, 돌의자, 벽오동, 버드나무, 종려, 학, 거문고 타는 단원의 모습이 그려진 단원도(檀園圖), 金弘道(1745-1806) 그림

조공간에 도입되고 있으며 형태는 一자형, ㄱ자형, 아치형 등 3개 유형으로 구분된다.

(6) 판장(板墻)

판장은 나무기둥 사이에 널판을 붙여서 만든 시설로서 외부공간을 구획하거나 차폐시킬 목적의 가림벽을 의미하는데, 이동이 가능한 이동식과 마당에 고정된 고정식 판장으로 구분된다. 궁궐에서 많이 활용된 판장은 적색, 녹색, 황색 등 3가지 색상으로 구분되는데, 적색판장이 외조, 치조, 연조공간에 구분 없이 많이 도입되었다. 그러나 왕과 왕비의 침전과 같은 생활공간 마당에는 녹색판장이, 단청이 들어가지 않은 하위 위계의 건물 마당에는 황색판장이 주로 사용되었다.

(7) 하마석(下馬石)과 하마비(下馬碑)

하마석은 직육면체에 가깝도록 돌을 깎아 주로 대문 앞에 세워놓아 말이나 가마 등을 타고 내릴 때 이용된다. 하마를 알리는 비문인 하마비에는 "대소인계하마(大小人皆下馬)" 등과 같은 글귀를 쓴다.

(8) 품계석(品階石)

궁궐 안 정전 안뜰에 신하들의 품계를 기록하여 세운 돌을 의미하는 품계석은 좌우 두 줄로 차례로 늘어선 돌거리 형태로 동반은 동쪽, 서반과 종친은 서쪽에 도열하도록 하여 박석 포장 위에 질서 정연하게 도입한다.

(9) 석문(石門)

돌로 기둥을 만들어 출입할 수 있도록 설치된 문을 의미하는 석문은 창덕궁의 불노문(不老門)이나 윤선도가 경영한 보길도 부용동의 동천석실 등에서 도입 사례를 찾을 수 있다.

(10) 석년(石年), 해시계

돌기둥을 깎아 세워 만든 해시계를 의미하는 석년은 예산의 추사고택, 경주 양동마을의 서백당 등에서 그 사례를 찾을 수 있다.

(11) 기타

전통마을, 읍성 등 어귀에 도입된 장승, 솟대, 입석, 돌탑 등 토속신앙요소와 관련한 시설을 들 수 있다.

참고문헌

김성우·안대회 공역(1993), 원야(계성 저), 도서출판 예경

김영모(2005), 전통조경시설물의 분류와 설계, 시공시 고려사항, 조경시공 17권

민경현(1991), 한국정원문화, 예경문화사

민경현(1998), 주종첨과 부등변삼각의 미, 도서출판 예경

서유구(1764~1845), 임원경제지

신상섭(2007), 한국의 전통마을과 문화경관 찾기, 도서출판 대가

신상섭(2008), 한국의 전통조경과 설계, 문화재수리조경기술, 한국문화재보호재단

유병림 외 2(1989), 조선조 정원의 원형, 서울대학교 환경계획연구소

윤국병(1977), 조경사, 일조각

이도원 외(2004), 한국의 전통생태학, 사이언스북스

이병훈 역(1974), 양화소록, 강희안 저, 을유문화사

이선(2006), 한국 전통조경 식재, 수류산방중심

정동오(1986), 한국의 정원, 민음사

정동오(1990), 동양조경문화사, 전남대출판부

정재훈(1990), 한국의 옛 조경, 대원사

주남철(1979), 한국건축의장, 일지사

주남철(1980), 한국주택건축, 일지사

천득염(1999), 한국의 명원 소쇄원, 도서출판 발언

한국조경학회(1992), 동양조경사, 문운당

허균(2002), 한국의 정원, 다른 세상

홍만선(1643~1715), 산림경제

IFLA 한국조직위원회(1992), 한국전통조경, 도서출판 조경

http://cafe.daum.net/philrand/QBB/

12 한국 현대조경 작품에 나타난 한국성

구영일_기술사사무소 영일조경 대표 소장

1. 서론

건축, 조경을 비롯한 물리적인 환경은 물론 모든 예술, 크게는 인간의 모든 문화 활동의 흐름 속에 제기되고 있는 소위 '우리 것', '한국적인 것', '전통성', '한국성' 등에 대한 논의는 많은 분야에서 개념 정립의 시도와 연구에도 불구하고 오늘날까지 그 진정한 방향성과 정체성을 찾지 못하고 있는 실정이다.

더욱이 조경분야에서는 특히 '90년대 이후 몇몇 조경가들의 실천적 노력으로 많은 작품의 시도와 조경학자의 논문이 나오고 있지만 진정한 한국 현대조경의 한국성 표현에 대한 방향을 제시하지는 못하고 있다.

본 연구는 진정한 전통에 대한 이해와 한국성에 대한 개념을 정립하고 한국 현대조경 작품을 중심으로 조경분야에 '한국성'이 어떻게 표현되고 인지되고 있는지를 규명하여 올바른 한국성 표현방법의 방향제시를 위한 기초 자료를 제공하는데 그 목적이 있다.

1) 연구 범위

(1) 시간적 범위

시간적 범위는 1990년대 이후로 그 시기에 조성된 작품을 중심으로 연구를 진행하였다. 그 이유는 조경분야에서 '한국성'이란 용어가 처음 등장한 것이 1990년대로(양병이, 1991) 한국에서 개최된 세계 조경가 대회를 계기로 전통의 창조적 계승에 관심을 본격적으로 갖기 시작하면서 한국성에 대해 관심을 갖기 시작한 것에 기인한다.

(2) 공간적 범위

공간적 범위는 크게 국외에 조영된 한국정원과 국내에 조영된 정원으로 한정하였다.

(3) 내용적 범위

내용적 범위는 한국성에 대한 개념을 정립하고 한국현대조경 작품을 대상으로 시각적 표현방법 및 작품에 나타난 인지도를 분석하였다.

2) 연구방법

(1) 문헌 조사·분석

문헌 조사·분석은 본 연구의 주된 관심사인 '한국성'에 대한 개념, 다양한 분야의 한국성 표현방법 등과 관련된 제반 자료를 수집하여 조경분야의 한국성의 개념을 정립하기 위하여 실시하였다.

(2) 사례지 조사·분석

사례지 조사·분석은 (3) 사례선정기준에 의해 선정된 국내사례, 해외사례의 문헌과 사진자료를 중심으로 실시하였다. 수집된 자료를 토대로 시각적 설계요소를 파악하고 인지도를 분석하였다. 한국성 인지도는 작품별로 슬라이드 사진을 이용해서 설문조사를 시행하였고 4개 작품의 조형적 요소의 표현방법과 인지도, 정원의 성격과 의미론적 요소간의 상호 상관성을 분석하여 인지도를 비교하였다.

(3) 사례 선정 기준

본 연구의 대상지는 해외사례, 국내사례로 나누어 연구를 진행하였다. 연구대상지의 선정은 조경관련 문헌 등을 중심으로 한국성이 표현된 한국현대조경 작품을 중심으로 선정하였으며 구체적인 선정 기준은 다음과 같다.

첫째, 1990년대 이후 한국 혹은 해외에서 조성된 한국인 설계자가 설계한 작품이어야 한다.

둘째, 설계자가 '한국성' 내지는 '한국의 전통성', '우리 것', '전통조경' 등의 표현을 피력하였거나 발주자 혹은 소유주가 그러한 맥락의 설계를 요구한 작품이어야 한다.

셋째, '한국성' 혹은 '전통성' 등의 시비 혹은 평가가 있었던 공공의 조경작품이어야 한다.

넷째, 사적, 문화재, 유적 복구, 복원 관련 과업의 조경작품은 포함시키지 않는다.

이상과 같은 선정 기준을 중심으로 선정된 대상지는 <표 1>과 같다.

〈표 1〉 연구 대상지

구분	대상지	년도	위치	발주자	설계자	시공자
해외 사례	오사카 한국정원	1990	일본 EXPO '90 꽃박람회 한국전시장 내	농수산물 유통공사	한림종합조경 (이재근)	삼환기업(주)
	카이로 서울정원	1998	이집트카이로 국제공원내	서울시	그룹21(이용훈)	삼성에버랜드
	프랭크 회장 별장정원 (Standing Stone)	2001	Alleghany County Virginia U.S.A.	Frank B. Easterly	ECOLAND (구영일)	금성기와 (한국전통건축) Jeffery Timmons 외
	파리서울공원	2002	파리 볼로뉴 숲 아뜰리마따시옹 공원 내	서울시	삼성에버랜드 (오웅성)	삼성에버랜드, 이우산업건설, 에스테브프레르
국내 사례	희원	1997	경기도 용인시 포곡면 호암미술관 내	삼성그룹	조경설계 서안 (정영선)	중앙개발(주) 삼성물산
	광화문 시민 열린마당	1998	서울시 종로구 세종로	서울시	경동기술공사 (이유경)	쌍용엔지니어링
	여의도 공원 (한국전통의 숲)	1999	서울시 영등포구	서울시	한우드 엔지니어링 (박종성)	고려조경
	원구단 시민광장	2000	서울시 중구 소공동	서울시	동심원(안계동)	쌍용엔지니어링
	서울 월드컵 경기장(전통공간)	2001	서울시 마포구 성산동	서울시	삼성에버랜드(주)	삼성에버랜드
	연신내 물빛공원	2002	서울시 은평구 갈현동	서울시	그룹한(박명권)	흥륭종합건설, 창인건설
	장승배기 친수공간	2003	서울시 동작구 상도동	서울시	기술사사무소 영일조경(구영일)	녹지종합조경, 영광조경
	상명대 도서관 중정화계	2001	충남 천안시 안서동	상명대	상명대(이재근)	청자조경
	방배동 현대 홈타운	2001	서울시 서초구 방배동	현대건설	그룹한(박명권)	계림조경, 일등산업
	용인수지LG빌리지	2001	경기도 용인시 수지	GS건설	그룹한(박명권)	GS건설

2. 한국 현대조경 작품에 나타난 한국성 표현 분석

1) 한국 현대조경 작품의 의미론적 분석

의미론적 분석은 대상지의 장소성, 현재성, 주체성의 유무를 분석하였다. 장소성은 대상지가 가지고 있는 역사적 장소성을, 현재성은 소수집단의 소유가 아닌 여러 사람이 공감할 수 있는 대중적인 것이어야 하므로 대중성 여부를, 주체성은 개인의 성향이 아닌 집단의 성향이므로 설계자가 한국사람 인지를 분석하였다.

연구 사례지의 의미론적 요소를 분석한 결과 대부분의 대상지에 장소성, 현재성, 주체성은 대부분 존재하였으나 해외 사례에서는 버지니아 프랭크 별장이 개인 소유의 정원으로 대중성이 결여되어 현재성은 존재하지 않았다.

또한 국내 사례지에서는 사회적 요구에 의해 조성된 공동주택 정원인 방배 홈타운과 용인 수지 LG빌리지에서는 대상지에 대한 역사적 장소성은 존재하지 않았다.

〈표 2〉 의미론적 분석

대 상 지	장 소 성	현 재 성	주 체 성
파리 서울공원	●	●	●
오사카 EXPO '90 한국정원	●	●	●
카이로 한국정원	●	●	●
프랭크 회장 별장정원	●	—	●
회원	●	●	●
광화문 시민 열린마당	●	●	●
여의도 광장 공원	●	●	●
원구단 시민 소공원	●	●	●
상암동 월드컵공원	●	●	●
연신내 물빛공원	●	●	●
장승배기 친수공간	●	●	●
상명대 도서관 중정 화계	●	●	●
방배동 현대 홈타운	—	●	●
용인 수지 LG 빌리지 정원	—	●	●

2) 한국 현대조경 작품의 시각론적 분석

한국 현대조경 작품의 시각론적 분석은 한국성을 위한 기본전제인 전통성에 대한 분석으로 전통정원에 나타나는 공간구성 원리와 조형적 요소들이 현대조경작품에 어떻게 표현되고 있는 지를 분석하였다.

(1) 공간구성원리 분석

선행연구의 연구결과를 토대로 본 연구에서의 공간구성원리의 분석은 연속성, 위계성, 대칭성, 개방성, 조화성, 비례성(척도)을 중심으로 하였다.

연속성 분석은 담, 경계, 단에 분절되는 각 단위공간이 연속성을 지니는지의 여부, 위계성의 분석은 지형 처리, 공간크기 등에 따른 위계성의 존재여부, 대칭성 분석은 축의 유무 및 종류, 개방성은 공원 중심부로의 접근성 정도, 조화성은 주변 환경과의 조화 등의 입지적 조건과 주변과의 맥락성, 비례성은 공간분할면적이 인간적 척도인지 등을 분석하였다.

(2) 해외사례 분석

해외사례의 공간분석 원리를 분석한 결과 대부분 사례지에 6가지 분석인자가 존재하였으나 카이로 한국정원은 도심지내에 조성된 공원이므로 주변과의 맥락성이 없는 것으로 나타났다. 따라서 조화성은 존재하지 않았다.

〈표 3〉 공간구성원리 분석 : 해외사례

분석인자 ＼ 대상지	오사카 EXPO '90 한국정원	카이로 한국정원	프랭크 회장 별장정원	파리 서울공원
조화성	●	—	●	●
연속성	●	●	●	●
개방성	●	●	●	●
대칭성	●	●	●	●
위계성	●	●	●	●
비례성(척도)	●	●	●	●

그림 1. 오사카 EXPO '90 한국정원

그림 2. 카이로 서울정원[1]

그림 3. 프랭크 회장 별장정원

그림 4. 파리 서울공원

---

1) 사진자료 출처 : 환경과 조경(126), 카이로 서울공원, 9810, p.45.

(3) 국내사례 분석

국내사례의 공간분석 원리를 분석한 결과 6가지 인자가 모두 존재하는 정원은 희원, 광화문시민 열린 마당, 상암동 월드컵 공원, 장승배기 친수공간, 상명대도서관 중정화계로 대상지의 절반만 전통정원의 공간구성 원리원칙을 따르고 있었다. 이는 해외사례지에 비해 낮은 비율인 것으로 나타났다.

〈표 4〉 공간구성원리 분석 : 국내사례

분석인자＼대상지	조화성	연속성	개방성	대칭성	위계성	비례성(척도)
희원	●	●	●	●	●	●
광화문 시민 열린 마당	●	●	●	●	●	●
여의도 광장 공원	－	－	－	－	－	●
원구단 시민 소공원	－	●	●	●	●	●
상암동 월드컵공원	●	●	●	●	●	●
연신내 물빛공원	－	－	－	●	●	●
장승배기 친수공간	●	●	●	●	●	●
상명대 도서관 중정 화계	●	●	－	●	●	●
방배동 현대 홈타운	●	●	●	●	●	●
용인 수지 LG 빌리지	－	●	●	●	●	－

그림 5. 희원

그림 6. 광화문 시민열린마당

그림 7. 여의도 공원

그림 8. 원구단 시민 소공원

그림 9. 월드컵 공원[2]

그림 10. 연신내 물빛공원[3]

그림 11. 장승배기 친수공간

그림 12. 상명대 도서관 중정 화계

그림 13. 방배동 현대 홈타운[4]

그림 14. 용인 수지 LG빌리지

(4) 소결

공간구성원리 분석한 결과를 종합해보면 외국에 조성된 한국정원의 경우 전통적 공간구성 원리가 거의 충실하게 반영되고 있는 것으로 나타났다.

국내사례의 경우 대부분 해외사례에 비해 반영 비율이 낮았으며 특히 여의도 공원, 연신내 물빛공원, 용인 수지 LG빌리지 정원은 전통정원의 공간구성원리의 반영 비율이 낮은 것으로 나타났다. 이는 해외

---

2) 사진자료 출처 : 환경과조경(165), 월드컵공원, 0201, p.52.
3) 사진자료 출처 : 환경과조경(165), 연신내 물빛공원, 0201, p.59.
4) 사진자료 출처 : 박명권, 방배동 현대 홈타운, 2004, 담디, p.145.

에 조성된 한국정원인 경우 좀 더 우리의 것을 강하게 표현하고자하는 설계자의 의도라 판단된다.

(5) 조형적 표현요소 분석

조형적 요소는 선행연구에서 제시한 전통정원의 도입요소들 중 공통적으로 나타나는 요소인 대문, 담장(장식벽), 정자, 굴뚝, 화계, 계류, 폭포(벽천), 다리, 석가산, 장승, 벽수, 석물, 열주, 마당, 연못, 포장 등 16가지 요소를 중심으로 각 대상지에 나타나는 조형적 요소들의 기능, 재료, 형태 등의 표현 방법을 분석하였다. 표현방법은 전통적인 것을 그대로 받아들인 경우 '원용(援用)'이라는 용어로 통일하여 사용하였으며, 변경, 변형, 변용된 경우에는 '변용(變容)'으로, 전혀 다르게 표현한 경우는 '재창조(再創造)'라고 하였다(이 부분과 한국성 개념에 관련된 논문은 '한국현대 조경작품의 한국성 표현에 관한 연구', 구영일·이재근, 한국전통 조경학회지 Vol.23.(2) : 116-134(2005년 6월) 게재되어 있으므로 상세 내용은 본문에서 생략함).

이상에서와 같이 조형적 요소의 분석결과를 종합하면 다음과 같이 요약될 수 있다.

첫째, 조형적 요소의 출현빈도를 분석한 결과 포장, 연못, 화계, 담장, 마당 및 석물 등의 순으로 나타났다.

〈표 5〉 조형적 요소별 출현빈도

정원구성요소	빈도수	정원구성요소	빈도수
포　　장	13	다　　리	8
연　　못	13	폭　　포	7
화　　계	12	대　　문	6
담　　장	11	굴　　뚝	5
마　　당	9	석 가 산	4
석　　물	9	벽　　수	3
계　　류	8	열　　주	2
정　　자	8	장　　승	1

둘째, 사례지별 조형적 요소의 출현빈도를 분석한 결과 사례지 성격별로 유형화시킬 수 있었다. 즉, 한국정원인 희원, 오사카 한국정원, 파리 서울 공원, 카이로 한국정원 등이 조형적 요소를 정원에 많이 도입한 것으로 나타나 출현 빈도수가 가장 높은 그룹에 포함되었다. 주거공간의 정원인 용인수지 LG 빌리지, 방배동 현대 홈타운, 프랑크 회장 별장 등은 중간 그룹, 공원이나 광장인 광화문 시민 열린마당 등은 출현 빈도수가 적은 것으로 나타났다. 따라서 한국정원의 설계시 시각적 설계요소를 많이 도입한 것을 알 수 있다.

셋째, 사례지별 조형적 요소의 표현방법의 '원용' 빈도수를 분석한 결과 대부분의 한국정원인 희원

(53), 오사카 한국정원(52), 카이로 한국정원(47), 파리서울공원(43) 등은 대체적으로 재료, 기능, 형태 등을 '원용'하여 정원에 도입한 것으로 나타났다.

넷째, 사례지별 조형적 요소의 표현방법의 변경·재창조한 빈도수를 분석한 결과 한국정원을 제외한 대부분 사례지인 연신내 물빛공원(19), 용인 수지LG빌리지(19), 방배동 현대 홈타운(16), 원구단 시민광장(14) 장승배기 친수공간(12)등은 대체적으로 재료, 기능, 형태, 기타요소를 변경 및 재창조한 것으로 나타났다.

다섯째, 각 조형적 요소별 표현방법에 대한 순위를 분석하였는데, '원용'에 대한 순위를 분석한 결과 화계, 담장, 석물 및 연못, 포장, 정자, 다리, 마당 순으로 나타났다. 변경·재창조에 대한 순위에서는 포장 및 폭포, 연못, 계류, 마당, 화계, 담장의 순으로 나타나 포장이나 연못이 설계자의 의도에 따라 자유롭게 표현되어지는 요소인 것을 알 수 있다.

3. 한국현대 조경작품의 한국성 인지도 분석

〈표 6〉 사례지별 조형적 요소의 출현빈도

대상지	조성연도	빈도수	비고
희원	1997	14	한국정원
오사카 한국정원	1990	13	
파리서울공원	2002	12	
카이로 한국정원	1998	12	
용인수지 LG 빌리지	2001	9	주택정원 (아파트)
방배동 현대홈타운	2001	9	
프랑크 회장 별장	2001	9	
광화문 시민 열린마당	1998	7	공원 광장
연신내 물빛 공원	2002	7	
원구단 시민광장	2000	6	
월드컵 공원	2001	6	
장승배기 친수공간	2003	6	
여의도 공원	1999	6	
상명대 도서관 화계	2001	3	

1) 한국성 인지도 분석방법

(1) 설문지 구성

본 연구에서는 한국 현대조경 작품에 나타난 한국성을 파악하기 위한 항목을 중심으로 설문지를 작성하였다. 설문지의 구성은 크게 한국성과 전통성의 개념, 한국성 표현 설계요소의 선호도, 한국 현대 조경작품의 성격과 설계요소에 대한 한국성의 인지도, 응답자의 사회적 특성에 관한 네 부분으로 구성하였다. 설문조사 방법은 미리 준비된 설문지를 조사 대상자가 응답하고 기입하도록 하여 자료를 수집하였다(표 7).

〈표 7〉 설문항목

구 분	세부 조사 항목	척도(scale)
전통성, 한국성의 개념	인지 여부, 동일 여부, 다른 이유, 유사 개념의 선택	등간척도(5-point) 명목척도
한국성 표현 설계요소의 선호도	16가지 요소 중 5가지 선택	명목척도
한국 현대 조경작품의 성격 설계요소에 대한 한국성 인지도	가장 근접한 성격의 선택 설계요소의 한국성 인지도	등간척도(5-point)
응답자의 사회적 특성	성별, 연령, 직업, 학력 등	명목척도

질문에 사용된 척도에 있어서는 전통성과 한국성의 개념에 관련된 내용은 명목척도와 등간척도를 같이 사용하였으며 설계요소의 선호도와 응답자의 사회적 특성에 관련된 내용은 명목척도를, 작품의 성격과 설계요소에 대한 한국성 인지도에 관해서는 등간척도를 사용하였다.

(2) 설문분석방법

설문 자료의 분석은 SPSS를 이용하여 응답자의 통계적 배경, 인지도에 관한 항목을 중심으로 빈도수(N/총 응답자), 백분율(%), 평균, 표준편차 등을 내용으로 하는 빈도분석(frequency analysis)을 시행하였다.

2) 설문결과 및 고찰

(1) 응답자의 인구 통계학적 특성

① 성별

응답자의 성별을 살펴보면 총 응답자 171명 중 남성이 62명(36.3%), 여성이 109명(63.7%)을 차지하고 있어 남성, 여성의 비율이 36 : 64로 나타났다.

② 연령별

응답자의 연령층은 20대가 139명(81.3%)으로 주를 이루었고, 40대가 16명(9.3%), 30대가 13명(7.6%), 50대 이상 3명(1.8%) 순으로 나타나, 20대～40대의 청장년층의 응답자가 많은 것으로 조사되었다.

③ 직업별

조사 응답자의 직업별 분포를 살펴보면, 일반 집단의 경우 113명(100%)이 대학생으로 나타났고, 전문가 집단의 경우 전문기술직(조경 및 건축설계 분야 종사자, 기술직 공무원)이 25명(43.1%)으로 가장 높게 조사되었으며, 전문직(교수, 건축사, 기술사 등)이 15명(25.9%), 학생(조경전공 대학원 석사과정 이상)이 11명(19.0%) 등으로 조사되었다.

④ 학력별

응답자의 학력 수준은 145명(84.8%)이 대졸(재)인 것으로 나타나 가장 높은 비율을 차지하였고, 대학원이상이 25명(14.6%), 고졸이 1명(0.6%)으로 대부분 고등교육이상을 받은 집단으로 조사되었다.

(2) 전통성, 한국성의 개념

① 전통성의 개념

전통성의 개념에 대해 알고 계십니까? 질문에서 전통성에 관한 개념을 '알고 있다'가 78명(45.6%), '어렴풋이 알고 있다'가 77명(45%)으로 조사되어 전통성의 개념은 긍정적으로(평균 3.521)인지되고 있는 것으로 조사되었다.

한편 집단별로 인지도를 비교해보면 일반 집단은 57명(50.4%)이 '어렴풋이 알고 있다', 49명(43.4%)이 알고 있고, 2명(1.8%)은 매우 잘 알고 있는 것으로 나타나 전체의 45.2%가 알고 있다고 대답하였으며 인지도의 평균값은 3.424점으로 조사되었다.

전문가 집단은 '알고 있다'가 29명(50%), 7명(12.1%)은 매우 잘 알고 있다로 나타나 전체의 62.1%가 전통

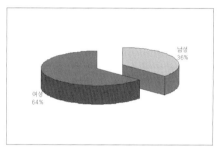

그림 15. 성별

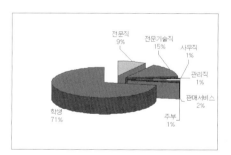

그림 16. 직업

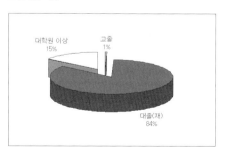

그림 17. 학력

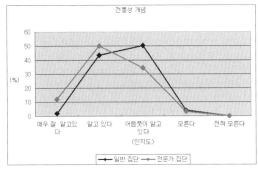
그림 18. 전통성 개념

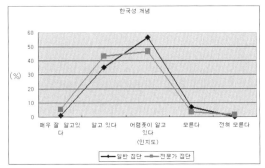
그림 19. 한국성 개념

성의 개념을 알고 있으며 인지도의 평균값은 3.707점으로 조사되어 일반 집단에 비해 전문가 집단의 인지도가 높은 것으로 나타났다.

② 한국성의 개념

한국성의 개념에 대해 알고 계십니까? 질문에서 한국성에 관한 개념을 '어렴풋이 알고 있다'가 91명 (53.2%), '알고 있다'가 65명(38%)으로 조사되어 한국성의 개념은 비교적 긍정적으로(평균 3.357점) 인지되고 있는 것으로 조사되었다.

집단별로 인지도를 비교해보면 일반 집단은 40명(35.4%)이 알고 있고, 1명(0.9%)은 매우 잘 알고 있다로 나타나 전체의 36.3%가 알고 있으며 인지도의 평균값은 3.301점으로 조사되었다.

전문가 집단은 '알고 있다'가 25명(43.1%), 3명(5.2%)은 매우 잘 알고 있다로 나타나 전체의 48.3%가 한국성의 개념을 알고 있으며 인지도의 평균값 3.466점으로 조사되어 일반 집단에 비해 전문가 집단의 인지도가 높은 것으로 나타났다

전통성과 한국성 개념의 인지도를 비교해보면 전통성 개념의 인지도(평균 3.521점)가 한국성 개념의 인지도(평균 3.357점) 보다 높은 것으로 조사되었다.

③ 전통성과 한국성 개념의 동일 여부

전통성과 한국성의 개념이 동일한가? 에 관한 개인의 인지도에 대한 질문에서 전통성과 한국성의 개념이 '다르다'가 84명(49.1%), '전혀 다르다'가 3명(1.8%)으로 조사되어 87명(50.9%)이 다르다고 생각하는 것으로 조사되었다. 결국 전통성과 한국성의 개념의 동일 여부는 부정적으로(평균 2.737점) 인지되고 있는 것으로 조사되었다.

집단별로 인지도를 비교해보면 일반 집단은 52명(46%)이 '다르다', 1명(0.9%)은 '전혀 다르다'로 나타나 전체의 46.9%가 전통성과 한국성의 개념은 다르다고 생각하고 있으며 인지도의 평균값은 2.788점

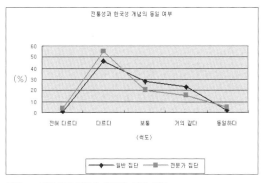

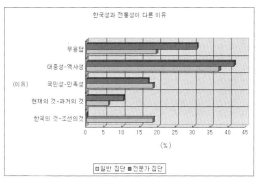

그림 20. 전통성과 한국성 개념의 동일 여부　　　　　　그림 21. 한국성과 전통성이 다른 이유

으로 부정적으로 조사되었다.

　전문가 집단은 '다르다'가 32(55.2%), 2명(3.4%)은 '전혀 다르다'로 나타나 전체의 58.6%가 전통성과 한국성의 개념은 다르다고 생각하고 있으며　인지도의 평균값은 2.638점으로 부정적으로 조사되었고, 일반 집단(평균 2.788점)에 비해 전문가 집단(평균 2.638점)의 전통성과 한국성의 개념은 다르다고 생각하는 인지도가 다소 높은 것으로 나타났다.

　④ 전통성과 한국성이 다른 이유

　만약 전통성과 한국성의 개념이 다르다면 그 이유를 묻는 질문에는 평균 백분율 기준으로, 한국성은 대중성에서 나오는 것이고 전통성은 역사성에서 오는 것이다(38.6%), 무응답(23.4%),　한국성은 국민성에서 나오는 것이고 전통성은 민족성에서 나오는 것이다(18.1%), 한국성은 한국의 것이고 전통성은 조선의 것이다(12.3%), 한국성은 현재의 것이고 전통성은 과거의 (옛)것이다(7.6%) 순으로 조사되었다.

　한편 집단별로 비교해보면 전체가 무응답 비율이 높게 나타났으며 특히 전문가 집단은 '한국성은 한국의 것이고 전통성은 조선의 것이다'에 전혀 빈도가 나타나지 않는 것으로 조사되었다.

　⑤ 한국성 유사한 개념

　한국성과 가장 유사한 개념(3가지)을 묻는 문항에서는 민족성 118명(23%), 주체성 94명(18.3%), 역사성 93명(18.1%) 순으로 조사되었다.

　집단별로 비교해보면 일반 집단에서는 민족성 83명(24.5%), 주체성 64명(18.9%), 역사성 62명(18.3%) 순으로 조사되었고, 전문가 집단에서는 민족성 35명(20.1%), 국민성 32명(18.4%), 역사성 31명(17.8%)

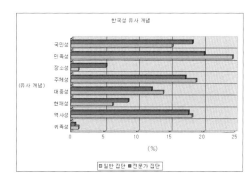

그림 22. 한국성 유사 개념

순으로 다소 다르게 조사되었다.

(3) 한국성 표현 설계요소의 선호도

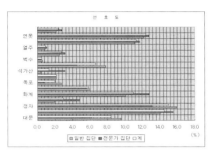

그림 23. 선호도

한국정원에서 한국성을 표현하는 정원구성 요소 중 가장 중요하다고 생각하는 요소(5가지)를 묻는 문항에서는 정자 128명(15%), 담장 124명(14.5%), 연못 106명(12.4%), 마당 97명(11.3%), 화계 94명(11%) 순으로 조사되었다.

집단별로 비교해보면 일반 집단에서는 정자 90명(15.9%), 담장 79명(14%), 연못 69명(12.2%), 마당 63명(11.2%), 화계 57명(10.1%) 순으로 조사되었고, 전문가 집단에서는 담장 45명(15.5%), 정자 38명(13.1%), 화계 37명(12.8%), 연못 37명(12.8%), 마당 34명(11.7%) 순으로 다소 다르게 조사되었다.

(4) 작품에 대한 설문조사

① 파리 서울공원

가. 정원의 성격

파리 서울공원의 정원 성격에 관한 질문은 '한국적인 정원이다'(평균 3.626), '전통적인 정원이다'(평균 3.462), '고전적인 정원이다'(평균 3.205) 순으로 조사되었고 '현대적인 정원이다' 는 평균 2.561점으로 부정적으로 조사되었다.

한편 집단별로 비교해보면 미세한 차이는 있지만 정원의 성격 규명에는 거의 같은 상황으로 조사되었다.

나. 설계요소별 한국성 인지도

정원 설계요소별 한국성 인지도를 조사해보면 대문(평균 3.859), 담장(평균 3.695), 정자(평균 3.672), 연못(평균 3.491), 다리(평균 3.122) 순으로 한국성을 긍정적으로 인지하는 것으로 조사되었다.

한편 화계(평균 2.929), 석물(평균 2.748), 바닥포장(평균 2.514), 마당(평균 2.491), 계류(평균 2.058), 석가산(평균 1.894), 굴뚝(평균 1.818), 폭포(평균 1.333) 순으로 한국성을 부정적으로 인지하는 것으로 조사되었다. 또한 집단별로 비교해보면 미세한 차이는 있지만 설계요소별 한국성 인지도는 거의 같은 상황으로 조사되었고 대문, 석물을 제외하고 전문가 집단이 일반 집단보다 약간 부정적으로 조사되었다

② 희원

가. 정원의 성격

희원의 정원 성격에 관한 질문은 '한국적인 정원이다'(평균 3.386), '전통적인 정원이다'(평균 3.239), '현대적인 정원이다'(평균 3.135), '고전적인 정원이다'(평균 3.128) 순으로 긍정적으로 조사되었다.

한편 집단별로 비교해보면 미세한 차이는 있지만 정원의 성격 규명에는 거의 같은 상황으로 긍정적으로 조사되었다.

나. 설계요소별 한국성 인지도

정원 설계요소별 한국성 인지도를 조사해보면 담장(평균 3.971), 정자(평균 3.772), 화계(평균 3.521), 계류(평균 3.351), 다리(평균 3.233) 연못(평균 3.210) 대문(평균 3.158) 순으로 한국성을 긍정적으로 인지하는 것으로 조사되었다.

한편 굴뚝(평균 2.929), 석가산(평균 2.812), 석물(평균 2.736), 마당(평균 2.643), 바닥포장(평균 2.538), 벽수(평균 1.883) 순으로 한국성을 부정적으로 인지하는 것으로 조사되었다.

또한 집단별로 비교해보면 미세한 차이는 있지만 설계요소별 한국성 인지도는 거의 같은 상황으로 조사되었고 굴뚝, 연못, 바닥포장을 제외하고 전문가 집단이 일반 집단보다 약간 부정적으로 조사되었다.

③ 연신내 물빛공원

가. 정원의 성격

연신내 물빛공원 정원의 성격에 관한 질문은 '현대적인 정원이다'(평균 4.146) 만이 긍정적으로 조사되었고, '한국적인 정원이다'(평균 2.643), '전통적인 정원이다'(평균 1.994), '고전적인 정원이다'(평균 1.830) 순으로 부정적으로 조사되었다.

한편 집단별로 비교해보면 미세한 차이는 있지만 정원의 성격 규명에는 거의 같은 상황으로 조사되었다.

나. 설계요소별 한국성 인지도

정원 설계요소별 한국성 인지도를 조사해보면 바닥포장(평균 2.789), 담장(평균 2.596), 계류(평균 2.491), 연못(평균 2.327), 폭포(평균 2.117), 마당(평균 2.099), 석물(평균 1.924), 다리(평균 1.836) 순으로 전체 요소가 한국성을 부정적으로 인지하는 것으로 조사되었다.

한편 집단별로 비교해보면 미세한 차이는 있지만 설계요소별 한국성 인지도는 거의 같은 상황이며 바닥포장, 마당, 다리를 제외하고 전문가 집단이 일반 집단보다 약간 부정적으로 조사되었다.

④ 장승배기 친수공간

가. 정원의 성격

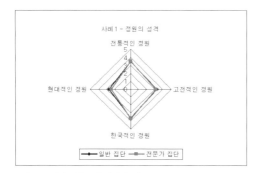

그림 24. 파리 서울공원 정원의 성격

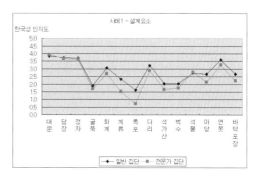

그림 25. 파리 서울공원 설계요소

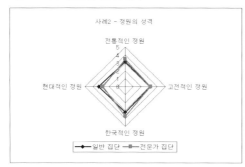

그림 26. 희원 정원의 성격

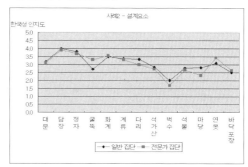

그림 27. 희원 설계요소

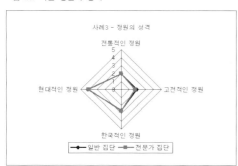

그림 28. 연신내 물빛공원 정원의 성격

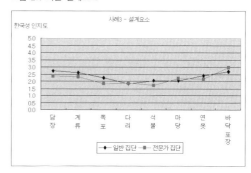

그림 29. 연신내 물빛공원 설계요소

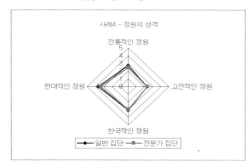

그림 30. 장승배기 친수공간 정원의 성격

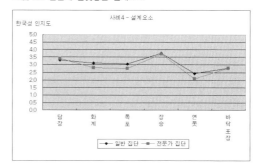

그림 31. 장승배기 친수공간 설계 요소

장승배기 친수공간 정원의 성격에 관한 질문은 '현대적인 정원이다'(평균 3.538), '한국적인 정원이다'(평균 3.035) 순으로 긍정적으로 조사되었고 '전통적인 정원이다'(평균 2.591), '고전적인 정원이다'(평균 2.356) 순으로 부정적으로 조사되었다.

한편 집단별로 비교해보면 미세한 차이는 있지만 정원의 성격 규명에는 거의 같은 상황으로 긍정적으로 조사되었다.

나. 설계요소별 한국성 인지도

정원 설계요소별 한국성 인지도를 조사해보면 장승(평균 3.748), 담장(평균 3.345), 화계(평균 3.006) 순으로 한국성을 긍정적으로 인지하는 것으로 조사되었다.

한편 폭포(평균 2.942), 바닥포장(평균 2.772) 연못(평균 2.298) 순으로 한국성을 부정적으로 인지하는 것으로 조사되었다. 또한 집단별로 비교해보면 미세한 차이는 있지만 설계요소별 한국성 인지도는 거의 같은 상황으로 조사되었고 담장과 바닥포장을 제외하고 전문가 집단이 일반 집단보다 한국성 인지도는 긍정적으로 조사되었다.

3) 소결-한국성 인지도

이상에서 설문조사 분석한 결과를 종합해보면 다음과 같이 요약 될 수 있다.

첫째, 전통성과 한국성의 개념이 다른 것이라고 알고는 있으나 정확한 구분은 못하는 것으로 나타났다.

둘째, 한국성을 대중성이나 역사성으로 보는 견해가 지배적이었다. 이러한 결과는 본 연구에서 한국성은 전통성, 주체성, 장소성, 현재성이 내포하고 있다고 한 가설에 대한 타당성을 검증하는 결과라고 판단된다.

셋째, 한국성을 표현하기 위해 선호되는 조형적 요소는 정자 128명(15%), 담장 124명(14.5%), 연못 106명(12.4%), 마당 97명(11.3%), 화계 94명(11%) 순으로 나타났으며, 수평적 요소에 비해 수직적 요소에 대한 인지도가 높게 나타났다.

넷째, 정원의 성격에 대한 질문에서는 전통을 충실하게 표현하고 있다고 판단된 사례지에는 '현대적인 정원이다'라는 개념에 반대되는 항목에 대부분의 응답자가 응답을 하였으며, 전통적인 조형요소가 도입되었음에도 연신내 물빛공원과 장승배기 친수공간은 현대적이라는 항목에 응답을 많이 하였다.

이러한 결과를 볼 때 일반적으로 사람들이 느끼는 한국성은 전통성이 많이 나타나고 있는 것에 대해서 한국의 이미지를 많이 느끼는 것으로 판단된다.

4. 한국 현대조경 작품에 나타나는 한국성

1) 조형적 요소의 표현방법과 인지도와의 상관성

(1) 파리 서울공원

파리 서울공원에 도입된 조형적 요소(형태적 요소)에 대해 그 요소가 한국적인지에 대한 질문에 한국적이라고 느낀 요소는 대문, 담장, 정자, 연못, 다리 등의 순서로 나타났다. 이들 요소 중 앞에서 이루어진 조형적요소의 표현 방법 분석에서 기능, 형태, 재료가 모두 전통 그대로 재현, 즉 원용된 요소가 정자와 다리로 나타났다. 여기서 주목되는 부분은 가장 한국적인 요소로 인지하고 있는 요소가 전통의 재현으로 표현된 정자나 다리가 아닌 부분적으로 변경이 된 대문, 담장 등으로 나타났다는 사실이다. 이러한 원인은 사람들이 느끼는 한국적인 것을 판단하는데 영향을 주는 인자는 '형태'인 것에 기인하는 것으로 판단된다. 이러한 사실은 전통조경요소에서 나타나는 인지 강도가 내재적 상징적 이미지 보다는 형태적 이미지 요소에 더 강하게 나타난다는 신병철(2003)연구5)와 동일한 결과라 할 수 있다. 한편 한국성 표현 설계요소의 선호도에 대한 질문에서 비교적 낮게 나타난 '다리'가 인지도에서는 긍정적으로 평가되어진

〈표 8〉 조형적 요소의 표현방법과 인지도와의 상관성(파리공원)

구분	인지도 분석			한국성 표현방법		
	일반	전문가	평균	기능	재료	형태
대문	3.823	3.931	3.859	원용	변경	원용
담장	3.716	3.655	3.695	변경	변경	원용
정자	3.69	3.637	3.672	원용	원용	원용
연못	3.611	3.258	3.491	원용	원용	변경
다리	3.23	2.913	3.122	원용	원용	원용
화계	3.053	2.689	2.929	원용	원용	원용
석물	2.716	2.81	2.748	원용	원용	원용
바닥포장	2.663	2.224	2.514	원용	원용	원용
마당	2.681	2.12	2.491	원용	원용	변경
벽수	2.026	1.775	1.941	원용	원용	원용
석가산	2.017	1.655	1.894	원용	원용	변경
굴뚝	1.885	1.689	1.818	변경	원용	원용

---

5) 신병철(2003), 전통조경요소의 시각적 선호요인에 관한 연구, 한국전통조경학회지, 21(1) pp.39-47.

것은 정원에 기능, 재료, 형태적 측면에서 모두 원용되어 도입되었기 때문인 것으로 판단된다.

(2) 희원

희원에 도입된 조형적 요소(형태적 요소)에 대해 그 요소가 한국적인지에 대한 질문에 한국적이라고 느낀 요소는 담장, 정자, 화계, 계류, 다리, 연못, 대문 등의 순서로 나타났다. 희원의 경우 대부분의 조형적 요소를 기능, 형태, 재료적 측면에서 원용하여 도입하였다. 그럼에도 한국적인 것에 대한 인지도에서 부정적인 답변을 한 경우가 많이 나타났다.

이러한 원인은 설문자들의 한국성 표현 설계요소의 선호도와 연관이 있는 것으로 판단된다. 즉 한국적인 것에 대한 인지도 분석결과에서 긍정적인 답변을 한 요소의 대부분은 한국성 표현 설계요소의 선호도에서도 많이 선호되고 있는 요소들인 것을 알 수 있다. 따라서 원용된 요소들 중에서 개인적 선호도에 따라 인지도가 결정 된 것으로 나타났다.

(3) 연신내 물빛공원

연신내 물빛공원에 도입된 조형적 요소(형태적 요소)에 대해 그 요소가 한국적인지에 대한 질문에 대부분 부정적으로 답변하였다. 이러한 결과가 나타나게 된 원인은 연신내 물빛공원은 조형적요소의 표현방법 분석에서 형태는 모두 변경되거나 재창조 되었으며, 기능, 재료 역시 부분적으로 원용되었을 뿐 대

〈표 9〉 조형적 요소의 표현방법과 인지도와의 상관성(희원)

구분	인지도 분석			한국성 표현방법		
	일반	전문가	평균	기능	재료	형태
담장	4.000	3.941	3.971	원용	원용	원용
정자	3.823	3.672	3.771	원용	원용	원용
화계	3.504	3.552	3.521	원용	원용	원용
계류	3.371	3.310	3.351	원용	원용	원용
다리	3.354	3.000	3.233	원용	원용	원용
연못	3.097	3.431	3.21	원용	원용	원용
대문	3.177	3.121	3.158	원용	원용	원용
굴뚝	2.726	3.327	2.929	변경	원용	변경
석가산	2.858	2.724	2.812	원용	원용	원용
석물	2.778	2.655	2.736	원용	원용	원용
마당	2.805	2.328	2.643	원용	원용	원용
바닥포장	2.496	2.621	2.538	원용	원용	원용
벽수	1.991	1.671	1.883	원용	원용	원용

부분 변경된 것에 기인하는 것으로 판단된다.

한편 그 중에서 가장 한국적인 이미지가 있는 것으로 나타난 요소는 바닥포장으로 나타났는데, 이는 한국성 표현 설계요소의 선호도에 대한 질문에서 비교적 낮게 나타난 결과와 대조를 이루고 있다. 또한 일반적으로 전통요소의 수평적 요소와 수직적 요소의 선호도 중 수직적요소의 선호도가 우선한다는 기존의 연구와 차이를 보이고 있다.[6] 이러한 원인은 바닥포장에 도입된 문양에 기인하는 것으로 바닥에 도입된 문양이 전통공간에서 나타나는 '亞' , '卍' 문양으로 표현된 것은 아닐 지라도 그 문양들의 이미지를 표현하고 있고, 공원의 바닥전체에 표현하고 있어 문양에 대한 인지가 쉽기 때문인 것으로 판단된다. 이러한 결과는 사람들의 인지도는 형태적 요소에 의해 결정된다는 것을 뒷받침하는 결과라 할 수 있다.

〈표 10〉 조형적 요소의 표현방법과 인지도와의 상관성(연신내 물빛공원)

구분	인지도 분석			한국성 표현방법		
	일반	전문가	평균	기능	재료	형태
바닥포장	2.699	2.966	2.789	원용	변경	변경
담장	2.726	2.345	2.596	변경	변경	재창조
계류	2.584	2.31	2.491	변경	변경	변경
연못	2.416	2.155	2.327	원용	변경	변경
석물	2.035	1.707	1.924	원용	변경	변경
다리	1.823	1.862	1.836	원용	원용	변경

(4) 장승배기 친수공간

장승배기 친수공간에 도입된 조형적 요소(형태적 요소)에 대해 그 요소가 한국적인지에 대한 질문에 긍적적인 대답과 부정적인 대답이 동일 비율로 나타났다. 즉 도입된 조형적 요소 중 장승, 담장, 화계의 순으로 한국적이라고 느끼고 있으며 폭포, 바닥포장, 연못의 순으로 그렇지 않다고 답변하였다. 한편 장승배기 친수공간의 조형적 요소에 대한 표현 방법 분석에서 긍정적으로 답변한 요소 등의 형태는 모두 원용되어 도입되었으며, 나머지 요소는 재창조 혹은 변경되어 도입된 요소들이었다. 또한 기능, 재료, 형태가 모두 동일하게 원용되어 도입된 장승과, 화계의 경우 한국적인 것에 대한 인지도에 있어서 많은 차이가 나고 있었다. 이는 장승은 수직적이고 화계는 수평적인 것에 기인하는 것으로 판단된다. 즉 전통요소의 수평적 요소보다는 수직적 요소가 인지도에 더 영향을 주기 때문이다. 이러한 관점에서 폭포의 경

---

6) 안득수(1996)는 그의 연구에서 전통요소에 대한 이용자의 인지정도는 수평적 요소보다 수직적 설계요소가 상대적으로 높게 나타나고 있다고 하였다.

우 수직적 요소이기는 하나 형태가 재창조 되어 도입되었으므로 사람들에 의해 한국적인 것으로 인지되지 않은 것으로 판단된다.

〈표 11〉조형적 요소의 표현방법과 인지도와의 상관성(장승배기 친수공간)

구분	인지도 분석			한국성 표현방법		
	일반	전문가	평균	기능	재료	형태
장승	3.761	3.724	3.748	원용	원용	원용
담장	3.309	3.414	3.345	변경	원용	원용
화계	3.097	2.827	3.006	원용	원용	원용
폭포	3.035	2.758	2.942	변경	변경	재창조
바닥포장	2.769	2.776	2.772	원용	변경	변경
연못	2.407	2.086	2.298	원용	원용	변경

2) 조형적 요소의 표현방법과 정원성격과의 상관성

정원의 성격을 묻는 설문조사에서 파리공원의 경우 '전통적인 정원이다, 고전적인 정원이다, 한국적인 정원이다' 라는 문항에 긍정적인 대답을 하였다. 파리공원의 한국성 표현방법의 결과를 살펴본 결과 도입된 조형적요소의 82%가 원용된 것으로 나타났다. 따라서 전통적 이미지를 원용한 경우에 현대적인 정원으로 느끼지 않는 것으로 나타났다.

희원은 각 항목 모두에서 긍정적인 응답을 한 것으로 나타났다. 이러한 원인은 파리공원의 경우와 동일하게 도입된 조형적요소의 93%가 원용된 것에 기인한 것으로 판단된다. 그러나 파리공원보다 원용된 비율이 높음에도 '현대적인 정원이다'라는 질문에 긍정적으로 응답한 결과는 이상 현상이라 하겠다.

연신내 물빛 공원의 경우도 '현대적 정원이다'에만 매우 긍정적인 답변을 하였으며 고전적 정원이다. '전통적 정원이다'라는 질문에는 매우 부정적인 응답을 한 것으로 나타났다. 이는 도입된 조형적요소의 60%가 변경 혹은 재창조되어 도입된 것에 기인하는 것으로 판단된다.

장승배기 친수공간은 '한국적인 정원이다', '현대적인 정원이다'라는 질문에 긍정적인 응답을 하였으며 현대적인 정원으로 보는 응답자가 더 많은 것으로 나타났다. 이는 조형적 요소의 도입이 원용과 변경 및 재창조의 비율이 거의 비슷하기 때문에 한국적인 정원, 현대적인 정원의 대조적인 두 항목에 대해 유사한 응답이 나온 것으로 판단된다. 또한 응답자가 연신내 물빛 공원이 더 현대적 정원이라고 느끼는 이

〈표 12〉 한국성 표현방법과 정원성격과의 상관성

분석인자		표현방법	파리공원	희 원	연신내 물빛공원	장승배기 친수공간
한국성 표현방법	기 능	원용	11	13	7	6
		변경	2	1	3	2
	재 료	원용	12	14	3	4
		변경	2	0	4	2
	형 태	원용	9	13	0	3
		변경	3	2	6	3
		재창조	0	0	2	1
	계	원용	32	40	10	13
		변경	7	3	13	7
		재창조	0	0	2	1
	비 율	원용	82%	93%	40%	62%
		변경 및 재창조	18%	7%	60%	38%
인지도 분석	전통적 정원		3.462	3.239	1.994	2.591
	고전적 정원		3.204	3.128	1.830	2.356
	한국적 정원		3.625	3.386	2.643	3.035
	현대적 정원		2.561	3.135	4.146	3.538

유는 장승배기 친수공간보다 조형적 요소를 변경 및 재창조하여 도입한 비율이 더 크기 때문인 것에 기인한다.

이상에서와 같이 조형적 요소의 표현방법과 정원성격과의 상관성을 분석한 결과 조형적 요소를 도입할 때 원용과 변경 및 재창조의 비율에 따라서 응답자의 느낌에 영향을 주는 것으로 나타났다. 즉 원용의 비율이 클수록 현대적 정원으로는 느끼지 않았으며, 변경 및 재창조의 비율이 클수록 현대적 정원으로 느끼는 것으로 나타났다.

3) 의미론적 요소와 조형적 요소와의 상관성

(1) 장소성과의 상관성

파리에 있는 서울공원은 서울시가 2000년 6월 세계 예술과 문화적 중심지 프랑스 파리에 서울～파리 자매결연 10주년을 기념하고 서울～파리간 우호 협력증진을 위하여 조성한 공원이다. 따라서 서울과 파리 수교의 장소성 표현을 위해 현대도시 서울의 풍물과 사람들의 표정을 새긴 상징 조형벽을 도입하

였다.[7]

버지니아 프랭크 회장 별장정원은 미국의 다국적 기업가가 버지니아주 해발 1,000m의 고산지역에 조성한 개인 별장의 한국정원이다. 그 지역 산세를 형성하고 있는 큰 바위를 별장 후원의 화계로 끌어들여 정원과 별장의 이름을 Standing stone으로 명명하여 정원의 장소성을 표현하였다.[8]

광화문 시민 열린마당은 조선시대에 정치 행정의 중심을 이루었던 곳으로 정부 기관인 6조(六曹)와 한성부 등의 주요 관아가 길 양쪽에 있던 곳이었다. 따라서 '육조거리'란 장소성을 표현하기 위하여 교화마당을 조성하여 화계를 만들고 육조를 상징하는 벽을 만들었다.

원구단 시민 소공원은 조선 말기에 천자(天子)가 하늘에 제사를 드리는 제천단(祭天壇)을 말하는데 원단(圜壇)이 있었던 장소에 만든 공원이다.

이 공원에는 황궁우 옆에 있는 돌로 만든 북, 즉 석고(石鼓)를 도입하였는데 원래 석고는 제천(祭天)을 위한 악기를 상징하는 것이었으나[9] 지금은 안내판의 역할을 하고 있다. 석고가 기능이 변경되어 공원에 도입되었지만 원구단의 장소성을 나타내는 중요한 요소로 판단된다.

연신내 물빛공원은 조선시대 평안도 지방에 공문서를 전달할 때 거쳐 가던 파발(擺撥)이 있었던 지역에 조성된 공원으로 파발의 마패와 파발마의 달리는 형상, 파발 행렬도를 이용한 장식가벽을 만들었으며, 과거 연신내의 상징적인 복원을 위해 우주 내의 전경으로[10] 만들어 장소성을 강조하였다.

장승배기 친수공간이 조성된 장승배기 지역은 조선시대에 노량진 선창으로 가는 길목이었으며 옛날 민속 신앙중의 하나인 장승이 서 있었기 때문에 불리워진 이름이다. 이 장소에 조성된 친수공간에는 장승배기란 지명의 장소성 표현을 위해 이 장소에 있었던 대방장승을 화계에 도입하였다.

(2) 현재성과의 상관성

파리 서울공원이 있는 곳은 1860년대에 준공하여 나폴레옹 3세때 아프리카 동식물의 귀화전시장으로 사용되었으며 지금도 연간 약 1,200천명의 이용자[11]가 다녀가는 파리 시민들에게 있어서 나름대로의 장소성을 가지는 명소이다. 따라서 다양한 예술적 체험을 위한 한국과 프랑스의 문화적 접합요소인 세라믹 월(seramic wall)을 잔디마당에 도입하였다.[12]

---

7) 김도경(2000), 파리 서울공원 설계, 한국조경학회지 28(4), p.134.
8) 미국의 다국적 기업가 Frank B. Eastery 회장이 별장 준공을 기념해 보내온 감사장에 표현되어 있다.
9) http://sca.visitseoul.net/korean/relics/i_grave09007.htm
10) 박명권(2004), 그룹한, 담디, pp.80-89.
11) 오웅성(2001), 파리 서울공원 설계, 한국조경학회지 29(1), p.42.
12) 오웅성(2002), 파리 서울공원, 환경과조경(169), 0205, p.51.

희원은 삼성그룹이 그동안 많은 노력으로 수집하였던 문화유산의 하나인 석조 미술품을 전시하기 위해 개장한 오픈 갤러리 성격을 가지고 있다. 따라서 정원의 점경물로 다양한 벽수와 석물들을 정원에 도입한 한국정원의 전시공간으로 조성하였다.

광화문 시민 열린마당은 주변에 공공기관이 많아 서울과 한국의 정치·경제·사회·문화를 상징하는 중심역할을 하는 곳이다. 이곳에 이러한 공공장소로서의 역할을 위해 2개의 마당을 조성하였다.

원구단 시민 소공원은 시청 주변에 있어 관광객들의 접근이 용이하며 주변 직장인들의 쉼터로서의

〈표 13〉 장소성 및 현재성과의 상관성

대상지	장소성				현재성			
	존재유무	표현유무	표현요소	표현방법	존재유무	표현유무	표현요소	표현방법
파리 서울공원	●	●	조형벽	변경	●			
오사카 EXPO'90 한국정원	●				●			
카이로 한국정원	●				●			
버지니아 프랭크 회장 별장정원	●	●	(석물) standing stone	원용				
희원					●	●	석물	원용
광화문 시민 열린마당	●	●	육조가벽	변경	●	●	마당	변경
여의도 광장 공원	●	●	광장	변경	●	●	마당	변경
원구단 시민 소공원	●	●	석고	변경	●	●	마당	변경
상암동 월드컵공원	●				●			
연신내 물빛공원	●	●	파발 벽화	변경 재창조	●	●	폭포 계류 연못	변경 재창조
장승배기 친수공간	●	●	장승	원용	●		폭포 연못	변경 재창조
상명대 도서관 중정 화계	●	●	장식벽	변경	●		장식벽	변경
방배동 현대 홈타운	-				●	●	평상	변경
용인 수지 LG 빌리지 정원					●	●	대문 정자 굴뚝 폭포	원용 변경 변경 변경

역할을 하고 있다. 따라서 이러한 원구단 시민공원의 이용을 극대화하기 위해 마당을 도입하였다.

연신내 물빛공원은 연신내역에서 발생하는 지하수를 활용하여 친화력이 높은 수경공간을 창출함으로써 가로미관을 향상시키고 점경기능을 제공하며 물을 접촉하고 이용하는 수경공간을 마련하여 시민의 쉼터로 활용하며 지역의 어메니티, 나아가 서울시의 어메니티 향상에 기여하는 것을 목적으로 조성된 공간이다. 지하철의 개통으로 자연발생적으로 생기는 물을 이용한 수경시설이 다양하게 도입된 것으로 나타났다.

장승배기 친수공간 역시 서울시에서는 지하철역사에서 발생하는 지하수를 이용해 친수공간을 조성한 사례로 연신내 물빛 공원같이 다른 대상지역 보다 물의 이용이 활발하게 활용되었다.

상명대 도서관 중정 화계는 충청남도 천안시 안서동 상명대학교 도서관지역에 대한 유래와 의미를 알려 학교와 그 지역에 대한 자부심과 애정을 느끼도록 하기 위해 조성된 공간이다. 한편 이 지역의 유래와 의미는 전통공간의 화계와 꽃담을 도입하여 표현하였다.

방배동 홈타운 아파트는 주거공간이라는 현재성을 전통적인 대청마루 개념의 평상을 만들어 필로티로 조성하였다.

이상에서와 같이 의미론적인 요소와 조형적 요소와의 상관성을 분석한 결과 외국에 조성된 한국정원인 경우에 사례지에 자체에 대한 장소성과 현재성은 존재하나 정원에 표현되지 않은 경우가 대부분이고 공원이나 광장의 기능을 하는 사례지에는 장소성과 현재성이 표현되고 있는 것으로 나타났다.

4) 소결－한국성 경향

한국현대조경 작품에 대하여 한국성의 여부를 정확하게 판단하기에는 어려움이 있지만 본 연구를 통해 '한국성 경향이 있다'. '전통성의 경향이 있다'라는 판단을 내릴 수 있는 기준은 설정되었다고 판단된다.

첫째 전통적 공간구성원리의 인자인 연속성, 위계성, 대칭성, 개방성, 조화성, 비례성 등을 잘 표현하고 있는가?

둘째 조형적 요소를 표현하는 방법에서 기능, 형태, 재료 등이 '원용'에 가까운가?, '변경·재창조'에 가까운가?

셋째, 주체성이 있는가?

넷째, 의미적 요소인 장소성, 현재성이 사례지에 표현되어 있는가?

이들 기준을 어느 정도 만족하느냐에 따라 전통성 경향이 있는지? 한국성의 경향이 있는지? 를 판단

<표 14> 한국성의 경향

구 분	파리 서울공원	연신내 물빛공원
공간구성원리	연속성, 위계성, 대칭성, 개방성, 조화성, 비례성	대칭성, 비례성, 위계성
조형적 요소의 표현방법	'원용' 경향 4위 '변경·재창조' 경향 8위	'변경·재창조' 경향1위 '원용' 경향 13위
주체성 유무	유	유
장소성 표현 유무	표현됨	표현됨
현재성 표현 유무	현재성 있으나 표현 안됨	표현됨

할 수 있을 것이라 판단된다. 이러한 기준에 대한 예로 본 연구의 사례지 중 한국성 경향이 있는 곳과 전통성 경향이 있는 곳을 비교하면 다음과 같다.

이 두 사례지의 비교를 통해 연신내 물빛공원은 한국성 경향이 있는 사례지로 볼 수 있으며 파리 서울공원은 전통성 경향이 있는 사례지라 볼 수 있다.

한편 이 두 사례지에 대해 일반인과 전문가들을 대상으로 정원의 성격에 대한 설문한 결과를 살펴보면 다음과 같다.

첫째, 본 연구 결과에서 '전통성 경향이 있다'고 판단되는 파리 서울공원은 일반인과 전문가 집단 모두 유사한 결과가 도출되었다. 즉, '한국적인 정원이다', '전통적인 정원이다', '고전적 정원이다', '현대적 정원이다' 순으로 응답하여 현대적 개념에 반대되는 항목에 많은 응답을 하였다. 따라서 전통성이란 현대적 개념에 상반되는 것으로 인식하는 것을 알 수 있다.

둘째, 본 연구결과에서 '한국성 경향이 있다'고 판단되는 연신내 물빛공원은 '현대적인 정원이다' 항목에 상당히 많이 응답하였다. 다음으로 '한국적 정원이다'. '고전적인 정원이다', '전통적인 정원이다' 순으로 응답하였다. 따라서 한국성이란 현대적인 개념으로 이해하고 있는 것을 알 수 있었다.

이러한 결과는 본 연구에서 의도했던 응답과는 차이가 있으나 응답자 대부분이 한국성에 대한 정확한 개념의 부재에 기인한다고 판단된다.

즉, 한국성이란 전통성을 전제로 주체성, 장소성, 현재성이 포함되며, 전통성의 표현에 있어 그대로 모방하여 원용되기 보다는 변경·재창조되는 것이 바람직한 한국성의 표현이라는 것을 인지하지 못하고 있으며, 한국성의 개념에서 전통적인 요소에 가중치를 두고 있기 때문에 나타난 결과라 할 수 있다.

따라서 이러한 설문결과가 연신내 물빛공원이 한국성 경향이 있다고 판단한 연구결과의 타당성을 검증하는 것이라고 판단된다.

5. 결론 및 제언

1) 결론

본 연구는 진정한 전통에 대한 이해와 한국성에 대한 개념을 정립하고 한국 현대조경작품을 중심으로 조경분야에 '한국성'이 어떻게 표현되고 있는지를 규명하여 올바른 한국성 표현방법의 방향을 제시하고자 연구를 진행하였다.

그 결과 한국성의 개념 속에는 전통성 이외에 장소성, 현재성, 주체성이 내포되어 있어야 하며, 한국성 표현을 위한 방법으로 각각의 요소들을 원용, 변경, 재창조 하는 것이 절대적 기준은 아니며 이는 해당 작품의 장소성, 현재성에 따라 달라질 수 있다. 한편 한국성의 정확한 개념과 그 인지 정도는 아직도 정립되지 않았으며 그로 인해 한국성 개념이 제대로 표현된 대표적인 작품은 없었으나 본 연구를 통해 한국성 경향이 있는지, 전통성 경향이 있는지의 판단 기준을 설정할 수 있었다.

첫째, 한국성의 개념 속에는 전통성이외에 장소성, 현재성, 주체성이 내포되어야 한다. 한국성은 전통성과 다른 개념으로서 한국성 개념에 대한 설문조사 결과 이를 알고는 있으나 정확한 구분은 못하는 것으로 나타나 일반인이나 전문가들도 한국성의 개념을 오늘날 까지 확실히 인지하지 못하고 있다. 또한 한국성을 어휘적으로는 대중성, 역사성, 주체성, 민족성, 국민성으로 보는 견해가 지배적이었다. 역사성, 민족성, 국민성의 개념은 전통성과 장소성과 대체될 수 있으며 대중성은 현재성의 개념에 포함 될 수 있다.

둘째, 한국 현대조경 작품에 대하여 '한국성 경향이 있다'. '전통성의 경향이 있다'라는 판단을 내릴 수 있는 기준은 다음과 같이 설정하였다.

(1) 연속성, 위계성, 대칭성, 개방성, 조화성, 비례성 등의 전통적 공간구성원리의 적용과 그 표현 여부.

(2) 기능, 형태, 재료 등의 '원용', '변경', '재창조'의 조형적 요소를 표현하는 방법의 채택 여부

(3) 의미론적 요소 중 주체성의 존재 여부.

(4) 의미론적 요소 중 장소성, 현재성 등의 적용 및 그 표현 여부

따라서 이들 기준의 만족 정도에 따라 작품의 전통성과 한국성의 경향을 판단할 수 있다.

셋째, 한국성 표현을 위한 방법으로 각각의 요소들을 원용, 변경, 재창조 하는 것이 절대적 기준은 아니며 이는 해당 작품의 장소성, 현재성에 따라 달라질 수 있다.

(1) 조경작품이 놓여지는 곳이 외국이거나, 국내이더라도 그 목적이 한국 알리기 내지 전통성의 표현에 있다면 '원용'의 표현 방법을 도입하는 것도 바람직하리라 본다.

(2) 조경작품이 놓여지는 곳이 공공의 장소이거나 현재성, 장소성 등을 포함한다면 '변경, 재창조'의 표현 방법을 도입하는 것이 바람직하리라 본다.

넷째, 한국성의 정확한 개념과 인지도는 아직도 정립되지 않았으며 향후 지속적인 연구와 보완이 절실하다.

즉, 의미론적, 시각론적 기준에서 '한국성 경향이 있다'라고 판단되는 일부 작품은 일반인과 전문인들도 한국적이 아닌 현대적 정원이라고 인지하고 있다. 또한 본 연구의 사례 작품에는 아직까지는 한국성 인지도가 매우 높거나 매우 한국적인 정원 작품은 조사되지 않았다. 이러한 원인은 다음에서 찾아볼 수 있다.

(1) 설계자의 한국성 표현 방법의 문제이다. 설계자가 모든 한국인들이 한국성을 인지할 수 있을 만한 한국성 표현의 해법을 아직도 찾지 못하는 데 기인하기 때문이다.

(2) 한국성의 정확한 개념 정립 및 인지의 문제이다. 이는 설계자가 올바른 한국성을 표현한다 하더라도 한국성의 개념이 정립이 되지 않았을 때는 한국성을 인지 할 수 없을 뿐만 아니라 한국성의 개념이 정립되지 않고는 올바른 한국성의 표현 방법의 모색도 불가능하기 때문이다.

2) 연구의 한계

연구자 나름대로의 한국성에 대한 의미를 정립하고 연구를 진행하였으나 다음과 같은 연구의 한계가 있었다.

첫째, 연구 사례지의 시각적 범위를 1990년대 이후의 작품만을 선정하여 그 이전까지의 작품에 대한 한국성을 파악할 수 없었으며 아울러 조경분야에 '한국성'이 처음으로 거론된 1990년대 이전과 후의 작품들의 한국성 표현 경향을 비교할 수 없었다. 따라서 앞으로의 연구에서는 그 이전과 이후의 작품들에 대한 연구가 이루어져 우리나라 조경작품들의 한국성 경향과 흐름에 대한 연구가 이루어져야 할 것이다.

둘째, 연구 사례지 선정에서 일부 중복된 설계자의 작품, 설문 응답자의 모집단 편중 현상으로 '진정한 한국인의 한국성' 분석을 시도했으나 그 대표성에는 한계가 있었다.

셋째, 본 연구의 의미론적 요소와 시각적 요소에 따라 빈도수는 검증이 되었지만 각각의 요소들 중 어떤 요소에 더 많은 비중을 두어야 하는 지는 밝히지 못하였다. 즉 각각 요소들의 객관적 기준과 가중치는 설정하지 못하였다. 따라서 앞으로의 연구에서는 각각의 요소－장소성, 주체성, 현재성, 공간구성 원리, 조형적 요소- 들 중 한국성 표현을 위해 가장 고려되어야 하는 것이 무엇인지를 밝혀야 할 것이다.

넷째, 한국성을 찾는데 있어서 외국사람의 견해는 중요한 데이터가 될 수 있을 것이다. 그러나 본 연구에서는 외국인을 대상으로 한 설문은 이루어지지 않았다. 전통성을 논하는데 있어서 외국인의 견해는 배제될 수 있지만 한국성에는 그렇지 않다. 그러므로 후속 연구에서 이루어질 한국성관련 연구에서는 우리나라에서 오랫동안 체류하여 우리 문화에 익숙한 외국인의 견해가 연구에 반영되어야 할 것이다.

3) 연구의 시사점

또한 본 연구가 조경분야에 시사하는 바는 다음과 같다.

첫째, '한국성'은 타 분야에서 오랜 시간 동안 주요 관심사였고 발전, 진화되고 있지만 조경분야에서는 '전통성'의 그늘 아래서 그렇지 못하였다.

따라서 조경분야에서 '한국성'을 주제로 처음 연구를 시도하였고 그 화두를 조심스럽게 제시하였다는데 그 의의가 있다고 볼 수 있다.

둘째, 본 연구를 계기로 이제 조경분야에서도 '전통성'과 '한국성'은 구별되어 적용, 사용되어야 할 것이다.

셋째, 이제부터 조경 분야에서 한국성을 주제로 많은 작품의 시도, 연구, 비평 등이 이루어져야 할 것이며, 그 결과를 토대로 우리 조경분야의 진정한 한국성이 자리매김 할 수 있을 것이다.

■ 참고문헌

구영일(1988), 건축형태 지각을 통한 한국성 인지에 관한 연구-한국현대건축의 외관을 사례로, 한양대 석사학위 논문

구영일·이재근(2005), 한국현대조경작품의 한국성 표현에 관한 연구, 한국전통조경학회지, 23(2) : pp.116-134

김남희(1998), 한국성을 주제로 한 현대건축물의 공간구성기법 분석방안에 관한 연구, 한양대 석사학위논문

김도경(2001), 조경설계에 있어서 전통정원의 현대적 재현의 특성, 한국조경학회지, 83호 : p.93

김영대(1995), 현대 한국 조경작품의 설계경향에 관한 연구, 한국조경학회지 23(2) : pp.71-92

백정희(2001), 상명대학교 전통화계 조성. '천하제일복지'-전통과 현대의 섬세한 조화로 이야기 있는 공간 조성, 환경과 조경(164), 0112 : pp.129-131

삼성에버랜드(주)(2000), 환경개발사업부. 파리 서울공원 현상공모 당선작, 환경과 조경(148), 0208 : pp.46-49

서울특별시(2000), 파리 서울공원 조성사업 실시설계 보고서

신병철(2003), 전통조경요소의 시각적 선호요인에 관한 연구, 한국전통조경학회지 21(1) : pp.39-47

안득수(1996), 현대조경설계에 나타난 전통요소의 분석에 관한 연구, 한국전통조경학지, 14(1), p.173-186

양병이(1991), 한국조경에서의 전통계승, 환경과 조경(39), 910102. : pp.48-52

오휘영(1992), 전통과 창조의 접목은 조경인들의 과제, 환경과 조경(54), 9210. p.46

유경상(2002), 한국 전통 담장 및 화계 조성 사례 연구, 상명대 석사학위논문

이규목(1987), 한국건축의 한국성에 대한 하나의 가정 : 상보적 이원구조, 공간, 8712

이재근(1991), 한국정원의 전통성 구현을 위한 설계방법론에 관한 연구-EXPO'90 오사카 꽃 박람회 한국 전시장 출품작을 중심으로, 한국조경학회지 19(1) : pp.61-80

정기호(2002), 熙園 : 호암미술관의 Pleasure Ground, 喜園, 궁궐과 불교사원의 세계를 수놓은 곳, 환경과 조경 (172), 0208. : pp.90-95

정영선(1998), 나의 길, 나의 작품, 한 송이 국화꽃을 피우기 위해. 환경과 조경(126), 9810. : pp.30-33.

정종일(1997), '희원'-한국 전통미가 깃든 정원, 환경과 조경(111), 9707. : pp.56-60

조경진·김정호(2001), 조경설계에 있어서 전통정원의 현대적 재현의 특성-파리 서울공원 현상공모 출품작을 중심으로, 한국조경학회지 28(6) : pp.84-95

조수연(2003), 서울 동작구 장승배기역 친수공간-장승, 소나무, 벽천이 어우러진 주민을 위한 열린마당, 환경과 조경(182), 0306. : pp.120-121

최정민 · 최기수(2007), 한국 현대조경의 한국성 논의를 위한 기초연구, 한국조경학회지 35(4). : pp.1-15

탁석산(2004), 한국의 정체성, 책세상

Frank B. Eastery(2001). Certificate Of Appreciation

http://home.smu.ac.kr/~jkleeh

http://parks.seoul.go.kr/worldcup/

http://www.enhlab.net/

http://www.landscapeworld.co.kr/

13 근대 경매자료를 통해 본 한국의 고미술시장

김상엽_문화재청 인천국제공항 문화재감정관

1. 머리말

1970년대에 들어서 본격적으로 전개되기 시작한 한국회화사 연구는 1980년대를 통해 새로운 연구지평을 열며 크게 성장하였고 1990년대에 들어 더욱 심화되고 다양화되었다. 특히 근대회화사에 대한 관심은 1980년대 후반 이래 크게 높아져 1990년대에 들어서 크게 활성화 되었다. 최근의 연구 경향은 작가론·작품론 등의 범주를 넘어 판화·사진·만화·엽서 등의 시각자료와 젠더적 관심 등 다양한 문제의식을 통해 한국회화사의 실체를 입체적으로 분석하려는 시도가 이루어지고 있다.[1]

그러나 한국 근대의 고미술품 수장과 유통에 대해서는 체계적 연구는 아직 시도되지 않았다. 이 방면에 대한 학술적 접근이 이루어지지 않은 것은 고미술품의 수장을 투자나 축재의 수단 등으로 폄하하는 일부의 경향과 미술품을 학문적 연구의 대상으로만 파악하려는 태도 때문 등으로 여겨진다. 후자의 경우는 학문적 객관성을 유지한다는 점에서는 일리가 있으나 작품이 연구 대상이자 감상과 애호의 대상이라는 사실을 굳이 외면할 필요는 없다고 본다. 작품의 인기나 선호는 해당 시대의 미감·미의식 나아가 미술사적 안목까지도 알 수 있게 해주는 적절한 예가 될 수 있기 때문이다. 미술품의 수장가와 이동경로

---

1) 洪善杓, 『朝鮮時代繪畫史論』(文藝出版社, 1999), 83-105쪽 참조. 이 글은 『근대미술연구』(국립현대미술관, 2006)에 실린 필자의 「일제강점기의 고미술품 유통과 경매」에 약간의 첨삭을 하였다.

즉 '출처'와 '유래' 등에 대한 파악은 작품의 신뢰성과 수장 당시의 감식수준 및 수장가의 안목 등을 평가할 수 있게 해주는 기본 자료가 된다. 따라서 전래과정과 수장자의 변천과정에 대한 추적은 미술사적인 면에서도 중요한 의미를 갖는다는 점을 유념해야 한다.

한국 근대의 미술품 수장과 유통의 양상에 대해서는 일제시기 유일의 미술품 경매단체인 경성미술구락부(京城美術俱樂部)의 활동내역과 경성미술구락부에서 발간한 '경매도록'류와 고미술상 등의 회고 등을 통해 그 대강을 파악할 수 있으며 최근에는 이 분야에 대한 연구도 조금씩 진행되고 있다.[2] 이 글에서는 일제시기 고미술품의 유통구조와 수장가, 경성미술구락부의 설립과 활동 등을 살펴 우리나라 근대미술사의 이해에 도움이 되고자 한다.[3]

2. 일제시기의 고미술품 유통구조와 수장가

고미술품과 함께 요즘도 흔하게 사용되는 단어인 '골동(骨董)'은 "오래되어 드물고 귀한 각종 기물(器物:古器)이나 서화 등의 고미술품"을 의미한다. 조선시대에는 대개 고동(古董)이라 불렸으며, 요즘에는 서화가 고동·골동 안에 포함되기도 하지만 고동서화 또는 서화골동이라 하여 서화와 고동·골동은 나뉘어 사용되었다. 대체로 완상의 대상으로서 평가되던 고동서화는 근대에 들어서 골동이라는 단어로 불리게 됨과 함께 '상품'으로서의 질적 전환을 맞게 된다.

---

2) 佐佐木兆治 述, 『京城美術俱樂部創業二十年記念誌 - 朝鮮古美術業界二十年の回顧』, 1942(昭和 17; 국립중앙도서관 청구기호 朝87-80); 黃壽永 編, 『日帝期文化財被害資料 - 考古美術資料 第22輯 -』, 韓國美術史學會 刊, 1973; 이구열, 『한국문화재 수난사』(『韓國文化財秘話』(韓國美術出版社, 1973)의 개정판, 돌베개), 1996; 朴秉來, 『陶磁餘滴』(中央日報社), 1974; 黃圭董(博古堂 대표), 「骨董商의 今昔」 및 「解放 後의 骨董 書畵界」, 『月刊 文化財』 장간호 - 2호(1971, 11-12); 松園(李英燮), 「내가 걸어온 古美術界 30年」, 『月刊 文化財』 1973, 1-1977, 1(28회 연재); 尹哲圭, 「名品流轉」, 『中央經濟新聞』 1988. 8. 1 - 1989. 12. 24(68회 연재); 崔完秀, 「澗松이 문화재를 수집하던 이야기」, 『澗松文華』 51, 1996; 최열, 『한국 근대미술의 역사』(열화당), 1998; 崔完秀, 「澗松이 葆華閣을 설립하던 이야기」, 『澗松文華』 55, 1998; 김상엽, 「일제강점기의 고미술품 유통과 경매」, 『근대미술연구』 2006; 박계리, 「조선총독부박물관 서화컬렉션과 수집가들」, 『근대미술연구』 2006; 金翠貞, 「開化期 畵壇의 後援과 繪畵 活動 硏究」, 고려대학교 대학원 문화재학협동과정 미술사전공 석사학위 논문, 2007 참조. 앞에 열거한 논저 가운데 일부는 기억에 의존한 회고적 성격의 글이어서 구체적인 연도 등이 정확하지 않다. 여러 기록들이 대체로 도자를 중심으로 되어있기 때문에 이 글의 서술 역시 도자가 중심이 된 부분이 많다.

3) 이 글은 필자의 아래 글들을 토대로 작성하였다. 대체로 주 2)의 논저에 힘입었으며 중복된 각주는 생략하였다. 김상엽, 「한국 근대의 골동시장과 京城美術俱樂部」, 『東洋古典硏究』 19(東洋古典學會, 2003. 12), 299-320쪽; 「한국 근대의 고미술시장과 경매」, 김상엽·황정수 공편 『경매된 서화』(시공아트, 2005, 12), 612-638쪽; 「일제시대 경매도록 수록 고서화의 의의」, 『東洋古典硏究』 23(2005, 12), 313-339쪽 참조. 이 글에서 '골동'·'고미술품', '골동상'·'고미술상'은 같은 의미이기 때문에 일치시킬 필요가 있으나 문맥상 그대로 두었다.

1) 일제시기의 고미술품 유통

우리나라에 있어서 고분 부장품 등의 골동을 매매하는 행위는 일본인 골동상에 의해 시작된 것으로 파악해도 무방할 듯싶다. 우리의 풍습은 어떤 무덤이라도 고의적으로 파헤치는 것은 있을 수 없는 일로 여겼기 때문에 남의 무덤을 도굴하고 부장품을 매매하는 것은 더욱 용납할 수 없었기 때문이다. 도굴 등을 통한 골동품 매매는 이르면 1870년대부터로 보기도 하지만 본격화된 시기는 대체로 청일전쟁 (1894~95) 이후 일본인 이민이 증가하면서부터로 생각된다.[4] 어떤 입장을 취하든 19세기 후반부터 도굴·밀거래 등 음성적인 상거래를 통한 초보적 의미에서의 골동상이 등장했을 것으로 여겨지기 때문에 이 시기를 도굴품을 중심으로 한 고미술품 거래의 초보적 의미에서의 시작기로 명명할 수 있을 듯하다.

19세기 후반을 고미술품 거래의 초보적인 의미에서의 시작기라고 한다면 본격적인 의미에서의 시작기는 1900년대 이후이며, 1900년대 이후의 한국 근대의 고미술품거래와 유통은 대략 10년 단위의 주기로 변화한 것으로 파악된다.[5]

① 골동거래의 시작기(1900-10)
② 고려청자광(高麗靑磁狂)시대(1910-20)
③ 대난굴(大亂掘)시대(1920-30)

이 내용을 간략히 정리하자면 고려청자를 염두에 둔 일본인들이 개성을 중심으로 도굴을 시작하다가 점차 관심의 폭이 넓어짐에 따라 도굴의 범위가 전국적으로 확산된 것이라 할 수 있다. 러일전쟁을 전후한 시기인 1904-05년에는 개성을 중심으로 고려시대 고분 도굴이 극심하였다. 특히 1906년 3월 초대 통감(統監)에 취임한 伊藤博文은 고려청자 수집에 진력하여 일설에는 1,000여 점이 넘는 고려청자를 수집하였다고 한다. 1910년대 들어 일제의 도굴은 개성지역을 벗어나 경북 선산(善山) 등 낙동강 유역까지

---

4) 1886년 당시 황해도 개성은 아직 개방되지 않았지만 이미 일본인이 잠입해서 인삼을 매수하였다. 岡本嘉一, 『開城案內記』 (開城新報社, 1911), 14-15쪽 / 高崎宗司, 『植民地朝鮮の日本人』(李圭洙 역,『식민지 조선의 일본인들 - 군인에서 상인, 그리고 게이샤까지』, 역사비평사, 2006, 4) 84-85쪽에서 재인용. 이와 같은 예를 통해 볼 때 일본인에 의한 도굴은 이 시기에 이루어졌을 개연성이 있다.

5) 이 내용은 佐佐木兆治, 앞의 책 및 황수영, 박병래 등의 글을 통해 확인된다. 佐佐木兆治는 일제시기에 서울 누상동에서 聚古堂을 경영했으며 당시 조선 유일의 미술품 전문 유통기구인 京城美術俱樂部의 사장을 지냈다. 한국 근대의 미술품 유통 등에 대한 연대기적 정리는 김상엽, 「한국 근대의 고미술시장 및 경매관계 연표(19세기 말-1942)」, 김상엽·황정수 공편, 앞의 책, 639-648쪽 참조.

그림 1. 伊藤博文(1841-1909)

범위를 넓혔다. 특히 1911-12년(혹은 13년)은 고려자기 수집열이 최고조로 올라 당시 도굴·매매로 생활하는 자가 수백인 이상이 되었다고 한다. 이등박문에 의해 시작된 고려청자에의 관심이 폭발적으로 증가하여 이른바 '고려청자광시대'가 출현한 것이다. 대략 이 시기 이후 도자기의 도굴·밀거래가 점차 전국으로 확산되기 시작한 것으로 보인다. 1910년대에 점차 전국적으로 확산되기 시작하는 조짐을 보인 도굴은 1920년대에 들어서면서 본격적으로 확산된다. '대난굴시대'의 시작이다. 1922년에 일본인 골동상들에 의해 조직된 미술품 경매회사 경성미술구락부(京城美術俱樂部)를 두고 조선백자 수장가로 유명한 박병래(朴秉來 : 1903-74)가 "고려청자 도굴 붐에 편승하여 골동의 원활한 유통을 목적으로 설립된 것"이라고 한 것도 과언이 아니었음을 알 수 있게 해준다.

여기에 1930-40년대의 기간을 '골동품거래 호황기'로 추가할 수 있을 듯하다. 이 시기는 '만주 특수'와 '황금광시대'로 요약되는 투기의 시대였다. 1930년 1월부터 일본이 금본위제로 복귀하면서 총독부가 추진한 산금정책(産金政策)에 따라 한반도에 금광개발 열기가 불어 닥쳤고 금값이 폭등했으며 1931년부터 시작된 일본의 만주침략으로 1930년대 중반에 본격적인 만주 특수가 일어나 주식이 최고의 호황을 맞게 되었다.6) 당시 식민지 민중들의 민생은 도탄에 빠져 있었지만 일부 자본가들은 호황의 극을 달렸다. 이와 같은 사회상 속에서 골동수집 열기는 고조되었고 경성미술구락부는 활성화 되었던 것으로 보인다.

일제시기의 고미술품 수집 및 유통은 골동상의 '도굴'과 '수집활동', '자발적인 매매'로 대별된다. 당시 땅속을 뒤져서 고미술품을 파오는 자 곧 도굴꾼을 '호리다시[掘出]'라고 불렀는데 이는 캐낸다는 의미의 단어인 '掘'을 일본발음으로 '호리'라고 한 데서 비롯된 것이다. 호리다시야말로 골동을 "물어오는" 시초라고 할 수 있다. 이들 호리다시가 "직업적인 도굴단"인데 비하여 수집활동은 한국인 동자를 거느리고 시골을 돌아다니며 헐값에 물건을 사오는 행위를 의미한다. 이들을 '가이다시[買出]'라 부르는데 '합법적

---

6) 전봉관, 『황금광시대 — 식민지 시대 한반도를 뒤흔든 투기와 욕망의 인간사』(살림, 2005, 1); 한수영, 「하바꾼에서 황금광까지 — 채만식의 소설에 나타난 식민지 사회의 투기 열풍」, 박지향 외 엮음, 『해방전후사의 재인식』 1(책세상, 2006, 2) 64-106쪽 참조. 1937년 7월 중일전쟁 이후 45년까지는 이른바 '전시체제기'가 되어 생활필수품이 통제되는 등 이전의 경제 상황과는 여러 차이가 있기 때문에 이 시기에 대한 접근은 보다 심층적인 고려가 요구된다. 허영란, 「전시체제기 (1937-1945) 생활필수품 배급통제 연구」, 『國史館論叢』 88(2000), 298-330쪽 참조. 이 글의 <표 2> '경성미술구락부 20년간 매상 통계표'를 보면 1922-36까지의 경매 가운데 1922년과 1927년을 제외하면 모두 10회 이상의 경매를 실시했으나 1937-41년의 경우는 1940년을 제외하면 모두 10회 미만이다. 횟수는 줄었지만 매상 총액은 크게 늘어난 것인데 당시 물가 등과의 종합적인 비교가 필요하다.

거래'의 외형을 가지고 있지만 결국 회유와 사기로 점철된 일종의 사기성 상행위라 할 수 있다.[7] '자발적인 매매'는 물건 소유주가 자신의 물건을 직접 골동상에 들고 와서 매매하는 경우를 의미한다. 이 경우 역시 골동상에 의한 회유와 사기적 요소가 다분히 있지만 물건을 가져오는 소유주의 자발성에 비중을 두었다. 당시 일본인 골동상에 자발적으로 물건을 팔러 오는 조선인들을 비하하는 단어로 '요보'가 있다. 이 비칭(卑稱)은 골동에 대한 지식도 없이 골동매매를 하는 조선인들을 지칭하는 말로서 우리말의 '여보'를 일본 발음으로 부른 것이다.[8] 일본인들이 먼저 시작한 호리다시와 가이다시는 그 수하에 따라다니던 우리나라 사람들이 점차 물려받았다. 호리다시와 가이다시를 한 단계 지나 이른바 거간(居間)이 있다. 거간이 호리다시나 가이다시보다 지체 등이 낮다고 하기는 어렵지만 식견이 높은 고급 거간은 상당한 대접을 받았다. 거간 위에 좌상(坐商)이 있는 셈인데, 거간과 좌상 모두 단골 수집가를 갖는 경우가 많았다. 장택상(張澤相)과 고급거간 유용식(劉用植), 전형필(全鎣弼)과 온고당(溫古堂) 주인 神保喜三이 그 대표적인 예이다.

2) 일제시기의 고미술품 수장가

골동거래의 시작인 1900-10년대에는 고려청자의 가격이 그리 높지 않았기 때문에 고려청자를 일본인들은 마음대로 구할 수 있었다고 전한다. 고려청자의 가격이 올라가게 된 것은 이왕직(李王職)·총독부가 박물관을 세우기 위하여 다량으로 매입하기 시작한 이후의 일로 알려져 있다. 고려청자에의 열광에 따라 전국적으로 확산된 도굴의 결과물인 막대한 도굴품은 대개 일본인들이 수장하였다.

일제시기의 고미술시장은 서울[경성]·평양·대구의 3곳이 꼽힌다. 백제·고구려·가야 및 신라의 옛 본거지인 이 세 도시는 일본인 유력자 등, 수집가들이 많이 살고 거래도 활발해 전국 고미술품의 집산지로 유명하였다. 일제시기의 고미술품 수장가는 서울을 제외하면 60여명이 넘는 수장가가 활동한 대구가 단연 손꼽힌다. 대구의 일본인 수장가들은 도자 등은 물론 우리나라 서화도 많이 수장하였다. 과수원을 경영하던 酒卷菊之丞 같은 골동계에 이름이 알려지지 않은 인사가 해방 후 서화 백여 점을 대구부윤(大邱府尹)에게 헌납한 것을 보면 당시 대구의 일본인 수장가들의 수장규모를 미루어 짐작할 만하다.[9]

---

7) 박병래, 앞의 책, 59-64쪽의 「骨董居間의 商術」을 보면 시골에서 물건을 가져오는 거간들의 여러 가지 상술이 실감나게 정리되어 있다.

8) "여보는 상대방을 부르는 말이지 결코 모멸적인 말은 아니다. 내지인[일본인]이 이 말을 조선인에게 할 경우에는 어조에 일종의 모멸과 협박을 내포한다." 中野正剛, 『我觀滿洲』(政敎社, 1915), 24쪽 / 高崎宗司, 앞의 책, 125쪽에서 재인용. '요보'의 용례는 염상섭의 『만세전』의 묘사가 실감난다.

9) 송원, 앞의 글 4, 「大邱市立博物館所藏 重要文化財 多量盜難事件」(1973, 4), 12-16쪽 참조.

일제시기의 대표적인 일본인 고미술품 수집가와 수집품목 등을 주거지·직업별로 나누어보면 다음과 같다. 명사를 제외하면 이름과 생졸년이 분명치 않은 경우가 많으며, 지방은 대개 기업인들이 대부분이다.

◎ 직업별
● 총독부 고관 : 伊藤博文, 小宮三保松, 林權助, 宮澤陶川, 山口精
● 학자·교원·관리 : 藤塚鄰, 野水健, 柳宗悅, 淺川伯敎, 淺川巧, 篠崎, 小杉, 大澤, 早野, 德光, 奧平
　　　　　武彦, 鮎貝房之進, 野坂, 山下, 淸水幸次, 大石
● 은행가·사업가·법률가 : 大舘, 三宅長策, 森悟一, 伊東槇雄, 水越, 三島太郎, 白石寬吉, 內藤貞一
　　　　　郎, 新田, 秋田, 淺野
● 자영업·골동상·기타 : 淵上貞助, 應武, 森啓助

◎ 주거지별
－ 북한지역
● 평양 : 柴田鈴, 中村眞三郎
● 진남포 : 富田儀作
● 원산 : 三由, 赤間

－ 남한지역
● 대구 : 小倉武之助, 市田, 杉原長次郎, 白神壽吉, 柿田次郎, 高樹亨
● 부산 : 柏井源太郎
● 군산 : 宮崎
● 인천 : 鈴茂
● 성환 : 赤星

당시 한국인 수장가는 전형필 등 몇몇 수장가를 제외하면 일본인들에 비해 열세를 면치 못하였다. 일본인들은 주로 골동상을 통해 물건을 사들였지만 조선인들은 가이다시나 거간을 통해 물건을 구입하였고 일본인들에게서 '수적(水滴)패'라는 비칭(卑稱)을 듣곤 했다. 주로 연적·필통 등 값나가지 않는 골동만 모으는 변변치 못한 고객이라는 의미이다. 일제시기에 조선미술관(朝鮮美術館)을 경영한 화상(畵商) 오봉빈(吳鳳彬 : 1893-?)은 대수장가 박창훈(朴昌薰)이 1940년 4월에 소장품을 매각하자 이를 아쉬워하는 글에서 당시 손꼽을 수 있는 수장가로 "오세창(吳世昌)·전형필·박영철(朴榮喆)·김찬영(金讚泳)·박창훈"을 들었다.[10] 1940년 4월에 조선미술관 '개관 십주년 기념 십대가산수풍경화전'을 열며 조선미술관과 연고관계가 있는 수장가들의 서화를 참고품전람회에서 전시하였는데, 이때 출품한 수장가들은 "전형필·김덕영(金悳永)·장택상·함석태(咸錫泰)·한상억(韓相億)·손재형(孫在馨)·이병직(李秉直)·김용진(金容鎭)·박상건(朴商健)·오봉빈"이었다. 오봉빈이 손꼽은 5인과 이상의 인물들을 일제시기 조선을 대표하는 한국인 수장가로 볼 수 있을 듯싶다. 이밖에 일제말기 서화 3대 수장가로 "전형필·임상종(林尙鍾)·손재형"을 꼽고 4대 수장가로는 유복렬(劉復烈)을 추가하기도 한다.[11] 아래는 일제시기의 주요 한국인 수장가를 열거한 것이다.

그림 2. 小倉武之助
(1870-1964)

그림 3. 오봉빈
(吳鳳彬 : 1893-1945년 이후)

◎ 서울

• 귀족 : 민규식(閔奎植), 민병석(閔丙奭), 민영환(閔泳煥), 민영찬(閔泳瓚), 이용문(李容汶)

• 정치가·관리 : 장택상(張澤相), 윤치오(尹致旿), 윤치영(尹致暎), 원진희(元晋熙), 선우인순(鮮于仁筍)

• 교육자 : 김성수(金性洙), 이만규(李萬珪)

• 문인·학자 : 박종화(朴鍾和), 이병직, 이태준(李泰俊), 김양선(金良善), 유자후(柳子厚), 이인영(李仁榮)

• 미술가 : 오세창, 김용진, 이한복(李漢

그림 4. 보화각(葆華閣) 개관일(1938년 윤 7월 5일) 북단장(北壇莊) 사랑에 모인 전형필과 지인(知人)들. 왼쪽부터 이상범, 박종화, 고희동, 안종원, 오세창, 전형필, 박종목, 노수현, 이순황

---

10) 오봉빈은 천도교인으로 3·1운동 때에 체포·투옥당한 바 있으며 동경 동양대학 철학과를 졸업한 후 오세창의 지도로 1930년 광화문통 210번지에 朝鮮美術館을 세웠다. 조선미술관은 紙廛·書畫鋪의 전통을 잇고 있을 뿐 아니라 기획전을 여는 등 의미 있는 활동을 하였다. 최열, 앞의 책, 250쪽 참조.

11) 송원, 앞의 글 17,「近世 우리나라 書畫鑑識大家들과 檀園의 生年造作經緯」(1975, 5), 31-34쪽 참조.

福), 이여성(李如星), 도상봉(都相鳳), 김찬영, 손재형

- 의사 : 박창훈, 백인제(白麟濟), 함석태, 공병우(公炳禹), 박병래

- 수집가·갑부 : 김덕영, 박상건, 임상종, 박영철, 최창학(崔昌學), 전형필

- 기업가·기타 : 오봉빈, 진호섭(秦豪燮), 한상억(韓相億), 배정국(裵正國), 최상규(崔相奎)

◎ 지방

- 함흥 : 김명학(金明學)

- 신천(황해도) : 이계천(李繼天)

- 군산 : 전충식(全忠植)

- 대구 : 신창재(愼昌宰)

- 진주 : 박재표(朴在杓)

이상에서 언급한 일제시기의 고미술품 수장가 명단은 조선총독부의 후원 아래 關野貞·谷井濟一·栗山俊一 등에 의해 낙랑시대부터 조선시대의 고적과 유물을 수록하여 1915년부터 발간하기 시작하여 35년에 완간된 『조선고적도보(朝鮮古蹟圖譜)』의 수장가 명단과 상이한 점이 적지 않다. 동경제실박물관(東京帝室博物館)·동경문과대학(東京文科大學)·동경공과대학(東京工科大學)·동경미술학교(東京美術學校)·조선총독부박물관(朝鮮總督府博物館)·조선민족미술관(朝鮮民族美術館)·이왕가박물관(李王家博物館)·경주고적보존회(慶州古蹟保存會) 등의 기관을 제외한 『조선고적도보』의 주요 개인 수장가 명단은 다음과 같다.(대체로 수록된 순서를 따랐다. 2점 이상 수록된 수장가를 기록하는 것을 원칙으로 하였고 'O'표는 다수의 유물을 수록한 수장가를 의미한다. 조선인은 모두 기록하였다)

- 신라토기 : 柴田團九郎, 小平亮三(O), 谷井濟一, 岡野春, 關野貞, 小宮三保松

- 금동불 : 森勝次(O), 永山近彰, 寺內正毅(O), 山名繁太郎, 谷井濟一, 關野貞

- 와당 : 小平亮三(O), 諸鹿央雄(O), 小場恒吉, 福永德次郎

- 도자(고려) : 中田市五郎(O), 阿川重郎(O), 森辰男(O), 橫田五郎, 關野貞(O), 林權助(O)

- 분묘내 발견공예품(고려) : 關野貞(O), 小場恒吉(O), 谷井濟一(O), 住井辰男(印章 : 銅·玉 O), 小川敬吉(石硯)

- 회화(조선) : 岸淸一, 德光美福(O), 森悟一, 末松熊彥, 富田商會, 박재표(O), 오봉빈, 나중호(羅重鎬),

이병직(○), 안규응(安奎應), 이순명(李淳命), 박영철, 김용진(○), 손재형, 유래정(柳來禎), 이한복(○), 이종익(李鍾翊), 장택상, 최병한(崔炳漢)

- 도자(조선) : 住井辰男(○), 松原純一(○), 新田留次郎(○), 安部直介, 阿川重郎(○), 黑田幹(○), 奈良井多一郎, 小倉武之助, 淸水幸次(○), 田中明(○), 伊東槇雄, 天池茂太郎, 住井忠正, 永田英三(○), 中村誠(○), 奧平武彦, 吉平重孝, 新田留次郎(○), 向井厙吉(○), 淺川伯敎(○), 太宰明, 野守健, 孔聖初, 森悟一, 이병직, 함석태(○), 장택상(○), 김찬영

신라토기·와당·분묘내 발견공예품 등은 경매에 거의 출품되지 않았던 분야이기 때문에 경매도록에 언급된 수장가 명단과 겹치지 않음은 당연하다 하겠다. 그러나 다수의 유물을 수장했던 회화의 박재표·德光美福, 도자의 住井辰男·松原純一·新田留次郎·阿川重郎·淸水幸次·田中明·永田英三·中村誠·向井厙吉 등은 대체로 경성미술구락부의 경매와 큰 관련은 없는 듯하다. 이밖에 두 분야 이상에 걸쳐 1점씩 수장하고 있어 위 명단에 기록되지 않은 경우로 小宮三保松(금동불, 회화)과 鮎貝房之進(도자(고려), 분묘내 발견공예품) 등을 꼽을 수 있으며, 1점의 수장품을 『조선고적도보』에 올린 수장가는 많지만 대개 경매도록에서 그 이름을 찾아보기 어렵다. 이러한 현상은 경매도록에는 대수장가의 수장품이 한꺼번에 출품되거나 익명으로 거래가 이루어지기 때문에 소량의 유물을 수장한 수장가들의 존재를 알아내기 어렵기 때문으로 여겨진다. 하지만 무엇보다 『조선고적도보』에 실려 있는 유물들은 조선을 대표하는 명품으로서 경매도록에 실려 있는 유물과 질적인 측면에서 쉽게 비교할 수 없는 것이라는 점이 가장 큰 이유가 아닐까 싶다.

3) 일제시기의 고미술상

일제시기에 한국에 진출한 일본의 골동상으로 가장 오래된 상점은 본정(本町 : 충무로)에 있던 近藤佐五郎의 상점이다. 近藤은 1906년 당시 서울의 유일한 골동상으로 이등박문의 고려청자 수집을 도왔다. 본점은 일본에 두고 조선에 진출한 골동상으로는 동경의 용천당(龍泉堂)·호중거(壺中居), 오사카[大阪]의 村上, 경도(京都)의 산중상회(山中商會)가 있다.[12] 이들은 대개 도자기를 취급하였는데 村上은 총독부박물관 설립 이후 구미로 고려자기를 수출하여 큰돈을 번 것으로 알려졌으며 산중상회는 금속제품을 주로 취급

---

12) 동경의 龍泉堂, 壺中居는 아직도 골동상으로 활동하고 있다. 奧本大三郎 著, 『東京美術骨董繁盛記』(中公新書 1794, 2005) 참조.

그림 5. 문명상회 동경지점 전경(東京市 京橋區 京橋 1-5, 高道屋舊館)

하였다고 전한다. 일제시기 서울의 고미술상권은 일본인들이 장악하여 문명상회(文明商會)의 이희섭(李禧燮), 조선미술관의 오봉빈 등을 제외하면 조선인 상인들의 활동은 극히 미약하였다. 이희섭은 동경, 오사카, 개성에 지점을 두고 조선공예전람회(朝鮮工藝展覽會)를 동경과 오사카에서 7회 개최하여 엄청난 수량의 유물을 판매하는 등 다른 골동상들과는 비교가 되지 않는 행보를 보였다. 이희섭이 개최한 조선공예전람회의 회수와 거래 규모 등은 <표 1>과 같은데 대략 살펴보아도 12,000점이 훨씬 넘는 유물이 일본에서 전시·판매되었음을 알 수 있다.[13]

아래 열거한 점포 가운데 앞쪽의 12점포는 1930년대 후반 서울에 있었다고 박병래가 언급한 12개의 고미술상으로 대개 본정(本町 : 충무로)과 명치정(明治町 : 명동)에 분포해 있고 뒤쪽은 박병래가 언급하지 않은 골동상이다.[14] 1930년대 서울의 인구는 40만 남짓했고, 1935년에도 45만명에 미치지 못하였는데, 1930-40년대 당시 서울에서 거의 매월 교환회 및 경매회가 열렸고 30여개가 넘는 골동상들이 활동하고

〈표 1〉 문명상회 이희섭이 개최한 조선공예전람회 분석표(1934-41)

회수	일시	장소	주최	후원	출품 유물 수
1	1934.11.3-11	東京 上野公園 櫻櫻丘 日本美術協會 陳列館	國民美術協會(?)		2,500
2	1935.11.30-12.5	-----------	朝鮮工藝研究會		2,152(+石燈籠 18)
3	1936.11.20-26	大阪 長堀 高島屋	-------		1,805(+200여점 학술참고품 기타)
4	1938.6.9-18	-----------	-------	朝鮮總督府	259(이하 1,250번 생략)
5	1939.11.1-5	-----------	-------	-------	1,150(이하 1,151-1,500번 생략)
6	1939.11.24-30				2,140(2,141-2,500번 생략)
7	1941.11.18-23	-----------			92(2,488-3,000번 생략)
계	51일간		12,527=10,098(목록에 언급된 작품 수)+2,429(생략된 작품 수)		

* ( )은 생략된 유물임.

13) 이희섭은 조선공예전람회를 개최하며 『朝鮮工藝美術展覽會圖錄』을 발간하였는데 1984년에 일본 東洋經濟日報社에서 『朝鮮古藝術展覽會』라는 명칭으로 복각하여 출판한 후, 1992년 서울 경인문화사에서 다시 影印하여 출판하였다. 출품된 전체 유물의 숫자와 기타 내용 등에 대한 보다 치밀한 연구가 요구된다.

14) 1930년대 후반 서울에 12개의 골동상이 있었다고 하는 박병래의 회고는 아마도 본정과 명치정을 중심으로 파악했기 때문으로 보인다. 박병래, 앞의 책, 33-37쪽 참조.

있었음을 보면, 당시의 골동 열기는 대단히 활성화되었다고 할 수 있다.[15]

4) 서울의 골동상

동창상회(東昌商會 : 소공동), 배성관상점(裵聖寬商店 : 남대문), 문명상회(이희섭, 무교동), 우고당(友古堂: 金壽命, 명동), 우고당(友古堂 : 具本雄, 소공동)[16], 천지상회(天池商會 : 天池茂太郎, 명동), 동고당(東古堂 : 鈴木, 명동), 吉田(명동), 黑田(회현동), 前田(충무로), 고천당(古泉堂 : 富田, 충무로), 계룡산(鷄龍山 : 池內, 을지로)

동방당(東方堂 : 藤本, 남대문), 취고당(聚古堂 : 佐佐木兆治, 누상동), 온고당(溫古堂 : 新保喜三), 대판옥(大阪屋 : 內藤次郎, 충무로), 구하당(九霞堂 : 市田), 한호당(韓好堂 : 矢野), 의신호(義信號 : 張宇慶, 관훈동), 한남서림(翰南書林 : 白斗鏞, 李淳璜, 관훈동), 문광서림(文光書林 : 洪淳敏, 인사동), 새무엘 리(李)상점(三又商社 : 본명 李用淳, 태평로), 조선미술관(오봉빈, 당주동), 고명당(高明堂 : 高正植, 태평로), 김영규(金永奎상점 : 新聞路), 서명호(徐明鎬)·서창호(徐昌鎬)상점(신문로), 광동서림(廣東書林 : 金永完, 낙원동), 고옥당(古屋堂 : 韓昇洙, 송현동), 吉田賢藏, 太田尾鶴吉, 永野市三郎, 祐川宇吉, 福山

5) 거간

강선주(姜善周), 김의식(金義植), 양재익(梁在益), 장형수(張亨秀), 이성의(李聖儀), 김금돌(金수乞), 김인규(金仁圭), 송병호(宋秉鎬), 장석구(張錫九), 유병옥(劉秉玉), 서창호(徐昌浩), 지순택(池順鐸), 강희택(姜熙澤), 백준기(白俊基), 김일남(金日男), 한영호(韓永鎬), 최진효(崔鎭孝), 이복록(李福祿), 김상복(金相福), 김대복(金大福), 정준종(鄭俊鍾), 최수남(崔壽男), 권명근(權明根), 박흥원(朴興元), 장기범(張基範), 김영창(金水昌), 문일봉(文一奉), 유상옥(劉相玉), 김기현(金基鉉), 송신용(宋申用), 장정식(張正植), 김순성(金順成), 유용식(劉用植), 신현칠(申鉉七), 신기한(申基漢), 고장환(高長煥), 최수원(崔壽元), 이덕호(李德浩)

---

15) 1930년 당시 京城府 인구는 394,240명, 1935년 당시 경성부의 인구는 444,098명이었으며 1936년 '대경성구역확장안'이 발표된 이후 인근 71개리를 병합하여 1940년 당시의 경성부 인구는 935,464으로 급속히 늘었다. 『1910-1925 조선총독부 통계연보』, 『1925-1944 국세조사보고서』/정숭교·김영미, 「서울의 인구현상과 주민의 자기정체성」, 서울시정개발연구원 편, 『서울 20세기 생활·문화변천사』(서울시정개발연구원·서울시립대학교 서울학연구소, 2001), 44쪽에서 재인용.

16) 화가 구본웅(1906-53)의 상점인 우고당의 이름은 조이담, 『구보씨와 더불어 경성을 가다』(바람구두, 2005, 11), 185쪽 참조.

이밖에 지방 상인들로 아래의 인물들이 꼽힌다. 광복 이후인 1950년대에 들어서 평양출신들은 금속, 개성출신들은 도자, 남한출신들은 서화 등 지역에 따라 점차 전문화 된다.

- 개성－우영하(禹永夏), 최승만(崔承萬), 장봉문(張鳳文), 변유식(邊裕植 : 朝一商會)
- 평양－김동현(金東鉉 : 貨泉堂), 최학엽(崔學燁), 윤명선(尹明善)
- 청진－최창환(崔昌煥)
- 해주－차명호(車明鎬), 장규서(張奎緒)
- 부산－박종호(朴鍾浩)
- 광주－홍종순(洪宗巡), 정복남(鄭福男)
- 전주－이영태(李英泰), 박영식(朴永植), 김성규(金聖圭), 김성업(金性業), 임종희(林鍾熙), 정판수(鄭判洙)

3. 일제시기의 경매 － 경성미술구락부의 설립과 활동

1) 경성미술구락부의 설립과 경매제도의 정착

'경매(競賣)'의 사전적 정의는 "사려는 사람이 많을 경우, 그들을 서로 경쟁시켜, 가장 비싸게 사겠다는 사람에게 물건을 파는 일"로서 '박매(拍賣)'라고도 한다. 우리나라에서 미술품을 경매라는 과정을 거쳐 매매하게된 것은 赤尾에 의해 "고려고도기(高麗古陶器)"가 경매된 1906년이다. 미술품이 경매회에 출품되었다는 사실은 미술품의 유통이 사적인 영역에서 공적인 영역으로 전환되었음을 의미함과 아울러 미술품의 성격이 개인의 애완물에서 '상품'으로 질적인 전환이 이루어졌다는 사실을 의미한다. 경매에 참여한 인사들이 미술관계자 또는 골동애호가들이고 경매물을 관람한 수효는 많지 않았을 것이나 일정한 장소에서 미술품을 상품으로서 공개하였다는 사실이 중요하다. 이제 고미술품은 사랑방과 같은 폐쇄된 장소에서 친분 있는 인사들 간에 감상과 거래가 이루어지던 전근대적 관행에서 개방된 공공의 장소에서 일반의 품평과 감정의 대상이자 상품이 된 것이다.

赤尾의 경매회 훨씬 뒤에 林仲三郎이 明治町[명동]에 경영한 삼팔경매소(三八競賣所)에서는 물건의 종류를 가리지 않고 매매가 이루어졌다. 이 삼팔경매소는 후에 주식회사가 되고 은행가 池田長兵衛가 사장이 되어 수년간 계속하다가 1919년경에 해산하였다. 1915년에는 佐佐木兆治에 의해 원금여관(原金旅

館)에서 경매회가 열리다가 3, 4년 후 고미술동업자(고미술상)의 공동경매소를 동양척식회사(東洋拓植會社 : 현 중구 을지로 2가 외환은행 자리) 옆에 있는 요정 적성(赤星)에서 개최하기도 하였다. 당시 실시된 경매회에서 목록이나 도록 등을 발간했는지는 아직 확실치 않다. 1906년에서 1920년대 초까지의 경매회는 간헐적으로 이루어진 것이었으나 1922년 경성미술구락부가 창립되면서 경매는 체계화·조직화되었다. 경성미술구락부는 일제시기에 골동을 경매한 대표적 단체이자 유일한 단체이다. 경성미술구락부의 설립은 1910년대의 '고려청자광시대'를 거치며 골동의 수가 급증하게 되자 유통의 체계화가 절실히 요구되었기 때문으로 보인다. 경성미술구락부의 모체 또는 본보기라 해도 과언이 아니었을 동경미술구락부(東京美術俱樂部)가 1906년에 창립된 것을 보면 경성미술구락부의 창립은 상당히 이르다.[17] 경성미술구락부 창업 20주년이 된 1942년 당시의 규모는 동경, 오사카, 경도(京都), 나고야[名古屋], 가나자와[金澤]에 이어 6번째이고 당시 회관을 건립한 곳은 경성이 유일할 정도로 발전을 이룩했다.

한국 근대의 경매제도는 다소의 곡절을 거쳤지만 미술계에 빠르게 정착되었다. 경매회와 경매제도가 정착되게 된 가장 중요한 요인은 진위판정의 어려움과 환불이 가능하다는 점 때문이다. 당시의 경매회에서는 경매가 시작되기 전 1-2일 동안 미술품을 공개하였기 때문에 세밀히 관찰할 수 있었고 다른 사람의 눈을 빌릴 수도 있었다. 그리고 낙찰된 물건이라도 문제가 생기면 환불이 가능하다는 장점도 컸다. 미술품의 진위판정은 예나 지금이나 매우 어려운 문제이기 때문에, 구매자에게 이러한 일종의 '안전장치'가 매력이었을 것이다.

경성미술구락부는 대표적 일본인 거류지였던 '남촌(南村)' 소화통(昭和通 : 현 남산동 2가 1번지, 현 퇴계로 프린스호텔 자리)에 자리하고 있었다. 경성미술구락부 사옥은 1941년 6-9월 사이에 개축한 것으로 2층으로 된 벽돌 건물로서 1층은 경매장, 2층은 일식으로 꾸며져 있었다. 충무로와 명동을 아우르는 지역을 의미하는 남촌은 일제시기 서울에 거주하는 일본인들의 50% 정도가 거주했다고 할 정도로 일본인의 중심 거주지역이자

17) 東美研究所 編,『東京美術市場史』(東京美術俱樂部, 1976.12) 참조.

그림 7. 동경미술구락부의 전시장면(1924-1936)

그림 8. 경성미술구락부 사옥 전경(京城府 南山町 二町目, 1941년 개축 이후)

그림 9. 경성미술구락부 운영진(京城神社 祈願 참배 후 기념촬영. 1942년) 앞 열 오른쪽 두 번째 인물이 佐佐木兆治 社長이고 그 뒤에 서 있는 인물이 神保喜三 常務이다.

주 활동무대였다. 남촌은 '근대성'이 유입되는 곳이자 서울 도시화의 상징적 지역이었다. 서울의 일본인 인구는 1904년 이후 급증하였고, 점차 엄청난 부를 쌓았다. 1915년의 시점에서, 이미 서울 부자의 80%가 .일본인이었음을 보면 일본인의 서울 진출이 급속했음을 알 수 있다.[18] 이들 일본 부자들의 미술품 수장과 유통을 돕기 위해 일본인들의 본거지인 남촌에 미술품 경매유통회사인 경성미술구락부가 세워진 셈이다.

경성미술구락부의 창립 당시의 주주는 85명이었고 1941년(소화 16)에는 64명으로 줄었는데, 창립 당시 조선인 주주는 한 명도 없었다. 1941년의 주주 64명 가운데 李屋禧燮(이희섭, 30주), 李村淳璜(이순황, 10주), 金子壽夫(金壽命으로 추정, 10주), 오봉빈(6주)의 3~4인이 주주였음을 보면 일본인 골동상들의 활동에 비해 조선인 골동상들의 활동이 상대적으로 얼마나 열세였는지를 미루어 짐작할 만하다.[19] 경성미술구락부의 경매는 출자를 한 회원(=주주)들만 참여할 수 있었기 때문에 구매자는 경성미술구락부 회원인 골동상을 통해서만 경매에 참여할 수 있었다. 고객의 일을 대리하는 주선인(周旋人)을 일본말로 '세화인(世話人)'이라 한다. 세화인은 물건의 출품을 주선·관리·판매 등을 그들의 계산 하에 하되 출품자의 판매수수료에서 세금·경성미술구락부 수수료·도록 대금 등 경비를 공제하고 남는 이익을 분배하였다. 판매액이 예상을 많이 상회하였을 경우에는 적당한 사례를 받는 것이 관례였다.[20] 경매가 열리기 전날 골동상은 경매에 오를 물건의 도록을 들고 자신의 단골고객을 찾아가서 사고자 하는 물건은 예정된 가격에 낙찰시키려고 하고

---

18) 1915년 조선인 상업회의소와 일본인 상업회의소가 통합하면서 영업세 납부액을 회원자격으로 삼았는데, 당시 상업회의소 회원의 80%가 일본인이었다. 朝鮮總督府, 『朝鮮總督府施政年報』, 大正 5년(1915) / 전우용, 「일제하 서울 남촌 상가의 형성과 변천」, 『서울 남촌; 시간, 장소, 사람-20세기 서울변천사 연구 Ⅲ』(서울시립대학교 부설 서울학연구소, 2003. 4), 207쪽에서 재인용.

19) 佐佐木兆治, 앞의 책, 7-10쪽 참조; 장택상의 집에 출입하던 기간 유용식도 경성미술구락부의 주주였다는 설도 있지만 아직 확인할 수 없다.

20) 회원들 간의 고미술품 교환회는 교환 매매하는 경우이기 때문에 세금이 부과되지 않았다. 세화인이 경매에서 낙찰을 하는 대가로 받는 액수는 물건을 내놓은 사람과 산 사람에게서 각 2푼씩을 받는다는 설과 출품자의 판매수수료에서 5%의 수수료를 받는다는 설이 있다.

팔 물건은 지시받은 예정가대로 팔 계획을 세우게 된다. 이른바 '작전'을 세우는 것인데, 간송의 대리인
으로는 神保喜三이 알려져 있다.

경성미술구락부의 운영은 미술구락부와 친교회(親交會), 고미술상조합(古美術商組合)이라는 세 축에 의
해 이루어졌다. 친교회는 동업자로 구성된 경성미술구락부의 주주(株主)로서 이들에 의해 경성미술구락
부의 운영이 이루어졌다. 1941년에는 고미술상조합이 결성되어 중매단원(仲買團員 : 親交會) 전부가 조합
원이 되었다고 했다. 이 세 단체가 각각 그 임무를 맡아 하나가 되어 활동하여 운영했던 것이다. 경성미
술구락부는 경매, 친교회는 미술구락부의 운영, 고미술상조합은 이들 고미술동업자들의 권익을 대표하
는 업무분장 구조를 가진 것으로 보인다.

경성미술구락부의 영업 상황을 보면 당시 골동 거래의 양상을 짐작할 수 있다(표 2. 경성미술구락부 20
년간 매상 통계표 참조). 1922년부터 1941년까지 20년간 경성미술구락부에서 이루어진 경매회는 260회,
매상은 1,657,287엔(円)이다. 1년에 적을 경우 4회(1939), 많을 경우 24회(1923)의 경매회가 개최되었다.
대정(大正연간 : 1911-25)에 고려청자가 경매에 나오지 않은 것은 경매에 나가기 전 들어오는 대로 즉시
팔렸기 때문이다. 또 이 시기에는 조선시대의 물건이 염가였는데도 팔리지 않았다고 한다. 경성미술구
락부에서 조선의 골동이 본격적으로 팔리기 시작한 것은 대체로 1925년 고(故) 福田氏의 유품을 팔았을
때와 소화기(昭和期 : 1926년 이후)에 들어서부터로 알려져 있다. 이때부터 조선 물건이 경성미술구락부
의 경매에 출품되었다.

대정연간과 소화(昭和)연간(여기에서의 소화연간은 1926-40년대 초까지를 지칭한다)에 이루어진 경매의
성격은 다르다. 대정시기는 조선에 이주된 사람들이 조선 고미술품과 고기물을 수집하던 시기였기 때문
에 경매에 대규모로 출품된 경우가 없었다. 이에 비하여 소화시기에 들어서면 일본인 수집가의 수장품
이 경매회에 대규모로 출품되는 일이 많게 되었다. 조선에 수십 년간 있으며 성공하여 귀환하던가 아니
면 사망하던가 하는 경우가 잦아졌기 때문이다. 소화시기에 들어 조선 고미술품의 진가가 일반에 인식
되어 가격도 현격하게 높아졌다. "최근(40년대 전후)에는 경성미술구락부의 매입가가 동경, 오사카의 '표
준'이 되고 있는 상황"이라는 표현이 사용될 정도로 경성미술구락부의 운영은 활성화되었다. 경성미술
구락부의 경매가 호황일 때는 서울의 골동가격이 동경보다 높아 일본인 골동상 赤星은 "동경에서 철사
(鐵砂)로 갈대밭에 호랑이를 그린 항아리를 가져와 경매에 내놓았을 정도"였다고 한다.[21]

---

21) 佐佐木兆治, 앞의 책, 34쪽; 박병래, 앞의 책 82쪽 참조.

<표 2> 경성미술구락부 20년간 매상 통계표(1922-1941)

서력	구분 연호	賣上회수	매상총액 (円)	1회 평균액	1회 최고매출액	1회 최저매출액	1만원 이상 매출 회수	비고 및 매상품종
1922	大正 11년 9월부터	9	17,595	1,955	7,591	833		聯合特寄會
1923	--- 12	24	29,566	1,230	5,486	216		支那朝鮮靑貝物
1924	--- 13	22	41,366	1,880	9,552	106		書畵支那
1925	--- 14	14	30,482	2,171	6,287	118		李朝壺
1926	--- 15	20	34,122	1,700	3,083	72		
1927	昭和 2	6	9,395	1,565	4,771	156		
1928	--- 3	11	53,749	4,886	21,486	105	2	家財
1929	--- 4	15	42,751	2,850	7,070	793		
1930	--- 5	14	42,721	3,050	8,989	706		高麗人蔘箱 등 처음 出陣
1931	--- 6	14	31,760	2,270	12,654	549		書畵支那朝鮮
1932	--- 7	19	69,262	3,641	14,363	261	2	高麗陶器
1933	--- 8	10	25,158	2,515	8,025	612		書畵高麗支那
1934	--- 9	11	49,181	4,470	23,420	548	1	高麗物 高價 되다
1935	--- 10	15	125,538	8,360	23,555	689	4	同
1936	--- 11	15	195,367	13,000	49,873	1,140	5	同
1937	--- 12	9	130,961	14,551	56,159	1,375	4	9년(1934) 價格의 倍가 되다
1938	--- 13	4	41,580	10,395	23,660	1,623	1	
1939	--- 14	8	94,703	10,891	29,514	6,068	3	水滴(硯滴) 其他 朝鮮物
1940	--- 15	12	216,925	18,077	71,950	5,648	4	高麗李朝
1941	--- 16	8	375,105	47,762	107,257	7,699	7	同
계	(20년간)	260	1,657,287	157,219	494,745	29,317	37	

* 이 표는 佐佐木兆治 述, 『京城美術俱樂部創業二十年記念誌 - 朝鮮古美術業界二十年の回顧』(1942. 2)의 표를 보완한 것임.

2) 경성미술구락부 발간 '경매도록'의 의의

경성미술구락부에서는 경매회에 참여하는 사람들에게 편의를 제공하기 위하여 '경매도록'을 발간하였다. 경매도록은 경매에 출품된 고미술품과 수장자의 이름 및 작품에 대한 간단한 설명을 나열한 형태로 되어있다. 당시 발간된 경매도록은 앞쪽에는 주요 출품작이 사진으로 실려 있고 뒤쪽에는 전체목록이 실려 있는 방식으로 된 것이 대부분이다. 경성미술구락부 주최의 경매회는 1922년부터 1945년까지 지속되었고 경매도록도 지속적으로 발간되었을 것으로 추정되지만 아직 모두 조사되지 못하였다. 경성미술구락부에서는 "매월 열리다시피" 경매회가 개최되었지만 대개 동호인들 간의 교환회였고 본격적

의미에서의 경매는 그 수효가 적었다. 박병래의 회고에 의하면 "매월 열리다시피 하는 경매에도 도록이 한권씩 나오는 판"이었고, 자신도 "이 도록을 57권이나 가지고 있었다"는 것으로 볼 때 최소 60권 내외가 될 것으로 보인다. 경매도록의 수량은 조사에 따라 늘어날 것으로 추정되지만, 지금까지 조사된 도록은 대개 중복되는 경우가 많다.

지금까지 조사된 기년 경매도록류는 대개 1930년대 이후의 것이다. 경매도록에 실려있는 물품의 수효는 국적으로 보면 조선, 일본, 중국 순이고 분야별로는 도자기, 회화, 금동불, 목기 등의 순이며 드물게 석등 등의 석물과 중국 청동기, 일본 갑옷과 도검 등도 출품되었다.[22] 경매도록은 22.5×15㎝ 내외의 작은 것과 25.5×15-18㎝ 내외의 큰 것의 두 종류로 나뉘는데 작은 것이 대종을 이룬다. 작은 경매도록은 '目錄'이라는 제목이 붙어 있으며 큰 도록의 경우는 표지에 '茂久ろく' 또는 'もくろ久'(目錄)라는 제목이 붙어있는 경우가 많다. 작품사진 편집은 한 페이지 당 1개씩 크게 넣은 경우도 있고 작게 여러 사진을 넣은 경우도 있다.

서화작품들은 작품만 실은 경우도 있지만 작품 전체나 작품을 감싼 주위 부분도 함께 촬영하여 게재하기도 하였다. 이러한 경향은 촬영 당시의 표구 상태와 후대의 개장(改粧) 여부를 알 수 있게 해 준다는 점에서 참작할 만한 점이라고 하겠다. 작은 크기의 사진과 불명료한 인쇄 탓에 세부를 확인하기 어려운 경우가 많고 제목도 편의적으로 지은 경우가 있으며 지금의 연구 수준과 감정기준 등에서 보면 납득하기 힘든 경우도 종종 있다.[23] 도자기의 경우도 도자기 사진의 윤곽선을 칼이나 가위 등으로 잘라내고 편집하였기 때문에 윤곽선이 손상된 경우가 있다. 그러나 이와 같은 문제점에도 불구하고 경매도록의 중요성과 가치는 축소되지 않는다. 경매도록은 경매를 원활히 하기 위한 목록으로 발간되었기 때문에 상태와 수량에 대한 기초적 정보를 제공해 주기 때문이다. 도판사진과 목록을 함께 실은 이른 시기의 자료인 경매도록은 한국 근대의 미술품에 대한 인식과 감정 및 수장에 대한 연구의 단초를 제공해주는 근거가 된다는 점에서도 중요하다. 그리고 당시 거래된 중국과 일본의 고미술품도 다수 실려 있기 때문에 근대 동아시아 고미술품교류사의 재구성에 중요한 몫을 할 것이라는 측면도 간과할 수 없다.

이밖에도 지금은 그 존재 자체가 불투명한 작품의 흔적을 찾을 수 있게 해줌과 함께 변조된 작품의 원상을 확인할 수 있다는 점 역시 간과할 수 없다. 한때 일부 골동상들에 의해 안건의 진작으로 강변되

---

22) 김상엽·황정수 공편, 『경매된 서화』 (시공아트, 2005.9)는 경성미술구락부에서 발간한 28권의 경매도록과 기타 5권에 수록된 서화도판을 모은 자료집이다. 여러 사정상 서화만을 편집하여 수록하였다. 도자는 대략 서화의 3배 이상의 수량으로 추정된다.

23) 김영복, 「경매도록의 글씨에 대하여」, 김상엽·황정수 공편, 앞의 책, 588-591쪽; 김상엽, 「일제시대 경매도록 수록 고서화의 의의」, 김상엽·황정수 공편, 앞의 책, 319-326쪽 참조.

그림 10. 필자미상, 〈청산백운도(靑 그림 11. 필자미상, 〈청산백운도 그림 12. 조맹부(趙孟頫), 〈고사
山白雲圖)〉, 비단에 채색, 178×104 부분(글씨와 도장 부분) 환금(高士喚金)〉, 가로 121㎝,
㎝, 개인 소장 小宮 구장(舊藏) / 『故小宮先生
遺愛品書畵骨董目錄』(京城美術
俱樂部), 昭和 11(1936) 수록

어 그 진위문제로 미술사학계와 고미술계를 떠들썩하게 함은 물론 사회문제로까지 비화되었던 <청산백
운도(靑山白雲圖)>가 원나라 조맹부(趙孟頫)의 전칭작에 안견의 자(字)인 '朱耕' 등의 글씨를 추가한 것이
었음은 이미 알려진 사실이다.[24] 이 사실은 경매도록이 일제시기 이후 변조된 작품의 원상을 회복할 수

24) 황정수, 「미술품의 전승과 기록에 관한 소론」, 김상엽·황정수 공편, 앞의 책, 592-611쪽; 이른바 '<청산백운도> 사건'의
    개요는 다음과 같다. 1990년대 초반 문화재수집가로 유명한 이 모씨는 자신의 소유인 <청산백운도>(그림 10)를 안견의
    진작으로 주장하였지만, 당시 서울대학교 고고미술사학과 안휘준 교수(현 문화재위원장, 명지대학교 석좌교수)는 진품이 아
    닌 것으로 감정하였다. 안휘준 교수는 당시 이 그림을 보고서 첫째 <몽유도원도>에서 볼 수 있는 필치와 전혀 다르고,
    고사의 인물 묘사와 그림 구성이 중국 그림이 분명하다. 둘째 화제·서명의 글씨가 극도로 치졸하여 <몽유도원도>의 격조
    있는 서명과 비교할 수 없다. 셋째 화제 글씨와 낙관이 회견(繪絹)의 상처 위에 덧씌워져 후대에 조작된 것이 분명하다.
    이상의 이유로 이 그림이 조선시대를 대표하는 명화 가운데 하나인 안견의 그림이 될 수 없음을 분명히 하였다. 이에
    이 모씨 등은, 첫째 도연명의 고사를 소재로 한 인물도이며 500여 년의 세월이 충분히 느껴지는 남송풍의 작품이다. 둘째
    그림 우측 상단의 "靑山峩峩 白雲悠悠"라는 화제는 조선 초기의 고졸한 글씨가 틀림없으며, "朱耕"이란 호는 안견의 별호
    로 <몽유도원도>의 서명 글씨와 같다(그림 11). 셋째 "池谷 安氏" 등 여러 개의 인장도 매우 뛰어난 솜씨이며, 도저히 위
    조한 것으로 볼 수 없다고 하여 안견의 진작이라고 강변하였다. 1993-4년 당시 이 모씨를 중심으로 한 고미술업계 일부의
    사람들의 안휘준 교수에 대한 공격은 극에 달했다. 당시 구 조선총독부 건물에 위치한 국립중앙박물관 강당에서 열린 "안
    견 기념 특별전시회"의 부대행사로 특별강연회가 개최되었다. 학계 인사, 고미술업계 인사, 일반인들로 수백석의 자리는 넘
    쳐 복도와 연단 앞까지 인파가 가득한 자리에서 안휘준 교수는 <청산백운도>가 진품이 아닐 수밖에 없는 이유를 설명해
    야 하는 굴욕을 감수한다. 이것은 한 작품에 대한 감정의 진위문제를 넘어 학자적 양심을 훼손하는 행위이자 학계 전반의
    공신력에 대한 정면 도전이었으며 안휘준 교수 개인에게도 씻어내기 힘든 모욕이자 상처를 주었다. 10여년이 지나서 <청
    산백운도>가 안견의 작품이 아니고 이 모씨 등이 안견의 작품이라고 강변하는 가장 중요한 증거(?)인 "靑山峩峩 白雲悠

있는 근거가 될 수 있음을 보여주는 소중한 예이다.

그림 15. 일제시기 서울에서 서구인들을 대상으로 활동했던 골동상 신송의 사진과 명함(koreanity.com 이돈수 대표 제공)

4. 맺음말

이상에서 고미술품 수장내역과 유통경위 등을 살피는 작업의 중요성, 일제시대 고미술품의 유통구조
와 수장가, 경성미술구락부의 설립과 활동 등을 순차적으로 살펴보았다. 앞으로의 과제 등을 언급하며
맺음말을 대신하고자 한다.

悠", "朱耕"이라는 글씨와 "池谷 安氏" 등의 도장도 나중에 찍힌 것임을 증명하는 자료가 발견되었다(그림 12). 1936년
10월 경성미술구락부 주최로 열린 『故小宮先生遺愛品書畵骨董目錄』 제일 앞에 이 그림이 실려 있는데 당시의 캡션에는 원
나라 조맹부(趙孟頫)의 <고사환금(高士喚琴)>으로 되어 있다. 고미야(小宮)는 조선 왕실을 담당하던 조선총독부의 관청인
궁내부의 차관으로서 고미술에 대한 식견도 높은 인물이었다. 그의 사후 1년 만에 소장품들이 경매에 나온 것을 경매도록
에 실은 것인데, 이 그림에서는 1994년 당시 이 모씨 등이 공개했을 때와는 달리 아무런 글씨나 인장도 발견할 수 없다.
한마디로 이 그림은 1936년의 경매회에는 아무 글씨도 없다가 이후 어떤 시기에 누군가에 의하여 "靑山莪莪 白雲悠悠"등
의 글씨와 도장 등이 화면에 추가된 것이다. 이 내용을 소개한 김상엽·황정수 편저, 『경매된 서화 - 일제시대 경매도록 수
록의 고서화』(시공사, 2005. 9)가 출간된 뒤 이후 이 모씨 등은 그림의 크기가 차이가 난다는 점과 똑같은 그림이 두 장
이라는 등의 논리를 폈다. 그러나 일제시대에는 표구비단까지 재는 경우가 많았기 때문에 크기의 약간의 차이는 문제가 될
수 없는 것이었고 똑같은 그림이 두 개라는 것은 더욱 논리가 성립되지 않았다. 결국 이 모씨 등은 학자적 양심을 가지고
정확히 감정한 안휘준 교수를 음해한 것이 백일하에 드러났고, 꼬박 10년이 넘어서 안휘준 선생의 명예가 회복된 셈이다.
이 과정은 문화재청 홈페이지(www.cha.go.kr)의 '새소식', '문화재청 뉴스'안의 '문화재 칼럼' 에 실려 있는 필자의 「일제
시대 경매도록과의 대화」(http://cha.korea.kr/cha/jsp/cha1_branch.jsp?_action=news_view&_property=co_sec_1&_id=
155275956&currPage=2&_category=) 참조.

먼저 근대 고미술품 수장가 개인들에 대한 구체적 연구를 시도할 필요가 있다. 일본인의 경우는 출신, 조선으로의 이주동기에서 치부과정, 수집경로, 수집내역 등에 대한 세부적 연구가 요구되고 조선인의 경우 역시 출신, 수집경로, 수집내역 등에 대한 구체적인 양상을 조사하여 그 공통성과 특수성을 변별하는 작업이 필요하다. 그리고 당시 거래된 고미술품의 품목과 거래의 추이 및 수량에 대한 구체적인 분석역시 아직 이루어지지 않았다. 서구인들을 대상으로 활동한 골동상에 대한 연구도 요청된다.

다시 말해 고미술품의 수장내역과 전래 및 유통경위를 살피는 일은 수장가의 감식안을 확인할 수 있게 해주는 일이자 당대의 유물평가 수준을 집약하여 알려주는 실례(實例)라 할 수 있다. 이 방면에 대한 연구는 단순한 골동·고미술품 수집가의 성공담이나 미술품 수집과정에 대한 분석을 넘어 당시 사회의 미술품 인식과 취향 등의 흐름과 단면을 살피는 예술사회학적 연구가 될 수 있을 것이다.

참고문헌

佐佐木兆治 述(1942),『京城美術俱樂部創業二十年記念誌－朝鮮古美術業界二十年の回顧』

黃壽永 編(1973),『日帝期文化財被害資料－考古美術資料 第22輯－』, 韓國美術史學會

朴秉來(1974),『陶磁餘滴』, 中央日報社

黃圭董(1971), 11-12,「骨董商의 今昔」및「解放 後의 骨董 書畵界」,『月刊 文化財』창간호－2호

松園(李英燮)(1973), 1－1977, 1(28회 연재),「내가 걸어온 古美術界 30年」,『月刊 文化財』

東美研究所 編(1976),『東京美術市場史』, 東京美術俱樂部

『朝鮮工藝美術展覽會圖錄』(1984), 일본 東洋經濟日報社(서울 경인문화사 影印, 1992)

尹哲圭(1988.8.1-1989.12.24(68회 연재)).「名品流轉」,『中央經濟新聞

崔完秀(1996),「澗松이 문화재를 수집하던 이야기」,『澗松文華』51

이구열(1996),『한국문화재 수난사』(『韓國文化財秘話』, 韓國美術出版社, 1973)의 개정판), 돌베개

최열(1998),『한국 근대미술의 역사』, 열화당

崔完秀(1998),「澗松이 葆華閣을 설립하던 이야기」,『澗松文華』55

허영란(2000),「전시체제기(1937-1945) 생활필수품 배급통제 연구」,『國史館論叢』88

서울시정개발연구원·서울시립대학교 서울학연구소(2001),『서울 20세기 생활·문화변천사』

전우용(2003),「일제하 서울 남촌 상가의 형성과 변천」,『서울 남촌 ; 시간, 장소, 사람－20세기 서울변천
      사 연구 Ⅲ』, 서울시립대학교 부설 서울학연구소

김상엽(2003),「한국 근대의 골동시장과 京城美術俱樂部」,『東洋古典研究』19

奧本大三郎 著(2005),『東京美術骨董繁盛記』, 中公新書 1794

김상엽·황정수 편저(2005),『경매된 서화－일제시대 경매도록 수록의 고서화』, 시공아트

김상엽(2005),「일제시대 경매도록 수록 고서화의 의의」,『東洋古典研究』23

조이담(2005),『구보씨와 더불어 경성을 가다』, 바람구두

전봉관(2005),『황금광시대－식민지 시대 한반도를 뒤흔든 투기와 욕망의 인간사－』, 살림

박지향 외 엮음(2006),『해방전후사의 재인식』1·2, 책세상

高崎宗司 저, 李圭洙 역(2006),『식민지 조선의 일본인들』, 역사비평사

박계리(2006),「조선총독부박물관 서화컬렉션과 수집가들」,『근대미술연구』

김상엽(2006),「일제강점기의 고미술품 유통과 경매」,『근대미술연구』

김상엽(2007),「朝鮮名寶展覽會와『朝鮮名寶展覽會圖錄』」,『美術史論壇』25

金翠貞(2007),「開化期 畵壇의 後援과 繪畵 活動 研究」, 고려대학교 대학원 문화재학협동과정 미술사전공
      석사학위논문

14 수원 화성의 조망점 및 조망 경로를 고려한 경관보존·관리방안

박동석_문화재청 문화재정책국 고도보존팀

1. 서론

수원 화성은 조선시대의 읍성으로서 장안문, 화서문, 팔달문, 창룡문 등의 성문과 공심돈, 포루, 암문 등의 건축물과 성벽 대부분이 보존·복원되어 있으며, 화성성역의궤를 통해 축성 시기의 모든 조영자료가 전해져 오는 귀중한 유산이다. 이러한 가치를 인정받은 화성은 1997년 12월 유네스코의 세계문화유산 등록 전후로, 화성 내부의 정비계획을 수립하고 건축물의 높이 규제를 하는 등 역사문화환경을 보존, 관리하기 위해 노력을 기울이고 있다. 그럼에도 불구하고 수원시의 도시화와 그에 따른 화성 주변 지역 건축물들의 대형화, 고층화에 의해서 화성의 경관적 가치는 훼손되고 있는 실정이다. 이러한 문제를 해결하기 위해서 문화재 보호구역 및 검토구역을 설정하고 있지만, 현행의 문화재와의 이격거리와 앙각에 따른 건축물의 높이제한은 문화재 주변 경관을 보존관리하기가 미흡한 실정이다. 이러한 현행 법규의 한계 극복을 하기 위한 선행 연구로는 서울시(1981)의 도심 고도 제한기준에 관한 연구를 시작으로 최만봉 외(1992), 이왕기(1997), 최형석(1999), 조우현(2001), 도동철(2003), 강태호(2005), 김충식·김영모(2006) 등이 있으나, 이러한 연구는 역사경관 보존 관리에 있어 필요한 보편성을 가진 기준 및 지침이 미흡한 바, 실제적 적용에 있어 한계가 있다. 또한 수원 화성에 대한 연구는 박종길(1974), 심수보(1991), 장효민(2000) 등의 화성 축성 및 구성체계에 관한 연구가 있으나, 이는 화성의 현황에 대한 연구에 그쳤고, 신유승(2002)의 화성의 역사문화 환경 보존에 대한 연구는 설계 논문이나, 문화재에 인접한 주변 환경정비에 그 목적이 있고, 다른 문화재에 적용하기에는 한계가 있다. 이와 같은 배경 하에 본고는 화성 일원 현상변경 신청 시 체계적 심의를 도모하고, 검토구역의 경관요소의 존치, 제거, 대체 등의 기준설정 등 보호구역 주변 영향검토구역의 경관보존관리 방안을 도출하기 위한 것으로서 수원 화성 주변 영향 검토구역의 현상변경실태를 중심으로 이격거리를 통한 건축물의 높이 제한에서 벗어나, 지형, 거리, 규모, 시점 (조망점과 조망 경로)에 따른 경관의 가시성 및 스카이라인 형태 보전, 배경보존적 측면에서의 도시계획상에서의 토지용도 제안을 목적으로 한다.

2. 연구방법

국가지정문화재인 수원 화성 성곽 전체 5,744m를 대상으로 하며, 장안문－팔달문(Zone A), 팔달문－창룡문(Zone B), 창룡문－장안문(Zone C)의 3개의 구간으로 구분하였으며(그림 1), 문헌조사는 1999년부터 2005년까지의 문화재 영향검토구역 현상변경에 관한 문화재위원회의 자료(성곽 주변 영향검토구역에서 국가나 해당 지자체가 공원조성이나 도로개설 등, 주변 정비를 위해 신청한 건수를 제외하면 개인이 재산권을 행사하기 위한 235건의 현상변경신청)를 이용하였으며,
현지조사는 2006년 10월부터 2007년 3월까지 6개월간 문헌조사·분석에 의해 파악된 현상변경신청실태를 중심으로 관찰, 사진 촬영, 인터뷰 등을 실시하였다. 분석방법으로는 현상변경 실태의 경우 1999년부터 2005년까지 문화재위원회의 현상변경에 관한 심의자료를 이용하여 기 선정된 장안문－팔달문(Zone A), 팔달문－창룡문(Zone B), 창룡문－장안문(Zone C)의 3개의 구간별로 연도·신청인·신청내용·이격거리·심의결과 등 6개 분야로 나누어 분석하였으며, 경관 가시성[1] 분석은 장안문－팔달문(Zone

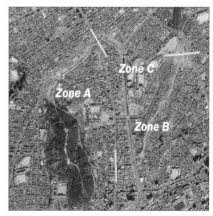

그림 1. 연구 대상지

A), 팔달문－창룡문(Zone B), 창룡문－장안문(Zone C)의 3개의 구간별로 수원지역 GIS 자료를 이용해

---

1) 경관가시성에서 분석에서의 조망점 및 조망 경로 선정에는 거리, 지형특성, 해당 문화재를 조망할 수 있는 시점, 규모(경관보존권역) 등을 포함한다.

서 건축물의 위치와 문화재와의 이격거리를 파악하고 거리·지형특성·시점·규모 등에 관한 관찰법을 병행하여 조망점과 조망 경로를 선정·분석[2]하였다. 또한 그 지점에서 지형의 고저를 파악하기 위해서 Auto Cad 2006 프로그램과 3ds Max 프로그램을 이용한 컴퓨터 시뮬레이션방법을 이용하였으며, Photoshop CS 프로그램을 이용해 시뮬레이션하였다. 또한 토지 이용 분석은 장안문－팔달문－창룡문에 따라 설정한 구간별로 수원시 도시관리계획 총괄도를 이용하여 문화재 주변 인공위성사진을 바탕으로 조망점과 조망 경로 주변의 용도지역과 용도지구 지정 현황을 분석하였다.

3. 결과 및 고찰

1) 현상변경 실태

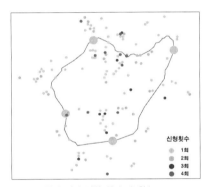

그림 2. 현상 변경 신청 위치 및 횟수

수원 화성 주변 영향 검토구역의 현상변경 신청 건수를 분석한 결과, 1999년부터 2005년까지 6년간 총 235건이 신청됨을 파악하였다(그림 2). 총 235건의 현상변경신청 가운데 장안문－팔달문 구간(Zone A)이 92건으로 전체의 39%를 차지했고, 창룡문－장안문 구간(Zone C)이 83건, 팔달문－창룡문 구간(Zone B)이 40건순으로 나타났으며, 한편 주소가 미기재[3]된 신청현황이 7건이었고, 지자체에 의해 시행된 화성 전체 구간에 대한 환경정비사업[4]이 13건으로 나타났다. 이에 각 구간별 현상변경 실태를 연도별 신청건수, 신청인 유형, 신청내용, 용도, 문화재 이격거리, 심의결과를 분석한 결과는 다음과 같다.

(1) 신청 건수

장안문에서 팔달문 구간(이하 Zone A)에 연도별 현상변경 신청 건수를 분석한 결과 1999년부터 2005년

2) 조망점 및 조망 경로의 선정은 공적인 장소, 이용 빈도가 높은 곳, 조망할 수 있는 시간이 긴 지점, 경관적 또는 역사적으로 장소성을 지닌 지점, 건축물이나 구조물로 위요되지 않고 시각이 개방된 지점, 선적인 통행로에서 면적으로 시각이 개방된 지점을 조망점으로 선정하였다.
3) 문화재 위원회의 현상변경관련 심의 자료에서 주소 부분이 누락되어 있는 자료
4) 지자체에 의해 화성 전 구간에 걸쳐 시행된 사업으로는 화성 관광열차 3건, 주변 공원조성 3건, 소나무 이식 등 식재공사 2건, 조명 및 안내시설물 공사가 5건으로 나타났다.

까지 6년간 92건이 신청되었고, 2000년에 1건을 시작으로 2002년과 2003년에 전체의 70%인 64회가 신청되었고, 2004년 이후로 연간 평균 8회로 감소한 것으로 나타났으며, 팔달문에서 창룡문 구간(이하 Zone B)은 1999년부터 2005년까지 6년간 40건이 신청되었고, 2002년과 2003년에 전체의 약 83%인 33회가 신청되었고, 2004년 이후로 3회만 신청되었으며, 또한 창룡문에서 장안문까지 구간(이하 Zone C)은 1999년부터 2005년까지 6년간 83건이 신청되었고, 연도를 알 수 없는 1건[5]을 제외한 82건은 2001년에서 2003년까지 전체의 81%인 67회가 신청되었고, 2004년 이후로 연간 평균 4.3회로 감소한 것을 알 수 있었다(표 1).

〈표 1〉 연도별 현상 변경 신청 건수 (단위 : 건수)

구분	1999년	2000년	2001년	2002년	2003년	2004년	2005년	기타	총계
Zone A	—	1	11	38	26	7	9		92
Zone B			4	23	10	2	1		40
Zone C	2	1	21	25	21	7	5	1	83

(2) 신청 위치

Zone A의 경우, 1999년부터 2005년까지 현상변경신청의 위치를 분석한 결과, 화성 내부 건축물의 현상변경신청이 전체의 53%인 49건으로, 이는 2001년과 2003년 사이에 대부분 신청되어졌고, 2004년 이후로는 평균 5건에 불과해 신청건수가 급격히 줄어들었음을 알 수 있다.

화성 외부에서 현상변경 신청건수는 43건으로 그 중 16건이 '동성영화타운 아파트'에 인접한 곳에 위치한 건축물에 의해 신청되어졌고, 11건은 '성원 상떼빌', '벽산 아파트' 단지에 인접한 곳에서 신청되어져 화성 외부 현상변경 신청 건수의 약 63%가 이 두 곳에서 신청되었음을 파악할 수 있었다. Zone B의 경우, 화성 내부 건축물의 현상변경 신청이 전체의 60%인 24건으로 분석되었으며, 2002년과 2003년 사이에 대부분 신청되어졌고, 2004년 이후로는 평균 1건에 불과해 신청 건수가 급격히 줄어들었음을 알 수 있었다. 문화재 외부에서 현상변경 신청 횟수는 16건으로 그 중 3건이 '수원제일교회'에 인접한 곳에 위치한 건축물에 의해 신청되었음을 파악할 수 있었다. Zone C의 경우, 화성 내부 건축물의 현상변경 신청이 전체의 약 59%인 48건으로 분석되었으며, 2002년과 2003년 사이에 대부분 신청되어졌고, 2004년 이후로는 평균 5.5건에 불과해 신청건수가 줄어들었음을 알 수 있었다. 문화재 외부에서 현상변경 신청횟수는 34건으로 그 중 약 41%인 14건이 'LIG 인재니움' 건물에 인접한 곳에 위치한 건축물에 의해

---

5) 문화재 위원회의 현상변경에 관한 심의 자료에서 연도 부분이 누락되어 있는 자료

구분		1999년	2000년	2001년	2002년	2003년	2004년	2005년	합계
Zone A	성 내부	—	1	8	17	13	4	6	49
	성 외부	—	—	3	21	13	3	3	43
	합계	—	1	11	38	26	7	9	92
Zone B	성 내부	—	—	2	16	4	1	1	24
	성 외부	—	—	2	7	6	1	—	16
	합계	—	—	4	23	10	2	1	40
Zone C	성 내부	2	1	10	10	14	7	4	48
	성 외부	—	—	11	15	7	—	1	34
	합계	2	1	21	25	21	7	5	82

신청된 것으로 나타났다(표 2).

(3) 신청인 유형

Zone A의 경우, 연도별 현상변경 신청인 유형을 분석한 결과 개인에 의해 신청된 건수가 전체 신청 건수의 68%가 넘는 58건으로 분석되었으며, 개인에 의한 현상변경 신청은 2001년과 2003년 사이에 대부분이 신청되어졌고, 2004년 이후로는 5건에 불과해 신청 건수가 급격히 줄어들었음을 알 수 있었다. 단체에 의해 신청된 현상변경 신청 건수는 15건으로 조사되었고, 지방자치단체에 의해 신청된 현상변경 신청은 19건이 신청되었음을 파악할 수 있었다. Zone B의 경우는 개인에 의해 신청된 건수가 전체 신청건수의 75%가 넘는 30건으로 분석되었다. 개인에 의한 현상변경 신청건수는 2001년과 2003년 사이에 대부분 신청되었고, 2004년 이후로는 1건만 신청되었음을 파악할 수 있었다. 단체에 의해 신청된 현상변경 신청 건수는 9건으로 조사되었고, 지방자치단체에 의해 신청된 현상변경 신청 건수는 1건이 신청된 것으로 나타났다. 또한, Zone C의 경우는 개인에 의해 신청된 건수가 전체 신청 건수의 52%가 넘는 43건으로 분석되었다. 개인에 의한 현상변경 신청건수는 2001년에서 2003년 사이에 대부분이 신청되어졌고, 2004년 이후로는 연간 평균 1건에 불과해 신청 건수가 급격히 줄어들었음을 알 수 있었다. 단체에 의해 신청된 현상변경 신청건수는 19건으로 조사되었고, 지방자치단체에 의해 신청된 현상변경 신청 건수는 20건이 신청되었음을 분석할 수 있었다(표 3).

(4) 신청 내용

Zone A의 경우, 연도별 현상변경 신청 내용을 분석한 결과, 신축이 전체 신청건수의 80%가 넘는 74

<표 3> 연도별 신청인 유형 (단위 : 건수)

구분		1999년	2000년	2001년	2002년	2003년	2004년	2005년	합계
Zone A	개인	–	–	9	24	20	4	1	58
	단체	–	–	–	8	4	1	2	15
	지자체	–	1	2	6	2	2	6	19
	합계	–	1	11	38	26	7	9	92
Zone B	개인	–	–	2	21	6	1	–	30
	단체	–	–	2	2	4	1	–	9
	지자체	–	–	–	–	–	–	1	1
	합계	–	–	4	23	10	2	1	40
Zone C	개인	–	–	13	16	12	1	1	43
	단체	–	–	5	7	2	3	2	19
	지자체	2	1	3	2	7	3	2	20
	합계	2	1	21	25	21	7	5	82

건으로 분석되었다. 신축을 신청한 건수는 2002년과 2003년 사이에 대부분이 신청되어졌고, 2004년 이후로는 연간 평균 5건이 신청되어져 이전에 비해 줄어들었음을 알 수 있었다. 증축을 위해 신청한 현상변경 신청 건수는 2건에 불과했으며, 화성과 그 주변 정비를 위해 신청된 현상변경은 15건으로 매년 신청된 것으로 나타났다. Zone B의 경우는 신축이 전체 신청 건수의 100%인 40건으로 분석되었다. 신축을 신청한 건수는 2002년과 2003년 사이에 대부분 신청되었고, 2004년 이후로는 평균 1.5회로 줄어들고 있음을 알 수 있었다. Zone C의 경우는 신축이 전체 신청건수의 69%가 넘는 57건으로 분석되었다. 신축을 신청한 건수는 2001년과 2003년 사이에 대부분이 신청되어졌고, 2004년 이후로는 연간 평균 2건이 신청되어져 이전에 비해 줄어들었음을 알 수 있었다. 증축을 위해 신청한 현상변경 신청 건수는 8건으로 나타났고, 용도변경은 1건 신청되었다. 화성과 그 주변 정비를 위해 신청된 현상변경은 16건으로 매년 신청되고 있다(표 4).

(5) 용도에 따른 현상변경 신청 건수[6]

Zone A의 경우, 1999년부터 2005년까지 현상변경 신청을 용도별로 분석한 결과, 주택시설이 전체 신청 건수의 39%가 넘는 44건으로 분석되었다. 주택 시설을 신·증축하기 위한 현상변경 신청은 2002년과 2003년 사이에 대부분이 신청되어졌고, 2004년 이후로는 연간 평균 3건이 신청되어져 이전에 비

---

6) 용도가 복수일 경우, 각각의 신청건수로 인정하였음.

〈표 4〉 연도별 현상 변경 신청 내용 (단위 : 건수)

구분		1999년	2000년	2001년	2002년	2003년	2004년	2005년	합계
Zone A	신축	–	–	10	32	22	4	6	74
	증축	–	–	–	–	2	–	–	2
	정비계획	–	1	1	6	2	2	3	15
	용도변경	–	–	–	–	–	1	–	1
	합계	–	1	11	38	26	7	9	92
Zone B	신축	–	–	4	23	10	2	1	40
	증축	–	–	–	–	–	–	–	–
	정비계획	–	–	–	–	–	–	–	–
	용도변경	–	–	–	–	–	–	–	–
	합계	–	–	4	23	10	2	1	40
Zone C	신축	–	–	16	22	15	2	2	57
	증축	–	–	2	1	3	2	–	8
	정비계획	2	1	3	2	3	3	2	16
	용도변경	–	–	–	–	–	–	1	1
	합계	2	1	21	25	21	7	5	82

해 감소하고 있음을 파악할 수 있다. 한편, 근린생활 시설을 신·증축하기 위한 목적으로 현상변경 신청 건수는 31건이었고, 숙박시설과 업무시설을 위해 신청한 현상변경은 각각 7건과 12건으로 나타났다. 그 밖에도, 화성 주변 환경정비를 위해 15건의 현상변경이 신청[7]되었고, 문화 및 집회시설을 신축하기 위한 현상변경 신청은 4건으로 나타났다. Zone B의 경우, 주택시설이 전체 신청 건수의 약 58%인 23건으로 분석되었다. 주택시설을 신축하기 위한 현상변경 신청은 2002년과 2003년 사이에 대부분 신청되었고, 2004년 이후로는 1건만 신청되었음을 알 수 있었다. 근린생활시설과 숙박시설을 목적으로 신청한 현상변경은 각각 8건과 9건, 업무시설과 문화집회시설을 신축하기 위한 신청은 5건과 3건이었다. 또한 Zone C의 경우, 주택시설이 전체 신청건수의 45%가 넘는 37건으로 분석되었다. 주택시설을 신·증축하기 위한 현상변경 신청은 2001년과 2003년 사이에 대부분이 신청되어졌고, 2004년 이후로는 연간 1건이 신청되어져 이전에 비해 줄어들었음을 알 수 있었다. 근린생활시설을 신·증축하기 위한 목적으로 현상변경 신청건수는 10건이었고, 숙박시설과 업무시설을 위해 신청한 현상변경은 각각 9건과 1건으로 분

---

7) 세부적 신청내용을 살펴보면 공원과 광장, 주차장 조성 사업이 7건, 정조대왕 기념물 설치 4건, 주변정비사업 2건, 식재공사 2건이 있었다.

석되었다. 그 밖에도, 화성 주변 환경정비를 위해 16건의 현상 변경이 신청되었고[8]), 문화 및 집회시설을 신·증축하기 위한 현상변경 신청은 17건임이 나타났다(표 5).

(6) 이격거리별 현상변경 신청

Zone A의 경우, 연도별과 이격거리별 현상변경 신청 내용을 분석한 결과, 문화재와 101~200m 사이 구간에 전체 신청 건수의 27%인 25건으로 분석되었다. 이는 대부분 2002년과 2003년 사이에 신청되어 졌고, 2004년 이후로는 줄어들어 2005년에는 한 건도 신청되지 않음을 알 수 있었다. 문화재와 인접한 100m 이내 구간이 21건이 신청되어 다음으로 많은 현상변경 신청이 있었다. 그 외에도 201~300m 구 간과 301~400m 이격거리에서 19건이 신청되었고, 500m 이내의 구간은 7건이 신청되어졌다. Zone B

〈표 5〉 연도별 용도에 따른 현상변경 신청
(단위 : 건수)

구분		1999년	2000년	2001년	2002년	2003년	2004년	2005년	합계
Zone A	주택시설	—	—	5	17	16	3	3	44
	숙박시설	—	—	—	3	3	1	—	7
	근린생활시설	—	—	—	10	12	6	3	31
	업무시설	—	—	5	6	1	—	—	12
	환경정비	—	1	1	6	2	2	3	15
	문화집회시설	—	—	—	1	—	—	3	4
	합계	—	1	11	43	34	12	12	113
Zone B	주택시설	—	—	2	14	6	1	—	23
	숙박시설	—	—	—	4	3	1	—	8
	근린생활시설	—	—	—	6	2	1	—	9
	업무시설	—	—	2	2	1	—	—	5
	환경정비	—	—	—	—	—	—	—	—
	문화집회시설	—	—	—	2	—	—	1	3
	합계	—	—	4	28	12	3	1	48
Zone C	주택시설	—	—	13	15	7	1	1	37
	숙박시설	—	—	—	4	5	—	—	9
	근린생활시설	—	—	—	5	4	—	1	10
	업무시설	—	—	—	1	—	—	—	1
	환경정비	2	1	3	2	3	3	2	16
	문화집회시설	—	—	5	2	5	3	2	17
	합계	2	1	21	29	24	7	6	90

---

8) 세부적 신청내용을 살펴보면 공원과 주차장 조성 사업이 4건, 방화수류정과 용연 주변 정비가 4건, 야간경관조명 공사가 2건, 문화재 주변 정비사업 4건, 식재공사 2건이 있었다.

의 경우, 문화재와 101~200m 구간이 전체 신청 건수의 약 38%인 15건으로 분석되었다. 이는 대부분 2002년과 2003년 사이에 신청되어졌고, 2004년 이후로는 줄어들어 평균 1회가 신청되었음을 알 수 있었다. 100m 이내 구간이 13건이 신청되어 다음으로 많은 현상변경 신청이 있었다. 그 외에도 200~300m 구간과 문화재와 가장 이격된 500m 이내의 구간은 각각 6건과 5건이 신청되어졌음을 알 수 있었다. 이 지역에서 현상변경 신청된 건축물은 대부분 문화재와 200m 이내의 근거리에 위치한 것을 파악할 수 있다. 또한, Zone C의 경우는 문화재와 100m 이내 구간이 전체 신청 건수의 48%가 넘는 40건으로 분석되었다. 이는 2001년과 2003년에 가장 많았고, 매년 고른 분포를 보이고 있었다. 101~200m 구간과, 가장 이격된 500m 이내의 구간이 각각 21건과 10건이 신청되어 다음으로 많은 현상변경 신청이 있었다. 그 외에도 문화재와 200~300m 구간과, 301~400m 구간이 각각 8건과 3건이 신청되어졌음을 알 수 있었다(표 6).

〈표 6〉 연도별 문화재와 이격거리별 현상변경신청 (단위 : 건수)

구분		1999년	2000년	2001년	2002년	2003년	2004년	2005년	합계
Zone A	0－100m	—	1	5	5	4	4	2	21
	101－200m	—	—	4	8	11	2	—	25
	201－300m	—	—	1	10	7	—	1	19
	301－400m	—	—	1	10	4	1	3	19
	401－500m	—	—	—	4	—	—	3	7
	기타	—	—	—	1	—	—	—	1
	합계	—	1	11	38	26	7	9	92
Zone B	0－100m	—	—	2	9	2	—	—	13
	101－200m	—	—	—	8	5	1	1	15
	201－300m	—	—	2	2	2	—	—	6
	301－400m	—	—	—	1	—	—	—	1
	401－500m	—	—	—	3	1	1	—	5
	기타	—	—	—	—	—	—	—	—
	합계	—	—	4	23	10	2	1	40
Zone C	0－100m	2	1	13	6	11	5	2	40
	101－200m	—	—	8	6	2	2	3	21
	201－300m	—	—	—	4	4	—	—	8
	301－400m	—	—	—	—	3	—	—	3
	401－500m	—	—	—	9	1	—	—	10
	기타	—	—	—	—	—	—	—	—
	합계	2	1	21	25	21	7	5	82

(7) 현상변경 심의 결과

Zone A의 경우, 연도별 현상변경 심의 결과를 분석한 결과, 조건부 가결이 전체의 44%인 41건으로 분석되었다. 이는 대부분 2002년과 2003년 사이에 신청되어졌고, 2004년 이후로는 줄어들고 있었다. 심의가 통과된 것은 12건이었고, 부결과 보류가 각각 20건과 13건으로 분석되었다. 기타로는 심의 결과가 누락된 4건과 취하서 제출이 2건 있으며, 이 중 수원시 팔달구 장안동 49에 위치한 필지는 조건부 가결－보류－부결－부결－조건부 가결의 순서로 심의 결과가 나타났다. Zone B의 경우, 조건부 가결이 전체에 45%인 18건으로 분석되었다. 이는 2002년과 2003년 사이에 대부분 신청되었고, 2004년 이후로는 1건만 신청되었으며, 심의가 통과된 것은 9건이었고, 부결과 보류가 각각 4건과 8건으로 파악되었다. 또한, Zone C의 경우, 연도별 현상변경 심의 결과를 분석한 결과, 조건부 가결이 전체의 48%가 넘는 40건으로 분석되었다. 이는 대부분 2001년에서 2003년까지 신청되어졌고, 2004년 이후로는 연평균 3.5건으로 줄어들고 있었다. 심의가 통과된 것은 23건이었고, 부결과 보류가 각각 7건과 11건이 있으며, 이

〈표 7〉 연도별 현상변경신청 심의 결과 (단위 : 건수)

구분		1999년	2000년	2001년	2002년	2003년	2004년	2005년	합계
Zone A	가결	－	－	1	9	1	－	1	12
	조건부가결	－	1	3	20	11	4	2	41
	부결	－	－	4	3	8	2	3	20
	보류	－	－	3	4	3	1	2	13
	기타	－	－	－	2	3	－	1	6
	합계	－	1	11	38	26	7	9	92
Zone B	가결	－	－	－	7	2	－	－	9
	조건부가결	－	－	1	11	5	－	1	18
	부결	－	－	1	3	－	－	－	4
	보류	－	－	2	2	2	2	－	8
	기타	－	－	－	－	1	－	－	1
	합계	－	－	4	23	10	2	1	23
Zone C	가결	2	－	2	11	5	2	1	23
	조건부가결	－	1	8	14	10	4	3	40
	부결	－	－	4	－	3	－	－	7
	보류	－	－	7	－	2	1	1	11
	기타	－	－	－	－	1	－	－	1
	합계	2	1	21	25	21	7	5	82

중 수원시 팔달구 북수동 44-2에 위치한 필지는 조건보류-부결-조건부가결-가결의 순서로 심의 결과가 나타났다(표 7).

2) 경관가시성

(1) 장안문-팔달문 구간(Zone A)

① 개요

그림 3. 장안문-팔달문구간(Zone A) 지형 현황

장안문에서 팔달문 구간(Zone A)은 수원 화성에서 서부에 위치해 있고, 장안구 영화동, 장안동과 팔달구 화서동, 신풍동, 남창동, 고등동, 팔달로 1·2·3가, 영동, 중동에 인접해 있다. 장안문과 팔달문 구간은 표고가 낮은 평지에 위치해 있고, 이 두 문을 잇는 성곽이 팔달산을 따라서 축성되어 있어 표고가 높아졌다가, 화성 내부로 내려오면서 점차 표고가 낮아져 수원천에 이르러서는 비교적 완만한 지형을 형성하고 있다. 화성에서 가장 높은 지점은 서장대가 위치한 팔달산 정산으로 해발고도 140~145m의 범위 내에서 형성되어 있어 수원천이 통과하는 화성 내부와 최고 100m 이상의 높은 표고차를 보이고 있다(그림 3).

② 현황

장안문에서 팔달문 구간(Zone A) 내 주변 건축물들의 고층화로 인한 수원 화성의 왜소화를 야기시키는 요소인 장안문에서 300m 북쪽에 있는 '동성 영화타운 아파트'는 15층 건물로 제1종 일반주거지역으로 지정되어 있는 주변 건축물들에 비해서 확연히 높이 차이가 나 수원 화성의 왜소화 및 스카이라인 형

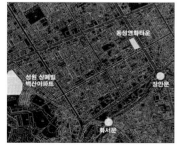

그림 4. 경관 가시성 저해요소(Zone A)

그림 5. 장안문에서 바라본 동성타운

그림 6. 화서문에서 바라본 동성타운

성을 저해하고 있으며, 또한 서북각루에서 400m 서쪽에 있는 '성원 상떼빌 아파트'와 '벽산 아파트'는 12~17층 건물로 주변의 15m 이상 높은 해발고도 75m에서 시작해서 구릉을 따라 86m 높이의 지형까지 위치해 있고, 건축물의 높이도 주변 건축물에 비해 20m 이상 높아서 성곽에서의 조망권 확보를 저해하고 있다(그림 4~7).

③ 조망점과 조망 경로

Zone A 내 경관 가시성을 확보하기 위한 조망점과 조망 경로를 선정한 결과, 대상지 내 조망점은 수원 시내를 전체적으로 조망할 수 있고, 장안문까지의 성곽의 굴곡을 볼 수 있는 서장대를 선정하였다(그림 8). 선정된 조망점은 북쪽으로 근경으로 자연경관을 조망할 수 있고, 중경으로 화성 성곽의 형태와 장안문을, 원경으로는 광교산에 의해 형성된 스카이라인을 조망할 수 있다(그림 10). 그리고 동쪽으로는 수원 화성 내부를 한 눈에 조망할 수 있고, 서쪽으로는 서호(西湖)가 조망이 가능하다. Zone A에서의 조망 경로는 화서문과 장안문을 포함한 성곽의 굴곡을 가장 잘 조망할 수 있고, 성곽 좌우에 조성된 공원으로 인해 자연경관을 조망할 수 있는, 서포루에서 서북각루까지 200m 구간을 선정하였다(그림 9). 이 조망 경로는 성곽의 굴곡이 심하고 서

그림 7. 서북각루에서 바라본 아파트단지

그림 8. 조망점(서장대)

그림 9. 조망 경로(서포루－서북각루)

그림 10. 조망점(서장대)에서 바라본 광교산과 화성

그림 11. 조망 경로(서포루 – 서북각루)에서 바라본 화성과 장안문

그림 12. 조망 경로(서포루 – 서북각루)에서 바라본 아파트단지(북서쪽)

포루와 서북각루의 해발고도가 20m 이상 차이가 나서 문화재의 전반적인 형태를 조망하기 용이하다(그림 11). 조망 경로의 동쪽으로는 녹지가 형성되어 있어 조망조건이 양호하나, 북서쪽으로는 아파트 단지가 인접해 있어 문화재를 왜소화시키고, 스카이라인의 형성을 저해하고 있다(그림 12).

(2) 팔달문 – 창룡문 구간(Zone B)

① 개요

Zone B는 팔달문에서 창룡문까지 구간으로 수원 화성에서 동남부에 위치하고 있고, 팔달구 팔달로 1·2·3가, 영동, 지동, 남수동에 인접해 있다. 팔달문의 해발고도는 46.3m로 비교적 원만한 지형에 위치해 있고, 성곽을 따라서 해발고도가 높아져서 대상지 내에서 가장 높은 곳에 위치한 창룡문의 해발고도는 83.2m이며, 대상구간 내의 성곽은 동남각루에서 시작해서 창룡문까지 해발고도가 완만하게 상승하면서 연결되어 있다(그림 13).

② 현황

팔달문에서 창룡문 구간(Zone B) 내 주변 건축물들의

그림 13. 팔달문–창룡문구간(Zone B) 지형 현황

고층화로 인한 수원 화성을 왜소화시키는 '수원제일교회'가 있다. Zone B 내에 위치한 봉돈에서 200m 서쪽에 있는 '수원제일교회'는 7층 건축물로 주위 건축물들에 비해 20m 이상 높고, 인근에 위치한 주택들보다 13m 이상 높은 해발고도 66.7m에 위치해 있다. 이는 조망 경로에서 화성의 해발고도보다 1m 정도 높은 위치다. 이 건축물은 서양적이고 수직적인 형태로 건축되어서 동양적이고 수평적인 문화재인 수원 화성과 부조화를 야기하고 있으며, 교회의 지붕과 첨탑은 성곽의 대다수의 구간에서 조망할 수 있다(그림 14~17).

③ 조망점과 조망 경로

    Zone B 내 경관의 가시성을 확보하기 위한 조망점과 조망 경로를 선정한 결과, 대상구간은 완만한 경사를 가지고 주변 경관의 변화가 크지 않아 특정한 장소에 머물러서 경관을 바라보기보다 도보를 통해 성곽의 굴곡과 주위 경관을 조망하기 적합함으로 조망점을 선정하지 않고 조망 경로만을 선정하였

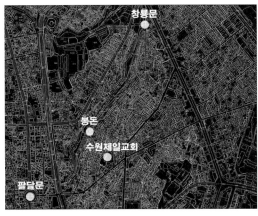

그림 14. 경관 가시성 저해요소(Zone B)

그림 15. 동삼치에서 바라본 교회건물

그림 16. 창룡문에서 바라본 교회건물

그림 17. 남포루에서 바라본 교회건물

그림 18. 조망 경로(동삼치－봉돈, 동포루－동일포루)

다. 첫 번째로 선정한 조망 경로는 봉돈과 성곽의 굴곡을 가장 잘 조망할 수 있고, 성곽의 서쪽으로 자연경관을 조망할 수 있는, 동삼치에서 봉돈까지 300m 구간을 선정하였다(그림 18). 이 조망 경로는 서쪽으로 근경으로 인접한 공원의 자연 경관과 중경으로 수원의 재래시장이 밀집한 도시경관을 조망할 수 있고, 원경으로는 팔달문과 팔달문 인근에서 남포루까지 이어진 성곽의 조망이 가능하다(그림 19).조망 경로의 북쪽으로 성곽의 굴곡으로 인해 봉돈과 동이포루가 한 눈에 조망이 가능했으나, 동쪽으로 200m 거리로 인접한 '수원제일교회'로 인해 문화재를 향한 시각이 분산되었다(그림 20). 두 번째로 선정한 조망 경로는, 봉돈과 동일포루를 비롯한 문화재와 성곽의 굴곡을 가장 잘 조망할 수 있는 동포루에서 동일포루까지 300m 구간을 선정하였다. 이 조망 경로는 북쪽으로 성곽의 굴곡과 동일포루가 조망 가능하고, 남쪽으로 봉돈과 동이포루까지 조망할 수 있다. 특히 이 구간은 동포루에서 남쪽을 바라보았을 때, 성곽의 굴곡으로 인해 성곽 외부에 조성된 공원과 성곽 전체의 형태를 조망할 수 있고, 봉돈의 형태를 화성 바깥의 시점에서 조망할 수 있다(그림 21).

그림 19. 조망 경로(동삼치 － 봉돈)에서 바라본 팔달산과 도시경관

그림 20. 조망 경로(동삼치 － 봉돈)에서 바라본 동이포루와 봉돈

그림 21. 조망 경로(동포루-동일포루)에서 바라본 녹지와 성곽, 봉돈

(3) 창룡문-장안문 구간(Zone C)

① 개요

Zone C는 창룡문에서 장안문까지 구간으로 수원 화성에서 북동부에 위치하고 있고, 장안구 영화동, 연무동과 팔달구 북수동, 매향동, 우만동, 남수동에 인접해 있다. 대상 구간의 지형은 일부 구간을 제외하고는 창룡문에서 장안문으로 가면서 지형이 높이가 차츰 낮아지는 형태를 취하고 있다(그림 22). 창룡문과 동북공심돈에서 해발고도가 85m 이상으로 가장 높고, 방화수류정 방면으로 성곽이 내려오면서 해발고도가 61.9m 으로 낮아진다. 방화수류정에서 65m로 해발고도가 다시 높아지고, 장안문방면으로 성곽이 연결되는 부분은 표고가 완만하게 낮아지고 있다.

② 현황

창룡문에서 장안문 구간(Zone C) 내 주변 건축물들의 고층화로 인한 수원 화성을 왜소화시키는 요소 중 창룡문에서 800m 동남쪽에 있는 '월드 메르디앙 아파트' 단지는 30층 건물들로 제2종 일반주거지역으로 지정되어 있는 주변 건축물들에 비해서 확연히 높이 차이가 나고, 지형 또한 주변 건축물들에 비해 10m 이상 높아서 화성 대부분의 구역에서 식별이 가능하다(그림 23). 특히, 연무대에서 창룡문을 바라볼 때, 창룡문을 병풍처럼 둘러싸고 있는 형태를 취하고 있어, 문화재를 왜소화시키고, 배경보존 측면과, 스카이라인 형성에 부정적인 영향을 준다(그림 24). 또한, 화홍문에서 450m 북쪽에 있는 'LIG 인재니움' 빌딩은 지상 13층

그림 22. 창룡문-장안문구간(Zone C) 지형 현황

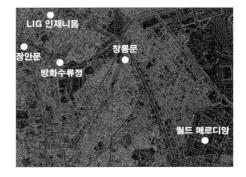

그림 23. 경관 가시성 저해요소(Zone C)

그림 24. 동장대에서 바라본 창룡문

그림 25. 조망점에서 바라본 용연

그림 26. 조망점에서 바라본 방화수류정

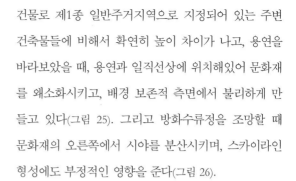

건물로 제1종 일반주거지역으로 지정되어 있는 주변 건축물들에 비해서 확연히 높이 차이가 나고, 용연을 바라보았을 때, 용연과 일직선상에 위치해있어 문화재를 왜소화시키고, 배경 보존적 측면에서 불리하게 만들고 있다(그림 25). 그리고 방화수류정을 조망할 때 문화재의 오른쪽에서 시야를 분산시키며, 스카이라인 형성에도 부정적인 영향을 준다(그림 26).

③ 조망점과 조망 경로

Zone C 내 경관의 가시성을 확보하기 위한 조망점과 조망 경로를 선정한 결과, 대상지 내 조망점은 성곽 바깥의 수원시 경관의 조망이 용이하고, 방화수류정과 용연을 한 번에 조망할 수 있는 방화수류정 동쪽 20m 지점을 선정하였다(그림 27). 선정된 조망점에서는 동쪽을 제외한 삼면으로 하향 조망이 가능하고, 동쪽으로는 성곽의 굴곡을 조망할 수 있다. 조망점에서 동쪽으로는 구릉지를 배경으로 성곽과 동북포루를 조망할 수 있고(그림 29), 서쪽으로는 근경으로 용연과 방화수류정을 조망할 수 있으며, 중경으로 장안문과 장안문까지 연결되는 화성이 전체적으로 조망이 가능하고, 원경으로 팔달산과 그 정상에 위치한 서장대까지 형성된 스카이라인을 조망할 수 있다(그림 30, 31). 조망점의 남쪽으로는 성곽에 근접해 조성된 녹지와 수원천을 조망할 수 있고, 조망점의 북쪽으로는 광교산에

그림 27. Zone C 내 조망점(방화수류정 동측 20m 지점)

그림 28. Zone C 내 조망 경로(창룡문 – 동장대)

그림 29. 조망점(방화수류정 동측 20m 지점)에서 바라본 동북포루

의해 형성된 스카이라인을 일부 조망할 수 있었으나, 화홍문 북쪽 300m 거리에 위치한 LIG 인재니움 건물과 장안문 인근의 영화타운 아파트 단지들에 의해 방화수류정이 왜소화되고, 스카이라인 형성을 저해하고 있어 조망이 불리하다. Zone C에서의 조망 경로는 동북공심돈, 창룡문과 연무대를 포함한 수원화성의 특징적인 건축물가 인접해 있고, 성곽의 굴곡을 가장 잘 조망할 수 있는 창룡문에서 동장대(연무대)까지 350m 구간을 선정하였다(그림 28). 이 조망 경로는 타원형으로 성곽이 위치해 있고, 인근 건축물들과 해발고도가 10m 이상 차이가 나서 시각의 막힘없이 문화재의 전반적인 형태를 조망하기 용이하다. 조망 경로의 동쪽으로는 고도가 낮고 녹지가 형성되어 있어 창룡문을 향한 조망 조건이 양호하나, 창룡문 동쪽에 위치한 '월드 메르디앙 아파트' 단지에 의해 문화재가 왜소화되고 있다(그림 32). 조망 경로의 서쪽으로는 원경의 조망이 가능하나 화홍문 북쪽 300m 거리에 위치한 'LIG 인재니움' 건물과 장안문 인근의

그림 30. 조망점(방화수류정 동측 20m 지점)에서 바라본 방화수류정

그림 31. 조망 경로(창룡문-동장대)에서 바라본 창룡문

그림 32. 조망 경로(창룡문-동장대)에서 바라본 동북공심돈과 성곽

'동성영화타운 아파트' 단지들에 인하여 조망이 좋지 않은 실정이고, 남쪽으로는 화성내부의 도시경관을 조망할 수 있다. 조망점의 북쪽으로는 성곽이 높아서 화성 바깥으로 조망 조건이 불리하나 문화재 고유의 형태를 조망하기 용이하다.

3) 토지 이용

(1) 장안문-팔달문 구간(Zone A)

① 용도지역 및 지구

장안문-팔달문(Zone A)구간 주변 토지 이용을 분석한 결과, 장안문에서 팔달문까지 이어지는 4번 국도를 따라서 도로 양 옆으로는 일반상업지역으로 지정되어 있다. 그 외의 장안문과 인접한 북쪽 지역과 장안문부터 팔달공원에 인접한 화성 내부는 대부분 제1종 일반주거지역[9]으로 지정되어 있고, 팔달산 서쪽과 남서쪽으로는 제2종 일반주거지역[10]이 지정되어 있으며, 서북각루에서 동쪽으로 350m 지점부터는 제3종 일반주거지역[11]이 지정되어 있다(그림 33). 또한, 주변 용도지구를 분석한 결과, 장안문에서 팔달문까지 이어지는 4번 국도를 따라서 도로 양 옆 약 300m의 폭으로 방화지구가 지정되어 있다.

그림 33. 주변 용도지역 현황

---

9) 제1종 일반주거지역 : 저층주택을 중심으로 편리한 주거환경을 조성하기 위하여 필요한 지역으로 4층 이하의 건축물로 건축을 제한하며, 경관지구 내에서의 건축제한은 이 조례에서 정한 경관지구의 규정에 의한다.

10) 제2종 일반주거지역 : 중층주택을 중심으로 편리한 주거환경을 조성하기 위하여 필요한 지역으로 15층 이하의 건축물로 건축을 제한한다.

11) 제3종 일반주거지역 : 중·고층 주택을 중심으로 편리한 주거환경을 조성하기 위하여 필요한 지역

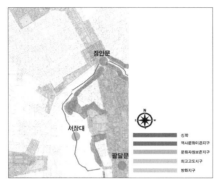

그림 34. 주변 용도지구현황

장안문과 인접한 북쪽 지역과 서장대에서 서쪽으로는 최고 고도 지구12)가 지정되어 있고, 장안문부터 팔달문에 이르는 구간까지 성벽과 팔달산을 따라서 성곽 내부로 역사 문화 미관 지구13)가 지정되어 있다. 화성행궁 앞 광장과 팔달문 서쪽으로 성곽이 끊겨진 공간으로는 문화 자원 보존 지구14)가 지정되어 있다(그림 34).

② 현황

또한, 장안문에서 팔달문 구간(Zone A) 내 토지 이용의 특이성(건축물의 고층화)으로 인한 수원 화성(보존대상 문화재)의 스카이라인 확보 및 배경 보존적 측면의 어려움을 야기시키는 장안문에서 300m 북쪽에 있는 '동성 영화타운'은 일반상업지구 내에 위치해 있다. 이 아파트는 15층 건물 제1종 일반주거지역으로 지정되어 있는 주변 건축물들과 최고 고도 지구에 지정되어 있는 남쪽 건축물들에 비해서 높이 차이가 나는 것을 확인할 수 있다(그림 35). 또한, 서북각루에서 400m 서쪽에 있는 '성원 상떼빌 아파트'와 '벽산 아파트'는 12~17층 건물로 제3종 일반주거지역 내에 위치해 있다. 이 아파트 단지에 인접한 지역은 북쪽에 공원이 위치하고, 동쪽과 서쪽이 제1종 일반주거지역으로 지정되어 있고, 남쪽은 제2종 일반주거지역으로 지정되어 있는데, 이 아파트 단지의 경우 고립된 형태로 제3종 일반주거지역으로 지정되어 있다(그림 36).

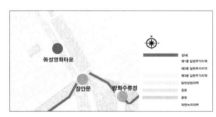

그림 35. 동성영화타운 주변 용도지역현황

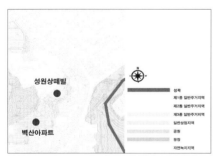

그림 36. 성원 상떼빌. 벽산 아파트 주변 용도지역현황

(2) 팔달문－창룡문 구간(Zone B)

① 용도지역 및 지구

팔달문－창룡문(Zone B) 주변 토지 이용을 분석한 결과, 팔달문에서 동남각루에 이르기 전까지 200m 구간은 일반상업지역으로 지정되어 있다. 그 외의 동남각루부터 창룡문까지 화성 내부는 제1종 일반주거지역으로 지정되

---

12) 최고고도지구 : 도시의 환경과 경관을 보호하고 과밀방지를 위하여 건축물 높이의 최고한도를 정할 필요가 있는 지구
13) 역사문화미관지구 : 문화재와 문화적으로 보존가치가 큰 건축물 등의 미관을 유지·관리하기 위하여 필요한 지구
14) 문화자원보존지구 : 문화재·전통사찰 등 역사·문화적으로 보존가치가 큰 시설 및 지역의 보호와 보존을 위하여 필요한 지구

어 있고, 화성 외부 300m까지도 제1종 일반주거지역으로 지정되어 있으며, 300m 외곽으로는 제2종 일반주거지역이 지정되어 있다(그림 37). Zone B 주변 용도지구를 분석한 결과, 팔달문에서 장안문까지 도로를 따라서 300~400m의 폭으로 방화지구[15]가 지정되어 있고, 팔달문아래 일반상업지역을 따라서 방화지구가 지정되어 있다. 팔달문에서 장안문까지 300~400m 폭 구간과 봉돈에서 북쪽으로 150m 지점부터 창룡문까지 성 외곽으로는 최고 고도 지구가 지정되어 있으며, 동남각루부터 창룡문까지 성곽의 내·외부를 따라서 역사문화미관지구가 지정되어 있다(그림 38).

② 현황

팔달문에서 창룡문구간(Zone B) 내 토지 이용의 특이성(건축물의 고층화)으로 인한 수원 화성의 스카이라인 확보 및 배경 보존적 측면의 어려움을 야기한 요소는 봉돈에서 200m 서쪽에 있는 '수원제일교회'는 제1종 일반주거지역 내에 위치해 있다. 이 교회는 7층 건축물로 주변 60m 이상의 지역이 모두 제1종 일반주거지역으로 지정되어 있음을 알 수 있다(그림 39).

(3) 창룡문 – 장안문 구간(Zone C)

① 용도지역 및 지구

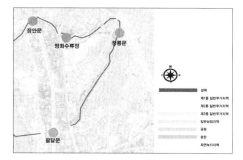

그림 37. 용도지역현황(Zone B 일원)

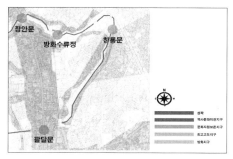

그림 38. 용도지구현황(Zone B 일원)

그림 39. 수원제일교회 주변 용도지역현황

창룡문 – 장안문(Zone C) 주변 토지 이용을 분석한 결과, 화홍문부터 장안문까지 성곽과 인접한 면을 따라 남쪽으로는 일반상업지역으로 지정되어 있고, 이는 수원천의 서쪽을 따라 팔달문까지 계속된다. 창룡문부터 화홍문까지는 성곽의 내·외부에 인접한 면은 제1종 일반주거지역으로 지정되어 있고, 화홍문에서 장안문까지 성벽 바깥으로는 인접한 면을 따라 모두 제1종 일반주거지역으로 지정되어 있다(그림 40).

---

15) 방화지구 : 도시계획법에 의거하여 도시에서 화재 따위의 재해의 위험을 예방하기 위하여 필요한 때에 정하는 지구

그림 40. 용도지역현황(Zone C 주변)

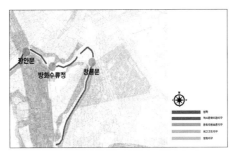

그림 41. 용도지구현황(Zone C 주변)

그림 42. 월드메르디앙 주변 용도지역현황

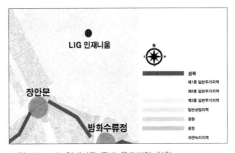

그림 43. LIG 인재니움 주변 용도지역 현황

Zone C 내에 위치한 화홍문부터 장안문까지 성곽과 인접한 면을 따라 남쪽으로 는 방화지구가 지정되어 있고 이는 수원천의 서쪽을 따라 팔달문까지 계속된다. 장안문에서 북쪽으로 300m까지와 화홍문부터 장안문까지 구간의 남쪽으로 지정된 방화지구를 따라서 최고 고도 지구가 지정되어 있으며, 창룡문에서 장안문까지 성곽의 내·외부를 따라서 역사문화미관지구가 지정되어 있다(그림 41).

② 현황

창룡문에서 장안문 구간(Zone C) 내 토지 이용의 특이성(건축물의 고층화)으로 인한 수원 화성(보존대상 문화재)의 스카이라인 확보 및 배경 보존적 측면의 어려움을 야기한 요소창룡문에서 800m 동남쪽에 있는 '월드메르디앙 아파트' 단지는 제3종 일반주거지역 내에 위치해있다. 이 아파트는 30층 건물로 북쪽과 서쪽으로는 500m 이상의 지역이 제1·2종 일반주거지역으로 지정되어 있고, 남쪽과 동쪽으로도 300m 이내의 지역은 제2종 일반주거지역과 공원, 일반상업지역으로 지정되어 있어, 전체적으로 고립된 형태의 지구 지정이 되어 있다(그림 42). Zone C 주변 경관 가시성을 분석한 결과, 화홍문에서 450m 북쪽에 있는 'LIG 인재니움' 빌딩은 제1종 일반주거지역 내에 위치해 있다. 건축물이 위치한 지역을 포함한 사방 300m 이상이 제1종 일반주거지역으로 지정되어 있다. 건축물의 동쪽 450m 지점은 최고 고도 지구로 지정되어 있고, 서쪽으로 400m 외측에는 일반상업지구와 방화지구로 되어 있다(그림 43).

4) 고찰

수원 화성 주변의 현상 변경 실태와 경관 가시성, 토지 이용을 분석한 결과, 수원 화성 주변은 주민들의 재산권 행사를 제한하고 이에 따른 문화재 주변 경관 보존이 서로 대립하고 있음을 파악할 수 있다. 주민들의 재산권 행사에 대한 요구는 주택을 포함한 다양한 건축물의 현상 변경 신청으로 나타났고, 이러한 현상 변경 신청은 영향 검토지역 내 전 구간에서 발생하였다. 이러한 주민들의 재산권 행사를 최대한 보장하고 문화재 주변의 경관을 보존·관리하는데 있어 수원 화성에서 지형을 고려한 조망점과 조망 경로 상에 있는 즉 문화재와 인접하지는 않지만 주변 건축물보다 높은 지형에 위치해 있거나, 확연한 높이 차이를 보이는 현대화된 고층 건축물들이 이질적인 스카이라인을 형성하고, 문화재를 왜소화시켜 경관의 질에 부정적인 영향을 미친다는 것을 파악할 수 있었다(그림 44, 45).

이러한 건축물들은 지금까지 높이 규제를 통해 잘 지켜진 수원 화성 주변의 경관을 저해하는 요소로 작용하였으며, 문화재와의 이격거리가 가깝지 않더라도 그 건축물의 높이가 지나치게 높거나 조망 시 중요 지점과 인접할 때, 경관의 질을 저해함을 파악할 수 있었다(그림 46).

현재 수원시에서는 수원 화성 경관 보존 관리를 위해서 화성 내부에 위치한 건축물을 중점적으로 관

그림 44. 수원 화성과 높이 차이를 보이는 건축물(1)

그림 45. 수원 화성과 높이 차이를 보이는 건축물(2)

그림 46. 문화재로부터 이격거리 500m 밖 초고층 건축물

그림 47. 고층건물 변형 시뮬레이션 결과(1)

리하고 있고, 향후 매입 등의 다양한 정책을 실시하고 있다. 그에 비해 화성 외부에 위치하고 문화재에 인접한 건축물에 대해서는 화성 내부에 비해 완화된 규제를 적용하고 있다. 이를 해결하기 위해서 수원 화성의 왜소화 방지, 원경으로서의 스카이라인 확보, 배경 보존적 측면에서 경관 보존·관리는 획일적인 이격거리에 따른 규제에서 벗어나 조망 점과 조망 경로에 따른 가시성을 바탕으로 수립하여야 하며, 문화재와 인접해 있고, 주변 건축물에 비해 확연한 가시성을 가지는 고층 단독 건축물에 대해서는 활발히 부지 매입을 추진해야 한다. 또한, 대상지 내의 조망 점은 각각 화성에서 사방으로 조망이 가능한 광교산과 같은 산지를 향한 방향으로 펼쳐지는 스카이라인과 파노라마 경관이 주된 요소로 자리 잡아야 하며, 또한 '월드메르디앙'이나 '성원 상떼빌'과 같은 높은 지형에 위치한 고층 건물들에 의한 경관의 질이 저해되는 것을 방지할 수 있다. 이와는 반대로 팔달산에 인접해 서쪽 방향으로 길게 위치한 제1종 일반

그림 48. 고층 건물 철거 후 시뮬레이션 결과(2)

주거지역은 지형의 낮고, 조망점이 산지라서 더 높은 건축물이 들어서도 조망점에서의 스카이라인 형태 보존에 영향을 미치지 않는다는 것을 파악할 수 있었다(그림 47-49).

이에 따라, 제3종 일반주거지역으로 지정되어 있으나, 문화재와 거리가 멀고 지형의 높이가 주변보다 10m 높은 '월드메르디앙 아파트' 단지는 단기적으로는 아파트 단지 지붕부에 일부 높이 변화와 경사 지붕을 도입하여 수평적 경관 요소를 변화와 경관적 조화성을 확보토록 개선하며, 조망점에서의 수목 식재에 의한 차폐 효과를 이용하며, 장기적으로는 제2종 일반주거지역으로 강화된 용도 지구 지정을 통해 경관을 보존해야 한다. 문화재와 거리가 가깝고 숙지산에 위치해 지형의 높이가 주변보다 15m 이상 높은 '벽산 아파트'와, '성원 상떼빌 아파트' 단지는 스카이라인과 녹지 경관과의 부조화를 극복하기 위해,

그림 49. 고층건물 변형 시뮬레이션 결과(3)

단기적으로는 숙지산과 유사한 색채계획으로 아파트 단지의 이질감 개선과 이를 통한 경관의 질을 개선하고, 장기적으로는 제1종 일반주거지역으로 지정하여 건축물의 높이를 제한할 수 있도록 한다. 그리고 팔달산 서쪽은 제1종 일반주거지역에서 제2종 일반주거지역으로 좀 더 완화된 용도지구 지정을 통해, 조망점에서 경관을 보존·관리할 수 있다(그림 50~53). 이러한 용도지구의 지정과 더불어 「세계유산 협약 운영지침」 제17조[16]에 따르면 문화유산의

그림 50. 월드메르디앙 주변 용도지역현황

그림 51. 제안된 용도지역(1)

16) 완충구역은 유산에 대하여 부가적인 보호기능을 주기 위하여 사용을 제한한 유산의 주변 지역을 의미하며, 등재 신청된 문화 또는 자연유산 보존에 필요하다면 언제든지 적절한 완충구역을 유산 주위에 설정하여야 하며, 필요한 보호조치를 취하여야 한다.

그림 52. 벽산아파트 단지 주변 용도지역현황   그림 53. 제안된 용도지역(2)

보호를 위하여 완충구역을 설치하여야 하며, 필요한 보호조치를 취하도록 하고 있다. 이에 근거하여 수원 화성 성곽의 5.7km로 둘러싸인 약 40만

평 공간은 보존 및 복원적 유산 보호 역할을 위하여 역사문화경관지구로 지정하여 화성 특성을 고려한 시가지 경관을 정비하고 경관 고도 규제 관리 방안을 마련해야한다. 이와 더불어, 성곽 외곽으로 500m 이내는 제1차 완충구역으로서 근경·중경 관리구역으로 설정하여 화성 주변 경관관리를 위한 경관지침을 설정하고, 500~1,500m의 범위는 제2차 완충구역으로서 원경 관리 구역으로 설정하고 원경 관리를 위한 경관 심의 제도를 마련해야 한다. 또한 'LIG 인재니움'과 '수원제일교회'와 같이 인접된 건물들에 비해 지나치게 높은 단독 건축물들은 단기적으로는 수목 식재를 통한 차폐를 이용한 방법을 통해 경관의 가시성을 다소 향상시키고, 장기적으로는 향후 매입·철거하여 문화재의 왜소화와 이질적인 스카이라인 형성을 방지하고, 이를 통해 조망점에서 경관을 보존·관리할 수 있다.

4. 결론

본고는 문화재 주변 지역의 경관 보존·관리에 있어 조정의 틀을 제시하기 위한 것으로, 국가지정 문화재이면서 세계문화유산인 화성(사적 제3호)을 사례로 1999년부터 2005년까지의 문화재 영향 검토 구역 현상 변경에 관한 문화재위원회의 자료를 토대로, 역사문화경관의 보존관리에 관한 문헌조사, 관찰, 사진촬영, 인터뷰 등의 현장조사를 통하여 수원 화성의 현상 변경 실태 및 주요 조망점과 조망 경로에서의 경관의 가시성과 토지 이용에 대한 분석·평가·조정을 통한 수원 화성의 왜소화 방지, 스카이라인 형태 보존, 조망권 확보, 경관 보존·관리 운영체계 등을 검토하여 수원 화성 주변지역 역사 문화 경관의 보존·관리 방안을 도출한 바, 집약된 결론은 다음과 같다.

첫째, 수원 화성 주변의 현상 변경은 영향 검토 지역 내 전 구간에서 발생하고 있으며, 특히 건축물의 신축과 증축과 같이 문화재 주변 경관과 가시성에 영향을 미치는 현상 변경이 대다수를 차지하고 있음을 파악할 수 있었다. 또한, 주위 건축물에 비해 확연히 높이가 높은 단독건축물이나 아파트 단지 주위에 현상 변경 신청이 다수 신청됨을 파악할 수 있었고, 주택시설에 대한 신축 신청이 많아서 주민들의 직접적인 생활과 연관된 것을 알 수 있었으며, 가장 주요한 현상 변경 신청은 문화재와 이격거리 200m 내에 존재하고 있어 역사문화경관과 밀접한 연관이 있음을 파악할 수 있었다. 이는 주민들의 재산권 행사를 최대한 보장하고 문화재 주변의 경관을 보존하는데 있어 수원 화성에서 지형을 고려한 조망점과 조망 경로 상에 있는 즉 문화재와 인접하지는 않지만 주변 건축물보다 높은 지형에 위치해 있거나, 확연한 높이 차이를 보이는 현대화된 고층 건축물들이 이질적인 스카이라인을 형성하고, 문화재를 왜소화시켜 경관의 질에 부정적인 영향을 미치는 것임을 파악할 수 있었다. 또한, 문화재 주변의 보수·정비에 관한 현상 변경 신청 비율이 점점 높아지고 있는 것을 통해, 문화재 주변지역 경관보존에 대한 관심이 높아졌음을 확인할 수 있었다.

둘째, 수원 화성의 경관 가시성은 경관 보존 심의 구역을 선정하는 데 기준이 되는 거리, 지형 시점, 규모 등을 고려하여 조망점과 조망 경로를 선정한 결과, 장안문－팔달문(Zone A)구간에서는 조망점의 경우 하향 조망경관이 우수한 서장대와 조망 경로는 화서문과 장안문을 포함한 성곽의 굴곡을 잘 조망할 수 있는 서북각루에서 서포루까지 200m 구간을 선정하였으며, 팔달문－창룡문(Zone B)구간에서는 완만한 경사 및 주변 경관 변화 등의 요인으로 인해 자연경관과 봉돈을 가장 잘 조망할 수 있는 동삼치에서 봉돈까지 300m 구간의 조망 경로만 선정하였다. 창룡문－장안문(Zone C)구간에서는 조망점의 경우, 방화 수류정과 용연을 한 시야에서 조망할 수 있는 방화수류정 일원을 선정하였으며, 조망 경로로는 성곽 내에서 성곽의 바깥 면을 조망할 수 있는 동포루에서 동일포루까지 300m 구간과 창룡문과 동북공심돈을 포함한 문화재와 성곽의 굴곡을 전 구간을 통틀어 가장 잘 조망할 수 있는 창룡문에서 연무대까지 350m 구간을 선정하였는바, 이러한 경관 가시성을 중심으로 보존 대상이 되는 수원 화성을 조망할 경우 방해가 되지 않도록 주요 가시영역에서 건축물이나 시설물의 입지를 제한하거나 층고를 규제하는 등의 방안을 마련하여 경관 가시성을 확보하는 방안이 필요함을 파악할 수 있었다.

셋째, 수원 화성 주변의 토지 이용은 성곽과 연접한 대부분의 지역이 공원과 제1종 일반주거지역으로 설정되어 있었으며, 수원천을 따라서 천변으로는 일반상업지구가 지정되어 있었다. 문화재와 500m 이내 인접한 지역 중 일부 구간에는 제2종 일반주거지역과 제3종 일반주거지역으로 설정되어 있어, 문화재와 일정한 거리에 따라 토지 이용이 일관성을 유지하지 못하고 있음을 파악 할 수 있었던 바, 향후 수원 화성 주변 관리계획 수립 및 관리방안 수립 시 건축 행위를 비롯한 각종 개발 행위를 허용한 후 건축물 또는 구조물의 규모 및 외관에 대한 규제를 하는 것보다 근원적으로 개발 행위가 발생하지 않도록 토지의 형질 변경, 입지의 선정 등과 같이 사전적 차원에서의 규제 및 주민의 경제적 활동에 지장을 초래하는 무분별한 규제를 억제하고 이를 최소화하여야 한다. 규제행위에 대해서는 이를 최대한 보상할 수 있는 지역 경제와의 연계적 차원에서의 관리 및 주민의 경제활동 및 주변 주민생활에 지대한 영향을 초래할 문화재 행정에 해당 지역주민 참여 방안 등이 마련되어야 함을 파악할 수 있었다.

넷째, 문화재 주변 지역의 경관 보존을 위해서는 수원 화성 사례에서와 같이 경관 보존의 대상이 되는 전체 문화재에 대해 조망점과 조망 경로를 사전에 설정·고시하는 것이 시급하다는 결론을 도달하였으며, 이는 2007년 문화재청의 문화재위원회에 신설된 문화재경관분과위원회 심의 시 기준 자료로 활용하여 역사 문화 경관의 진정성과 완전성을 확보하고 심의의 객관성과 통일성 그리고 일관성을 유지하도록 하여야 하며, 또한 문화재청은 국가지정문화재에 대하여, 각 시·도에서는 시·도지정문화재에 대하여 전문가 집단에 의한 문화재 영향검토 지역의 경관 평가를 실시하여 『문화재보호법시행규칙』제18조의2(국가지정문화재 등의 현상변경 등의 행위) 제3항[17] 규정에 따라 관보 등에 고시하여 누구든지 상시적으로 열람할 수 있도록 하여야 한다. 동시에 『국토의 계획 및 이용에 관한 법률』상 '역사문화경관지구'로 지정된 것으로 본다는 당연 규정을 명시하여 법률 간의 체계성 및 안정성을 확보하여야 한다.

다섯째, 향후 문화재 주변 조망점과 조망 경로에 따른 경관 가시성에 의한 경관 보존·관리 방안은 문화재청의 『문화재보호법』에서만 다루는 것은 문화재 행정에 한계에 직면하거나 정치적·사회적인 갈등을 초래하여 민원 발생요인이 되므로 『국토의 계획 및 이용에 관한 법률』에 따라 지정·고시하는 경관지구에 '역사문화경관지구'(가칭)를 신설하고 이 지역을 제1종 지구단위계획으로 지정하여 관리계획을 결정 특별관리한다. 또한, 『같은 법』에 의한 도시기본계획의 내용, 도시기본계획 수립 기준, 도시관리계획 도서 및 계획 설명서 작성기준, 도시관리계획의 수립 기준에서 시점을 규정하고, 지형도면의 작성·고시방법 의하여 명시한 도면에 시점을 명시하도록 하여야 한다.

여섯째, 문화재 주변 지역의 경관보존관리를 위해서는 『건축법(건축조례)』에서는 '역사문화경관지구 내에서의 건축'이란 조항을 신설하여 『건축법(건축조례)』과 『문화재보호법』그리고 『국토의 계획 및 이용에 관한 법률』에서 역사문화경관 보호를 위한 토지 이용 및 건축행위 등이 서로 상충되지 아니하고 일치하게 만들고, 『경관법』에 의해 경관계획, 경관사업, 경관협정 등이 상호 보완적으로 이루어지도록 「역사경관조례(가칭)」 또는 「경관조례(가칭)」를 제정하여야 하며, 경관보존 관리를 위한 사전

---

17) 문화재청장은 국가지정문화재를 지정한 때에는 그 지정고시가 있는 날로부터 1년 이내에 당해 국가지정문화재의 일조량에 영향을 미치거나 경관을 저해할 우려가 있는 건축물 또는 시설물을 설치·증설하는 행위 등에 해당하는 행위의 구체적인 범위를 정하여 고시하여야 한다.

조치가 『문화재보호법』, 『국토의 계획 및 이용에 관한 법률』, 『건축법』, 『경관법』, 『옥외광고물 등 관리법』 등에서 상호 유기적으로 반영되었을 경우에는 문화재 영향 검토 지역 즉 역사문화경관지구내 의 토지 이용 행위 및 건축 행위에 대한 평가는 『문화재보호법령』에 의한 '중앙 문화재위원회'에나 '시·도 문화재화재위원'에서 심의하는 것보다는 『건축법(건축조례)』에 의한 '건축위원회'나 『경관법』에 위한 '경관위원회'에서 심의 처리하도록 하여 행정의 신속성과 민원의 만족성을 높이도록 하여야 한다.

본고는 문화재 주변지역의 경관 보존·관리에 있어 조정의 틀을 제시한 것으로, 향후 개별 문화재 주변 현상 변경 실태를 중심으로, 조망점과 조망 경로에 따른 경관 가시성을 바탕으로 한 토지 이용의 제안을 통해 개별 문화재 주변 영향 검토지역의 보존관리운영체계방안(지구지정 및 행위제한)을 도출하기 위한 기준 마련 등 구체적이고 실증적인 연구가 이루어져야 할 것으로 사료되며, 이는 추후과제로 남기기로 한다.

■ 참고문헌

강규민(2000), 읍성의 공공시설 배치규범에 관한 연구-충남지방의 14개 읍성을 중심으로, 대전대학교 석사학위 논문

강병기(1996), 도시속의 역사문화환경. 대한건축학회, 건축 206 (1996.7), pp.14-19

강태호(2005), 고도보존법과 역사문화도시 보존, 한국전통조경학회지, 3 : pp.10-22.

강현(1995), 읍성의 공간구조 및 건축물 변천에 관한 연구-조선중기 사회변동에 따른 도시화 과정을 중심으로, 서울대학교 대학원 석사학위 논문

길지혜(2005), 수원 화성행궁 일대 역사문화환경 가꾸기 계획, 서울대학교 대학원 석사학위논문

김동욱(2002), 화성성역의궤의 건축사적 의의. 진단학회, 진단학보, 93 : pp.473-495

김동훈(2003), 수원 화성경내의 보전과 회복에 관한 연구-점·선·면요소 분석에 의한, 홍익대학교 대학원 박사학위논문

김란기(2005), 경관법 체제하에서 역사문화유산의 보전 전략, 한국건축역사학회, 05년 추계 : pp.267-277.

김선범(1999), 성곽의 도시 원형적 해석-조선시대 읍성을 중심으로, 한국도시지리학회지. 2(2) : pp.17-27.

김수연(2004), 한국 전통도시의 공간구성에 관한 연구-경북 성주읍치를 중심으로, 대구대학교 대학원 석사학위논문

김충식·김영모(2006), 고도보존지구분류를 위한 보존가치 평가 기법에 관한 연구-부여군을 대상으로, 한국전통조경학회지, 24(3) : pp.118-132

도동철(2003), 문화재 주변 건축물의 높이규제 방안에 관한 연구, 연세대학교 대학원 석사학위논문

박영진(2001), 화성성역의 환경디자인에 관한 연구-다산 정약용의 실학사상을 중심으로, 한양대학교 대학원 박사학위논문

박종길(1974), 수원성곽에 관한 연구, 서울대학교 대학원 석사학위논문

서울시(1981), 서울시 도심고도제한 기준에 관한 연구

신유승(2002), 역사문화환경 보전을 통한 도시공간 재구성 방안 연구-수원 화성 성곽을 중심으로, 서울대학교 대학원 석사학위논문

신행우(2003), 도시공간구조의 성장과 변화에 관한 연구-수원시 수원성을 중심으로, 세종대학교 대학원 석사학위논문

심수보(1991), 우리나라 성곽도시(도성·읍성)의 공간구성에 관한 연구, 경원대학교 대학원 석사학위논문

예경록·엄붕훈(2000), 우리나라 전통경관보전의 제도적 방법론에 관한 연구, 대한국토도시계획학회지

35(2) : pp.127-140.

예명해·최창길(1994), 지방도시의 전통공간 보존에 관한 연구(1)−상주읍성을 중심으로, 대한국토도시계획학회지, 29(3) : pp.99-124.

원선미(2004), 수원 화성경내의 도시조직 특성과 변화에 관한 연구−가로체계와 필지조직을 중심으로, 서울시립대학교 대학원 석사학위논문

유봉학(1996), 화성성역에서의 치수와 농업진흥책−만석거와 남수문 문제의 재조명, 한신대학교 출판부, 한신논문집, 13 : pp.459-478.

윤종태(2002), 수원 화성(유천성) 원형경관에 나타난 버드나무에 관한 연구, 한경대학교 대학원 석사학위논문

이달호(2003), 화성 건설 연구, 상명대학교 대학원 박사학위논문

이상구(1984), 조선중기 읍성에 관한 연구−여지도서의 분석을 중심으로, 서울대학교 대학원 석사학위논문.

이영경·민창기(1998), 경관경험의 향상을 위한 문화 역사 지역의 경관계획 및 관리에 대한 연구−경주시 문화재와 주변지역을 중심으로, 한국조경학회지, 25(2) : pp.155-165.

이왕기 외(1997), 역사적 문화환경의 효율적 보존계획을 위한 시민의식 조사연구, 대한건축학회논문집, 101 : pp.145-156.

장영실(1990), 수원시 공간구조 변천에 관한 연구, 이화여자대학교 대학원 석사학위논문

장효민(2000), 18세기 수원 화성의 건축의장 특성에 관한 연구, 홍익대학교 대학원 석사학위논문

정성태 외(2000), 한국과 일본의 역사도시 경관관리법규의 비교−경주시와 나라시의 사례로, 한국조경학회지, 28(3) : pp.105-115.

정해득(1999), 정조대 수원 이읍과 이후의 변화양상−수원지역 읍지를 중심으로, 경기사학회, 경기사학, 3 : pp.89-145.

조우현(2001), 문화재주변의 경관지구 설정에 관한 연구, 서울대학교 석사학위논문

최만봉·신상섭·김세천·오동현(1992), 전주시 역사경관의 보존관리를 위한 기초연구, 한국전통조경학회지, 10(2) : pp.33-52.

최형석(1999), 역사경관보전을 위한 건축물 높이규제에 관한 연구, 서울대학교 대학원 박사학위논문

최형석(2000), 수원시 역사경관보전을 위한 방안−건축물 높이규제를 중심으로, 사회과학논집, 12 : pp.181-195.

최홍규(1997), 정조대의 화성경영과 장용외영 문제−특히 읍민대책과 관련하여, 경기사학회, 경기사학, 1 : pp.19-48.

저자 약력

구영일 yikoo@unitel.co.kr
1985년 영남대 조경학과, 1988년 한양대 환경대학원 공학석사, 1994년 조경기술사(42회), 2005년 상명대 이학박사 취득.
1987년 롯데잠실건설본부에서 롯데월드 조경설계·감리·감독으로 근무하였으며, 1994년 한솔그룹에서 클럽700CC, Oak Valley Resort 등의 조경설계 및 조경공사 감독으로 근무하였고, 1999년 인천국제공항 조경공사 현장소장을 거쳐 2002년부터 현재까지 기술사사무소 영일조경을 운영하며 서울시를 비롯한 많은 조경계획 및 설계 실무과업을 수행하며 전통과 한국성을 고민하며 한양대 공학대학원, 상명대 환경조경학과에서 강의하고 있다.

김상엽 happybard@naver.com
홍익대학교 대학원 미술사학과에서 "남리 김두량의 회화 연구"로 석사학위, 성균관대학교 대학원 동양철학과에서 "소치 허련의 생애와 회화활동 연구"로 예술철학 전공의 박사학위를 취득했다. 사단법인 유도회 한문연수원에서 한문을 수학했고 한국미술연구소에서 근무하였으며 여러 대학에서 미술사 강의를 했다. 2001년부터는 문화재청 인천국제공항 문화재감정관으로 근무하며 전통미술에 대한 몇 권의 책을 냈다. 최근에는 한국 근대의 고미술품 유통과 수장가에 대한 연구에 몰두하고 있다. 미술과 사회, 시대와 이미지의 변화 등에 관심이 많으며 우리나라 미술자료를 정리하고 영인하여 연구자와 이 방면에 관심있는 이들에게 제공하려는 '꿈'을 갖고 있다.

김한배 hbkim@uos.ac.kr
서울시립대(1979)와 서울대 환경대학원(1981), 다시 서울시립대 대학원(1994)에서 조경학 학사, 석사, 박사를 마쳤다. 대구대학교 조경학과(1986-2002)와 서울시립대 조경학과(2002-현재)에서 조경설계 및 현대조경론, 경관계획론 등을 강의하고 있다.
'미술과 조경양식 간의 관계', '도시경관계획의 방법론', '현대 환경설계에 있어서 지역성 구현의 층위' 등에 관심을 갖고 공부하며 글을 써오고 있다.

노재현 orchid@woosuk.ac.kr
1988년과 1993년 경희대학교 대학원 조경학과에서 석·박사 학위를 취득했다. 1994년 이후 현재까지 우석대학교 조경도시디자인학과 교수로 재직 중이며 '식물 및 경관관리'를 담당하고 있다.
역사문화경관에 담긴 서정의 아름다움에 푹 빠져 보이는 경관 이면에 담겨진 의미와 상징을 찾기 위해 노력 중이다. 지금은 '팔경과 구곡'에 깃든 우리네 선인들의 삶과 문화적 원형을 찾는 작업을 진행 중이다.
틈틈이 취미로 배우고 몸으로 느꼈던 야생란(Wild orchid)의 분류와 재배이론을 모은 "야생란의 세계"라는 코너를 월간 〈蘭과 生活〉에 3년째 연재하면서 가끔씩 '野生으로의 逸脫'을 꿈꾸기도 한다.

박동석 gkpds1@hanmail.net

1982년부터 문화재청의 조선왕궁과 왕릉관리소, 기념물과, 사적과, 문화재정책과, 궁능문화재과를 거쳐 2009년 2월부터 고도보존팀에서 근무하고 있다. 1993년 한국방송통신대학교 행정학과(행정학사), 2005년 동국대학교 행정대학원 행정학과(행정학 석사)를 거쳐 2007년 상명대학교 대학원 환경자원학과에서 "문화재 주변 역사문화환경 보존 방안에 대한 연구" 논문으로 박사학위를 취득한 후, 현재 배재대학교 생명환경디자인학부에 출강하고 있다. 2005년에는 그간 문화재 행정을 수행하면서 터득한 문화재보호법령의 지식과 정보를 바탕으로 해설과 판례를 곁들여 '문화재보호법'이란 책을 출간하여 문화재 담당 공무원과 문화재 수리기술 자격 시험 응시자 등에게 문화재 보호 길잡이로서 호평을 받고 있으며, 전통문화연수원 등에서 문화재보호법에 대해 강의하고 있다.

앞으로 전통조경 사상과 철학을 바탕으로 역사문화환경과 역사문화지리에 관심을 가져 조경학을 사회과학적인 관점과 인류학적 관점에서 연구하여 조경사 발전에 기여하고자 한다.

신상섭 ssshin@woosuk.ac.kr

청주대학교 조경학과를 졸업하고, 고려대학교 대학원에서 '전통주거공간 외부경관의 구성체계에 관하여'란 주제로 박사학위를 취득했다. 1989년부터 우석대학교 조경학과 교수로 재직중이고, 미국 Colorado 주립대학교 조경학과 초빙교수를 역임했으며, 자원개발 및 환경계획연구소장을 맡고 있다.

현재 한국전통조경학회 학회장, 문화재청 문화재전문위원, 전라북도 문화재위원 및 기술심의위원장을 수행하고 있다. 주요 저서로 동양조경문화사(1996, 공저), 조경시공학(2003, 공저), 한국의 전통생태학(2004, 공저), 한국의 전통마을과 문화경관 찾기(2007), Korean Traditional Landscape Architecture(2007, 공저) 등이 있다.

이상필 lsp3894@hanmail.net

1971년부터 기술직 공무원으로 2005년까지 문화재청에 근무하면서 경주 안압지 조경사업과 진주성, 황룡사지, 감은사지, 익산미륵사지, 청평사지 정비, 월정교지조사, 경복궁, 창덕궁 복원, 국립중앙박물관 건립사업 등의 업무를 순간 순간 수행했으며, 2005년 상명대학교 환경자원학과에서 "한국 전통 원지의 조영에 관한 연구"로 박사학위를 취득했다. 현재는 경상북도 문화재위원, 문화재청 문화재전문위원, 명지대학교 대학원 강사 등으로 활동하고 있으며 개인 연구소인 한국문화재수리기술연구소를 운영하고 있다. 앞으로도 문화재 원형보존에 보탬이 되는 일을 꾸준히 할 생각이다.

이원호 oldgarden@korea.kr

2006년 성균관대에서 "19세기 중엽부터 20세기 중엽에 조영된 한국정원 설계요소의 전환기적 양상에 관한 연구"로 박사 학위를 취득했다.

문화재조경기술자로 활동하고 있으며 한동안은 대학에서 정원문화사, 전통조경론, 조경설계 강사로 지내다가 (사)한국전통조경학회 사무국장, 한국산업인력공단 출제위원, 한국보호지역포럼 실무위원 등의 일로 분주하게 살고 있다. 현재는 문화재청 국립문화재연구소에서 전통정원 복원사업 및 명승·천연보호구역 분야의 연구를 담당하고 있다. 보길도 낙서재, 서울 성락원 복원사업 등에 참여했으며 졸고로는 세계의 정원과 문화(2006), 역서로 원림(2008), 창의적 조경설계(2009) 등이 있다.

요즘은 정원복원 현장에서 한국전통정원에 담긴 깊은 의미를 되새기며 무거운 책임감을 느끼고 직업상 특혜에 감사하며 살고 있다.

이재근 jklee@smu.ac.kr

1952년생으로 서울시립대와 서울대 환경대학원을 졸업했고 성균관대에서 박사학위를 취득했으며, 조경기술사, 문화재(조경)기술자 자격을 소유하고 있다. 한국종합조경(주)에서 8년 있으면서 기술부 차장을, 한림종합조경 및 한림환경엔지어링에 10년 있으면서 대표이사 사장을 역임하였고, 40대 중반에 교육에 뜻한 바 있어 상명대학교 환경조경학과 교수로 부임한 이래, 13년째 되었다.

역사조경작품과 현대조경작품에 관심이 많아 대학시절부터 국내외 여행을 많이 했고, EXPO '90오사카 세계정원박람회에서 한국정원을 설계하였으며, 서울법원 및 대법원청사 조경, 중앙박물관 개축 및 전주박물관 조경, 권율장군묘역 및 천안삼거리공원정비조경, 미국뉴브런스윅성당조경 등에서 전통조경 관련 작품들을 남겼다. 또한 한국전통조경학회장, 경기도문화재위원을 역임하였고, 문화재청 문화재전문위원으로 7년째 활동하고 있다.

이행렬 hylee@smu.ac.kr

1984년 영남대학교 조경학과에서 "도시상징공간의 재구성에 관하여"로 석사학위, 1995년 경희대학교 조경학과에서 "중소도시의 토지이용 적합성 연구"로 박사학위를 취득했다. 경희대학교 부설 조경계획연구소에서 조경계획 및 설계 팀장으로 3년간 근무하였으며, 1991년 9월부터 상명대학교 환경조경학과에 부임하여 조경설계 및 미학 등을 강의해 오고 있다. 2000년부터 한국과 중국의 전통경관과 정원 문화경관에 관심을 갖고 답사와 연구발표, 중국문화 답사기를 출판하였으며, 2003년에는 영국 Newcastle대학에서 방문교수로 18개월동안 정원문화에 대하여 연구와 답사를 하는 등 다년간 여러 나라의 경관과 정원문화의 의미, 양식 그리고 그 문화경관에 관하여 관심과 애정을 갖고 연구를 진행하고 있다.

장동수 jds@hknu.ac.kr

1991년 서울시립대학 조경학과에서 "전통마을 한밤경관의 의미해석"으로 석사학위, 1995년 "전통도시조경(전통도시숲)의 장소적 특성에 관한 연구"로 박사학위를 취득했다. 현재 국립한경대학교 조경학과 교수로 재직중이다. "한국 전통 도시숲의 입지적 특성과 유형에 관한 연구"(1994) 등 우리 전통숲에 관한 40여 편의 논문을 발표했으며, 공저로 『한국의 전통생태학』(「숲생태와 문화」, 2004) 등 8권의 저술이 있다.

우리나라 전통숲에 관심을 갖고 20여 년간 연구해 오고 있으며, 2006년 여주 팔대장림 복원사업 제안을 시작으로 사라진 전통 강변숲, 전통도시숲, 수구막이 등의 복원에 노력을 기울이고 있다.

조승래 srcho@bdi.re.kr

동아대학교 조경학과를 졸업하고 동 대학원에서 석사 및 박사학위를 취득했다.

현재 부산발전연구원에서 공원녹지기본계획, 도시림조성·관리계획 등의 프로젝트를 수행하고 있으며, 동아대학교에서 경관공학, 도시와 조경 등의 과목들을 강의하고 있다.

우리 고유의 전통경관에 많은 관심을 가지고 있으며, 여력이 되는 한 전통경관에 담겨있는 의미와 가치를 발굴하는 연구를 계속 할 생각이다.

최종희 jhchoi2000@pcu.ac.kr

1990년 성균관대학교 조경학과를 졸업하고, (주)한림환경엔지니어링 설계실에서 근무하였으며, 이후 성균관대학교 대학원 및 이탈리아 제노바 대학교 건축대학에서 경관, 미학, 역사에 대한 흥미를 체계화하였다. 2001년 귀국후 상명대학교(한국학술진흥재단 학술연구교수지원) 및 성균관대학교(연구교수)를 거쳐 현재 배재대학교 생명환경디자인 학부에서 정원건축과 경관계획을 강의하고 있으며, 주요 저·역서로는 한국의 전통정원, 이슬람의 이상세계, 신의 정원·에덴의 정치학 등이 있다.

홍광표 hkp@dongguk.ac.kr

동국대에서 학사를, 서울대 환경대학원에서 석사를 하였고 성균관대학에서 "신라사찰의 공간형식변화에 관한 연구"로 박사학위를 받았다. 1982년부터 2년간 서울대 환경계획연구소에 연구원으로 근무하였으며, 1984년에 동국대학교 조경학과 교수로 부임하여 지금에 이르고 있다.

오랫동안 동국대 부설 사찰조경연구소 소장직을 맡아 소임을 보고 있으며, 한국사찰의 조경에 대하여 끊임없이 천착하고 있다. 최근에는 연구의 지평을 넓혀 전통조경 전반에 관하여 관심을 갖고 연구를 진행하고 있다.